美國中小學課堂教學的變與不變，1890-1990 年

*How Teachers Taught: Constancy and Change
in American Classrooms, 1890-1990,* 2nd edition

Larry Cuban 原著

單文經 譯注

「國家科學及技術委員會經典譯注計畫」成果

How Teachers Taught: Constancy and Change in American Classrooms, 1890-1990

SECOND EDITION

Larry Cuban

目次

1　查此處原文為"Behind the classroom door"；譯注者原譯為「課堂門後」，經一位審查提示：「教室方有門」，乃依囑改為「教室門後」，特誌之。

編輯說明

1. 《美國中小學課堂教學的變與不變，1890-1990 年》（以下有時簡稱《教學的變與不變》或本書）係譯注者執行 110 年度行政院國科會補助人文學及社會科學經典譯注研究計畫，據 Larry Cuban 於 1993 年出版的 *How Teachers Taught: Constancy and Change in American Classrooms, 1890-1990* (2nd ed.)（簡稱原書或 *HTT*）一書譯注而成。

2. 本書於本編輯說明之後，除原書作者 Larry Cuban 為本書特撰的中文版序及譯文外，並設有譯注前言、譯注導讀（含 Cuban 著作年表）、譯注本、注釋補遺、譯注後記、作者簡介、譯注者簡介等各個部分。本書並依國科會的規定，於譯注本正文側旁設有可與原書頁碼對照的邊碼，以利查索。

3. 本書有關術語的中譯，多係以進入國家教育研究院樂詞網、（https://terms.naer.edu.tw/）查詢的結果為據，並於必要時在註腳中說明其譯法及緣由。

4. 本書將原書置於正文之後的注釋，以註腳形式分置於正文各章；除原有注釋全部留存外，並於必要時為原有注釋做適度補充，或增撰新的注釋。惟若干文字稍長的原有注釋，則於原有注釋稍作說明後，將其餘文字移往專設的注釋補遺中。註腳的序號係在保留各章原注釋序號的前提下，以全書為單位，由譯注前言起始，以迄正文各章合計之。

5. 本書在原書的基礎之上，於面對人物時，以保持其姓名的原文為原則，並於必要時在正文或註腳中注明其生卒年代，俾便讀者掌握人物的時代背景，進而理解其與所述歷史事件的關聯。至於其他專有名詞，則視實際情況處理。

6. 原書為表示加強語氣而以斜體字型呈現者，譯為中文時皆改為粗楷體字型，並於必要時將原字型的文字置於括弧內，以資辨識。惟書末參考文獻中出現的粗黑體字型，則為依一般教育論文格式規定所標識的書刊名。至於原書以大寫字體呈現者，則視實際情況處理之。

7. 本書書後的參考文獻係將譯注前言、譯注導讀及譯注本等部分所涉及者編輯組合而成，並在原則上，以潘慧玲（2022）依 APA 格式為據編寫而成的

《教育論文格式》（三版；雙葉書廊）為據調整之。

8. 本書書後的索引係將原書的索引分為人名與主題二類，並略作增刪；人名索引保留原文，不予中譯，主題索引改為中英對照。索引中各個條目之後的頁碼皆為原書頁碼；檢索時請查尋正文側旁的邊碼。

9. 本書的翻譯部分，盡量做到活譯達意、簡練流暢、力求神似，並避免漏譯、刪割、走樣等情事。又為使文意更為清順易解，偶以意譯方式處理，並適時加上必要的補述。本書的注釋部分，力求該注則注、詳為解讀、深入闡釋，並提供必要的資訊予讀者參考。惟畢竟譯注者時間及能力皆有所限，疏失舛誤在所難免，尚祈方家不吝賜正。

作者中文版序

I am most pleased that Professor Wen-jing Shan has translated *How Teachers Taught* thus making it available to many more readers who wrestle with the conundrum of stability and change in the practice of teaching.

How Teachers Taught appeared initially in the early 1980s and I revised it in the 1990s. An international audience for the book has slowly grown over time. Readers in other nations have found that long-time patterns of teaching in U.S. public schools resonate with what they have observed and researched in their systems of schooling.

That these patterns of teacher-centered and student-centered instruction have been stable over time yet incrementally changed as societal conditions shifted not only in the United States but in other nations reminds me of an error I made in writing *How Teachers Taught*.

The mistake I made was that I thought what I found historically in U.S. classrooms was singular. In the decades following the book's publication, I learned soon enough that these recurring and conflicting traditions of teaching in the U.S. classrooms had also appeared in other nations as well.

So in making my book available in another language to many other readers is most gratifying. I owe a debt of thanks to Professor Wen-jing Shan for translating *How Teachers Taught* into Chinese.

Larry Cuban

December 8, 2021

　　我非常樂見單文經教授翻譯了 *HTT* 一書，讓更多欲理解教學作法之變與不變的讀者能讀到該書。

　　HTT 一書問世於 1980 年代初期，我並於 1990 年代修正之。時序遞移，該書的國際讀者日漸增多。其他國家的讀者發現，長期以來美國公立學校的教學組型，與其等在各該國學校教育系統觀察與研究之所得，頗相通同。

　　這些教師中心與學生中心的教學組型，隨著時間的異動一直保持穩定，但因社會條件更迭之故，這些教學組型不僅在美國也在其他國家有了漸進的改變。這讓我想起了在撰寫 *HTT* 一書時，我所犯下的一項錯誤。

　　這項錯誤是，我認為我在美國課堂中發現的歷史是獨一無二的。在該書印行後的幾十年裡，我很快就明白，這些在美國課堂上反覆出現與相互衝突的教學傳統，也可見於其他的國家。

　　因此，將拙作以另一種語言提供給許多其他讀者，我甚為欣慰。誠摯感謝單文經教授將 *HTT* 一書譯成中文。

單文經譯

2021 年 12 月 15 日初稿

2022 年 10 月 15 日修正

譯注前言

相對於本書（《美國中小學課堂教學的變與不變，1890-1990年》）書首的編輯說明，稍後出現、旨在引領讀者認識原書 *How Teachers Taught* 的譯注導讀，以及置於書末的譯注後記，本譯注前言旨在簡述本書譯注經過及譯注作法。末了，並向協助本書完成的個人及單位，致上謝辭。

一、譯注經過從頭說起

作為《教學的變與不變》原書的 *HTT* 進入譯注者（以下有時簡稱本人或我）閱讀與寫作的場域，應該已經有三十年之久了。自 1990 年代初期以還，我陸陸續續撰寫與教育、課程及教學改革有關的論文時，有不少篇參考它；先是 1984 年的初版，後是 1993 年的二版。[2] 不過，真正起意並著手進行 *HTT* 的譯注研究，則是近幾年的事。且讓我話說從頭。

2010 年夏末，我略知有可能服務於文化大學，即開始為《經驗與教育》（六十週年增訂版）（簡稱《經驗與教育》）譯注研究計畫作必要的準備。隨後，我於 2010 年末先行以國立臺灣師範大學退休教師身分提出申請，2011年 7 月獲國科會[3]核定，而於 8 月起改以文化大學專任教師身分執行該計畫，並依規定於 2012 年 10 月完成譯注初稿送審。[4]經過審查通過與修正之後，即排入與國科會合作之聯經出版事業公司的等候印行書單，而於 2015 年 7 月問世。

這段期間，譯注研究計畫的申請及成果出版等規定，因《國科會補助人文學及社會科學經典譯注研究計畫作業要點》（簡稱《要點》）於 2014 年 6 月 9 日修正公布，而有了二項重大變革：一是將 1997 年譯注研究計畫實施以來，由計畫主持人從先行公布的推薦書單中，選定一書撰成計畫提出申請，

2　迄今我共有 14 篇長短不等的論文係參考 *HTT* 一書而寫成，為節省篇幅，不一一記載其書目。

3　該會前身為 1959 年成立的國家長期發展科學委員會，1967 年更名為行政院國家科學委員會，2014 年 3 月 3 日改制為科技部，2022 年 7 月 27 日起改組為國家科學及技術委員會（簡稱國科會）。為期一致起見，本書以改稱今名為原則。

4　我於 2011 年 2 月受聘為文化大學師資培育中心專任教授，2022 年 1 月屆齡退休。

改由計畫主持人自行選定一書，先於每年 8 月底前向國科會提出譯注構想表，俟審查通過，方得提出申請；二是譯注計畫的成果由聯經公司出版，改由計畫主持人自覓出版社印行，並由出版社向國科會人文社會科學研究中心申請出版經費，惟僅擇優補助。

我於 2014 年初提出的《重新詮釋杜威「民主與教育」的時代意義》（簡稱《新詮「民主與教育」》）一案，恰巧處於舊、新兩《要點》交接的過渡期間。於是，前半的程序係依舊《要點》，由我從國科會公布的推薦書單中選定一書，撰成計畫、提出申請；後半的成果則依國科會的新《要點》，由我自覓的心理出版社於 2016 年末印行，並幸獲全額出版經費補助。

至於《美國中小學課程競逐史（1893-1958）》（*The Struggle for the American Curriculum, 1893-1958*, 3rd edition）（簡稱《課程競逐史》）譯注計畫，即係全部依新《要點》，於 2016 年 8 月先行提出構想表，經審查通過後，在 2017 年初提出正式申請，而於當年 8 月開始執行，並稍提前半年完成初稿，復於 2019 年 7 月底通過審查。可惜仍未趕及於當年向人文社會科學研究中心提出出版經費補助的申請，而延至 2020 年 1 月方行申請，並於 7 月獲不予補助的通知。這一耽擱，出版時程亦因而順延，以致《課程競逐史》譯注本於 2020 年 11 月方才問世。

借鑑已往的經驗，我為本書譯注計畫的準備工作，就比先前提早了許多。之所以如此，另外一層緣由是我將因屆滿七旬而須於 2022 年 1 月底自文化大學退休，因而不再具有國科會一般型研究計畫的申請資格，而只能申請經典譯注及專書寫作兩種計畫。依先前所作的退休後研究規劃，我希望於身心狀況許可的情況下，再接連執行一或二個譯注計畫，然後提出一個專書寫作計畫，到時已屆不宜再如此勞心勞力的八旬之齡了。若欲無縫而接續地提出申請，並繼而執行這些計畫，我必須更早作準備，試著於核定的二年期計畫中的第一年，即既能完成譯注本的初稿，又能順利完成審查修正的程序，以便於第二年的上半年提出新案的構想表與計畫書，並於第二年的下半年處理舊案的校對與印行等出版事宜，進而依限結束舊案，且為新案的執行作準備。

　　既有如此打算，我乃於 2018 年 8 月，開始以電子郵件與 *HTT* 的原作者 Larry Cuban 取得聯繫，就我可能針對 *HTT* 進行譯注的構想提出說明，並請求其同意於必要時給予協助。Cuban 的回應很快，也甚為正面。2019 年，我們就 *HTT* 書中的內容及注釋的問題等事宜，作了多次電子郵件的互動；2020 年，我又陸續向 Cuban 說明譯注準備及計畫書撰寫的情況等事宜，並進一步就有關問題向他請益，二者皆獲快速的回應及滿意的解答。心理出版社林敬堯總編輯提出之 *HTT* 書中照片使用權的請求，亦獲 Cuban 同意。

　　2021 年 6 月中旬，確認本書譯注研究計畫通過後，我即以過去二、三年於準備期間陸續完成的工作──包括至少三分一的譯文初稿、〈緒論〉的初稿，以及多方蒐集的有關研究文獻及必要的資料──之基礎上，全力投入譯注研究，終於在 2021 年 12 月完成三十餘萬字的本書初稿，並作了若干次的校讀與精修。而 Cuban 亦依約於 2021 年 12 月 8 日傳來中文版的序言。

　　2022 年 1 月初，我依規定將本書初稿傳交國科會人文處承辦人，原本的構想是在 2022 年的上半年，能完成本書初稿審查及修正的程序，俾便於 2022 年 7 月 31 日前向國科會人文社會科學研究中心提出出版經費補助的申請。同時，我將全力為新案預為籌謀，俾便於 2022 年 8 月 31 日前提出構想表，並在 2023 年 1 月初正式提出新的譯注研究計畫。另外，若一切順利，本書應能於 2023 年 7 月本譯注計畫結案時問世。

　　不過，上述的構想並未完全如願實現，主要是因為該計畫的合約為二年，但我日夜匪懈戮力完成的初稿，提前了較多的時間，亦即在不到一年時間就提出送審的請求，與一般至少執行合約規定的一半時間，亦即超過一年的時間再行提出送審的常規，確有一段距離。經多方斟酌，我乃在持續修正譯注稿的情況下，延遲至 2022 年 10 月下旬，方才正式函請國科會進入審查程序。

　　如今（2023 年 9 月 30 日）本〈譯注前言〉定稿之時，《美國中小學課堂教學的變與不變，1890-1990 年》譯注計畫的成果業已通過審查，經心理出版社向國科會人文社會科學研究中心提出出版經費補助的申請，亦幸獲通過。在譯注本即將出版的此刻，我於執行原本申請二年，卻因故通過一年的《杜

威課程理論》專書寫作計畫之同時，已依規定提出一份新的譯注計畫構想表，並且靜待審查結果，以便確認是否有機會再提出一項譯注計畫的申請。無論如何，我將在主客觀條件許可的前提下，以退休大學教師身分，接續執行國科會研究計畫的初衷，始終不變！

二、譯注作法厚實一貫

就翻譯這項「文化傳播與交流」（單德興，2009，頁 26）的工作而言，我並非科班出身，而是自學摸索的實行者，對於翻譯學或翻譯研究（或逕稱譯學）這門學問，是個不折不扣的門外漢。[5]1970 年，我就讀於國立臺灣師範大學教育學系二年級時，曾在系學生會刊物《今日教育》發表過一篇翻譯習作。一直到 2011 年執行國科會的經典譯注研究計畫之前，以獨譯、受邀與人合譯，或以主譯身分邀人合譯等方式完成的譯作二、三十件，所運用的翻譯作法大多是冒著土法煉鋼之譏，採取最原始、老舊的方式——（自認）讀懂了英文，再將它們轉換成中文。

2011 年，我為執行《經驗與教育》譯注研究計畫，方才開始邊作邊學，接觸一些翻譯的學理論述。一方面，我囫圇吞棗般地閱讀若干翻譯學界先進的專著或文集，藉以掌握一些基本概念，另一方面則以單德興（2004）的《格理弗遊記》譯注本為範例，積極在所蒐羅之與《經驗與教育》及原作者 John Dewey（1859-1952）有關的中英文研究文獻之基礎上，盡量做到「迻譯文本時，力圖兼顧源始語言與文化以及目標語言與文化的脈絡」[6]（單德興，2017，頁 45）之要求，並且就著「在讀者的閱讀過程中不時出現，協助讀者了解原文的作者與讀者之間視為當然、不必注釋的事」（頁 293）進行譯注工作，用心查考，認真撰寫，俾便發揮「特意協助讀者，以期達到作者與原文

5　香港學者張佩瑤（2012）的個人自選集《傳統與現代之間：中國譯學研究新途徑》，書題即逕以「譯學」稱「翻譯學」或「翻譯研究」。

6　單德興（2009，頁 134，173，239）有時將「目標」譯解為「標的」。我以為此二種譯法，本質上並無差別，且皆直白易明。另外，余光中（2002，頁 172）分別以「施語」（source languge）與「受語」（target language）譯解之，亦別具風格。

讀者之間相同或相仿的溝通效果」（頁295），進而符合「熔研究與翻譯於一爐」（單德興，2004，頁 127）的理想。我還東施效顰般地模仿單德興（2000，2004）的作法，遍尋中文世界現有的《經驗與教育》中譯本，細加研讀與評析，據以證明既有版本確有改進空間，因而有重新加以譯注的必要。[7]最後，我並總結所作的版本研究，配合諸多翻譯學界先進所提出的各項要領，提出重新譯注的若干許諾。[8]

自該計畫 2012 年 10 月結案後的幾年之間，我除執行《新詮「民主與教育」》及《課程競逐史》兩個各二年期的譯注研究計畫外，還執行四個一年期及一個二年期的一般型研究計畫，因而未再就翻譯或譯注的學理與策略作更一步的探討。直到展開本書的譯注，我才回頭再度研讀有關著作，特別是單德興於 2009 年出版的《翻譯與脈絡》一書。我並依書中所提及的要點，找到中文世界另外一些有關專著，細加研讀。早先未特別注意的「厚實翻譯」（thick translation）[9]（單德興，2004，頁 138），以及其隨附的「附文本」（paratexts）[10]（Genette & Maclean, 1991）等概念，就是在這段期間才引發我對其等重要性的察覺。

待我研讀與「厚實翻譯」及「附文本」有關的文獻，[11]稍能掌握其等的真諦後，即十分有把握地確認，我迄今完成的《經驗與教育》、《新詮「民主

7　《經驗與教育》一書分別於 1940、1990、2010 三個年代，各出現三個、一個、一個，共五個中譯本；惟至目前為止，似只有我以六十週年（亦即 1998 年由原出版單位 Kappa Delta Pi 國際教育榮譽學會發行的）增訂版為原始版本，於 2015 年出版的譯注本（單文經譯注，2015）。

8　請見本書〈編輯說明〉第 9 條。

9　依任運忠（2016）之說，大陸學者有將"thick translation"譯為「深度翻譯」、「增量翻譯」，以及「厚翻譯」者。惟依劉澤權、朱利利（2019）之說，大陸學者接受並採用香港學者張佩瑤（2007）的「豐厚翻譯」譯法者漸多。我則與其他臺灣學者一樣，依單德興的作法，將其譯解為「厚實翻譯」。又，張佩瑤（2007）針對豐實厚重與笨鈍臃腫兩種譯法，所作的詳細比較，發人深省！

10　臺灣學者多將"paratext"譯解為「附文本」（如單德興，2017；單德興譯注，2004；陳致宏，2019），而大陸學者則多譯解為「副文本」（如耿強，2018；徐賽穎，2020）。

11　中文世界討論這兩個概念的專著日多（如任運忠，2016；劉澤權、朱利利，2019；陳致宏，2019；張佩瑤，2007；單德興，2009）。而這些討論之所本皆源自 Appiah（1993）之說。

與教育」》及《課程競逐史》三者，加上正在進行中的《教學的變與不變》，一共四個譯注研究計畫的成果，其實都是本諸「厚實翻譯」的一貫精神，不只包括了將原著加以翻譯而成的正文本（text），還包括了單德興（2009，頁310）所指的緒論／導讀、譯注、作者介紹、原著所接受的評論……等具有「額外服務」或「周邊設備」性質的附文本。

這時，我才猛然想起，此一譯注研究計畫的「發起人」（李明，2014，頁121），[12] 亦即國科會，其實早已透過《要點》，對於計畫主持人設定了以正文本加上附文本二者為要件的譯注規範。此一規範呈現於舊《要點》第14條，以及新《要點》第13條的內容都是一樣的：

> 譯注初稿應包含下列項目：（一）具有深度及分量的學術性導讀（critical introduction），含關鍵詞、作者介紹、著作發表的時代、典範意義、版本及譯本的介紹；（二）歷代重要相關文獻的檢討；（三）注釋（annotation）；（四）譯注術語的討論與解釋；（五）重要研究書目提要；（六）年表；（七）原典頁碼對照，以利查索；以及（八）其他重要的相關資料等要求，完成譯注研究的工作。

明顯可以看出，這八個項目當中，除了第（七）項明確指引計畫主持人應在翻譯的正文本旁置「原典頁碼對照，以利查索」，其餘七項都屬於具有「額外服務」或「周邊設備」性質的附文本。

一直遵照這些規定的我，自忖確已採取厚實翻譯的一貫作法；過去三個譯注研究成果固然如此，本書亦復如此。言及於此，且待我作些補述，藉以說明我為達成此一要求，針對 *HTT* 某些術語之中譯，「奮鬥」多時的情況。我之所以會因其等的譯法而面臨若干困頓，或可歸結為二項緣由。一為主觀的自我疏誤：我自己過去，或因習矣而未察焉以致有所疏忽，或因受偏固之

12　依李明（2014，頁121）之見，譯注發起人往往是譯注贊助人、委託人，他們可以決定文本的選擇和限制特定的譯注規範，甚至確定譯注的目的。

見所拘而有所誤解，造成譯解若干術語時，形成之必須設法突破的障礙；二為客觀的條件變異：我在譯注該書時，偶見某些術語的意義與內涵，不但在美國及其他地區，隨著時空的轉換而有所變異，其等經人引入中文世界，譯法亦屢見不同，因而為譯解的工作帶來相當大的挑戰。凡此主客觀的情況，皆讓我全面且適切地掌握其等中文譯解的難度倍增。茲謹舉"recitation"這個在 *HTT* 一書常見的教學術語為例，說明如下。[13]

就主觀情況而言。過去在未加細究的情況下，我總是習慣成自然地，把"recitation"解為背誦，或者誦讀、朗誦、複誦，卻忽略了它還有詳述及列舉之意。於是，當我閱讀 Dewey 於 1910 年初版及 1933 年相當大幅度改寫而再版的 *How We Think* 一書各個中譯本，見及其等將該書初、再版皆設有的 'The Recitation and the Training of Thought' 一章（分別為第 15 及 18 章）之章名，[14] 將"recitation"譯為「講課」、[15]「教課」[16] 或「授課」[17] 時，似感有些納悶。但是看到 Dewey 其他著作的中譯本裡，將"recitation"譯為「背誦」，[18] 我反而不以為意。不過於讀到 Moore（1913, p. 930）一文，對比美國大學所採

---

13 我進入出版社提供我的原書 pdf 檔搜尋，"recitation"在 *HTT* 一書中出現 105 次之多。

14 Dewey 於 1933 年二版的 *How We Think* 書中的〈新版序言〉裡直指，「〈講課〉這一章幾乎是全新改寫的。」（p. 107）。

15 (1)姜文閔譯，《我們如何思維》（五南圖書出版公司），（Dewey, 1992/1933），頁 355；該書原由人民教育出版社於 1984 年印行。(2)伍中友譯，《我們如何思維》（新華出版社），（Dewey, 2010a/1910），頁 166。(3)馬明輝譯，《我們如何思維》（華東師範大學出版社，《杜威全集》晚期第八卷），（Dewey, 2015/1933），頁 250。

16 (1)劉伯明譯，《思維術》（華岡出版社），（Dewey, 1973/1910），頁 208；該書原由劉伯明以劉經庶的別名，於 1918 年南京高等師範學校印行。(2)孟憲承、俞慶棠譯，《思維與教學》（華東師範大學出版社），（Dewey, 2010b/1933），頁 142。

17 章瑋譯，《我們如何思考》（商周出版社），（Dewey, 2017/1910），頁 268。

18 (1)徐陶譯，〈背誦的方法〉，（Dewey, 2012a/1903），頁 271；該文為 Dewey 單篇論文 'Method of Recitation' 的中譯。(2)另外，中文世界裡，將 Dewey 於 1916 年出版的《民主與教育》書中，名為〈教育中的思維〉（Thinking in Education）的第 12 章中，所出現的"recitation"一字的譯解為「背誦」者，所在多有，僅舉繁簡字體者各一為例。一為林玉体譯本（師大書苑），（Dewey, 2000/1916），頁 174，177，179，181；另一為俞金吾、孔慧譯本（華東師範大學出版社，《杜威全集》中期第九卷），（Dewey, 2012c/1916），頁 130，133，134。

"daily recitation"的作法，與德國大學習用的"lecture-examination"制度時，我卻又覺得奇怪：大學的教學哪有每一天都在進行 "recitation"（背誦）這回事（可見這時我對自己在"recitation"一詞中譯所持有的偏固之見，似有了疑惑）。

就客觀情況而言。在百餘年來的美國中小學校教育實務界，"recitation" 一詞的意涵隨著教學場域中「說話者的求新求變」[19] 而有所異動。此一變化，或可概分為三個轉折。首先是由教師或導生（helpers）[20] 就教科書或有關教材的內容作詳述及列舉，並指定學生於「聽課」[21] 後記誦之，再由學生向教師或導生作「一字不漏的背誦」[22] 之「正式的講誦」。[23] 其次，逐漸轉變為以「教師提問、學生簡短回答」[24] 為內涵的「問答式教課」。[25] 再次，則由這種「以教師提出的問題為本所進行的師生互動」[26] 或「教師啟動—學生回應—教師評量」[27] 的作法，進一步轉換而成「學生取代教師，透過學生帶領的小組討論及專題討論、報告、演出……辯論等方式將教材內容教完」[28] 之「社會化式的教課」。[29] 然而，Cuban 提醒我們，這種在課堂中進行之「非正式的

19　"speaker innovation" (Holmes, 1992, p. 211).

20　19 世紀上半葉，由英國引入美國的導生制（monitorial system），以年齡較長或學習表現較佳的學生為幫手，協助教師帶領其他學生學習（主要為監督與考問學生背誦的情況），這些幫手即稱之為導生（helpers）。請參見本書 p. 25 第五段的有關討論及註腳的說明。又，凡以「本書 p. ……」表示的頁碼皆指邊碼。

21　"hearing of lessons" (Dewey, 1910, p. 339).

22　"literal recitation" (Cuban, 1993, p. 65)。凡述及原書頁碼者，皆請查對本書的邊碼，以下同。

23　"formal recitation" (Cuban, 1993, pp. 65, 131, 134, 196, 300).

24　"teacher questions and short student answers"(Cuban, 1993, p. 134).

25　"question and answer recitation" (Cuban, 1993, p. 60; Hoetker & Ahlbrand, 1969, p. 150; Stodolsky, Ferguson & Wimpelberg, 1981, p. 126).

26　"verbal exchanges between teacher and students...pivoted on questions asked by the teacher"(Cuban, 1993, p. 134).

27　"initiation-response-evaluatio"(IRE)(Margutti & Drew, 2014, p. 436)。近亦有以"feedback"代替 "evaluation,"而成"initiation-response-feedback"(IRF)（「教師啟動—學生回應—教師反饋」）者，請見黃山（2018）。

28　"the students, instead of the teacher, to cover the subject matter through student-led and panel discussions, reports, ... plays, and debates" (Cuban, 1993, p. 134).

29　"socialized recitation" (Cuban, 1993, p. 134; Thayer, 1928a, p. 493, 1928b, p. 463; Winston, 1922, p. 575, *passim*).

講誦」，[30] 其所具有之「準會話的樣態……還是有可能再折返而成原本的正式講誦」。[31]

本此，我以為我們應可參照 Cuban（1993）的作法——視教師中心教學與學生中心教學為「連續體」（continuum）[32] 的兩端——將"recitation"的不同作法視為連續體，一端的"recitation"以教師為主導，另一端的"recitation"以學生為主導。在這種情況下，「正式的講誦」應可置於連續體以教師為主導的一端，而「社會化式的教課」則可置於以學生為主導的另一端，中間則有其他不同的作法。

說到這兒，有必要先行報導兩件插曲。一是，於 2018 年，正當我緊鑼密鼓地執行《課程競逐史》譯注研究計畫時，翻譯其中出現五次的"recitation"一詞，所採取的作法是依上下文脈譯成「講誦」或「朗誦」。[33] 由此可知，其實這時我就已經有了不單只是將"recitation"譯為背誦或朗誦的想法，還有了以講述加上背誦或朗誦，而成為「講誦」的譯解作法。惟畢竟《課程競逐史》一書係以課程史為著眼，不像以教學史為重點的 *HTT* 這本書出現那麼多次、又有那麼多種不同的"recitation"，因此儘管在當時，應該如何妥善解決此一譯解問題的狀況依然存在，但似未造成像這次譯注 *HTT* 時，有著太多的困惑。

第二件插曲是發生於 2021 年 10 月中旬，國立臺灣師範大學教育學系劉蔚之教授為其大作〈教育改革的浪漫、激進與失落——百年前一場教改的歷史經驗探析〉初稿，請我提供意見。我發現她將McMurry兄弟所撰 *The Method of the Recitation* 一書中的"recitation"一字譯解為「誦習」時，心中想著，這下

30　"informal recitation" (Cuban, 1993, p. 196).

31　準會話的英文為"quasi-conversation" (Cuban, 1993, p. 134)。

32　Cuban（1993, pp. 6-7）先將教學作法看成一個連續體；此一連續體的一端是教師中心教學，另一端則是學生中心教學，中間則是各種不同的教學作法。本此以觀，中小學課堂可見到的教學，有的較偏教師中心，有的則較偏學生中心，而一般教師則多係採取兼有教師中心與學生中心教學二者的混成體（hybid）（該詞共 52 次出現於 *HTT* 一書的正文）。Cuban（1993, pp. 7-9）並以若干指標衡量其距離某一端的遠近。

33　四次譯為「講誦」（單文經譯注，2020，頁 5 一次，頁 192 三次），一次譯為「朗誦」（頁192）。

子我終於找到與我同樣於主觀上逕行自學生的角度解讀該詞的同道。不過，後來她採用了我的建議，將「誦習」改為「講誦」（劉蔚之，2021，頁203）。[34] 我記得，我在提醒她，該詞應依上下文脈定其譯法、而難予固著之同時，也跟她表示，我已受困於"recitation"一詞的譯解多時，而且「講誦」的譯法是否適切，我也沒有絕對的把握。

　　事後想起來，還真要感謝劉教授與我的這段互動，因為這促使我又思考了許多，更針對我在譯注初稿上為 HTT 這本書出現各種"recitation"的不同地方所作的註腳，翻來覆去地仔細斟酌。我甚至把它們列印出來，帶在我自新竹新豐住處附近的北湖站，搭乘火車到臺北車站，再轉乘校車到文化大學的來回路途上多方推敲。此一情況或可與百多年前，嚴復慨嘆「一名之立，旬月踟躕」的境況差相比擬。[35] 我還曾跟經常同搭文大校車上山的英語教學中心英籍講師 Craig Watt 先生為此事互動幾次。幾番折騰，我才悟出：何不查察辭典！真是姍姍來遲的「悟出」！大約是 2021 年 11 月下旬，我才翻閱了手邊一本 1990 年問世的《牛津高級英漢英英雙解辭典》，確認"recitation"一詞除背誦外，更有詳述與列舉等意。[36] 這時，我才「非常後知後覺地」理解了，前人將其譯解為複述、[37] 講課、教課，甚至授課等中文，實乃著眼於此也！

34　劉教授將 Charles Alexander McMurry（1857-1929）及 Frank McMurry（1862-1936）兄弟二人分別譯解為大麥及小麥，頗為適切。

35　嚴復（1854-1921）在翻譯 Evolution and Ethics 一書時，曾為"evolution"一詞日夜推敲，終獲「天演」二字。譯成之後，嚴復不禁喟然長嘆：「一名之立，旬月踟躕！」請參見單德興（2009，頁 286）。

36　《牛津高級英漢英英雙解辭典》將名詞"recitation"作出四種解釋，略以：(1) the act of reciting：列舉；詳述。(2) public delivery of passages of prose or peotry; instance of this：背誦；當眾吟誦；背誦之實例。(3) piece of peotry or prose (to be) leant by heart and recited：背誦的詩文。(4) (US) repetition of a prepared lesson by a pupil to his teahcer：（特指美國）學生向老師背書等意義（張芳杰，1990，頁 954）。

37　(1)馬明輝譯，《我們如何思維》（華東師範大學出版社，《杜威全集》中期第六卷），（Dewey, 2012b/1910），頁 258；這是馬明輝稍早針對 How We Think 初版的中譯。(2)另見於，俞金吾、孔慧譯本（華東師範大學出版社，《杜威全集》中期第九卷），（Dewey, 2012c/1916），頁 131。

　　至此，讀者應能理解，我藉著"recitation"這個頻見於 *HTT* 一書的教學術語，說明我秉持謹慎仔細的態度，更重要的是，我始終採取一貫厚實譯注的態度對待本書之初心。於此敬謹依憑此一語的殊異 [38] 自我提醒，也提醒同道以至讀者：吾人於解讀外文，尤其是翻譯外文時，首要之務，當如沈清松（1949-2018）（Shen, 2003, p. 360）所言，絕不能作忽視文本上下文脈的「孤立閱讀」（isolated reading），而要依從上下文脈，進行整體的、連貫的「上下文脈閱讀」（contextual reading），更要作「帶入文化與脈絡」（單德興，2009，頁7）的「雙重脈絡化」解讀。以此為始，多方琢磨，悉心研究，則豐實厚重之譯注，必有可期者也！

三、譯注成果感謝多方

　　最後，依我過去為三個譯注本撰寫前言的慣例，在此謹向有關單位及多位人士表示感謝。[39]

　　感謝自 2018 年夏即為本譯注研究計畫解惑，並於 2021 年冬為本書撰寫中文版序言的 *HTT* 原作者 Larry Cuban 教授。年近九旬，仍不斷寫作的他所撰序言，為本書增色不少。

　　感謝國科會第四度贊助我進行經典譯注研究的工作；而其下所設人文社會科學研究中心補助出版經費，亦應致謝。尤其要感謝從構想表、計畫書、譯注成果審查，乃至出版補助申請等階段費心提供建議，讓本書臻於最佳狀況的諸位審查者。

　　感謝我最常出入借書還書的國立臺灣師範大學圖書館、中國文化大學圖書館；文大圖書館的參考室協助我以館際互借的方式借閱各種圖書資料，尤應感謝。這些年來，協助我借書與查找資料的張意翎、劉哲瑋、曾秋月、鄭詩穎及尤姵驊等博碩研究生，也應特別感謝。

　　感謝在我撰寫計畫書期間，不吝花費許多時間細讀，在譯注過程亦與我

38　此時，我心裡想到的是東漢王充《論衡‧卷三十‧自紀篇》所說：「古今言殊、四方談異。」
39　一般的作法，包括 *HTT* 在內，謝辭多單獨設置。

就術語譯解等事宜多方討論的劉蔚之教授！多年來，劉教授與我同樣關注近百餘年來美國中小學教育、課程與教學改革歷史的研究，可謂為難得的同道。我至今仍以耆耋之齡，持續譯注與撰文，未曾或停，劉教授（當然還有其他同道）讓我擁有之「研究道上不孤」的感受，應是重要的支持力量！

　　最後，也一併要感謝多方協助本書出版事宜的心理出版社洪有義董事長暨林敬堯總編輯及其團隊！尤其林敬堯總編輯協助連絡文本及照片版權，代為製作圖表，督導校對編排與印行事宜，更應特別感謝！

單文經　謹識

2022 年 1 月 3 日初稿

2022 年 10 月 15 日修正

2023 年 1 月 15 日再修

2023 年 9 月 30 日定稿

譯注導讀

········· [導讀摘要] ·········

以引領讀者認識原書為主旨的本導讀共設五節。第一節，說明本書譯名決定的緣由。第二節，以原書主旨、內容概覽、領域歸屬等小節呈現其性質。第三節，自主題、史料、論點、啟示等方面陳述原書在教育領域之重要性。第四節，論及版次異動、篇幅大小、叢書歸屬等出版事項，以及作者的學經歷、研究重點、著作特點、著作年表等內容，末了還有原書接受引用與評論的情況，俾便讓讀者更進一步認識原書。第五節，敘寫後續 Cuban 以同類主題撰成的重要論著評述。

········· [導讀正文] ·········

壹、本書譯名決定的緣由

本書書名 *How Teachers Taught: Constancy and Change in American Classrooms, 1890-1990*，原可直譯為《教師如何教：美國中小學課堂的恆定與變遷，1890-1990》，為求直白，乃改為現名《美國中小學課堂教學的變與不變，1890-1990 年》。[40]

本人曾一度考慮，依原書主旨（見下述第「貳」之一）將譯名改為《美國中小學教學的改革史，1890-1990 年》，既簡明易解，又與亦為國科會譯注研究計畫之一的《美國中小學課程競逐史（1893-1958）》（單文經譯注，

40　另一譯法是由國科會於 2022 年 12 月 26 日所函示的本譯注計畫成果初稿審查意見之一：建議以《美國中小學教師如何教學：變與不變，1890-1990 年》彰顯教師的主體性，並聚焦「如何」此一具關鍵性的語詞。不過，誠如該審查意見亦指出者，原定的譯名確實有簡潔、易懂的優點；而且其亦坦承所建議的書名有讓"classrooms"一詞消失之虞。於是本人在至深感謝之同時，仍維持原定的譯名。

2020）書名恰相對仗。惟經出版界友人提示，如此作法反有造成書名混淆之虞，乃決定維持原議。

貳、原書性質

一、原書主旨

原書旨在探討百年之間（1890 至 1990 年），美國中小學教師在課堂中的教學作法，由教師中心逐步朝向學生中心的改革（reform）過程中所產生的變（change）[41] 與不變（constancy），敘述其史實、論證其原委、解釋其意義，並據以為中小學教育的實務工作者、政策制定者及研究者等各方人士，推衍所可能帶來的啟示。[42]

二、內容概覽

茲依正文前事項（front matter），包括緒論（introduction）、第一篇（五章）、第二篇（兩章）、第三篇（兩章）共九章的正文，以及正文後事項（end matter）等概覽原書。

---

41 原則上，本書係依上下文脈，將"reform"譯為改革，"change"譯為改變、變遷或變革。惟"change"的動詞型態，即在原則上皆譯為改變。

42 謹先就本書中出現的中小學，特別是與中學有關的語詞之中譯，乃至有關的資訊，作一番說明：(1)於中、小學連用時，係指"high school"及"elementary school"（Cuban 用"primary school"時，皆特指英國的初級小學，請見本書 p. 151ff）。(2)本書將視上下文脈，譯"high school"為中學、高中或高級中學；但"senior high school"則必定譯為高級中學，以與初級中學"junior high school"相對。(3)另外，本書偶爾出現的"middle school"及"intermediate school"二詞，則視上下文脈，譯為中間學校或初中，並於必要時，附上其英文，俾利辨別。(4)不過，以上所做的說明是從美國教育史研究的角度必須作的辨別。蓋美國中小學教育制度，經過數百年的演變，所出現的有關名詞不少，惟依目前美國聯邦政府教育部官方對於美國教育結構的簡介則為：幼兒教育之後，即是小學（elementary school）、中間學校或初中（middle school）、高中或高級中學（high school），以至中等以後的教育〔postsecondary 或 tertiary（直譯為第三層次的）〕。請見 https://www2.ed.gov/about/offices/list/ous/international/usnei/us/edlite-structure-us.html。

（一）正文前事項

包括 Shulman[43] 一版推薦序、Tyack[44] 二版推薦序、二版自序、二版謝辭等。

（二）緒論

原書於首設的〈緒論〉，針對與原書主旨——中小學教師在課堂中的教學作法——有關的二組重要名詞、六項指標[45]、六項解釋（或論證）（explanation or argument），作一番詳細的說明，以為展開後續各個篇章申論之張本。茲謹簡述如下。

1. 二組重要名詞。一組是改革的兩種分類：漸進（incremental）與根本（fundamental）。另一組是教師的兩種教學作法：教師中心與學生中心。

2. 六項指標。區別教師中心與學生中心兩種教學作法之用的：傢俱安排、師生說話比率、學生編組（grouping）、學習角（learning center）、[46] 學生移動、教學活動。

43　Lee Shulman（1938- ）於 1982 年由服務十八載（1963 至 1981 年）的密西根大學轉來史丹佛大學教育學院。又，1963 年，他在芝加哥大學取得以教育心理學為專業的博士學位（請見 https://www.britannica.com/biography/Lee-S-Shulman）。

44　(1)David Tyack（1930-2016）最後的頭銜是史丹佛大學教育學院的 Vida Jacks 教育學教授和榮譽退休歷史學教授（Vida Jacks Professor of Education and Professor of History, Emeritus at the Stanford Graduate School of Education）。他以對美國教育史的廣泛研究和闡釋而知名，1974 年出版的《最佳制度：美國都市教育史》（*The One Best System: A History of American Urban Education*）首先將美國的進步主義教育者分為行政與教學二派，而於該書專論前者的事功。蓋該書聚焦於探討行政派進步主義者於 1890 至 1940 年間，在一些都市推動以行政革新帶動學校發展的進步教育改革歷史。相對地，他將立意於「符應兒童的個別需求」（p. 197），並試就既定的學校科目與教學方法加以翻轉的人士稱之為「教學派進步主義者」（pedagogical progressives）（p. 197）。(2)依 Kliebard（2004, p. 276）之見，將 Cremin（1961, ch.6）所隱晦而未現的進步教育流派加以明示的即是 Tyack。(3)單文經（2021）將 19 世紀末至 20 世紀前半葉美國的進步主義教育者分為行政、教學、自由至上、社會重建、生活適應等五個流派。

45　指標一語，Cuban 用的語詞為"observable measures"（pp. 6-7）或"indicators"（pp. 6, 9, 117, 155, 161, 213）。

46　(1)原則上，本書參照國家教育研究院樂詞網將"learning center"譯為「學習角」；惟有時亦視上下文脈譯為「學習中心」〔該詞主要出現於討論開放課堂（open classroom）及另類學校的

3. 六項解釋。教學的變（變遷）與不變（恆定）之論證：文化信念、政策執行、組織結構、環境條件、職業社會化、教師知識。

（三）第一篇：進步主義與課堂教學作法，1890-1940 年

本篇於首章說明世紀之交的傳統教學作法，以及其所面臨的挑戰後，先在第二至四章分述 1920 至 1940 年間，紐約市、丹佛、華盛頓特區[47] 等三個都市（cities）的中小課堂教學情形，後再以第五章專論全美各地鄉間的（rural）地區及城市的（urban）地區等狀況。[48]

本篇並扼要介紹倡行學生中心教學作法的 Edward Sheldon、Francis Parker 與 John Dewey 等人士的事蹟與主張（pp. 38-45）。另外，本篇也針對一些同樣關心課堂教學改進的行政派進步主義者（administrative progressives），如紐約市的教育局長 William Maxwell 及 William Ettinger 等人士的作為略做說明（pp. 52-55）。[49]

第六及第七章〕。又，本書另見的「學習站」（learning station）（pp. 7, 205, 206）一詞，與「學習角」略有不同；其間的主要區別在於，學習站旨在促進學科主題的團隊合作和獨立學習，而學習角則較側重於為在概念和學科主題上有困難的學生提供個別化教學。不過，Cuban 有時似將此二詞混用，請見 p. 206 第二段文字：Schildt 將……課程，個別化成為一系列的專題研究、契約、學習站；……其餘時間，學生們會……在不同的學習角工作，完成……契約。(2)本書另有 "activity center"（pp. 7, 246, 264）及 "interest center"（pp. 7, 9）二詞，則分別譯為「活動角」與「興趣角」。

47 "Washington, D.C." 全名為 "Washington, District of Columbia" 直譯為「華盛頓哥倫比亞特區」，簡稱「華盛頓特區」、「華盛頓」或「特區」，亦有以其為美國的首府而譯為「華府」。本書則採「華盛頓特區」的中譯。蓋華盛頓特區設立早期，在波多馬克河北岸有喬治城、華盛頓市及華盛頓郡三個分開的行政區劃；其中建立於 1791 年的華盛頓市乃為彰顯喬治華盛頓對美國建國的貢獻而命名，後來發展為特區中的核心城市。依據 1871 年的一項立法，於 1878 年將這三區合併為華盛頓市，而聯邦管轄的特區及華盛頓市地方政府從此轄區重疊，因此產生今日使用的 "Washington, District of Columbia" 之合稱。

48 本書將 "city" 譯為都市，"village" 及 "town" 則分別譯為村莊與城鎮，以資區別；而將 "urban" 譯為城市的，"rural" 譯為鄉間的。另有 "country" 一詞，則係依上下文脈譯為國家或鄉間。

49 (1)"Superintendent" 亦可譯為學務總監；蓋美國一般的學區皆設有學校董事會（"School Board" 或 "School Board of Trustees"）有時亦稱教育董事會 "Board of Education"（或譯教育委員會），負責學區教育政策的審議；教育局長則為董事會聘請的專職人員。另外，"Superintendent" 的名稱亦因時代不同而有所改變，例如現今紐約市的教育首長即由 "Superintendent" 改稱為中譯教育總監的 "Chancellor"；而華盛頓特區則改稱為中譯教育總長的 "Commissioner of Education"。(2)Edward Sheldon（1823-1897）、Francis Parker（1837-1902）、William Maxwell（1852-1920）、William Ettinger（1862-1925）。

本篇值得注意的報導還有 1930 年代於紐約市大規模推行的小學活動課程方案（pp. 64-71），以及進步教育協會在全美 30 所中學推動的八年研究方案（pp. 83-91），這兩項著名教學改革計畫的施行狀況。

（四）第二篇：開放課堂與另類學校：進步主義再探，1965-1990 年

本篇共設兩章：第六章以非正式教育（informal education）為名，介紹 1965 至 1975 年之間全美各地開放課堂與另類學校的教學實施情形，第七章以各地與全美課堂教學作法的快照為名，說明 1975 至 1990 年之間全美各地開放課堂教學的狀況。

本篇除了聚焦若干城市中小學教學實況報導，並適時運用全國性的研究資料——如 Goodlad（1984）帶領其研究團隊，於 1970 年代以千餘個課堂觀察為據所撰《一個稱為學校的地方》（*A Place Called School*）等——作精簡剖析。[50]

（五）第三篇：課堂教學的變與不變，1890-1990 年

本篇亦設兩章，先著眼於課堂教學變與不變的緣由，進行詳盡的解釋（第八章），再以這些解釋為本，分別針對政策制定者、課堂實務工作者（即教師）、研究者提出啟示（第九章）。

（六）正文後事項

包括附錄、注釋、參考文獻、索引、作者簡介等。

三、領域歸屬

由上述原書主旨及內容概覽的說明，是知原書應可歸屬於教育學門的「教育史」次領域，是教育史次領域裡以中小學課堂「教學」問題為主軸的研究；亦可歸屬於「課程與教學」次領域，是課程與教學次領域裡以歷史方法探討「教學」問題的研究。是以，原書可謂為跨越兩個次領域的研究。

50　John I. Goodlad（1920-2014）。

　　無論是前者抑或後者，至少在中、英文兩個世界中，原書研究主題的選定，以及研究成果的呈現，都較少見，這正是原書之所以具有重要性的理由之一。下一節將擴大範圍，稍詳說明原書在教育領域的重要性。

參、原書在教育領域之重要性

　　茲謹分為主題、史料、論點、啟示等四點說明原書在教育領域的重要性。

一、主題：教育領域鮮見之以課堂教學作法進行的歷史研究

　　前文已確認，原書旨在以歷史方法研究中小學的課堂教學問題，因而在教育領域中跨越了「教育史」及「課程與教學」兩個次領域；又，無論前者或後者，至少在中、英文兩個世界中，原書研究主題的選定，皆為鮮見者。

　　Tyack（1993, p. xv）在為原書二版作序時，引用 David K. Cohen 的說法：[51]

　　　　歷史學者對於教學之所知，幾乎已經遍及於與教學有關的所有事情……但是就缺少了有關教師們面對兒童時，如何帶著他們學習那些具有學術性質的教材，這方面的歷史研究。此一居於核心的教學事務，乃是歷史學術方面的一大片黑暗區域。

　　Tyack（1993, p. xv）據以指出，「Cuban 的這本《美國中小學課堂教學的變與不變，1890-1990 年》（原書第二版）專書即為一個突出的例外」。

　　其實，Cuban（1993, p. 284）充分理解，少有學者研究教學歷史的原因乃在於：

　　　　諸如學生的回憶、教師的日記、評鑑的紀錄、學生的報告等書面資料……散見於各個不同的地方及各州的檔案室、學校的地下室，或者在

51　David K. Cohen（1934-2020）。

其子孫家中的閣樓。面對這些不容易取得的資料，研究者發現：流行的
教科書、教學手冊、教育局長的報告、當時的教育雜誌，簡直太方便了。

然而，Cuban 不憚其煩，除了到圖書館或檔案室蒐集書面、照片及影音
等類史料，更前往各地的學校參訪、觀察與晤談，一共花費了兩年三個月的
時間，方才完成此一具有「分水嶺」（Tyack, 1993, p. xv）意義的重要著作。

原書作者 Cuban 明知山有虎，偏向虎山行；不畏艱難，費心費力針對教
育領域鮮見的中小學課堂教學，進行歷史研究，完成專著，流傳後世，是為
原書在教育領域具有重要性的最主要理由之一。

二、史料：廣泛蒐集來源不同的史料，創意而審慎地使用之

Shulman（1984, p. vii; 1993, p. xi）指出：

> 吾人一思及歷史研究，即常想像某位學者閱讀某段時間之信函、日
> 記、新聞報導及官方文件，然後將這些不同形式之個人或集體的觀感，
> 彙集而成該歷史學者之個人觀感。

然 Cuban 在撰作原書時不止於此，而是如同「第一等偵探」（Tyack, 1993,
p. xv）般：

> 到丹佛、紐約市及華盛頓特區等地圖書館及學區檔案中心，找尋課
> 堂的照片、實際狀況的調查、學生報刊、教師的自陳報告、學生後來所
> 寫的回憶錄等資料。

更重要的是，如 Shulman（1984, pp. vii-viii; 1993, p. xii）所指出的：

他很有創意地將所蒐集而來之數以百計的照片，用以推論各個不同時代的教學究係如何進行。吾人可確認，Cuban 在面對此中任何一種資料——照片、個人日記、課堂觀察、學區報告及評鑑、發表了的論文，甚至他自己的觀察——時，皆未單獨運用之。作為一位審慎的歷史學者，他堅持將各種來源的資料加以並列，針對其資料出處、同一時代的不同學校狀況、不同時代的相同學校情形等，仔細核對其間之真實性與一致性，並詳為檢視其間的矛盾與爭議之處。

茲試舉第五章第五節「鄉間及城市學校中盛行的教學作法」（Prevalent Teaching Practices in Rural and Urban Schools）為例說明之。

Cuban（1993, pp. 130-142）在該節以 5 張不同年代不同地區中小學課堂的照片、4 幅以四個地區（三城市一鄉間）中小學課堂教學活動的線條統計圖，以及不同年代不同地區中小學課堂教學作法的 3 個調查統計表，配合由學者們或美國教育署（U.S. Office of Education）[52] 所完成的有關研究報告之綜合分析，撰寫了有理有據、文圖並茂、內容豐富、含義深遠的這一節文字。

本此，作者 Cuban 以創意審慎地使用多方蒐集而來的史料，所撰成之美國百年來的教學改革史，正是原書之所以在教育領域具有重要性的第二項緣由。

三、論點：以證據為本提出合理發現及解釋，形成獨特論點

誠如 Tyack（1993, pp. xv-xvi）所指：

他運用各種不同的證據，包括量化的及質化的，交叉檢核其研究發現的效度與信度，在證據顯得模糊不清時，亦坦誠以告。他為這些研究發現，作出各種不同的詮釋，也針對這些詮釋，作出批判。

---

52 美國聯邦政府教育部（U.S. Department of Education）於 1980 年正式成立之前，係以教育署（U.S. Office of Education）為名，隸屬於保健教育福利部（Education Division, Department of Health, Education, and Welfare）。

本此，Cuban 乃能針對百年來美國中小學教師之教學作法由教師中心逐步朝向學生中心的改革過程中，所產生之變與不變的現象與成因，進行分析與論證，繼而提出合理的發現及解釋，形成獨特的論點。茲謹舉例說明如下。

Cuban（1993）於原書末章，亦即第九章，在〈又如何呢？對於政策制定者、實務工作者及研究者的啟示〉之章首，為本研究的發現歸納了三項結論：

1. 整體說來，教師中心教學的傳統在初等與中等學校的課堂，持續居於主流的地位，但是萌芽於本（20）世紀初幾十年的一種混成式（a hybrid version）[53] 學生中心作法開始流傳，並且漸次成熟。（p. 272）

2. 高級中學的教學主要仍保持教師中心的作法。（p. 272）

3. 在過去一個世紀，有相當多小學的課堂已經發展出一套學生中心的教學作法。（p. 273）

Cuban 在原書第八章〈解釋教師如何教學：探索式的分析〉中，曾就這三點研究發現，提出了六點一般性的解釋：

1. 有關知識的性質、教學應如何進行，以及兒童應如何學習等文化信念，都是如此廣泛地深植於人們的心中，以至於它們會操控政策制定者、實務工作者、家長及公民們對於某些特定的教學形式之所思所想。（p. 248）

2. 正式學校教育的組織與作法，發揮了社會化的功能，並且將學生依其個人的才情，分配到適當的社會經濟地位。（p. 249）

3. 若政策制定者有效能地推動旨在轉變教師日常所作所為的改革，則教學作法的變革就會發生。（p. 251）

4. 學區、學校與課堂的組織結構形塑了教師主要的教學作法。（p. 252）

5. 在此一職業裡所發展而成的教學文化，有偏於維持課堂作法穩定性的

---

53 譯注者進入國家教育研究院樂詞網，依「混合 hybrid」詞彙項下的說明，進行兩種檢索：一是以"hybrid"進行詞彙精確檢索，其結果顯示"hybrid"有混合、混合物、混合種、混成、混成體、混種、雜種、雜交、混染、拼合、橋接等中譯；另一是以「混合」進行詞彙精確檢索，其結果顯示「混合」有 blending、compositing、mix、mixing、mixed、hybrid、hybridity 等英譯。經仔細斟酌後，本書採混成或混成體譯解 Cuban 所用"hybrid"一詞，而以混合、混合式或混合的、混合物譯解 Cuban 所用"mix"、"mixed"、"mixture"等詞。另外，本書偶有"blend"一詞出現，如 Shulman（1984, p. ix; 1993, p. xiii）及 Cuban（1993, p. xxi），亦譯為混成。

傾向。（p. 253）

6. 教師的教材知識，以及其有關學校在社會上所擔負的責任、有關課堂中的權威，還有關於兒童的族裔及社會經濟地位等事項所具有之專業及個人的（professional and personal）信念，這些都會形塑其課堂的教學作法。（p. 255）

隨後，Cuban 再以三項規準檢視這六項解釋。這三項規準為：

1. 小學與中學這兩類學校，都有堅定牢固且清晰可見的教師中心教學，此一論證確實能對此作出解釋嗎？[54]

2. 某些教學改變發生於小學，卻未見於中學階段的情況，此一論證確實能對此作出解釋嗎？

3. 教師選擇某些特定之進步式及非正式的教學作法，而不選擇別的作法，此一論證確實能對此作出解釋嗎？（p. 256）

經過一番討論後，Cuban（1993, p. 260）指出：「六項解釋之中沒有任何一項完全符合前述的三項規準。」不過，Cuban 接著說明，雖然如此，人們還是可以由這六個觀點琢磨出一些能符合所有這三項規準之相當連貫的解釋。

「情境限制下的抉擇」（situationally constrained choices）[55]（p. 260），就是一種可能的解釋。此一解釋意在指出，因為教師所擁有的「自主性」（p. 262），讓他們在進行課堂教學時，雖然受到來自社會、文化及組織等諸多限制，仍有作出自主抉擇的空間。

正因如此，我們才會看到，教師在面對教學的改革時，有的「按兵不動」，有的「以拖待變」，有的則是「充分配合」，甚至還有一些「超前部署」，不一而足。也正因如此，我們才會明白，為什麼教師中心教學會持續

54　如 Cuban（1993, pp. 14, 247）所稱，本人將在以下的文脈中交替地使用論證與解釋這兩個字。

55　譯注者發現，在 Cuban 的著作中，「情境限制下的抉擇」一詞有兩種表述方式，一是"situationally constrained choice"，一是"contextually constrained choice"。前者如本書（pp. viii, 206-261, 264, 271, 174-275, 277, 282-283）；後者如專文〈課程的變與不變〉（Cuban, 1992, p. 241）及專書《賣得多、用得少：當教育遇見科技》（Cuban, 2001, p. 167）。不過，因二詞實為同義，本書乃採同一中譯。

保存下去，為什麼小學課堂改變得比中學較多，又，為什麼有一些（相當多的小學）教師則已經發展出一種由教師中心與學生中心兩種教學作法的「混成體」（hybrids）（Cuban, 1993, p. 8）。本人以為，此一解釋乃是 Cuban 以其紮實的研究而獲得之證據為本，所提出之合理的發現及解釋，進而形成之獨特論點。

類此，原書作者 Cuban 能以證據為本提出合理的發現及解釋，進而形成在教學改革史方面的獨特論點，正是原書之所以在教育領域具有重要性的第三項緣由。

四、啟示：以作者豐富的經驗出發，為眾人獻上智慧的啟示

Cuban（1993, p. xxi）於原書謝辭中開宗明義地自陳：「開始執行這項研究時，我是個教育局長，完成時，已成了教授。」所以，在原書出版時，年過半百的 Cuban 已擁有課堂教師、師傅教師（Master Teacher）、學區教學專案計畫主任（Director, Cardozo Project in Urban Teaching）、學區教師職涯發展室主任（Director, Office of Staff Development）、教育局長（Superintendent）及大學教授等豐富的經驗。因此，Shulman（1984, p. viii; 1993, p. xii）才會有如此的評論：「本書所傳達的豐富意義，多是由作者的獨特背景，為此一事業所帶來之鮮有的效應。」

就是因為如此，Tyack（1993, p. xvi）才會有以下的評語：

> 這本書既沒有針對教育問題而提出的、像汽車保險桿上標語式的解方（bumper-sticker solutions），也沒有選舉年間才見到的噱頭（election-year gimmicks）。相反地，這本專書所呈現的是一位有著豐富實務經驗的學者所提供的智慧與希望；這些向傳統挑戰的智慧（skeptical wisdom），將會帶著大家檢視我們過去的所作所為，也會引領大家滿懷著希望（seasoned hopefulness）迎向未來。

　　Cuban（1993, pp. 276-290）在原書第九章第一節，以「對於試圖改革課堂教學的各方人士之綜合啟示」全節篇幅，自作者豐富的經驗出發，並根據研究發現及解釋，詳細敘述該書的啟示。茲簡述其重點如下。

　　首先，Cuban（1993, pp. 277-282）在這一節當中，用了 6 頁 22 段文字，以三個問題為綱領，討論本研究對政策制定者的啟示，建議全國、各州、學區的政策制定者，至少必須面臨三個基本的問題：第一，公共學校教育與教學應該採取什麼形式，才會為兒童與社會二者，都帶來最佳的效益？第二，應該將有限的資源引導到哪裡？第三，應該採取什麼策略？

　　其次，Cuban（1993, pp. 282-284）以 3 頁 5 段文字，說明本研究對課堂實務工作者（即教師）的三項啟示：第一， 該書各項有關研究發現所積累的實務智慧，為教師提供了一套前所未見的歷史觀點。第二，這些實務智慧應該會讓實務工作者安心，並且讓他們獲得激勵，在工作崗位上更積極任事。第三，該書確認，若是能讓教師在學校及學區層次，採取一些必要的行動，減輕或移除一些來自組織的限制，則可擴大教師在課堂中所擁有的自主權，進而開創更多改變的機會。

　　最後，Cuban（1993, pp. 284-290）用了 7 頁 28 段文字，以四個問題為綱領，討論本研究對研究者的啟示：第一，為什麼如此少人研究教學的歷史？第二，以課堂及學校為對象的研究，會不會成為一項以教師為主軸的研究，以至於只注意到教師，卻忽視了學生的聲音？第三，一項教學作法的改革實施到什麼時候，才算足夠而可稱之為改革，又，誰可以確認有這樣的改革發生了呢？第四，某些混成的教學作法會比其他教學作法好嗎？

　　Cuban 以其多年來從事課堂教學、學區行政等工作的實務歷練，乃至不斷以課堂或行政的實務問題為研究方向之學者等的豐富經驗出發，以本研究的發現為依據，為教育學術與實務界的各方人士所提出的啟示，兼具學理與實用的價值，正是原書之所以在教育領域具有重要性的第四項緣由。

五、小結

關於原書在教育領域的重要性，或可以藉 Shulman（1984, p. ix; 1993, p. xiii）在其一版推薦序的最後一段中文字，作一總結：

Cuban 這本專著固然毫無疑問地為一歷史研究之成果，亦為一靈活運用各種不同探究方法而展現之極為精湛的典範，任何教學專業社群的所有成員，皆可因閱讀該書而受益。本人之所以就單獨一項教育研究成果，給予最高度之讚賞，乃因其對本人自己的教育而言，亦貢獻良多也。既然該書對本人如此受用，相信學術、政策及實務等各界人士，所受惠於該書者，亦必然相同也！

肆、更進一步認識原書

一、出版事項：篇幅大小、叢書歸屬、版次異動

（一）篇幅大小

原書篇章由一版的「〈緒論〉篇加三篇六章」調整為「〈緒論〉篇加三篇九章」，篇幅亦因而由一版的 304 頁，增為 366 頁（須中譯的部分為 340 頁），約增加五分之一強。

（二）叢書歸屬

原書由師範學院出版社出版，編入教學研究叢書（Research on Teaching Series）。該叢書編委會由六位在教學領域知名的學者組成：David C. Berliner（U. of Arizona）、Jere Edward Brophy（Michigan State U.）、Thomas L. Good（U. of Missouri）、Magdalene Lampert（Michigan State U.）、Virginia

Richardson-Koehler（U. of Arizona）及 Robert Slavin（John Hopkins U.）。[56]

（三）版次異動

　　作為二版（1993 年）的原書，與一版（1984 年）相較，除因所撰課堂教學歷史的起訖年限延長十年而在內容及篇幅有所調整外，更重要的是，Cuban 趁機修正各方「評論者指出的各項錯誤」，並據「第一版文稿之後問世的其他研究，把我先前所作的詮釋及結論，作了一番重新的考慮」（Cuban, 1993, p. xvii）。

二、作者 Cuban（1934-）簡介

（一）學歷

　　1934 年出生於紐約市附近紐澤西州 Passaic 的 Cuban，在 1955 年於 University of Pittsburg 獲得學士學位（主修歷史、輔修生物）；1958 年於 Cleveland 的 Case Western Reserve University 獲得碩士學位（歷史），[57]1974 年獲史

56　(1)茲謹舉 Berliner 為例，說明其等皆為知名學者：當時 Berliner 在 U. of Arizona 服務，後來以 Regents' Professor Emeritus at Arizona State U.的身分退休。其專長為教學、師資培育及教育政策。1995 年與 Bruce J. Biddle 合著《人們自己製造出來的危機：為美國公立學校的辦學成果辯解》（*The Manufactured Crisis: Myths, Fraud, and the Attack on America's Public Schools*），2014 年又與 Gene V. Glass 及另 18 位合著《威脅美國公立學校的 50 個迷思：這才是教育的真正危機》（*50 Myths & Lies That Threaten America's Public Schools: The Real Crisis in Education*）。另外，Berliner 並曾與 Robert C. Calfee 合編《教育心理學大全》（*Handbook of Educational Psychology*, 1996）。(2)部分學者的生卒年代為：David Berliner（1938-），Jere Edward Brophy（1940-2009），Thomas L. Good（1943-）及 Robert Slavin（1950-）。

57　據 Cuban（1988, p. 45）自述，1958 年，他在 Case Western Reserve University 以課餘兼讀方式修畢歷史專業的博士課程，並完成博士論文的若干章節。又，據 Cuban（2016, p. 40）補述，其於 1963 年通過博士考試（doctoral exams，應是指學科考試或綜合考試）──Cuban（2020,7,7）對本人於 2020 年 7 月 6 日電郵所提問題的回應，確認了這一點。當時，Cuban 並受康乃迪克州一所小型文理學院邀請前往擔任歷史專業的助理教授，聘期三年，但條件是須於其間完成以《Cleveland 的黑人領袖，1890-1940 年》（*Negro Leadership in Cleveland, 1890-1940*）為題的博士論文。然而，因為此事不只意指離開公立學校，且蘊涵必須「中斷多年來歷史教學的研發，更有違照顧那些苦於接受學校教育不足的低收入少數族裔」之宏願，經與結褵甫五年的夫人 Barbara Smith 及友人們多番商議後，放棄此一聘約。Cuban 隨即轉赴華盛頓特區服務（Cuban, 1988）。

丹佛大學教育學院博士學位（教育史）。Cuban 的指導教授為 David Tyack，博士學位論文為《受到猛烈批評的城市學校首長》（*Urban School Chiefs Under Fire*）。[58]

（二）經歷

Cuban 於 1955 年在 Pittsburg 的 McKeesport 技術中學任教生物；1956 至 1963 年在俄亥俄州 Cleveland 的 Glenville 中學任教歷史。其後，1963 至 1972 年皆在華盛頓特區的學區任職：1963 至 1965 年，在 Cardozo 中學擔任師傅教師；1965 至 1967 年，在 Cardozo 中學所設教學專案計畫擔任主任；1967 至 1968 年，在 Roosevelt 中學擔任教師；1968 至 1970 年，在學區擔任教師職涯發展室主任；1970 至 1972 年，在 Roosevelt 中學擔任師傅教師。並於取得博士學位後擔任 Arlington 郡的教育局長七年（1974-1981）。1981 年，受聘於史丹佛大學教育學院。2002 年自史丹佛大學教育學院退休，並以榮譽退休教授（Professor Emeritus）名義從事研究與寫作。

（三）研究重點（主要研究興趣）

原書的〈作者簡介〉（Cuban, 1993, p. 359）中有言，其主要研究興趣聚焦於「課程與教學史、教育領導、學校改革、學校效能」。由這四項主要研究興趣，可以再歸結為學校改革與課堂實務這兩個他始終關注的研究重點，這可由他把在 2009 年開闢之每週二次的部落格（blog）定名為「Larry Cuban 論學校改革與課堂實務」（Larry Cuban on School Reform and Classroom Practice）看出端倪。

58　該論文以三個大城市教育局長——Benjamin Willis（Chicago）、Carl Hansen（Washington, D. C.）及 Harold Spears（San Francisco）——的生涯「撰寫了一本非常優質的博士論文」（Shulman, 1984, p. xiii; 1993, p. xii）。又，Cuban 於 1972 年辭去教師職務，以專職學生身分入讀史丹佛大學教育學院博士班，1974 年完成課程並取得學位，並於稍後如願擔任教育局長。關於這段歷程，Cuban 於 2020 年 6 月 12 日在部落格撰有〈由教師到教育局長：一趟政治的冒險之旅〉（Moving From Teacher to Superintendent: A Political Odyssey）說明之。請見 https://larrycuban.wordpress.com/2020/06/12/moving-from-teacher-to-superintendent-a-political-odyssey/。

（四）著作特點

茲謹以前述有關 Cuban 的學經歷及研究重點之敘述為據，加上長年以來持續閱讀其著作的心得，略述如下。

1. 以豐富經驗為本、著眼教育改革、研究主題相互關聯

Cuban 的雙親來自烏克蘭，移民美國紐約地區，他即出生於紐約市附近的紐澤西州 Passaic；後來遷居 Pittsburg。他雖出生於白人工人家庭，卻是在低下階層為多的黑人聚居區長大。在母親的鼓勵及自己的努力下，進入住家附近的 University of Pittsburg，以半工半讀的方式成為家中第一個獲有學士學位的子弟。其後，他先後在黑人占相當多數的都市內城區（inner city）[59] 擔任教學或行政工作，並且奮力上進，完成歷史碩士、歷史博士課程，取得教育博士，復因為有豐富教學與行政經驗的加持，得以在年近半百（47 歲）時進入世界頂尖研究型大學的教育學院擔任教授。

Cuban 於尚未進入大學服務之前，即以其具有生長於黑人聚居區，又曾在黑人占多數的都市內城區工作多年，因而對於許多教育問題所由生的都市地區，特別是內城區居於文化弱勢的黑人教育之應興應革事項，有著豐富的實地觀察與親歷其境的真實經驗，並且屢屢思考如何藉由提振包括黑人教育在內的都市地區教育，俾便促成美國教育的整體改革。這些寶貴的經驗與其日後許多的研究與寫作皆著眼於與教育改革有關議題，有著密切的關聯。Cuban（2008, p. 1）曾以自問自答的方式，說明這層關聯乃至注意教育改革問題的初衷：

> 我為什麼會發表有關改革的論著？半世紀前，當我剛開始在一所主要是黑人入讀的中學任教歷史。這項經驗讓我有機會思考這個問題：就是那些學區的行政領導，甚至國家層次的政策制定者激怒了我。我能理

59　美國一般大都市的內城區多為收入較低人士聚居之處，而中產階級則住在郊區。

解這些心存善意的決策者企圖藉由推動良好教學、革新課程、全校性質的文化方案，更試以充實高檔的設備等作法，將少數族裔學生帶離貧窮的困境。但是讓我生氣的是，在他們所說的、應該發生於一些像我所服務學校的諸多事情，與我在所任教的學校課堂裡實際體驗到的情況，卻有著極大的差距！

以此一熱切的情感為動力，Cuban（2008, p. 4）十分理性地釐清可能解決的「問題」（problems）與不可能解決而只能妥予管理的「兩難」（dilemmas）之間的區別，進而將其「管理兩難、解決問題」的經驗，以適切的研究成果為佐證，將合理論述的解釋，轉化為可供政策制定者、實務工作者及學者等卓參的建議。

同時，Cuban（2008, p. 4）深深地理解，教育改革事項的消疑解難絕無所謂「青蛙一經親吻，就變成王子」的「童話」式解方，因為教育是一個「複雜」的系統。而且，Cuban（2013, pp. 155-157）清楚地指出，我們必須釐清此一「複雜」系統的性質；蓋教育並非如「發射火箭到太空或動手術取出腦瘤」一樣地，可以藉由「精細」（sophisticated）研製而成的設置，一經按圖索驥即可處理的"complicated"系統，而是涉及各自擁有獨立意志的「人」及交織錯綜的政治、社會、經濟、文化等有待「持續適應與協商的設計與行動」之"complex"系統。

Cuban（2008, p. 7）曾很具象地描述了，豐富的經驗為他增添不同角色轉換的機遇，並因而能兼容並包地將這些機遇融合為適切掌握問題與兩難的關鍵所在：

我作為一位課堂培養而成的（classroom-bred）改革者，往復來回於課堂與行政的場域，最後，到了學術界。無論在哪兒，我總是多方試著界定及再界定學生不願用心學習及學業成就低落的問題，以及如何面對形成這些問題的一些兩難困境。質言之，我的職涯就是一直在弄清楚都

市學校的教育狀況，並且闡明其間的問題與兩難。幸運的是，我由帶有對實務問題靈敏感觸的局內人（課堂教師或學區行政人員），轉而成為必須在面對實務問題，採取冷靜而公正、客觀分析者觀點的局外人（學者）時，還算能應付得宜；再加上我長期以來所積累之歷史研究的知識與方法，總能直指學校改革與課堂實務的關鍵，並在最後能以友善批評者的身分，融合局內人與局外人這兩種觀點。

就是以豐富經驗為本、著眼教育改革，讓他這位實務工者／學者，每每能有精湛的著作問世，造福教育學術與實務界。

既經嚴"complicated"與"complex"之辨，Cuban 在就教育議題有所論列時，總會兼顧多方面的因素，進行相互關聯的考量。Cuban（2013, p. ix）自述：

> 三十年來，我在教學、課程、學校組織、科技與改革等方面，有了不少的撰作。這些主題都是相互關聯的。

這句話應可說明 Cuban 的著作中確實有「研究主題相互關聯」的現象，而此一現象正是建立在他以豐富的教學與行政經驗為本，關懷作為複雜系統的學校與課堂中不時發生的問題與兩難，進而謀求解決與管控等的改革作法之基礎上。

2. 善用歷史研究方法、作出厚實論述及合理解釋與啟示

先談 Cuban 善用歷史研究方法。

或許緣於 Cuban 在大學部及碩士班階段皆主修歷史，博士班階段又專攻教育史，促成他日後以歷史方法研究教育問題，並持續撰成專著。不過，他固然會就某個較短的時段，探討特定的教育事件，[60] 但是更常做的是就教學、

60　舉例而言，Cuban（1979b）於維吉尼亞州 Arlington 任教育局長時，即曾發表〈1973-1978 年間維吉尼亞州阿靈頓的入學人數減少與學校合併之政治與組織的影響分析〉一文，敘述該學區面臨人口老化與少子化，以及辦學成本提高與學區財政收入減少等問題，並於探討其影響因素後，提出相應的改進建議。

課程、學校組織、科技與改革等相互關聯的主題，進行較長期——數十年以至一個世紀——的歷史研究，藉此發現教育現象的變（變遷）與不變（恆定）的狀況，進而掌握事理的本質。為節省篇幅，茲僅就教學、課程二個主題舉若干例子說明之。

就教學而言，除 *HTT* 外，Cuban（1991）所撰〈社會科教學的歷史〉，有兩個專節分別討論 1900 至 1930 年間及 1940 至 1980 年間社會科教學的歷史。Cuban（2009）出版的《抱持中道：教師在測驗與問責的時代如何教》則雖以當代的現況為著眼，亦設有小節專論 1990 年代以後的課堂教學情況。Cuban（2016）的專書《歷史教學的今與昔》，則針對其 1956 年入職歷史教學行列以來，美國歷史教學（改革）的歷史，進行昔日的回顧、當今的檢視與未來的展望。

就課程而言，Cuban（1979a）〈課程變與不變的決定因素，1870-1970 年〉應是 Cuban 探討長達一個世紀之教育有關議題較早的論文。Cuban（1979a, p. 141）在該文的導言中明示，其之所以聚焦於這麼長時間的課程變動，是因為從一個世紀的觀點來看，會讓我們看出：「長期以來，組織結構脈絡在課程進展這個方面，所能發揮的影響力。」有了這層認識，較能由現在的課程現象做出可瞻望未來的課程決策。Cuban（1992）〈課程的變與不變〉討論 1870 年至 1970 年一整個世紀的課程進展。Cuban（2013）《在課堂實務黑箱之內看見美國教育只變未改》中第二章〈重建科學課程，1890 年代至 2011 年〉所述跨越的時間更超過一個世紀！

Cuban 之善用歷史研究方法，可以同時在史丹佛任教的教育心理學家 Shulman（1984, pp. vii-viii; 1993, pp. xi-xii）為本書一版推薦序所作評論為見證。因這段文字已在前面（「參、原書在教育領域之重要性」之二「史料：廣泛蒐集來源不同的史料，創意而審慎地使用之」）討論過，此處謹作兩點歸納，以說明其運用歷史研究方法的特色：其一，長期自多個來源蒐集史料，除了一般史家所常用的某段時間之信函、日記、新聞報導及官方文件，尚有自不同時間與地點多方取得的課堂觀察紀錄、學區評鑑報告、各式論文，甚

至還有他親身的觀察等。其二，審慎地確認這些史料的真實性與一致性，並詳為檢視其間的矛盾與爭議之處，進而創意並整合地運用這些史料。

再談作出厚實論述及合理解釋與啟示。

就受過歷史專業訓練的 Cuban（2018, p. 120）而言，人們在面對任何事件，都必須將其等置於由過去與現在所形成之「連續體」中，俾便作全面的考量。Cuban 即以此為本，採創意的方式善用各種史料，作出厚實的論述，並據以審慎地提出周全與合理之論證或解釋，再歸結而成適切的啟示。[61]

Cuban 於探討從過去到現在橫跨數十年、一個世紀，甚至更長時間當中有關課程與教學的問題時，固然能精湛地運用歷史方法，藉以盡量掌握問題的核心。即使在探討當今時興的各項教育議題時，不論是學校教育改革效能與領導，或是課堂中科技的使用，乃至最近有關新冠肺炎（COVID-19）疫情下教育現況的分析，亦皆注意到歷史、社會、政治、經濟、文化、思想、信念等背景與脈絡因素所產生的影響。[62] 蓋 Cuban 深明：「若將某些研究所發生的時間及文化意識型態等脈絡因素袪除」（Shulman, 1984, p. vii; 1993, p. xi），我們即無法由研究結果獲致較佳的建言。

展讀 Cuban 的諸多著作，可確認其始終如一地為一些過去與現在的教育現象，盡力作出厚實深入而合理的解釋，原書 *HTT* 即是最佳例證之一。原書〈緒論〉即設有專節，討論教學變與不變的六點解釋；接著，再以七章的文字逐一詳實論述教學變與不變的現象；之後，第八章，以較長的篇幅針對前

---

61 Cuban 的說法頗為符合常理，但後現代史學泰斗 Haden White（1928-2018）顯然不會同意。White（2010, p. 4）曾這麼說：實際上，歷史發展、變化或演變的概念都是假設，不僅歷史的事件與事物在持續變化，事件與事物之間彼此相互關聯所依循的原則也在變化。這意味著，對事件及其脈絡之間的關聯加以描述，乃至為可藉由「脈絡化」而「理解」的事件加以描述，同樣有問題。

62 2020 年 7 月 11 日，Cuban 在部落格發表〈川普總統把各級學校重啟這件事武器化〉一文，對於川普總統不顧新冠肺炎疫情仍未控制的窘境，要求各級學校於 8 月中下旬開學，直如「將學校的重啟當作武器」。此舉呼應了百餘年來，美國「利用學校強化經濟發展」思潮漸盛的史實。然而，Cuban 以為，此種偏離「培養思考、問題解決、服務人群」等的作法，不足為範（請見 https://larrycuban.wordpress.com/2020/07/11/the-president-has-weaponized-the-opening-of-schools/）。

述六點解釋作較仔細的論證；最後，第九章，亦以適宜的篇幅闡述啟示。Cuban（1993, p. 14）自道：

> 關於教學作法維持穩定，以及仍見教師採行變革作法的例子，有著為數不少的解釋。現在，我之所以簡短提及這些可能的解釋，是為了警示讀者，這些論證的範圍很大，性質也很複雜。我會在本章〈緒論〉之後的七章，逐一揭示課堂實際狀況之後，再以較長的篇幅仔細探討之。

本人於前文述及（「參、原書在教育領域之重要性」之三「論點：以證據為本提出合理發現及解釋，形成獨特論點」與之四「啟示：以作者豐富的經驗出發，為眾人獻上智慧的啟示」）時，已經陳述了這些厚實論證及合理解釋與啟示之要點。此地，謹就 *HTT* 二版問世之後的八年，亦即 2001 年出版的另一專書《賣得多、用得少：當教育遇見科技》的內容大要，簡介於下。

該書於〈緒論〉先說明人們總是期望藉由科技促使學校有所變革；其後，第一章描述研究所在的環境（亦即脈絡）；第二、三、四等三章，以各種資料（兼顧史料及現況分析），詳為論述研究的結果；第五章，解釋非預期之研究結果的意義；第六章，針對研究結果的啟示，對學校就電腦是否值得投資作成建議。因受限於篇幅，僅就第五章〈弄懂非預期結果的意義〉的內容摘述之。

該章旨在針對一般學校教師在課堂使用電腦時，所可能產生的三項非預期結果：一是，「教師在課堂中運用科技改變教學的情況並不普遍，次數也不多」（Cuban, 2001, p. 151）；二是，「教師總是會仔細挑選最容易適應傳統作法的科技」（Cuban, 2001, p. 151）；三是，「為何還是有些教師成為科技創新者，……跳脫傳統轉而使用較具心智挑戰且複雜的教學作法」（Cuban, 2001, p. 166）等「非預期結果」，提出三項解釋。Cuban 先說明第一項解釋，論證其可以部分地解釋上述第一點「非預期結果」，但無法解釋另兩點；其次，再說明第二項解釋，論證其可以部分地解釋上述第二點「非預期結果」，

但無法解釋第三點；最後，才再說明第三項解釋，而以其為最合理的解釋。
茲述其要點如下。

Cuban 的第一項「緩慢革命」解釋，在說明學校面對新科技與新作法帶
來的改變時，和新科技與新作法的革命同樣緩慢。Cuban（2001, p. 152）以
1986 年由 James Beniger 出版的《控制革命》（*The Control Revolution*）一書
為據，說明人類運用科技與有關方法以掌控環境而進行的「控制革命」，本
質上是一種緩慢革命。Cuban（2001, p. 153）又以 Peter Drucker 於 1999 年發
表的〈超越資訊革命〉（Beyond the Information Revolution）一文為據，說明
資訊科技革命直到半個世紀之前才開始，而且就像發電機一樣，資訊科技革
命將會在我們現有的體制中引發緩慢的改變。這項「緩慢革命」的說法，可
以解釋「教師在課堂中運用科技改變教學的情況並不普遍，次數也不多」的
現象，但卻無法解釋另兩點。

第二項「教學的歷史、社會、組織與政治脈絡」（Cuban, 2001, p. 156）
解釋為：

> 學校在民主社會中所扮演的角色，教育人員的結構以及這些教育人
> 員執行其工作的情況，再加上資訊科技所具有的符號象徵意義以及這些
> 資訊科技所具有的真實意義。這些學校外在的脈絡與學校內在的脈絡所
> 發生之動態的相互作用，影響了教學的實際作法。這樣的解釋把學校使
> 用科技的落差，置入學校教育的社會與政治組織、社會對學校的期望以
> 及歷史的傳承之中，而這些都會對課堂的教學作法產生影響。此外，也
> 讓我們理解了作為資訊科技使用者的教師，為何總是持續其現有例行性
> 的教學作法，而非有所改變。

此一「歷史與脈絡」的考量，可以解釋「教師總是會仔細挑選最容易適
應傳統作法的科技」之現象，但卻無法解釋另一點，即「總還是有教師會在
課堂中選用嶄新的科技」。

第三項「情境限制下的抉擇」之解釋（Cuban, 2001, pp. 167-170），是指一般學校教師可在有限制的脈絡情況下，選擇執行科技融入教學的政策，進而改變其教學內容與方式。然而在這種情況下，因為有了學校的鬆散特性所給予教師的自主空間，使得教師在面對包括科技融入教學在內的任何改革或創新計畫時，有選擇緩變甚至不變的可能。此一說法既可解釋「為何還是有些教師成為科技創新者，他們跳脫傳統轉而使用較具心智挑戰且複雜的教學作法」，也可解釋「教師在課堂中運用科技改變教學的情況並不普遍，次數也不多」及「教師總是會仔細挑選最容易適應傳統作法的科技」等現象。

Cuban 就是這樣，抽絲剝繭般地，一層一層地論證，將最為合理的解釋加以呈現；也因此，他針對這些解釋，以豐富的教學與實務經驗所作出具有啟示性質的建議，即十分適切。

3. 視寫作如學習、樂此而不疲、積累研究成果數量甚多

Cuban（1988, p. 47; 2018, p. 231）自述，其在 1961 年於某一專業期刊，所發表以〈黑人歷史〉為主題的論文，是為其一生當中所撰的第一篇論文。三年後，Cuban 應教科書商之請，以《美國的黑人》為題，撰寫供傳統中學「美國歷史」一科使用的補充教材，是為其所出版的第一本書籍。

時隔一甲子的最近幾年，Cuban 又出版了《美國公立學校尋求成功與遭遇失敗的歷史分析》（2020）、《學校改革者的自白》（2021）及《歷久不衰的課堂：教學今與昔》（2023）三書。任何人，於近乎九秩的高壽，多半已經含飴弄孫、頤養天年，但是 Cuban 依然不停敲打電腦鍵盤，或不定期出版專書，或定期（每週二次）記言於部落格，未曾或止，不但印證了「活到老、學到老」的千古箴言，又立下了新科技時代「『敲』到老、『部』到老」的新典範。作為這樣一位「活到老、學到老、『敲』到老、『部』到老」的「學者／實務工作者」（scholar/practitioner）（Cuban, 1988, p. 175），亦是「學者─教師」（scholar-teacher）（Cuban, 1999, pp. 55, 116-128）的 Cuban（2018, p. 231），不但視寫作為「一件神奇的妙事！」更將寫作當成「一種

持續學習的方式」，乃至「一種教學的形式」。再加上他總是與時俱進，配合教育時事的進展，撰文著書，發為理性的議論。於是，在這種情況之下，其著作的數量即積累不少。這一點，請參見下一小節所整理的（部分）著作年表。

（五）著作年表（凡以 “〈 〉行文者表單篇論文，《》表書籍）

1. 大學畢業後、入職史丹佛大學前（1958 至 1981 年）

1961 'Jim Crow History'（〈黑人歷史〉）；是為 Cuban 生平首篇論文。

1962 'Teaching at Glenville'〈在 Glenville 的教學〉

1964 *The Negro in America*《美國的黑人》（中學教科用書）

1969 'Teacher and Community'〈教師與社區〉

1970 *To Make a Difference: Teaching in Inner City Schools*《有所作為：內城區學校的教學》

1971 *Promise of America*《美國的希望》

　　 People of the World《世界各地的人民》

　　 People and the City《人們與城市》（三本皆為中學教科用書）

1974 'Reform by Fiat: Clark-plan in Washington, 1970-1972'〈法定改革：華盛頓特區的克拉克計畫，1970-1972 年〉

　　 'Urban Superintendents: Vulnerable Experts'〈城市的教育局長：易受責難的專家〉

　　 Urban School Chiefs Under Fire《受到猛烈批評的城市學校首長》（博士論文）

1975 'Hobson v. Hansen: A Study in Organizational Response'〈針對 Hobson 控告 Hansen 一案之組織反應研究〉

1979 'Determinants of Curriculum Change and Stability, 1870-1970'〈課程變與不變的決定因素，1870-1970 年〉

　　 'Shrinking Enrollment and Consolidation: Political and Organizational Impacts in Arlington, Virginia, 1973-1978'〈1973-1978 年間維吉尼亞

州阿靈頓的入學人數減少與學校合併之政治與組織的影響分析〉

2. 史丹佛大學任職期間（1982 至 2001 年）

　　1982　'Persistence of the Inevitable: The Teacher-centered Classroom'〈論課
　　　　　堂持續採用教師中心教學作法的必然性〉

　　　　　'Persistent Instruction: The High School Classroom'〈持續存在於中學
　　　　　的教學作法〉

　　　　　'American Dreams and Public Schools'〈美國夢與公立學校〉

　　1984　'Policy and Research Dilemmas in the Teaching of Reasoning: Unplan-
　　　　　ned Designs'〈推理教學的政策與研究：未經規劃的設計〉

　　　　　'Transformation of the Frog Into a Prince: Effective Schools Research,
　　　　　Policy, and Practice at the District Level'〈青蛙變王子：學區層次的
　　　　　有效學校研究、政策與實施〉

　　　　　*How Teachers Taught: Constancy and Change in American Classrooms,
　　　　　1890-1980*（即本書原書一版）

　　1985　'Conflict and Leadership in the Superintendency'〈教育局長職務的衝
　　　　　突與領導〉

　　1986　*Teachers and Machines: The Classroom Use of Technology Since 1920*
　　　　　《教師與機器：1920 年以後課堂使用科技的情況》

　　　　　'Persistent Instruction: Another Look at Constancy in the Classroom'
　　　　　〈持續採行的教學：另探課堂作法的恆常性〉

　　　　　'Principaling: Images and Roles'〈校長的形象與角色〉

　　1987　'Cultures of Teaching: A Puzzle'〈如謎的教學文化〉

　　　　　'The Holmes Group-project:Why Reach Exceeds Grasp'〈為何 Holmes
　　　　　師培聯盟計畫伸手而不可及〉

　　1988　*The Managerial Imperative and the Practice of Leadership in Schools*
　　　　　《學校中的管理律令與領導作法》

'Why Do Some Reform Persist'〈為何某些改革持續長存〉

'Researchers Advising Policy Makers: A Word to the Wise'〈研究人員勸告政策制定者：智者一言已足〉

'You're on The Right Track, David'〈David, 你做對了！〉

1989 'At-risk Student: What Teachers and Principals Can Do'〈教師與校長應如何對待瀕臨危機的學生〉

'Neoprogressive Visions and Organizational Realities'〈新進步論願景與組織的現實〉

'The At-risk Lable and the Problem of Urban School Reform'〈瀕臨危機的標籤與城市學校改革的問題〉

1990 'Reform Again, Again, and Again,'〈又改革、再改革，又再改革！〉

'What I Learned From What I Had Forgotten About Teaching: Notes From a Professor'〈從我已經忘了的教學，讓我學到了什麼：一位教授的想法〉

'4 Stories About National Goals for American Education'〈四則關於美國國家層次教育目的之故事〉

1991 'History of Teaching in Social Studies'〈社會科的教學歷史〉

1992 'What Happens to Reforms That Last? The Case of the Junior High School'〈持續長存的改革是什麼情況：以初級中學為例〉

'Why Some Reforms Last? The Case of the Kindergarten'〈為什麼某些改革持續長存下去：以幼兒園為例〉

'Curriculum Stability and Change'〈課程的變與不變〉

1993 'Computers Meet Classroom: Classroom Wins'〈電腦遇見課堂：課堂贏了！〉

'The Lure of Curriculum Reform and its Pitful History'〈課程改革的誘惑及其可憐的歷史〉

How Teachers Taught: Constancy and Change in American Classrooms, 1890-1990（2nd ed.）（即本書原書）

1995 *Tinkering Toward Utopia: A Century of Public School Reform*《逡巡前進、步向理想：百年美國教育改革回顧》（與 David Tyack 合著）

'Public School Teachers Using Machines in the Next Decade'〈未來十年教師運用機器的情況〉

1996 'When Is Tenure Long Enough? A Historical Analysis of Superintendent Turnover and Tenure in Urban School Districts'〈怎麼樣的任期才夠長？城市學區教育局長異動及任期的歷史分析〉

'Myths About Changing Schools and the Case of Special Education'〈有關改變學校的迷思，並以特殊教育為例〉

1997 'Change Without Reform: The Case of Stanford University School of Medicine, 1908-1990'〈變而未改：以 1908 年至 1990 年間的史丹佛大學醫學院為例〉

1998 'The Integration of Sciences Into The American Secondary School Curriculum, 1890s-1990s'〈1890 至 1990 年間將科學統整到美國中等學校課程的歷史〉

'How Schools Change Reforms: Redefining Reform Success and Failure'〈學校怎麼改變改革：重新界定成與敗〉

1999 *How Scholar Trumped Teachers: Change Without Reform in University Curriculum, Teaching, and Research*《學者如何勝過教師：大學課程教學與研究只變未改》

2000 *Reconstructing The Common Good in Education: Coping With Intractable American Dilemmas*《重建教育中的公共利益：對付難處理的美國兩難》（Cuban 主編）

'Managing the Dilemmas of High School Reform'〈管理高中改革的兩難〉

2001 *Oversold and Underused: Computers in the Classroom*《賣得多、用得少：當教育遇見科技》

How Can I Fix it? Finding Solutions and Managing Dilemmas: An Educator's Road Map《我如何搞定它？尋求解方與管理兩難：教育工作者的路線圖》

'Can Historians Help School Reformers?'〈歷史學家能協助學校改革嗎？〉

'High Access and Low Use of Technologies in High School Classrooms: Explaining an Apparent Paradox'〈中學課堂科技的高近取與低使用：解釋一項明顯的弔詭〉

'Urban School Leadership: Different in Kind and Degree'〈城市的學校領導：種類及程度皆有所不同〉

'Why Are Most Teachers Infrequent and Restrained Users of Computers in Their Classrooms?'〈為何大多數教師是在課堂中偶爾且有所限制地使用電腦的人？〉

3. 史丹佛大學退休後（2002 年以後）

2002 'Techno-Promoter Dreams, Student Realities'〈科技倡導者的夢想、學生的現實〉

'Customization and the Common Good：A Conversation With Larry Cuban'〈量身定製與公共利益：與 Larry Cuban 對話〉（由 S. Willis 訪談）

2003 *Why Is It so Hard to Get Good Schools?*《為什麼這麼難找到好學校？》

Powerful Reforms With Shallow Roots: Improving American Urban Schools《強而有力但根基淺薄的改革：改進美國城市學校》（與人合編）

2004 *The Blackboard and the Bottom Line: Why Schools Can't Be Businesses*《黑板與底線：為何學校不能成為企業單位》

'Meeting Challenges in Urban Schools'〈迎接城市學校的挑戰〉

2006 'Getting Past Futile Pedagogical Wars'〈擺脫徒勞無益的教學爭戰〉

2007 *Partners in Literacy: Schools and Libraries Building Communities Through Technology*《讀寫素養的夥伴：學校與圖書館藉由科技構築共同體》（與長女 Sondra 合著）

'The Perennial Reform: Fixing School Time'〈永恒的改革：搞定在校的時間〉

2008 *Frogs into Princes: Writings on School Reform*《青蛙變王子：學校改革論文集》

2009 *Hugging the Middle: How Teachers Teach in an Era of Testing and Accountability*《抱持中道：教師在測驗與問責的時代如何教》

2010 *As Good as it Gets: What School Reform Brought to Austin*《盡善盡美：帶進奧斯汀的是什麼改革》

Cutting Through the Hype: The Essential Guide to School Reform《砍斷花招：學校改革的重要指引》（與 Jane L. David 合著）

Against the Odds: Insights From One District's Small School Reform《破除萬難：某學區小校改革的啟示》（與另四人合編）

2012 'Standards vs. Customization: Finding the Balance'〈標準化與客製化：找出平衡點〉

2013 *Inside the Black Box of Classroom Practice: Change Without Reform in American Education*《在課堂實務黑箱之內看見美國教育只變未改》

2016 *Teaching History Then and Now: A Story of Stability and Change in Schools*《歷史教學的今與昔：學校變與不變的故事》

'Education Researchers, AERA Presidents, and Reforming the Practice of Schooling, 1916-2016'〈教育研究人員月刊、美國教育研究學會歷任會長及學校改革作法：1916 至 2016 年〉

2018 *The Flight of a Butterfly or the Path of a Bullet? Using Technology to Transform Teaching and Learning*《蝴蝶展翅抑或子彈在飛？以科技帶動教學變革的今與昔》

2020 *Chasing Success and Confronting Failure in American Public Schools*《美國公立學校尋求成功與遭遇失敗的歷史分析》

2021 *Confessions of a School Reformer* [63]《學校改革者的自白》

2023 *The Enduring Classroom: Teaching Then and Now* [64]《歷久不衰的課堂：教學今與昔》

三、原書所接受引用的情況

須說明者，本小節所述的引用次數皆計至 2023 年 9 月 30 日。

（一）先看原書接受其他著作引用的次數

依 Google Scholar 的統計，原書一版接受其他著作引用的次數為 2,571 次，二版為 2,802 次。不過，這項統計所收錄的資訊係以英語世界為範限，中文世界的著作未列入計算。舉例而言，本人（單文經，2004）所撰〈論革新課程實驗之難成〉一文即同時引用了原書的一版及二版。至於中文世界乃至其他世界是否尚有引用原書的著作，則有待進一步查證。

（二）次稍詳細介紹某一其他著作引用原書的情況

茲謹以本人所執行的上一項國科會譯注研究計畫《美國中小學課程競逐史（1893-1958）》（Herbert M. Kliebard, 2004）的成果為例說明之。

Kliebard[65] 是在該書第九章〈科目課程的挑戰日增〉（The Mounting Challenge to the Subject Curriculum）第四節中，於討論進步主義思潮為傳統科目課程所帶來的挑戰，並因而呈現中小學課堂的教學實況時，以三段文字述及原

63　該書大要請見 https://www.hepg.org/hep-home/books/confessions-of-a-school-reformer。

64　該書大要請見 https://larrycuban.wordpress.com/2023/10/03/my-new-book-is-out/#like-36502。

65　Herbert M. Kliebard（1930-2015）。

書二版（共用了 420 個英文字，譯成中文為 883 字）。茲謹舉一小段文字為例：

> 庫本（Cuban, 1993）的這項研究主要聚焦於一個世紀以來，美國中小學課堂教學由教師中心轉變為學生中心的情況。

（三）再簡介兩件引用原書之其他著作的作者、書名及引用次數

其一是由 J. W. Stigler 與 J. Hiebert 合著的《彌補教學鴻溝之道：世界各國教師用以改進課堂教育的最佳想法》（*The Teaching Gap: Best Ideas From the World's Teachers for Improving Education in the Classroom*）。查該書於 1991 年問世，2009 年改以平裝本再版，其自身所接受的引用為 7,499 次，應屬高度接受引用的著作。

另一是 M. Warschauer 所著《科技與社會融入：再思數位落差》（*Technology and Social Inclusion: Rethinking the Digital Divide*）。查該書於 2004 年問世，其自身所接的引用為 4,485 次，亦應屬高度接受引用的著作。

四、原書所接受評論的情況

原書所接受的評論應可歸納為三類：其一，學術期刊中書評專欄專列的評論，計有三篇；其二，Shulman 及 Tyack 分別為原書所作推薦序，可視為另類書評；其三，在書商促銷原書的網址可找到的一般讀者之評論。[66] 但是只有第一類的三篇，才是真正符合學術規範的評論。[67] 茲謹據以撰寫本小節。

這三篇評論，Altenbaugh[68]（1985）及 Sedlak[69]（1985）是針對原書一

---

66 如 https://www.amazon.com/How-Teachers-Taught-Constancy-Classrooms/dp/0807732265。

67 本人還找到 Spoehr（2014）在對《在課堂實務黑箱之內看見美國教育只變未改》的評論中提到，本書與《黑板與底線》（Cuban, 2004）以及 Tyack 和 Cuban（1995）合著的《邁巡前進、步向理想》等同為其最喜愛的 Cuban 著作，當然不能算是評論。

68 Richard. J. Altenbaugh，University of Pittsburg 教授，著有《為奮鬥而教育：1920 及 1930 年代》（*Education for Struggle: The American Labor Colleges of the 1920s and 1930s*）（1990）

版，而 Fagan[70]（1994）則針對二版。末了，本人會作一小結，綜述三篇評論
的要點。

（一）Altenbaugh（1985）對原書的評論

Altenbaugh（1985, pp. 133-134）先以 Willard S. Elsbree 於 1939 年出版的
《美國教師：民主政體下一個專業的進展》（*The American Teachers: Evolution
of a Profession in a Democracy*）一書中所提及，教學史研究十分鮮見一事，展
開該書評。接著 Altenbaugh 指出，1970 及 1980 年代，這一方面的研究開始
稍微增加，但是除了少數之外，多未以 20 世紀的教師為研究對象。Cuban 這
本於 1984 年出版的《美國中小學課堂教學的變與不變，1890-1980 年》不僅
補足此一缺憾，還可說是對此一受忽視的研究領域有著十分重大的貢獻。

Altenbaugh（1985, p. 134-135）於簡介該書的主旨、方法、史料及大要之
後，指出該書值得推薦的五項特點：其一，對於教育史領域而言，教師這個
研究主題一向為人遺忘，因而聚焦教師之 *HTT* 來的恰是時候；尤其，當時全

及《美國人民及其等的教育：社會史》（*The American People and Their Education: A Social
History*）（2003）等書，並編有《教師的聲音：20 世紀教學的社會史》（*The Teacher's Voice:
A Social History of Teaching In Twentieth-century America*）（1991）、《照顧孩子：都市學校
離校者的批判性研究》（*Caring for Kids: A Critical Study of Urban School Leavers*）（與 David
E. Engel 和 Don T. Martin 合編，1995）及《美國教育史辭典》（*Historical Dictionary of American Education*）（1999）。

69 Michael W. Sedlak，密西根州立大學教授，著有《美利堅合眾國的教育：一套詮釋的歷史》
（*Education in the United States: An Interpretive History*）（與 Church, R. L. 合著，Sedlak 為第
二作者）（1976）、《美國教育史：資訊來源指引》（*American Educational History: A Guide
to Information Sources*）（與 T. Walch 合著，Sedlak 為第一作者）（1981）、《將學生賣空：
美國高中的課堂討價還價與學術改革》（*Selling Students Short: Classroom Bargains and Academic Reform in the American High School*）（1986）及《誰將進入教職行列？》（*Who Will
Teach?: Historical Perspectives on The Changing Appeal of Teaching as a Profession*）（與 S.
Schlossman 合著，Sedlak 為第一作者）（1986）。

70 Thomas K. Fagan（1943- ），University of Memphis 教授，與人合編有《探索應用心理學：起
源與評析──大師講演專輯》（*Exploring Applied Psychology: Origins and Critical Analyses ─
Master Lecturers, Anne Anastasi, David C. Berliner, Frank J. Landy, Kurt Salzinger, Hans H.
Strupp*）、《學校心理學的過去、現在與未來》（*School Psychology: Past, Present, and
Future*）及《學校心理學歷史百科全書》（*Historical Encyclopedia of School Psychology*）等。

美對於學校的批評正是以苛責教師為時興。其二，作者所採用質的研究方法，為教育史的研究帶來一股新鮮的氣息。其三，討論「教師如何教」這個主題的專著往往得出「教師總是讓教育改革受挫的主因」之結論，頗能引發人們作進一步的思考。其四，該書滿布各式圖表、照片，可增加對文字的理解。Cuban 深知此一具有開創性的作法有其潛在的瑕疵，但他在這本專著中謹小慎微，嚴守學術忠誠的精神，令人敬佩。其五，Cuban 的分析與當時一些以學校教育與教師為對象的研究發現頗相符合。

Altenbaugh（1985, pp. 135-136）亦坦誠指出，Cuban 的研究難免有一些須加改進之處。其一，Cuban 以個案研究為據所作的分析，應再力求深入。尤其，Cuban 的敘事當中似乎忽略了，時時處在教學改革前線的教師對於教學改革的知覺，往往有著很大的差異。更重要的是，教師們總是很能為自己的益趣設想，並且往往會從正反兩個方面表達他們對於教育改革的態度：要不是熱忱的支持者，就是堅定的反對者；其間的關鍵乃在於「若教師們的益趣與改革的主旨相符，他們就會關注之，並且會投入改革工作；反之，則否」。[71]

其二，Altenbaugh 並舉另一項研究為例，說明 19 世紀初的 Pittsburg，處於進步時代的教師們透過教師協會，推動了改善教師專業地位、加強學校與社區的關係，並增進教師參與行政運作等改革，更因而完成一項重要教育法令的立法。同時，他們也在高中入學考試、工業職業教育、體育及公共健康等方面，執行了成功的改革。所以，進步教育改革涵蓋的層面不只限於學生中心的課堂教學一項，而且教師往往是這些改革背後重要的促成力量。Altenbaugh（1985, p. 136）據以總結道：「Cuban 似乎未就此一明顯的悖論，有所評述。」

然而，Altenbaugh（1985, p. 136-137）指出，縱然有這些值得商榷之處，這本以《美國中小學課堂教學的變與不變》為主題的專書，仍然是政策決定

71　Altenbaugh 指出，這段文字出自 Wayne J. Urban 於 1982 年出版的《教師為什麼組織起來》（*Why Teachers Organized*, Detroit, MI: Wayne State University Press）。引文見於該書的 p. 11。

者、學校教育行政人員、教師、學者，乃至改革者等一眾人士必讀的佳作。

最後，Altenbaugh（1985, p. 137）指出，教育史家，乃至政策決定者及學校改革者總是把教師加以「物化」（objectified）。Cuban 的研究則清楚地例示了，教師代表一種不可忽視的力量。若是歷史學家及政策決定者試圖分析美國學校教育的過程與結構時，都必須把教師這股力量考慮進去。

（二）Sedlak（1985）對原書的評論

相對於 Altenbaugh（1985）聚焦於 Cuban 處理教師在教學改革中所發揮的作用時，有值得商榷之處，共有十一大段文字的 Sedlak（1985）一文，則專注於評述 Cuban 研究在方法論上的特點。

Sedlak 在該文首段指出，雖然有許多學者不斷倡行中小學教學實踐及課堂組織的改革，但 Goodlad（1984, pp. 108-109）所示的「正面的教學」（frontal teaching）（亦即 Cuban 所稱教師中心教學）仍為一般中小學的主要作法，而這正是美國教育中亟待共謀改進的一大缺失。Sedlak 在該文次段（1985, pp. 251-252）指出：

> 於此一背景之下，具有豐富教學與行政經驗的歷史學者 Larry Cuban，在力求避免陷入課堂組織孰優孰劣的爭議之前提下，以其非常具有想像力的研究設計，探索此種正面教學的性質與範圍，進而掌握其在中小學教學施行之歷史演進的狀況；……在幾乎沒有任何其他歷史學者願意冒險進入此一未知領域之時，此項研究益顯難能可貴。

接著，Sedlak（1985, pp. 252-253）以五段文字評述 Cuban 研究此一專題的方法，除說明這可謂為「冒險」之舉的緣由，乃至該研究可謂為「非常具有想像力的研究設計」之原因外，並指陳其在史料運用方面所呈現的問題與潛存的內在弱點。這三點當中，前兩點與本導讀前文的有關討論大同小異，[72]

---

72 請見「參、原書在教育領域之重要性」之一「主題：教育領域鮮見之以課堂教學作法進行的歷史研究」及之二「史料：廣泛蒐集來源不同的史料，創意而審慎地使用之」二小節。

因而略去不述，僅就其有關史料運用的內在弱點稍加解釋。

在可用二手文獻及一手的史料難以取得、少有關於課堂生活可用訊息的學校紀錄之情形下，Cuban 除仔細檢視各式論文、學校調查報告、課程實驗研究等所能找到的文字紀錄，再以許多圖像紀錄——大部分是師生課堂上課的留影，或是正式場合攝製的各式照片——的分析補足之。這些文字及照片就成為其論證的基本資料。特別是 Cuban 用以將教學區分為教師中心、學生中心及混成組型三類所憑藉的如課堂桌椅安排、大班授課作法、課堂言談狀況、課堂活動情形、學生移動樣態等指標，主要就是以這些「依賴影像學證據及對某些特定教學實踐的零散、無系統的定量評估」（Sedlak, 1985, p. 253）為據所作的分析，而這正是該研究在方法論上的軟肋。

然而，在末兩段文字中，Sedlak（1985, pp. 253-254）總結其評論道：

縱然有這些證據的潛在弱點，我還是寧願相信其結論。其推論總是謹小慎微！……Cuban 不計史料鮮少，執行此一人們避開了幾十年的專題研究；他超越了變革的表面現象，以確當的研究問題討論持續的教學型態，為教育史研究的新領域，在方法上及概念上開展了新局。……該書為教學實踐所帶來的意義深遠的啟示，使其成為多年來最為重要的專著之一。

（三）Fagan（1994）對原書的評論

相對於前兩篇評論皆出自教育史領域的學者，Fagan 來自學校心理學界，因為專業背景不同，從另外角度所作的評論，亦值得參考。

Fagan（1994, p. 241）指出，近年來該一學界有許多著眼於學校心理學家所扮演角色的討論，咸以為其專業地位與功能皆有必要依據學校改革潮流之所趨，進行大幅改變。Cuban（1993）所撰《美國中小學課堂教學的變與不變，1890-1990 年）》（原書第二版）一書，雖然焦點不在學校心理學領域，但是仍為該領域興革的討論，帶來相當多的啟示。

在概覽該書要點後，Fagan（1994, p. 242）引用了原書 p. 287 的一段文字：

　　（研究人員）經常低估了工作場所及其先在的各項限制對教師們所產生的影響，同時，他們又高估了革新計畫對於改變教學與學習所能發揮的影響力。此外，即使真的造成了改變，研究者也會指出教師的改變並不顯著。我們需理解，教師們在面臨重重限制的情況下，仍然啟動漸進型的變革，這已經說明了他們朝向改進的誠意。

　　隨後，Fagan（1994, p. 242）指出：「這段文字為學校心理學領域的研究人員及改革者上了一課。」

　　本此，Fagan 建議刊載這篇書評的《學校中的心理學》（*Psychology in the Schools*）期刊的讀者，宜試著再重讀 Cuban 這段文字，然後把「教師」一詞替換成「學校心理學家」；在此一情況下，讀者會發現學校心理學家和教師一樣，總是受到來自研究人員的批評，認為幾十年以來，教師或學校心理學家一直做著同樣的事，而未有太多的改變。

　　最後，Fagan（1994, p. 242）採用了 Cuban 的說法指出，凡是持有如此抱怨的研究人員及改革者，都應該針對研究與改革這方面所獲有的研究證據，重新加以考慮，因為：「學校心理學家的表現可能未如我們預期，但是他們的實踐確實有了不同。」

（四）小結

　　綜觀原書所接受的評論，似可總結：Cuban 作為一位歷史學家，不但「謹小慎微」（Sedlak, 1985, p. 253），更是明察秋毫。謹小慎微表現在其方法確當多元、史料蒐集廣包；明察秋毫表現在其選題獨具慧眼、論述解釋周延、建議啟示適切。

　　然而，作為一位擁有豐富教學、行政與研究經驗的原書作者，Cuban 更為包括我輩教育研究者帶來一項十分重要的啟示：從事教育研究，尤其是中

小學教學的歷史研究，應從大處著眼，掌握文化、經濟、社會及政治等脈絡的因素，並從學區、鄰里、學校及課堂所處的特定而獨有的環境小處下手，多管齊下，方能獲致為各方面都能肯定的研究成果，並衍生適切的論證、解釋與啟示。

伍、後續 Cuban 以同類主題撰成的重要論著評述

1993 年出版 *HTT* 之後迄今近三十年間，甚多著述持續問世的 Cuban，仍頗關注「美國中小學課堂教學的變與不變」這個問題，時有研究成果問世。其中，設有〈《教師如何教》的追縱研究〉（A Follow-up Study of *How Teachers Taught*）專節（pp. 14-20）的《抱持中道：教師在測驗與問責的時代如何教》一書即最具代表性。另外，尚有以同類主題撰成的其他論著發表，因受篇幅限制，只介紹其中二本有關的論著。茲謹分兩小節敘述之。

一、《抱持中道：教師在測驗與問責的時代如何教》（2009）

該書首章〈標準為本的改革及測驗驅動的問責〉指陳，這一波改革係源起於 1980 年代中期，美國中小學生在國際學生成就評比總是落於人後，所引起的「企業激發之標準為本的改革」（business-inspired standard-based reform）。此一改革促使各界普遍要求以提高學生成就測驗表現，作為中小學學校人員問責的根據。進入 21 世紀，小布希總統更提出《把每個孩子帶上來法案》（No Child Left Behind Act, NCLB），撥付經費帶動中小學的教學改革。

Cuban（2009, pp. 14-15）指出，他於 2004 年自某基金會獲得經費補助，接續 1980 年代的研究，在 Denver（CO）、Arlington（VA）及 Oakland（CA）等三個學區，以相同的設計、架構及方法論之上，就四個問題進行研究：

1.這些學區的教師在課堂組織、學生編組、授課作法等方面，是否回應了標準為本的改革、測驗增加及強化問責等要求？

2.較多貧窮子弟就讀之少數族裔學校的教師與中高收入且非少數族裔學校的教師，在課堂組織、學生編組、授課作法等方面，回應標準為本的改革、測驗增加及強化問責等要求的方式，是否有異？

3.自 1990 年代中期以來，各學區開始投入大量經費購置電腦軟硬體、架設網路，並且辦理教師研習，這些學區回應標準為本的改革、測驗增加及強化問責的方式時，出現了什麼樣的課堂使用科技的模式？

4.以上述研究結果為據，我們可以確認教師中心與學生中心兩種教學（或混成）的作法，能與學生學習成果取得聯繫嗎？[73]

茲依據 Cuban（2009）一書，簡述其研究的結論：

1.這三個學區的中小學校教師在課堂組織、學生編組、授課作法等方面，確實回應了標準為本的改革、測驗增加及強化問責等要求，而採取了較多以「混成式教學」（hybrid pedagogies）（p. 29）為主調的「教師中心式進步主義」（teacher-centered progressivim）（p. 29）作法，亦即整個課堂顯得較非正式、不完全依賴教科書、有不少讓學生分組學習或獨立進行專題研究的機會，但是總括而言，整個課堂教學是由教師主導。

2.在這三個學區中，較多貧窮子弟就讀之少數族裔學校的教師與中高收入且非少數族裔學校的教師，在課堂組織、學生編組、授課作法等方面，於回應標準為本的改革、測驗增加及強化問責等要求時，所採行的教學作法並未如先前研究所示的：前者多採教師中心、後者多採學生中心，而是以「教師精心打造的混成式作法」（teacher-crafted hybrid）（p. 40）為主。

3.這三個學區的中小學校教師在課堂近取與使用（access and use）資訊與傳播科技（information and communication technology, ICT）的模式時，呈現了

73　Cuban（2009, pp. 15-16）自陳，他早先為 *HTT* 第一及第二版進行研究時，並未掌握 1890 至 1990 年代之間，與美國中小學社會經濟地位有關的數據；同樣地，他也未有系統地蒐集過去教師們運用電影機、收音機及教學電視等科技的有關資訊。然而，進行這次研究，他就找到了可用的數據與資訊，因此他可以回答第二及第三個問題。不過，就第四個問題，他原也想要理解教師教學作法與學生學習成就之間的關係，但因為他所掌握的這三個學區的測驗分數，僅限於若干非隨機取得的樣本，因而只好超越這三個學區，運用可以找到的其他研究成果作為論述的依據。

「教師中心式進步作法」（p. 48）為主調的作法，亦即由教師主導運用ICT，帶動學生進行大班教學、分組活動、甚至獨立進行專題研究等進步的教學作法。

4.任何研究者，凡試圖在學生中心及教師中心這兩種教學作法，與學生學習成果之間找到密切聯繫的，無論運用哪種測度方式，都會發現，他們「若非自找麻煩，就至少是徒勞無功」（p. 61）。

接著，Cuban（2009, pp. 62-69）根據各章的報導，為該書作了〈總結與反思〉（第五章）。該章以第一節「教師多抱持中道」呼應該書書題，確認教師在測驗與問責的時代裡，相較過去百餘年來的教師，「在兩種教學作法上趨於中道，亦即將教師中心與學生中心二者，融合而為進步的混成作法」（p. 62）。

最後，Cuban（2009, p. 69）再次呼籲，中小學教師應當確認，唯有「熟諳這兩種教學作法，充實課堂教學知能的庫藏」，方能真正讓所教導的學生受益，進而獲致良好的學習成果。

二、其他二本有關論著

1. 《歷史教學的今與昔：學校變與不變的故事》（2016）[74]

專論歷史教學的變與不變之該書，與通論美國中小學課堂教學的變與不變之 *HTT*，二者緊密關聯，固然是本人特予簡介的緣由，但依 Cuban 自述，其作為一位受過史學專業訓練、曾任教中學與服務學區行政工作多年、終身關懷課堂教學及學校改革的教育研究者，偶爾「以學者身分採自傳式方式寫作」（scholars writing autobiographically）（Cuban, 2016, p. 7）所揭露的不少訊息，確實可供本人於從事本項譯注工作時細予研究，亦為重要考慮。

該書另一值得特予注意的要點是，Cuban（2016, pp. 1-2）將歷史教學分為「傳統式」及「史學式」（heritage and historical approaches）二種。前者以

---

74 請參見劉哲瑋、單文經（2018）針對該書而合撰的期刊書評。

保存傳統文化為重，要求學生學習開國先賢的事蹟、憲法、民主原理及傳統規範，進而珍惜與保留這些知識與信念。後者以歷史思維為要，引導學生獲取問題解決、質疑及分析理念等知能，俾便批判停滯的現狀，進而尋求興革之道。Cuban 主張，歷史教學應兼重二者，但事實上，一般學校教師難免有所偏倚。

該書共設六章，Cuban 於首二章回顧了 1950 及 1960 年代，他在中學從事歷史教學的情形。第三章以〈新社會科與新新歷史〉（The New Social Studies and the New, New History）為名，除縷述 1960 及 1990 年代出現的這兩個歷史教學改革運動的始末外，並兼敘 20 世紀初以來，在歷史單設或社會合設的爭議下，傳統式及史學式歷史教學的論辯。第四、五兩章則說明他於 2013 至 2014 學年回到原任教學校觀察現今的狀況，除尋繹其間的變革外，並自鉅觀與微觀兩方面解析影響因素。末了的第六章，Cuban 綜合前述，嘗試分析今昔歷史教學在內容及方法兩方面，有何變與不變，作成論證與解釋，並於名為〈又如何呢？〉（So What？）一節的最後七、八頁（pp. 181-188），提出了四點建議式的啟示，其中一點是針對歷史教師提出的呼籲，另外三點則將歷史教學改革置於整個中學教學，甚至總體學校教育興革的角度，瞻望未來的應作應為。茲謹分兩方面簡述其要點如下。

其一，Cuban 呼籲歷史教師，特別是中學歷史教師，宜謹記，重知識內容傳承的「傳統式」與重思維方法的「史學式」歷史教學二者應予兼顧，而不應陷於非此即彼的難題（either-or conundrum）中。

其二，Cuban 向政策制定者提出三點建議。首先，要改變如此的想法：把學校辦好，特別是把一些「失敗的學校」（failing schools）（p. 182）辦好，就能增加學生的學力，提振美國的人力資本，進而增進美國國力。其次，要認清：我們固然須自學區、社區、社會、國家等方面，推動鉅觀的學校教育變革，亦須從微觀的角度，為學校、課堂的教學帶來核心的變革，唯有多管齊下，方能徹底地帶動全面的變革。再次，大家都應有「教師才是最重要的政策制定者」的覺識，在進行任何變革計畫時，都要自始至終納入學校現

場的教師，方才可能訂定確實可行且真正帶來課程與教學改善的變革計畫。

2.《蝴蝶展翅抑或子彈在飛？以科技帶動教學變革的今與昔》（2018）[75]

　　Cuban這本書延續2009年《抱持中道》有關中小學教師近取與使用科技（ICT）情形的探討，報導他於2016年在加州矽谷（Silicon Valley）地區針對將數位科技（digital technology）融入教學卓有成效之學區、中小學及教師的案例，歸結其所顯示的教學改革經驗，進而將這些經驗嵌入美國百餘年來教學改革的歷史脈絡中，敘述這些中小學教師的教學，因為科技融入而有所改革的情形。

　　該書共設六章，分為兩篇。第一篇的前三章，分述Cuban針對矽谷各個將數位科技融入教學的課堂、學校及學區，其教師教學、學生學習、學校支援與配合、學區倡行與規劃等作法的實錄。第四章則將這些案例置於過去與現在學校改革的脈絡中，探討其教學改革的歷史意蘊。第二篇探討這些案例之所以卓有成就，因而值得報導的緣由。第五章，討論教師如何改變其課堂的教學作法，第六章則綜述課堂、學校及學區在教學改革作法的變與不變。茲謹先呈現該書最核心的研究問題，再摘述Cuban所做結論。

　　針對該書副題《以科技帶動教學變革》，Cuban（2018, p. 154）所提問題為：學區及學校確實貫徹施行「讓師生都能方便取用各種數位科技軟體及裝置，並提供必要技術協助及教師專業發展的機會」這項政策，以便改善學生表現的程度若何？

　　Cuban指出，該問題的前半旨在確認科技融入教學之基本條件落實的情況。就此而言，Cuban總結其在散處於矽谷地區的6個學區及12所學校的41個課堂觀察與訪談的經驗後指出，各學區及各學校確實貫徹施行了讓師生能方便取用各種軟體及裝置的政策。就教師而言，該政策的貫徹施行，再配合學區所提供的技術協助及專業發展的機會，應可安心地在課堂運用這些科技。

　　該問題的後半旨在檢視這些在教學作法上的改變，能否使學生學習得更

75　單文經、劉哲瑋（2018）合撰的專章論文中，曾概略介紹該書的內容。

多且更好？換言之，能否真正達到「改善學生表現」的政策目的。Cuban（2018, p. 163）坦言，由他在 2016 年於矽谷地區的課堂、學校及學區所蒐集的資料，無法回答此一問題。這類的問題，必須等待另一項研究來解答。此一說法，與前曾提及的，Cuban（2009, p. 61）在《抱持中道：教師在測驗與問責的時代如何教》書中所作「教師教學作法與學生學習成果之間，似不易找到密切聯繫」的總結，頗相彷彿。

誠如 Cuban 在該書首章所言，學校與課堂的教學改革可分為漸進的及根本的兩類。然而，具有改革心態的教師、行政人員、政策制定者等人士，常在未分清楚這兩類改革的不同，或不理解維持某種程度的穩定是促成師教生教學改變的重要因素，就急著推動某些改革，反而造成欲速則不達的結果，使得某些試圖讓課堂教學能有實質變動、甚至翻轉的改革作法，變成了只是針對現況作了一些小幅度的修正。這樣的結果彷彿在玫瑰花上舞動的蝴蝶，讓那些希望能獲致像子彈在飛那樣劇烈變革的人們大失所望。此一說法，回應了該書書題後半所作的譬喻《蝴蝶展翅抑或子彈在飛？》的問題：包括科技融入在內的教學改革應像蝴蝶展翅而非子彈在飛！

本導讀即以 Cuban 以其耄耋之年持續完成之《抱持中道：教師在測驗與問責的時代如何教》（2009）、《歷史教學的今與昔：學校變與不變的故事》（2016）、《蝴蝶展翅抑或子彈在飛？以科技帶動教學變革的今與昔》（2018）三本專書的簡介，結束以「伍、後續 Cuban 以同類主題撰成的重要論著評述」為名的一節，亦以此為本導讀畫下休止符。

Shulman 一版推薦序

凡是執行教學研究者，少有考慮以歷史研究法為之，而覺適切者。一般人咸認為，歷史乃神秘而不可思議，深奧而難以理解，且與政策及實踐所關注之事項，無甚關聯。於閱本書時，本人深信，適恰相反也！蓋仔細執行之歷史探究，亦可能提供吾人最強而力之指引。凡教學研究意欲為日後實踐或政策提供指引者，皆須符應兩項假設。第一，吾人須相信，於執行研究時，所選定之課堂具有代表性。第二，吾人須更進一步相信，吾人有興趣之課堂，與當時其他研究中之課堂，相較之下，就一般性而言，確為不同，並因而承載了正在研究之課堂的足夠相似性，俾便提供有所助益之深刻見解。

當然，一般人都會說，過去可預示未來，但是現在絕不正好是過去的摹擬。諸君試想，若是將某些研究所發生的時間及文化意識型態等脈絡因素祛除，我們還能獲致較佳的建言嗎？或者，在我們試圖藉由將所描述的現象，與同時發生的事件，乃至於先前發生的事件，加以有意義地聯繫，以便明顯地解釋這些現象時，若能有意地將研究的時間加以延長，那麼我們會因而獲致較佳的訊息嗎？Lee Cronbach 在一篇未出版的論文中即說到，教育研究與評鑑乃是「以量化方式助成的歷史」，即此之謂也。[76]

吾人一思及歷史研究，即常想像某位學者閱讀某段時間之信函、日記、新聞報導及官方文件，然後將這些不同形式之個人或集體的觀感，彙集而成該歷史學者之個人觀感。然而，在吾人閱讀 Larry Cuban 之專著時應會理解到，歷史與社會學或心理學之間的分界線其實非常單薄，因而教育史與主流的實徵教育研究之間的區別亦甚狹小。Cuban 利用數十載，因多種不同目的蒐集而來的課堂觀察紀錄：八年研究的評鑑活動；紐約市、華盛頓特區、丹佛及北達科他州，以及許多其他地方的公共學校系統，以整個系統為範圍監測而得的課程與組織之變革紀錄；他很有創意地蒐集而來之數以百計的照片，用以推論各個不同時代的教學究係如何進行。吾人可確認，Cuban 在面對此

76　Lee Joseph Cronbach（1916-2001）。

中任何一種資料──照片、個人日記、課堂觀察、學區報告及評鑑、發表了
的論文，甚至他自己的觀察──時，皆未單獨運用之。作為一位審慎的歷史
學者，他堅持將各種來源的資料加以並列，針對其資料出處、同一時代的不
同學校狀況、不同時代的相同學校情形等，仔細核對其間之真實性與一致性，
並詳為檢視其間的矛盾與爭議之處。

　　本書所傳達的豐富意義，多是由其作者的獨特背景，為此一事業所帶來
之鮮有的效應。Larry Cuban 一開始是個課堂教師，先後在俄亥俄州 Cleveland
及華盛頓特區的中等學校任教社會科。後來，他又訓練一些和平工作團
（Peace Corps）[77] 服務期滿返回美國的志工，以便讓他們到內城區的學校任
教；隨後，他又到華盛頓特區公共學校系統裡的一項計畫中帶領教師專業發
展的活動。他對於歷史這個主題的興趣，最後又把他帶到了史丹佛大學，在
David Tyack 的指導下，專攻教育史，並且以三個大城市教育局長的生涯撰寫
了一本非常優質的博士論文。他的《受到猛烈批評的城市學校首長》（*Urban
School Chiefs Under Fire*）專書即是以此博士論文為基礎改寫而成的。

　　但是，Cuban 並不自滿於針對大型學區之行政管理進行歷史性質之研究，
也致力在大型學區行政管理這方面創造一番事業。在完成教育史的博士論文
之後，他受聘到維吉尼亞州的 Arlington 郡擔任教育局長，七年以後，因為返
回史丹佛大學成為教育學院的成員，才辭去學區教育局長的職務。

　　有人閱讀本書時，視此冊為對於學校改革失敗，所作成之悲觀評估的專
著。誠如 Cuban 在該書指出，1900 至 1980 之間的八十年，儘管有一些人士
費盡許多精力與唇舌，支持教育機構推行朝向「進步的」理念改革，特別是
一種在活動為本的課堂中，將科目領域的教學加以相關與統整的學生中心教
學理念（ideal of student-centered instruction）。但是，Cuban 為這段期間，由

---

77 和平工作團是根據 1961 年 3 月 1 日美國甘迺迪政府 10924 號行政命令，以「促進世界和平
　和友誼，為感興趣的國家和地區，提供有能力且願意於艱苦環境下在國外服務的美國男性和
　女性公民，以幫助這些國家和地區的人民獲得訓練有素的人力資源」為宗旨而成立的一個志
　願服務組織，並於同年得到美國國會以通過《和平工作團法案》的方式授權。和平工作團隊
　員必須義務服務兩年。

紐約市至丹佛，由北達科他州至密西根州的情況，所描繪之一幅普遍可見的圖像，乃是相當穩定之教師中心的教學作法（teacher-centered pedagogy）。不過，Cuban 所描繪的圖像，遠比其他學者所做到的，細膩得多了。他發現，此一圖像絕不能代表全部的情況，因為某些改革比其他改革所「留下」（"take"）的身影，好得多了。在某些情況下（如小學）就有比較肥沃的土壤，讓經過計畫的變革（planned change）更容易生根茁壯。即使在描述一些改革失敗的事例時，他也會衍生出可供未來再作革新計畫時的教訓。他不只探問為什麼改革總是無法持續，還更進一步研究，在面對具有如此韌性的傳統教學作法時，到底應該如何適應之，方才適當（在此，我必須插一句話：他有關傳統教學的記載十分生動）。他主張，以某些特定的教學形式（instructional forms）之穩定性為據，吾人應可對於學校教育的基本特性，有著更進一步的認識，進而獲致若干重要原則——而此等原則應可在吾人於未來，試圖改進公共教育品質時，作為指引也。 xiii

於是，我們就面臨了歷史學者與學校人員所持有的二元觀點（dual perspectives），一是受過學科規訓的學者所持有之不帶感情、力臻公正不偏的「長遠觀點」（long view），另一則是前線政策制定者（front-line decision-maker）充滿激情、妥求符合實際之現在關注。此一少見之混成（blend）情況，或許對於一位偏好不動感情且保持距離之學術風格的歷史書寫專業人員，所具有之敏感覺識的堅持而言，是一種冒犯。然而，吾人在本研究所見及者，卻是最佳品質且最小心翼翼的學術結晶。每一項斷言之證據，皆審慎論列，每一項矛盾的發現，亦皆仔細檢視。在相似學區，於相鄰接之十年時間內，乃至同時發生之事件，亦皆設法找尋重複出現之情況，以為核實對照之依據。並用量化與質化之指標，而不必擔心將不相容者加以組合。Cuban 的這本專著固然毫無疑問地為一歷史研究之成果，亦為一靈活運用各種不同探究方法而展現之極為精湛的典範，任何教學專業社群的所有成員，皆可因閱讀該書而受益。本人之所以就單獨一項教育研究成果，給予最高度之讚賞，乃因其對本人自己的教育而言，亦貢獻良多也。既然該書對本人如此受用，相信學

術、政策及實務等各界人士，所受惠於該書者，亦必然相同也！

Lee S. Shulman

加州史丹佛

Tyack 二版推薦序

　　Larry Cuban《美國中小學課堂教學的變與不變，1890-1990 年》一書，是能夠在吾人對教育之理解，建立一道分水嶺之少數專書中之一。本人的意思是，該書的讀者絕不會再以完全一樣的方式看待教學。

　　David K. Cohen 指出，吾人已經有了許多以教師為對象的歷史研究，但是這些研究皆未及於教育過程之核心——教學：

> 　　歷史學者對於教學之所知，幾乎已經遍及於與教學有關的所有事情——教師們所接受的學校教育，其等的工作條件與合約，他們可能負責教學的課程，受到如何之剝削以及如何遭致歧視，甚至其等工作所在的房舍——但是就缺少了有關教師們面對兒童時，如何帶著他們學習那些具有學術性質的教材，這方面的歷史研究。此一居於核心的教學事務，乃是歷史學術方面的一大片黑暗區域。

　　但是，如同 Cohen 所指，Cuban 的這本《美國中小學課堂教學的變與不變，1890-1990 年）》（原書第二版）專書即為一個突出的例外。

　　在寫這本書時，Cuban 面臨了作為一個新領域開創者之各種挑戰。他針對傳統教學作法的穩定性，提出了新的研究問題，發現了新的證據種類，針對他的研究發現作出合乎情理的解釋，並且針對政策制定者及實務工作者，將所有這些發現加以詮釋。他的研究可以說是第一等的偵探工作。他到丹佛、紐約市及華盛頓特區等地圖書館及學區檔案中心，找尋課堂的照片、實際狀況的調查、學生報刊、教師的自陳報告、學生後來所寫的回憶錄等資料。他參訪了維吉尼亞州 Arlington、北達科他州 Fargo，以及全國各地的其他學區等數以百計的課堂，並且跟教師、學生及行政人員交談。他運用各種不同的證據，包括量化的及質化的，交叉檢核其研究發現的效度與信度，在證據顯得模糊不清時，亦坦誠以告。他為這些研究發現，作出各種不同的詮釋，也針

xvi 對這些詮釋，作出批判。此外，他這本專書以栩栩如生的隱喻強調其論點，而其充滿人味兒的主題則見於一些高度聚焦了的、卻又有著精簡情節的小故事，因此讓人讀來，充滿喜悅，不能罷手。

此一修訂版又把先前一版帶給讀者的興奮之情、發現之喜，以及它對評論所作之回應，乃至其融入了與過去十年有關研究文獻的有力之感等，一一加以提升。Cuban 現在照顧到了使教學行動產生之更寬廣的社會經濟脈絡，並且更加注意到了所教的──「我、汝及它」關係中的「它」（the "it" of "I, thou, it" relationship），這正是 David Hawkins[78] 所理解的教學之核心也。

此外，他現在直接地面對了研究產生的政策議題。正像一般強而有力的專書總會造成某些人的誤解一樣，有一些原來第一版的讀者，略過了 Cuban 小心地為其研究發現所設的一些範限，逕自下了這樣的結論：無論試著推動任何改革，所有教師的教學都是一個樣兒，而且一直都還會這樣教下去──所以，試著推動任何改革都是枉然。現在，Cuban 則強調小學與中學教師之間有顯著的不同；他還討論到，許多教師所採用的乃是他所謂的「混成式」的教學作法，或者部分地採用學生中心的教學作法。在這本專書的末章，他還就研究發現對於政策制定者、實務工作者及研究者等所帶來的啟示，作了直接的處理。

這本書既沒有針對教育問題而提出的、像汽車保險桿上標語式的解方，也沒有選舉年間才見到的噱頭。相反地，這本專書所呈現的是一位有著豐富實務經驗的學者所提供的智慧與希望；這些向傳統挑戰的智慧，將會帶著大家檢視我們過去的所作所為，也會引領大家滿懷著希望迎向未來。

David Tyack
加州史丹佛

78　David Hawkins（1913-2002）。

二版自序

在知道將這本書再版的機會有可能落實時,我欣然接受了。最近,我剛剛在附近的一所中學,完成一個學期的高中三年級和四年級美國歷史的教學。在離開教青少年的時日已十六載(我教研究生十年了)之後,對於這一班 17 位所謂學力不足的低成就者,我能作些什麼,又,不能作些什麼,種種強烈感受重新浮上心頭。就是這些重新產生的感受,讓我針對教師中心及學生中心教學二者,在《美國中小學課堂教學的變與不變,1890-1980 年》(原書第一版)這本書中曾經說過的一些話,作了一番思考。

當然,還有其他的理由。在本書第一版於 1984 年問世之後,並沒有任何其他課堂教學方面的歷史專著出版。一般而言,評論者都很厚道,而且那些以寬大的言辭,所承載之令我茅塞頓開的評論,確實激發我針對拙作的缺點作了深入的思考。雖然學者及實務工作者經常引用本書第一版,但是有時候,卻讓我感到費解甚至深為氣惱,以至於我漸漸對於這本專書的弱點,變得坐立難安。我真心想望,能有再版的機會。Jere Brophy 建議我詢問師範學院出版社,結果我就真的獲得了這次再版的機會。

於這一版中,我在幾乎十年前完成的研究之上,增加了近年來的一些研究,我也將朋友及評論者指出的各項錯誤,作了一番更正。此外,我還以自從 1982 年完成第一版文稿之後問世的其他研究為據,把我先前所作的詮釋及結論,作了一番重新的考慮。

對於熟悉第一版的讀者,以及對於第一次接觸到本研究的讀者而言,且讓我在此針對那些對於第一版的評論之中,我所感受到較值得注意的幾項,加以摘述。第一次讀這本書的朋友,可能會因為不知悉文本的內容,讀起這些評論時會覺得有些困難,那麼他們或許可以在讀完這本書之後,再回過頭來讀這個部分。

· 某些評論者指責我,未就教師中心教學或學生中心教學二者,何者方

為有效，或者我究竟贊成哪一種教學作法，採取任何立場。另外的評論者指責我，未明白地採取贊許學生中心教學的立場，因為就他們的意見而言，我所選擇的用詞已經傳達了此一訊息。

- 這些評論者碰觸到一個我多年來一直設法解決的根本上的兩難問題（我仍繼續奮鬥中）。他們揭開了我心裡一直存在著的一項價值衝突，亦即我這麼一位既要致力於產出客觀知識，又要試著改善教學使學生受益的「學者—實務工作者」，一直有的矛盾心理。這兩項價值都很重要，而且即使我試著多方弭平其間不可避免的緊張，我還是不能確定，讀者是否發現我在這兩種相互衝突的價值之間，所做的第二次走緊繃索般的努力，比上次好了一些。無論如何，在這一版之中，我確實公開地承認了，作為一位實踐取向的學者所面臨到的一些相互衝突的抉擇。

- 只有少數評論者看出了，我逐漸在原初的研究中理解了一項明顯的限制：在我試著理解教師為何總是以這樣的方式教學時，我並未就教學的實務與學校教育的經濟、社會及政治脈絡（如學生的背景、鄰里的情況、較大社區的社會階級結構）之間，做明顯的連結。讀者將會明白，我還是不完全相信，這樣的因素確實會把課堂教學帶到某一個或另一個方向去，但我較早對於學校教育的經濟、社會及政治脈絡之處理，確實把這些因素可能會對於課堂教學所帶來的影響，加以最小化了；就這一點而言，我逐漸有了理解。

- 一些評論者說，我所做的這項研究，聚焦太多在教學，而未太認真地處理課程這個部分。我以為，正式的課程（official curriculum）（指教材、技能，以及當局希望教師教的價值）和教導的課程（taught curriculum）（指教師對於教學內容的認識及呈現，還有他們的實際作法），二者乃是糾結在一起的。

我發現，這些評論都正確而且也都有所助益。我已經試著把這些要點都

涵括到此一修正的版本中了。

在我將這些評論者聰穎的評語融入時，也讓我在這一個版本中，把我對於課堂教學之恆常與變遷的意義，說得更清楚一些。我對於諸位學者、政策制定者及實務工作者，從本書第一版獲致之有關課堂教學的持久特性這個方面，所作結論的範圍之大，甚表詫異，有時甚至感到震驚。一些逾越了我所提供的證據，或者是超出了我所報導的研究發現，而作成的誇張詮釋，有如下述幾個例子：

- 現在的課堂教學與一個世紀之前一樣。
- 美國的課堂中，教師中心的教學幾乎未有任何改變。
- 試圖改變教師在課堂中的作法，乃是徒勞無功的。

在此一修訂版中，我確實明白地陳述了我對於課堂教學的持久特性所做的結論，也對於因而發生的變革作了清楚的敘說。

xix

總而言之，此一修訂再版，對我而言，是在第一版所接受的讚賞和評論，以及從那時以後新生之證據的基礎上，一次再度思考的機會。而且，這也是我針對學校教育改進中兩個至關緊要的根本問題，所作進一步思考的結果。這兩個問題是：教師們都怎麼教？他們為什麼這麼教？若是對於這兩個問題，不提供能夠讓人信服的解答，政策制定者、實務工作者及研究者等人，仍然會在對於教師及改革人員之過去經驗茫然無知的情況下，持續以摸索的方式理解學校教育，並尋求改進之道。

二版謝辭

開始執行這項研究時，我是個教育局長，完成時，已成了教授。[79] 在大學裡，實務與研究兩者的混成，再度肯定了我深邃的信念，有價值的知識應該淬鍊自這兩個世界。其實，實際與理論的分立、實務工作者與學者的隔閡，這兩者脫節所顯示的，通常都是象徵意義多於實質意義。不過，此中的意義卻讓我思索多年。二十五年來在公立學校，往來於教學與行政之間的服務經驗說服了我，除了每天課堂與學校的現實讓我產生了有價值的知識之外，我還發現了，若是我缺乏較為深邃的概念架構，就無法讓我對每天接觸到的人事與現實，有較完整的理解。從課堂經驗所衍生的知識，以及研究者們所運用的理論，這兩者的交互作用，對於我領會課堂中所產生的政治、社會、組織及個人行為等的要義，有很大的助益。

此一以過去一個世紀以來課堂教學為對象的研究，是我為了理解學校變革的複雜過程而作的持續性努力中的一個部分。因為我從事教學工作多年，並且擔任七年的教育局長，所以我必須經常就我在學校從事教學，以及我在行政崗位上，針對教學過程所積累之長存久矣的問題找尋答案。我所提出的問題，以及我所發現的答案，就構成了此項研究的範圍。

任何一項超過十八個月完成（再加上九個月修改）的研究，都需要來自許多有意分享時間及給予建議的個人所提供的慷慨協助。就第一版而言，教學的歷史研究意蘊著花費許多時間在圖書館及學校學區中。於紐約市，在該市學校系統的專業圖館服務的 Pauline Pincus，對於我找尋其他地方無由發現的資料，給予了特別大的協助。師範學院的 Robert Morris 引導我接觸到他們新近獲得來自紐約市公共學校事務局（New York City Public Schools）的檔案。[80]Lillian Weber 教授告訴了我，她對於 1960 年代晚期及 1970 年代早期在

---

79 Cuban（1988, p. 171）曾自述：我想望寫作、思考及教學。所以，這時既已打算離開這項（教育局長）工作，我就向（美國）國家教育研究院（National Institute of Education, NIE）申請了這項專題研究計畫，研究過去一個世紀以來教師如何教。1980 年暑假，NIE 通過了我的申請，我因此宣布不再續任教育局長。

80 "New York City Public Schools"為舊稱，現名"New York City Department of Education"（請見 https://www.schools.nyc.gov/），或可中譯為紐約市教育局。

紐約發生的非正式教育運動所持有的觀點。她的洞見協助我修正了某些假設。

那時擔任北達科他州 Grand Forks 公共學校事務局助理教育局長的 Gordon York，以及 Fargo 教學部門的助理教育局長 Glenn Melvey 協助安排我要求參訪的學校。我很感激校長們的耐心，以及對於我提問及作筆記等事充分配合的教師們。

在丹佛，負責學區專業圖書館的 Ellengail Buehtel 協助我找到許多已經放棄尋找的資料。公共資訊部門的 John Rankin 特別慷慨地安排我使用儲藏在行政大樓地下室的學生年刊、剪輯了的資料檔案、照片等寶貴的資料。

華盛頓特區兩個不同時期學校的資料，都放在華盛頓特區公立圖書館的華盛頓室，使得研究工作方便許多。在學校系統裡，研究組的 Erika Robinson 及 Maggie Howard 兩位對於協助我找尋資料特別有助益，而且他們也耐心地讓我使用他們的空間。媒體中心的 Bill Webb 則讓我看了在 1960 年代中期所拍攝的課堂照片。

我也衷心感謝那時的國家教育研究院（NIE）圖書館主任 Charles Missar。他對於我這麼一位研究肌肉已經不靈活的前任教育局長特別慷慨，更充滿了耐心。我還要特別對 NIE（現在早已不在了）[81] 表達簡短的感謝之意，因為它贊助了原初的研究，而這項研究就成了本書的前身。讓我向這麼一個機構致謝，使我深覺過意不去，因為該機構下了一項賭注，賭一位教育局長可不可能完成這麼一項複雜的歷史研究。通常，我都是向個人致謝，但是贊助這項研究的原初決定，所涉及的卻是為數不少的人士。我感謝他們對於這麼一位實務工作者—研究者具有信心。

初版的審查者按照我的說明，給出了可謂既嚴格又仔細的審閱。我對於 Elisabeth Hansot、Carl Kaestle、Joseph Kett、Marvin Lazerson、Kim Marshall 及 David Tyack 等人迅速而完整的回應，表示誠摯的謝意。關於第二版，Ray

---

81 1972 年，（美國）國家教育研究院設立於保健教育福利部的教育署（Office of Education, Department of Health, Education, and Welfare）之下，後於 1980 年改名為教育研究和改進署（Office of Educational Research and Improvement），隸屬於美國教育部（United States Department of Education）。

McDermott 對初稿所作一番徹底而嚴格的批判，讓我特別感謝。我還要謝謝師範學院出版社的 Brian Ellerbeck，他協助我讓修正版的問世成為可能。以上所有人士都不必為任一版本的任何訛錯，無論是事實方面，或是判斷的乖誤負有任何責任。

我還須特別提到兩位審查者。印行第一版的朗文出版公司訓練專著叢書（Training Monograph Series, Longman, Inc.），[82] 邀請了 Lee Shulman 審查初稿。他溫文儒雅且充滿智慧的筆觸，協助我消除了一些困惑，而且他還督促我把有關教師實務方面的論證，改寫為更符合邏輯的結論。David Tyack 對於第一版所提出的不吝指教及深刻的提示，對我尤有助益。最為重要的是，他對於課堂研究的價值所具有之信念始終不變，因為課堂研究乃是衡鑑政策施行成功與否的重要尺度。他以這項研究，還有他自己針對 1930 年代課堂教學所完成的研究，讓我強化了一項提供政策制定者卓參的至為坦率之訊息：凡不直接訴求教師在課堂中所作所為者，任何有關學校事務的故事，皆無法說得完整。

最後，我執行各項寫作任務皆必不可缺的，是來自內人 Barbara 在每一個階段所提供的協助，不論編輯與校對，或是情緒性質的支持，我都感激在心。又，此一第二版，我有幸由小女 Janice 作為文字編輯（copy editor），曾任報刊編輯的她，多方協助我改正不適切的措辭，並幫我把所想表達的意思敘述清楚。

過去三十年，我曾撰寫大量的教育論述，不過，與我所有的其他著作相比，沒有任何一本能讓我感到如此滿意，因為它搔到了一直困擾我多年的癢處！

82　經查應是朗文出版公司教學專著叢書（Teaching Monograph Series, Longman, Inc.）。

緒論

　　超過二十五年的時間，我曾經擔任中學社會科教師，並且在四個學校系統擔任行政人員。自從 1981 年起，我成了大學教師與研究人員。這些年來，在我的經驗中，或者是研究的文獻中，都有一些關於學校教育的基本問題出現，這些問題要不是看起來無法解答，就是雖有解答，但總是不能令人信服。

　　在過去二十年，我曾經進入許多課堂。當我在中等學校觀察教師時，總是有一陣陣似曾相識之感，掠過我的心頭。我所看見的情況，就和 1940 年代我還是個坐在初中及高中課堂的學生，以及 1950 年代中期我還是個初任教師時，幾乎完全一樣。這種對於教師教學留有如此深刻感覺的情況，發生在許多不同的學校裡。我們心自問，教學怎麼會在超過四十年的期間，看起來**似乎**（*seem*）一直未曾改變呢？

　　當我在兩個學區擔任行政人員的十年之間，我必須面對另外一個困擾著我的問題：作為一個像學校這樣容易受到變遷所影響的機構，能夠穿過教室大門的教學改革，為什麼竟然如此之少？政策制定者、基金會的執事者、學者都紛紛針對經營學校及教導學生等事項，提出各種不同的建議，學校也以採納新的閱讀方案、新的學校組織方式、課程的革新等作法回應之。學校董事會及行政人員總是洋洋得意地展示他們採行的新方案，以及讓他們與時俱進地推動著包含了最新教育觀念的革新作法。然而，正是這些政策制定者、基金會的執事者、學者當中的許多人士指責教師，說他們冥頑不靈，因為他們總是兀自維持著與新近採行的政策、方案及教材背道而馳的傳統教學風格。既然如此，我所問的兩個問題似乎是相互聯結在一起的。這種不分時空、明

顯地保持教學一致性的情況，似乎與課堂面對變革時，固若金湯、堅不可摧的特性有所關聯。

在一篇 1979 年發表的文章中，我試著以 1870 年代以來課程變化與穩定為主旨的一項研究來解答這些問題。在檢視各種不同力量如何形塑前一個世紀的課程及課堂教學時，我用了一個颱風的隱喻區分課程理論（curriculum theory）、學習課程（courses of study）、教材（materials）、課堂教學（classroom teaching）之間的差異。颱風帶來的強風橫掃海面，激起 20 英尺的浪潮；海面以下一英尋（6 英尺）的浪濤激流湍急、洶湧澎湃，然而在海洋的底層則平靜如常。[83]

誠如隱喻所能表達的含義之巧妙，我用此一颱風隱喻，將新近宣揚的課程理論，和這些理論所衍生而得的政策言說（policy talk），兩者作了一番比較。舉例而言，專業期刊對某一理論有了贊同與反對的回應。發予編輯人員的信函，以及尖銳的反駁聲增添了幾許紊亂。專書的出版讓這些理論的知名度提升了。研討會參與者有懷疑的，也有支持的。教育領域的教授在他們的課堂裡，把這些嶄新的智慧結晶教給了學生。某些學校董事會採用了這些政策，並且開始施行與這些新概念一致的某個臨時性質的方案。但是，大部分的教科書商仍持續印行一些鮮少觸及這些新理論的教科書，而大部分的教師則仍使用著一些未貼有與爭議或口號有關標識的教學方法。我用了這個隱喻說明理論、政策說辭（policy rhetoric）、方案的內容之間的區別，以及所有這些因素對於教學行為所造成的影響——最後這一點才是最重要的！

83　原注 1：Cuban, 1979a。【譯注者補充】：本段文字涉及學習課程、教材與課堂教學三個術語不同中譯的問題，須稍加討論。(1)本書以學習課程中譯"course of study"，至於"curriculum"、"course of study"、"materials"與"syllabi"的關聯與異同，將於本書 p. 31 第二段，論及"course of study"與"syllabi"二詞時，再於注腳進行討論。(2)一般將"materials"譯為材料，而將"subject matter"譯為教材，然而因為 Cuban 有時將二者混用，所以本書將依上下文脈定其中譯。(3)本書將"classroom teaching"譯為課堂教學，並不代表本書將"classroom"一律譯為課堂，而是亦依上下文脈有時譯為教室。(4)與"teaching"有關的"instruction"及"pedagogy"等詞中譯的問題，請見本書 p. 7 末段、p. 38 末段、p.174 第三段，以及 p. 245 第三段文字下方注腳的討論；我們可從中看出這三個都有「教學」意義的語詞，會因為上下文脈不同而有不盡相同譯法的緣由。(4)又，凡以「本書 p. ……」表示的頁碼皆指邊碼。

我在那篇文章中寫道，課程理論確實影響到專業的意識型態及政策制定者所使用的語彙，還有學習的課程；而且，在一定程度上，課程理論也影響了教科書的內容。但是，我並未找到太多證據，足以證明課程理論為教學實踐帶來了顯著的改變。不過，我並未系統地或是廣泛地檢視原始的資料，甚至未特別關注到來自學區的原始資料。絕大部分的情況下，我所用的是二手的資料，頂多只參考了一些當時手邊已有的原始文件。以這些初步的文獻概覽為本，我發現，儘管諸多聲勢強大的改革作法企圖將課堂實踐帶向較為學生中心的教學去，但是有些證據卻顯示，我們似乎看到教學的作法一直維持著頑固不變的繼續性。

使這種相互矛盾的情況更形嚴重的是，有限的證據顯示，儘管師資培育的作法、州政府的教師認證，以及教學實踐方面的學術知識等皆有所改善，但是幾十年以來，收受不同背景、不同能力學生之各個階段的學校教育，似乎仍然維持著極其穩定的教學作法。在處理這樣的矛盾情況時，研究者可謂治絲益棼。某些作者斷言，其實教師早就接受學生中心教學了，而另外的作者則指稱，這樣的改變其實極少制度化。所有這些不同說法所顯示的共通之處即是，有關教師在課堂中的所作所為之研究證據，確實有付諸闕如的情事。[84]

關於教學的逐步演變是否已經維持一段長久的時間，在始終缺乏證據的情況下，讓我產生了這樣的一個根本問題：教師都是如何進行教學的？若要使我所試圖尋找的答案確實具有分量且足夠明確，我就必須試著把有關教師在課堂中的所作所為，連同針對教學實踐所作的改革努力，這些到目前為止所呈現的碎裂資料組合在一起。於是，本研究就開啟了這項工作。

若欲解答一個世紀之間，教師如何教，以及課堂有了什麼樣的改變這個問題，那麼為理解各種不同類別的學校與課堂改革而建立的框架，應是一項有用的工具。茲試說明如下。

3

84　原注 2：我稍後會在第一章，就歷史學者如何看待學校與課堂的變與不變之問題，進行一番討論。

學校與課堂的改革

為了理解過去與現在有關教學改進的努力，並且聯結涵蓋面較廣大的學校改進政策與課堂教師行為，我謹將過去一個世紀以來的各項改革分成**漸進的**（*incremental*）及**根本的**（*fundamental*）兩類。[85]

漸進的改革

漸進的改革是指那些旨在針對包括課堂教學在內的學校教育現有結構，改進其效率（efficiency）及效能（effectiveness）。[86] 在漸進改革的背後，有這麼一項假設：基本結構尚稱健全，但須加改善。老舊汽車若修理一番，還會跑得很好；它需要輪胎、煞車、新電池及水壓泵浦——這是漸進的改變。學校可見的漸進改變，例子有如：在高中現有的三個或四個分軌，再增設另一個課程分軌（track）；[87] 引進績效薪資（merit pay）；[88] 班級人數由 30 人調降為 28 人；為中學增置兩位諮商人員，或是為小學增置一位助理校長；改善學校有關學生出缺席的規定；改變親師會談時間，俾便適應單親及上班族家長的時間。

---

[85] 原注 3：我由 Watzlawick、Weakland 和 Fisch（1974）的專書中獲得這些想法。他們在該書用「一階」（first-order）指謂我所稱「漸進」的改革，而以「二階」（second-order）指謂我所稱「根本的」改革。

[86] 廖又生（1995）引用 Peter F. Drucker 所云「做正確的事遠比把事情做得正確來得重要」（It is more important to do the right thing than to do the things right）指出，做正確的事是效能的寫照，而將事情做得正確則為效率的表徵。效能是指涉投入、轉換及產出三者間程序的盡善盡美，並能符合組織原先目標的要求，著重精度及質量水準；而效率則指投入、產出的最佳比例，偏向速度及數量水準層次。

[87] 課程分軌意指將學生納入不同的軌道接受教育。徐超聖（2000）指出，美國一般高中的課程，大致分為大學預備軌、普通教育軌、職業或技術準備軌、榮譽軌或精修軌（advanced）等四軌。

[88] 績效薪資指按照教師的服務績效決定薪資給付，而非如一般作法，依教師的學歷與年資決定薪俸的多寡。

在課堂裡，漸進的改變還包括了公民或寫字教學的新增單元；以教師為對象而辦理的課堂電腦使用研習，以便他們能用來保存學生出缺席紀錄，並記載學生成績；或者將各種維持課堂規訓的不同作法介紹給教師。

根本的改革

根本的改革是指那些旨在針對同樣的結構進行一番轉換（transform），亦即做永久改動式的轉變與更換。在根本改革背後的假設是，基本結構的核心已經有了瑕疵，必須加以翻造，而不只是修補就可。破舊的汽車已經不堪修理，我們必須更換一輛新車，或者改採不同的交通方式——這是根本的改變。

如果新開課程、增聘人員、辦理暑期學校、提高對教師的要求，乃至調整薪資等是學校教育結構漸進的改良，那麼進步主義者在 19 世紀末推動的幼兒園及初級中學等作法，就是仕學校教育制度方面所作的根本改革。其他的例子還有在 19 世紀末到 20 世紀初，把學校所負有的任務加以擴大，因而介入了兒童及其家庭的生活（如在醫療及社會服務等方面），並且讓家長有決定子女入讀私立或公立學校的選擇權等。[89]

應用在課堂中，根本的改變有如旨在轉換教師角色的作法，讓教師們由原本是權力與知識重要來源的情況，轉換而成為引導學生作成決定的教練，協助學生從他們自己的經驗、他們相互之間、書本等方式的學習中發現意義。教學變成了一些讓學生可以從教材、同學相互之間、社區等來源進行學習的活動。教學變成了說得少，而聽得多。學生的學習變得積極主動，因而包括

---

[89] 依單文經（2021，頁 46）之說，20 世紀初的美國受到 19 世紀都市化、工業化及移民陸增等因素影響，歷經約二、三十年政經社會大幅改革、力求現代化的進步時期（progressive era）；改革運動由地方起始並擴散至各州及全美。持有進步主義（progressivism）觀點的進步主義者（progressives）多以科學、技術、專業與教育是有效解決社會問題的良方。而最早研究進步教育史的 Cremin（1961）於《學校的變革》（*The Transformation of the School*）中指陳，進步教育意欲藉學校改革優化個人生活，促成社會發展與繁榮；因此，「將美國進步主義視為一整體，所顯現的教育層面」（p. viii）即是進步教育。Cremin 並直指進步主義者將「擴大學校教育規劃與功能」（p. viii）列為首要任務。

了分組學習、遊戲、獨立學習、藝術表現等。坐在自己座位上的學習（seat-work），[90] 以及聆聽教師講解等活動減少了。這樣的改變代表的是教師對於知識、教學和學習等的性質，乃至他們在課堂裡所採取的行動，所作的一種思考方式的根本轉換。

上述漸進的及根本的革新作法之中，有一些已經固著不動了——也就是說，它們已經制度化了。然而，許多作法則尚未制度化。整體而言，課堂改革的失敗率是蠻高的。某些改革會活存下來，但是只挨過幾年，然後就消失了；其他的改革則融入了日常的課堂活動之中。有些活存，有些則否，其中緣由，如何解釋呢？

將根本的改變轉換成漸進的改變

幼兒園、初級中學、開放空間建築、電腦的使用等，都是一些自從本世紀（指 20 世紀，以下同）初以來，實際推行了的，以及曾經試圖推行的根本改變；它們都在許多學校推動過，但是久而久之，要不是邊緣化而成為漸進的改變，就是悄聲無息地消失了，只留下了一丁點兒的蛛絲馬跡。怎麼會有這樣的事情發生呢？

像這樣在意料之外的例子中，有一項大家熟悉的就是 1950 年代及 1960 年代的課程改革；這些改革方案大部分是由學術界的專家學者們帶領，而由聯邦政府所贊助的。這些改革方案旨在翻轉數學、科學及社會等科的教學與學習，曾經投入了數以百萬計的美元，編製了許多教科書及課堂用的教材，並為教師辦理了不少的研習。教師在使用這套由學者們編製的最佳教學材料，應能輔導學生理解科學家是怎麼思考的、體驗解決數學問題時的發現之樂、親自動手做實驗，並且運用原始文獻理解過去。結果，已經出版的教學材料確實到了教師手裡，但是他們根本沒有時間理解：如果要使用這些新穎的材料，到底應該做些什麼準備，才可能發揮作用。

---

90 "seatwork"意指學生坐在自己的座位上學習、工作、做作業或做功課，有時簡稱為座位功課，本書將依其上下文脈定其譯法。

到了 1970 年代結束，在研究者報導課堂裡的情況如何時，他們的發現是，大家熟悉的教師中心教學——也就是由教師按照一本教科書傳授知識——卻很少有學生真正如課程改革者所預期的，在作批判思考、問題解決，或者體驗科學家們研究等學習。不過，這些聯邦贊助的改革努力，確實留下了一項不同於尋常的課程殘留物（residue），亦即一些在 1970 年代出版的教科書。一項試圖翻轉教學與學習的革命之舉，最終卻成了一堆新教科書的內容。[91]

有關根本的改變轉換而成漸進改變的情況，有一個比較複雜的例子，是 George 及 Louise Spindler[92] 兩人所稱的「替代式的改變」（substitute change）。他們以十年多的時間，研究一個德國南部名為 Schonhausen 的村莊中一所小型的學校。這個地處南德鄉間的村莊，後來因為該村莊與周遭的村莊經歷了土地權調整及葡萄酒生產等方面的改變，亦即將原有土地重劃為較大的農地，俾便引進機器大規模種植葡萄。此外，人口的移動也使此一區域漸漸都市化。

早先的幾十年，學校課程都著眼於這塊土地、村莊社區及家庭價值等要項。然而，聯邦及該邦的教育首長頒布了一套立基於城市生活、注重現代化及高科技等理念的新課程及教科書。兩位 Spindler 在 1968 年著手研究該一村莊及其學校；歷經十年改革之後，他們在 1977 年又回到該地。

讓兩位 Spindler 感到詫異的是，即使教育部官員清楚地希望該村莊學校能夠更為現代化，並且對於都市生活能更具回應性，但是兒童、教師及家長們卻持續作成傳統為本與村莊取向的抉擇。在學校裡，原本全班到鄉間一日遊的活動，由前往村莊議會請願的角色扮演活動取而代之。許多有關本地之美的原本內容都不復存在，但是滋養村莊傳統的文化宗旨與價值的作法卻依然存在。怎麼回事呢？

91　原注 4：Atkin & House, 1981; Stake & Easley, 1978; Suydam & Osborne, 1977。有關漸進變化中的根本改革（incrementalizing fundamental reforms）之其他實例，請見 Wolcott, 1977; Popkewitz, Tabachnik, & Wehlage, 1982; Malen & Hart, 1987; Edelfelt, 1972。

92　George Spindler（1920-2014）、Louise Spindler（1917-1997）。

　　兩位 Spindler 發現，教師們進行教學與維繫課堂秩序的作法，為面對課程改革的村莊保持了傳統。新課程推薦的一篇課文是有關村莊政治運作過程的戲劇，教師卻從先前的課程中選用了一課傳奇式的民間故事取而代之。於是，課堂活動仍是以村莊生活的重要性為焦點。將德國這個地區人們的價值作根本改變，俾便使他們能對都市生活更具回應性的企圖，就如此地轉換而成更肯定村莊價值的原有作法。[93]

　　另外一個將根本的改變轉換成漸進改變的作法，是置之不理，終而將它們逼到學校一般性事務的邊緣。舉例而言，諸如縮減班級人數、將師生關係加以再概念化、把來自不同領域的教材加以統整，乃至組織一些讓學生參與學習的活動等革新方案，一開始都是設在顯眼的地點以實驗方式進行，若干年後搬遷到主建築後就變成了一般課堂的部分，甚至搬遷到不顯眼的遙遠地點而漸為人們所遺忘。的確，學校會採行與主流學生所接受的課程根本上不同的方案，但是參加這些革新課程方案的學生卻都是一些局外人（outsiders）——標記為潛在的中輟生、職業分軌的學生、青少年未婚懷孕者、經指認為資賦優異學生、高關懷（at-risk）的學生、殘障學生等。於是，某些基本的改變就像是用膠囊包起來似的，好比在牡蠣中的一粒砂子；他們存在於系統中，但是經常與主流課程方案隔離起來。[94]

　　這些維繫持續性的組織作用很少是出諸於密謀，甚至也很少是出諸於學校教育官員有意識的行動。當各個不同階段的學校與較大的社會互動時，科層體制、政治及文化的過程會深邃地嵌入不同階段的學校教育運作中；此時，這類轉換作用即發生了。這些深藏於組織的各種過程之所以促成這類轉換作用，是為了讓學校看起來現代化，也為了說服支持學校的人士，要他們相信學校跟得上時代，且能隨時回應支持者的願望。於是，在面對試圖將學校與課堂原本情況徹底加以翻轉的外來力量時，人們在學校教育的機制之內，就會找到強而有力的作法，用以保存其行動的獨立性。[95]

93　原注 5：Spindler & Spindler, 1982。

94　原注 6：Powell, Farrar, & Cohen, 1985。

95　原注 7：Meyer, 1986; Meyer & Rowan, 1978。亦請見 Cuban, 1992。

　　將此一區分根本改革與漸進改革的框架，以及長久以來發生作用的情況，直接套用在教師如何教這項研究的可行性有多大呢？若要針對「人們採行某些鉅觀政策之後，如何將這些政策加以調整」這樣一個問題，掌握其大致的要點，並據以作出一項論證，這倒是挺容易的。但是，若要用來針對一整個世紀之久，各種不同狀況課堂中的教師行為作出一番解釋，就困難很多。

　　在應用此一框架描述教師如何教時，我在本書研究了 20 世紀各項旨在根本地改變教師日常行為的改革脈動之前、之中、之後，教師教學作法的狀況。當我這麼做時，我希望能針對那些一直繼續存在的教學作法，以及課堂中到底發生了哪些類別的改變，作一番清楚的理解。

　　然而，我們即將針對課堂作出客觀而仔細檢視的，是怎麼樣的一些令人困惑的師生行為呢？雖然沒有任何一項研究，能正確對待課堂教學中既細緻纏結而又經緯錯綜的行為，但是有一件十分好用的工具，可以針對那一片的複雜事象，作某個部分的揭露。這套工具包含了一組數量有限卻很有用的指標，可據以描述教師行為的重要層面。若欲使用這套工具，須先將教學看成一個連續體；此一連續體的一端是教師中心教學，另一端則是學生中心教學。然後，再以這些指標一一衡量教師在其課堂中的所作所為，進而據以一一確認這些「所作所為」，距離教師中心教學一端或學生中心教學一端的遠近。雖然此一連續體不可能完全掌握課堂環境的豐富意蘊，也或者不可能詳盡理解課程與教學交叉相疊的多重性質，但它確實為那些存在數十年之久、關閉了大門的課堂，提供了隱隱約約、模模糊糊的一瞥，進而讓我們可藉以繪製其教學的地形圖（pedagogical topography）。

　　在繼續以下的行文之前，我必須明白地將我所指的教師中心及學生中心教學這兩種作法說明清楚。教師中心教學是指由教師掌控課堂中所教的內容、什麼時候教，乃至在什麼情況之下教等一切事項。可用以測度教師中心教學的觀察指標（observable measures）有如：

7

- 在教學中，教師發言比學生發言多。
- 教學多發生在全班上課時；少有小組或個別教學。
- 上課時間的使用，多由教師決定。
- 教師十分倚重教科書，憑以引導課程與教學的決定。
- 教室傢俱的安排總是以行列的桌椅面對著黑板，再加上附近一張教師的桌子。

　　學生中心教學是指學生對於課堂中所教的內容、如何學習這些內容，乃至在課堂裡移動等一切事項，皆承擔相當多的責任。可用以測度學生中心教學的觀察指標有如：

- 在履行學習任務時，學生所做的發言，若不比教師多，也不會少於教師所做的發言。
- 大部分的教學是以個別的作法，採小組（2 至 6 名學生）或是中型分組（7 至 10 名學生）的方式進行，而非直接以全班的形式進行。
- 學生協助選擇與組織所要學習的內容。
- 教師允許學生部分地或全部地決定行為規則、課堂賞罰，以及這些規則及賞罰如何強制執行。
- 在課堂中可以取得各種不同的教學材料，例如活動角、學習站、興趣角，學生因而可以個別地或以小組的方式使用之。
- 使用這些教學材料的時間，要不是由教師安排，就是由教師與學生相商之後排定，這些時間至少占一半可用的學業時間。
- 教室空間的安排方式，通常允許學生共同學習或分開學習；教室傢俱的安排方式並無固定的型態，桌子、櫃子及椅子都經常重新排列與組合。

　　我把這些關於教師中心與學生中心教學的差異當作工具，幫助我將課堂

所發生的事情作一番測繪。這些教學的組型（patterns）確實有相當長的歷史了！

幾個世紀以來，對於教師應如何教，以及教師到底怎麼教的這些問題，至少有兩項傳統；這兩項傳統不但引發了爭論，也進而形塑了實務的作法。有人把我所稱的教師中心教學，也描述為科目中心、「硬心腸的」（tough-minded）、「硬式教學」（hard pedagogy[96]）、「模仿式的」（mimetic）教學；不同時代的人把我所稱的學生中心教學，描述為兒童中心的或「進步的」（progressive）、「軟心腸的」（tendered-minded）或「軟式」（soft）教學、「革新的」（transformative）教學。雖然，我所下的定義算不上跟那些較早說法完全一樣，但是我相信，這樣的界說跟諸位先賢之主張有相當多的重疊，應該可以與千年之老的教學觀齊名了。[97]

這兩種教學傳統乃是建立於不同的知識觀，以及對師生與這些知識的關係，這兩個方面所持之不同觀點之上。就教師中心教學而言，知識通常是（但非總是）「呈現」給學習者，學習者好比——此處所用的隱喻隨著時地不同而有異——「白板」、「待充實的容器」或者「待填塞的鴨子」。就學生中心教學而言，知識通常是（但非總是）由學習者「發現」，學習者好比「在藝術家手中的肥沃黏土」或者「一座極需熟練園丁照顧的花園」。

運用這兩種教學傳統作為理解恆定與變化的工具是有所限制的，因為它們的精確度不足。當一位教師在某一個傳統中進行教學時，到底發生了什麼事，我們還有許多不清楚的地方。不過，即使有這些瑕疵，這些傳統還是可

8

---

96 (1)由於到目前為止，"pedagogy"一詞第一次出現在本書正文中，所以有必要就其中譯的作法，作一番討論。依 https://en.wikipedia.org/wiki/Pedagogy 之說，"pedagogy"一詞係希臘語 paidagōgia 的派生詞，源自本意為專門帶領兒童學習、類似教僕的 paidagōgos；是以，該詞原指帶領兒童學習的行動或學問。經過一段時間演變之後，其界說增加了另外四種：一為教學方法或作法的本身，二是對於教學方法或作法的觀點，三是研究或探討教學方法或作法的學問，四則擴大成為研究教育的學問或觀點。(2)在本書中，較多討論課堂教學的實務作法，所以大多將"pedagogy"譯為教學、教學方法或作法；亦有譯為教學觀者，請見 p. 38 第四段。(3)本此，p. 8 第四段出現的 "pedagogical progressives" 即應譯為「教學派進步主義者」，俾與 p. 49 第三段出現的"administrative progressives"（行政派進步主義者）相對應。

97 原注 8：James, 1958; Katz, 1968; Jackson, 1986。

以幫助我們梳理各種不同的教學組型，不論此一梳理的作法有多麼簡單。畢竟我們已經想定了，這些組型乃是排列在一個連續體上的。更重要的是，若與我們所面對的是「能掌握到長久以來，教師在課堂中所作所為的研究，如此之少」這項事實相權衡，這些瑕疵就算不了什麼了！

於運用這些構念時，我不認為，在教學現場所發生的實際變化，只是由教師中心到學生中心教學的移動；有可能是往來互動，兩種方向皆有。而且，個別的教師會沿路停在途中各個不同的地方。我也不認為，這些有關教學行為的改變，是全有或全無地接受某一整個取向。如同本研究將顯示的，十分常見的情況是，教師會將他們認為有用的某些作法，併入他們的知識庫藏（repertoires）之中。熟悉了的及新的作法兩者的混成體，曾經在過往一百年之間的課堂重複地出現。舉例而言，在 1929 年，一位小學教師多年來唯一的革新作法就是，把她的班級分成兩個閱讀組，當她在教室前方教某些學生時，其餘的學生則坐在桌前做一項作業；然而，這也因此在她的知識庫藏之中添加了一項新的教學工具。同樣地，在 1933 年，一位高中歷史教師開始運用一些取自當時政治生活的例子，讓學生能以較活潑的方式學習法國大革命；他這麼做，實際上就是針對他日常的作法作了一番調整。

雖然在那幾十年之間，教學派進步主義者可能會對我有關革新作法的措辭，搖頭嘆氣，並且以為這些革新作法失之瑣碎；但是，這些教師仍然有選擇性地採行了兒童中心的作法。我以為，一個連續體必須要留有空間給「進步式的教師中心教學所組成的混成體」（hybrids of progressive teacher-centered instruction），正如它也應該將空間留給教學派進步主義者更熟悉之「各種不同類型學生中心教學」的作法一樣。

過去一個世紀以來，教師們試著有選擇性地，將學生中心教學作法融入他們的教學作法之中。因為如此而形成之各種不同的調整作法，與他們一直都忽視的各項改革作法一樣，對於政策制定者及學者而言，若不是很有趣，就是讓人感到很困惑。學者們也必須解開這樣一團神秘的東西，讓人們明白這些混成體，到底是些什麼種類的變革。換個角度看，這些變革可以分解為

至少兩個問題。其一，將「學生中心的專門技術併入主流的教師中心作法，　9
因而形成之各種教學作法」置放在一起的加大型軍械庫（arsenal），[98] 所意味
的只是單純的漸進式變革，亦即只是在盛行的教學作法上，作進一步的加強？
或者，其二，它意指著，這些乃是在強調「個別教師作法」（individual teach-
ers' approach）這項根本式變革的目標引導下，所採取的漸進式步驟呢？雖然
我在後面還會回過頭來處理這些問題，但是我現在提及它們，是為了要提醒
讀者留意，還有許多困惑留待學者及政策制定者加以研究。

　　儘管有這些困惑，但是人們還是可以憑著一些指標，仔細觀察教師所作
成的教學決定，進而判斷教師所採取的教學作法，並作一番類目的歸納（ca-
tegorize）。這是因為，一般而言，在課堂之中，教師可以在一些看得見的地
方，發揮直接的影響力，並且作成一些教學決定。這些課堂指標（indicators）
是可用以證明，教師採取某一主要教學形式的根據，特別是將這些課堂指標
組合在一起，就能形成教學的組型。這些指標包括了：

　　1.教室傢俱的安排。

　　2.教師發言與學生發言的比率。

　　3.大部分的教學是以個別的、小組的，抑或全班形式進行的。

　　4.供學生在一般上學日當中使用的學習角或興趣角之有或無。

　　5.學生在不需徵求教師同意的情形下，在課堂中自由移動的程度。

　　6.倚重教科書，以及使用各種不同教學材料的程度。[99]

　　在描述課堂教學的實際情況時，我不得不將範圍加以窄化：本研究排除
了課堂情緒氣氛及師生非正式關係的敘述；而且，我既不會針對教師中心或
學生中心教學的效能作任何判斷，也不會就各種教學作法進行比較；這是因

98　Cuban 在此地用"arsenal"，跟前面"repertoire"（p. 8）意思一樣，都意指教師在教學方面所積
　　累的知識庫藏。不過，此地係依一般的意義將"arsenal"譯為軍械庫。Cuban 還特別強調，此
　　一"arsenal"乃是個經過加大了的大型（expanded）軍械庫。

99　原注 9：關於使用這些指標的理據，請見本書 pp. 291-293 的附錄。

為，我認為，無論學者或實務工作者如何界定有效的教學，它們的事證皆會發生在這兩種傳統中。對我而言，核心的研究論題是要確認，過去一個世紀中，在許多人試著運用龐大的力量，企圖將教學翻轉而成學生中心教學的情況之下，某些特定的教學行為仍然維持穩定不變狀態的程度若何；我絕無意確認，這兩種作法中的何者，較能獲致所意欲達成的結果。但是，於試著在兩種教學傳統間保持客觀之時，我不可能像在出門前檢查衣帽一樣，審視我的價值與經驗。作為一位歷史學者，我確實面臨著兩難；略述這些兩難，或許會有助於讀者評估本研究的價值。

在我試著對於兩種教學傳統，以及由它們衍生而得的混成體時，我會小心地描述我的證據及其來源，並且評估這些證據及其來源的優勢與不足之處。我已經至少滿足了一項客觀條件，因為我已經把我進行本研究時所採取的每個步驟，都一一告訴了讀者。為力求無所偏倚，我也避免以一些別具含意的用詞，將教師中心教學描述成「傳統的教學」（traditional teaching）、「正面（面對學生）的教學」、「成規的教學」（conventional instruction），或者將學生中心教學描述成「縱容的」（permissive）或「學術水準不足的」（lacking academic standards）教學。

我相信研究應力求客觀，而且我也會盡量在所用的研究方法上達成此一理想，但是畢竟我對某些種類的教學作法較為重視，所以說實在的，要做到力求客觀，確實有困難。不過，於此，我之所以陳述我對於教學取向的偏好，目的即在讓讀者理解我所面臨的價值衝突：一方面，作為歷史學家的我，必須針對各項旨在將教師中心教學加以翻轉的改革，作公正的敘述與分析；另一方面，作為教師及改革者的我，則又熱切地希望能針對課堂裡的一切，盡一份改進的力量。

我在 1955 年開始從事教學工作。若有位觀察者於一年之後，進入我在 Cleveland 的 Glenville 高中社會科課堂，這位人士會很容易地將我的教學歸類為完全的教師中心。我的學生坐在一排一排可以移動的、扶手上有寫字板的課桌椅上；我們通常都是進行教師主導的討論，偶爾有我的迷你講演（mini-lectures）點綴其中，還有一些不定期的學生報告，或者全班的辯論，或者競賽活動，打破平日上課的常規。大約超過 90% 的課堂時間是用在全班式的教學活動。

到了 1960 年代早期，我開始把一些不同的作法，融入我的教學庫藏之中：例如學生帶領的討論；將班級分成各種不同的任務小組；編寫一些教材先是作為補充之用，稍後則以此取代教科書；一些其他可寬鬆地稱之為「新社會科」（New Social Studies）的教學作法等。[100]

到了 1970 年代早期，我每天教的五個班級之一，至少一週有一天，學生會花費整個 50 分鐘的一堂課，由一個教學站（teaching station）轉移到另一個教學站，學習我所研發的材料，有時一週會有更多天這麼做，依我所研發材料的分量多寡而定。然而，一週中的大部分時間，還是用在教師主導的討論、教師督導下的學習、為了完成專題計畫（projects）[101] 而舉行的分組會議、學生口頭報告、迷你講演，以及其他非傳統式的作法。我與學生的互動變得更為非正式。學生們坐在排列成馬蹄形的課桌椅上，而馬蹄的開口則向著我的書桌及黑板。教室中的學生移動、學生與我在小組活動及全班討論時的輕鬆對話，說明了教室中不拘束的社會組織。不過，在絕大多數情況下，仍然是由我決定學習什麼、用什麼方法，以至於時間及教室空間如何配置等事項。然而，在此同時，我賦予了學生一小部分但逐漸增加的責任，讓他們在我決

---

100 1940 及 1950 年代，全美中學施行的生活適應教育（life adjustment education）引發失諸於反智傾向的批評，及至蘇聯於 1957 年率先發射 Sputnik 號人造衛星，促使國會於 1958 年通過《國防教育法案》（National Defense Education Act, NDEA），並由官民合作齊力推動中小學數學與科學課程的改革。1964 年，國會修正 NDEA，擴及社會科的課改，乃促成 1960 年代中期至 1970 年代的新社會科（New Social Studies, NSS）運動。NSS 的教學有三項特色：(1)除少數外，各計畫皆強調學科結構，著重基本概念、原則及通則等要項。(2)以發現教學與學習，取代注入的傳統作法。(3)要求學生以社會科學家發展與證實假設的方法進行探究與實作，將為事實而學習事實的記誦之學，化為整合不同學科的方法與材料，針對問題找出解決之道，進而自行組織知識的主動學習。請見單文經（2019）一文，針對 1950 至 1970 年代美國新社會科運動及其有關教材改革計畫所作的評析。

101 "project" 可譯為方案、設計、計畫、作業等，本書則依上下文脈譯為專題計畫、專題研究、專題研究計畫、專題作業、專題研究作業。

定的較大架構之下選擇課題（topics），[102] 有時也讓他們決定怎麼使用他們在課堂的時間，以便執行他們必須完成的工作，甚至有時還會讓他們作成其他的教學決定。

那麼，在教師中心與學生中心教學的連續體上，我到底在什麼位置上呢？我的主要教學型態是教師中心的，但是我的教學改變之旅開始於 1950 年代中期，之後在 1970 年代早期，我相當大程度地移向了連續體的學生中心那一端。當我在 1981 年開始以教授的身分進行教學工作之時，這些作法的混合（mixing）開始變得更為精緻而且明顯。當我在 1988 年回到高中課堂，教授低成就學生一個學期的美國歷史時，此一混合的教法就更為明顯。本此，我應該可以說，多年以來，我已經發展出一套教學的混成體（hybrid），其中包括了學生中心教學，但是我仍舊保留了教師中心的型態。

自從 1960 年代早期，我也很用心地投入於社會科教學的改進，培育一些即將進入多半是貧窮、少數族裔學生入讀的學校服務之新進教師，並且在一所學校推動組織的改革。此外，我也就政策制定者、行政人員及教師等人士，在學校教育與教學改進這方面，有些什麼應作應為的事項，撰寫了許多文章。所以，自從 1955 年以來，我扮演的高中教師、行政人員及教授等角色，讓我把積極行動和反省思考，以及理論與實務等都加以混合。這樣的混合在我的內心製造了許多的緊張狀態；舉例而言，多年以來，即使我現在以教授的身分從事教學，我還是愈來愈看重學生中心的作法。

如同我對於知識如何形成、學習，以及兒童及成人如何利用這些知識等的想法，會隨著時間而改變，我對教學的想法亦是如此。如果學生是由他們的經驗建構而成新知識，而且我相信他們確實是如此，那麼作為一位教師，我就必須掌握他們經驗的某些部分，並且將這些經驗跟我傳達給他們的知識聯結起來。如何將學生已經知道的，與他們應該知道的兩者聯結起來，正是每位教師都要面臨的挑戰。為了要促成學生理解，教師必須設法讓學生積極地融入將要學習的活動，也需要設法以各種不同形式表徵這些知識，還要設

---

102 "topics" 可譯為課題、論題、主題、題目、話題、標題等，本書將依上下文脈定其中譯。

法提供許多機會讓他們練習與展示他們已經學會的東西。這樣的教學程序顯然傾向於學生中心的課堂教學。那麼，多年來，我所建立的教學作法混合物（mixture），是否有助於學生學習得更為有效？換言之，它是「良好的」（"good"）教學嗎？這個問題的解答，須視大家對於良好教學的定義若何而定。因為我試圖讓學生自己思考，並且讓學生能在所學習的內容上留下自己的印記，以便將所學應用在他們自己的生活上。所以，我相信我的教學應該是「良好的」，而且其效能也是可能測量得到的。不過，讀者應該注意，本研究聚焦於教學而不是學生的學習。任何「良好的」教學之適切的定義，都必須有充分的證據顯示：這些受到評鑑的教學作法，確實為學生的學習帶來了「良好的」結果。

以上就我作為一位教師的生涯所作的回顧，將我作為一位研究者必須在致力於達成學術研究力求客觀的同時，又盡可能地施展教學的巧藝，還試圖引進學校與課堂改革，這幾個方面壓力所造成的一些兩難作了一番聚焦。本此，我在本研究一直試著以多種作法盡力控管我的偏見：我運用了各種不同形式的證據，在各個不同的地方進行研究，並且在各個不同的時間點取樣。這些作法乃是為了減少我的偏好所造成之影響。為了處理內心所存有之作為學者、實務工作者及改革者等三方面相互競逐的、甚至相互衝突的價值，我所建構而成的妥協作法可能無法取悅所有的讀者，但是我覺得，讀者應當會理解我如何處理這些不可避免的窘境。

既然本研究有這些限制，立刻有個問題產生了：若此一研究避免界定何謂「良好的」教學，也避免碰觸這樣一個問題——亦即某些教師在課堂氣氛的營造這個方面比其他教師成功得多，因而讓學生比較樂於學習——那麼，這項研究又有什麼用處呢？這是一個很合理的問題，因為它提出了研究與實踐交集在一起的問題，還有歷史研究到底應該發揮什麼作用的問題。

因為研究者、政策制定者、實務工作者及具有改革之心的一般公民，對於哪些教學作法仍舊維持穩定不變，以及過去一個世紀以來有哪些教學作法發生了變化等歷史並沒有什麼認識，所以若是我們研究了某些特定的課堂之

12

後，應該可以說明，我們若有意針對教師如何教這件事作一番改動，會有怎麼樣的潛能，又會受到怎麼樣的限制。探索了自 1890 年代以來以課堂為範圍的知識領域，應該可以揭示哪些是經久不變的，又哪些是倏忽即逝的；哪些是可加以變動的，又哪些是不容易改革的。藉由學習更多有關課堂教學的細項，政策制定者、實務工作者及學者等各方人士，皆可對於教師所能為及所不能為，以及哪些是學校應該負責任的，而哪些是超出它們能力範圍的等，都有合理的期望。於是，不管本研究的結果是多麼的不顯眼，應該都可以為那些以公立學校為對象而發動之周而復始、起伏難料的改革之議，提供若干實際的指引。

我還看到本項課堂實務研究的另一項間接且比較微妙的功用。蓋長久以來，有一些關於學校教育方面之強而有力的隱喻主宰了政策制定者、學者及實務工作者等人的想法。J. M. Stephens 即寫道，有關學校常用的隱喻是工廠（factory）。此一形象強化了人們對於理性決定的想法，直指學校如機器一般；這部機器的每個部分都經由一條裝配線與其他部分相聯結，而且可以修理或是改善。Stephens 說道，若是我們把隱喻作個轉變，換成農耕，那麼學校教育就看起來有所不同。透過一套古老而穩定的過程，農夫預測每年的陽光、氣候、種子、植栽及昆蟲等的情況。他認為，藉由理解此一過程，並且在此一限制之下進行各項農事，農夫可以改進其生產的狀況。他繼續說道，農夫不能忽略「他們無法控制的這些已行之有年的有機力量」。他們必須順著這些力量認真地工作。將此一農事的隱喻應用在教學及學校教育上，就會產生一個根本上不同的形象；對於具有改革心態的政策制定者而言，其直接的效應就是會使他們對於課堂教師之所能為與所不能為，有不同的想法。[103]

類此，許多政策制定者、學者及實務工作者等各方人士在心中，都存有

---

103 原注 10：Stephens, 1967, p. 11。David Tyack 曾經告訴我，進步主義改革者 Ellwood Cubberley 及 Franklin Bobbit 都用了這兩種隱喻。有關學校及課堂的其他隱喻，請見 Firestone, 1980。
【譯注者補充】：(1) John Mortimer Stephens（1901-?）、Ellwood P. Cubberley（1868-1941）、Franklin Bobbit（1876-1956）。(2)經核對，Firestone, 1980 未出現於原書末的 References 中，茲特補足之並置於書末〈參考文獻〉中。

一些近似的心像（images），而這樣的畫面（pictures）會形塑他們所作的各種決定。過去一個世紀課堂教學作法的歷史構圖（maps），至少有可能決定這些隱喻的正確程度；而這些歷史構圖即會回轉過來，為公民及專業人員在執行這些間歇發生的改革時，帶來一些指引。我還會在本書的最後一章，處理這些要項。

　　總上所述，有兩個具體的問題，引導著本研究的進行：

- 若改革運動的目的之一在推動學生中心教學，那麼，在過程之中及過程之後，教師中心教學仍會保持不變嗎？
- 如果答案為是，維繫持續不變的程度如何？為什麼？如果答案為否，教學情況改變的程度如何？為什麼？

　　為了要解答這些問題，我特將三個年代若干地方學區的教學情況，繪製了歷史的構圖：1920 年代及 1930 年代的三個城市及許多鄉間的學區、1965 年與 1975 年之間的二個城市及一個州的若干學區，還有 1975 年與 1981 年之間一個大型都會裡的中型學區。從另一個角度來看，教學組型由教師中心根本地轉變而為學生中心的重要改革運動，發生於兩個時段：(1)20 世紀早期的二十年，正當進步主義為主要意識型態之時；(2)1960 年代中期與 1970 年代中期之間，亦即非正式教育或「開放課堂」主導政策制定者、實務工作者及學者等各方人士的言說之時。

　　為了確認教師如何教，我運用了許多不同來源的證據：

- 教師與學生在課堂中的照片。
- 教師所用的教科書及各種文本。
- 學生針對其課堂經驗所作的回憶。
- 教師針對其如何教所作的報導。
- 新聞從業人員、行政人員、家長及其他人士所作的課堂參訪報告。

13

・學生在校刊及年報上的寫作。

・教學作法的研究報告。

・針對教室建築結構、教室大小、書桌設計（desk design）、[104] 建築物
平面圖等所作的描述。

歷史學者必須妥善處理以下的兩難：一是，證據所具有的選擇性（亦即
某些事物一直保存下來，以致現在還可以查找得到；這些事物在所研究的年
代裡，卻可能是非典型的）。另一是，資料所內存的偏差〔例如 1900 年的攝
影人員要求學生擺好姿勢，以便把「新教育」（"New Education"）的樣子表
現出來〕。為了讓這些選擇性及偏差的效應達到最小化，我試著使用能代表
上述二個時段，以及不同背景（包括小學到中學，從都市到鄉間等）的多樣
且不同來源的資料。

14
由這些不同的來源，我找到了從 1890 至 1990 年之間，超過 1,200 則課堂
的描述。這些描述嵌入了來自每個學區及全國各地較大的資料組合，間接地
揭露了大約 7,000 個其他課堂的教學情況。

本研究所描述之教學作法的型態，只代表了教師在他們課堂之中教學表
現的一個部分。任何熟悉課堂情況的人都知道，它們像千變萬化的漩渦一樣
──雖然它們的步調、強度及複雜度等，通常都因為學生順從教師所建立的
常規而變得模糊了（對一位非正式的觀察者而言，只要觀察了 30 分鐘後，就
會覺得課堂看來單調無聊，甚至冗長乏味）。那麼，我如何可能在漩渦消逝
之後，掌握住其中的一小部分呢？

研究課堂教學的歷史學者所處之困境，跟古生物學者一樣窘迫，必須小
心而輕巧地，用細刷從明顯是人類祖先上下顎的碎片上把塵土清除。這塊骨
片是骨骼的一塊極為細小的碎片，而這一具骨骼則又是科學家試圖描述的人
口總數中的更微小部分。我必須研究的「骨片」就是課堂的照片，以及各個
不同的參與者所書寫的記述。

---

104 書桌設計至少有兩層意思：一是指書桌固定在地板上與否；一是書桌成行列的方式擺設與否。

　　歷史學者 David Fischer 提出了另一個形象。在他看來，研究歷史正像是試著完成一件不落陳套的拼圖。[105] 試想，我們若將 Jackson Pollock 的畫作切成一千塊碎片，變成一個拼圖；再把位在四角的碎片、大部分靠著邊緣的畫塊，以及其他剩下來的一半碎片，到處亂扔。那麼，把它們再度拼合的工作，正好說明了歷史學者的所作所為。[106]

　　把散亂的碎片再度拼合，也意指試著要理解 Jackson Pollock 畫作的意義。我們若要研究過去一個世紀美國課堂的變與不變，就必須質問：即使一直有許多人士下定決心推動諸多革新作法，試著改變這些課堂的教學作法，但是各種不同的教學作法依然保持不變，這是什麼原因？又，為什麼若干教師還是會自創新法，並且將這些新法統整到他們日常的課堂教學慣例之中？

變與不變的解釋

　　關於教學作法維持穩定不變，以及仍見教師採行變革作法的例子，有著為數不少的解釋。現在，我之所以簡短提及這些可能的解釋，是為了提醒讀者留意，這些論證的範圍很大，性質也很複雜（我將在以下的文脈中，交替地使用論證與解釋這兩個字）。我會在本章之後的七章，逐一揭示課堂實際狀況之後，再以較長的篇幅仔細探討之。[107] 這些論證有如下述。

---

105 原注 11：Fischer, 1970, p. 134。【譯注者補充】：(1)David Hackett Fischer（1935-），Brandeis University 歷史學教授，其主要著作涵蓋了從宏觀經濟和文化大趨勢到重大事件的敘述史及史學研究的主題。(2)經核對，Fischer, 1970 未出現於原書末的 References 中，茲特補足之。

106 Jackson Pollock（1912-1956）是一位有影響力的美國畫家及抽象表現主義運動的主要推動者。他於 1947 年開始創用獨特的「滴畫法」，取消畫架，把巨大的畫布平鋪在地上，用鑽有小孔的盒子、棍棒或畫筆把顏料滴濺或潑甩在畫布上，並且藉助噴霧器將稀薄的顏料噴灑在畫布上；作畫時和畫布的接觸不固定在一個位置，而是在畫布四周走動，或跨越過去，使構圖沒有中心、結構也無法辨認；以反覆的無意識動作，畫成複雜難辨、線條錯亂的網絡；畫面上線條縱橫曲扭，色彩變換無常。由看似雜亂無章卻亂中有序的作畫，以及其探求下意識的極端放縱之法中，可看到超現實主義畫派的精神。

107 亦即本書第八及第九章。

1. 有關知識的性質、教學應如何進行，以及兒童應如何學習等文化信念，都是如此廣泛地深植於人們的心中，以至於這些信念會操控政策制定者、實務工作者、家長及公民對於某些特定的教學形式之所思所想

15
　　許多個世紀之前，在歐洲及美國文化之中，正式的學校教育是在宗教機構施行，其主旨在教導學生傳播特定的福音，並且研讀其意義。當時的書籍很少，因此在與教會有所關聯的學校，以及大學之中進行的教學與學習，主要是依賴有學識的人告訴沒有學識的人，哪些是重要而必須通曉的知識。在這種情況之下，所謂知識，是指一些大多不會有人質疑的信念、事實、程序及意見等的組合。

　　隨後的千年，深植於西方人信念中，對於知識（由人們積累與鍛鍊的智慧所組成的一個整體，必須由一個世代傳遞給另一個世代）、教學（那一整套智慧的傳達）及學習（將智慧加以吸收）等性質的想法，就標誌了將年輕人送進學校的努力成果。這些信念在作為嬰幼兒第一個學校的家庭之中逐步展開。經過多個世紀方才興起的正式宗教加以強化之後，這些信念形塑了宗教教學的特性與方向，直到由稅賦支持的公立學校引進之前，盡皆如此。隨著在歐洲先行設立，而後才在美國設立的公立學校之創建，教師中心教學這種強調教師作為將必要知識傳遞給學生的權威，而學生則必須回頭過來吸收與消化這些知識的作法，就一直是主要的教學形式。

　　過去五百年來，歐美的哲學家及教育家總是會不定期地針對這些根深蒂固的文化信念，發出反對的聲音，進而主張教育應該聚焦於兒童，而非聚焦於許多世紀以來積累而成的那一套知識。這些改革者一方面把教師的主要任務視為引導兒童開展其天賦的資質，另一方面則熱切地建立兒童中心的教育方式。舉例而言，20 世紀的改革者即將幼兒園、小組學習方式、可移動的桌椅、兒童中心的作法等引介到公立學校來。不過，這些變革是慢慢地來到這些學校，而且時常受到根深蒂固的主流文化信念之稀釋。

　　於是，我們就不會詫異，大部分對於教師中心課堂永續存在的描述，都與一些非常尊重其祖先積累的智慧之男士與女士所形塑的歷史傳統相一致；

而這些傳統都是他們過去在世時於其帶領的生活中所建立的。

2. 正式學校教育的組織與作法，發揮了社會化的功能，並且將學生依其個人的才情，分配到適當的社會經濟地位

在一名成長中兒童的生活裡，學校是界於家庭與工作地點之間唯一的公共機構。學校循循善誘地將主流的社會規範、價值及行為教給兒童，以便讓他們為進入較大的文化之前，作好應有的準備。此間的運作可以概分為四點說明。首先，學校與作為這些機構職員的成人，會將學校組織而成井然有序的科層體制，並且在此一體制中，按照學生的年齡大小分成若干年級，學校因而形成了一套年齡分級制（age-graded）[108] 的環境。其次，主事者會再將初等學校的學生依照他們的能力進行分班，等到學生進入中等學校則依照他們的進路分成若干個分軌。再次，主事者會於不知不覺的情況下將主流的文化知識（美國歷史、文法、數學等）傳布下去，並且教誨主流的價值（準時、遵守工作倫理、合理競爭等）。最後，主事者會將學生依其個人的才情分配到適當的社會經濟地位（較高及中等層級的學生進入公司、專業及企業生涯，較低層級的學生則從事服務及低等的技術工作）。

課堂逐漸由特定的教學作法所主導；此一作法集中於確定的內容，以及必須學習的技能，學生則學習一些服從、效率的態度，並且學習一些只須以

16

---

108 (1)"age-graded"（另見於本書 pp. 17, 18, 24, 250, 277, 280, 283, 296, 317）可譯為年齡分級制或年級制，本書將依上下文脈定其譯法；有時，Cuban 逕以"graded"（請見本書 pp. 62, 129, 130, 223, 278）代之，例如"graded school"即為"age-graded school"之簡稱。(2)依 Cuban（2020, p. 6）之說：年級制學校（age-graded schools）「是在 19 世紀中葉，由普魯士傳入美國，以取代當時公立學校主要施行的獨室學校（one-room school）」。(3)Kliebard（2002, p. 18）根據 William J. Shearer 於 1898 年所著《學校分等設級》（*The Grading of Schools*）一書之說指出，美國最早於 1847 年由 John Philbrick 設置年級制學校，到了 1860 年代大部分的都市及稍大些的城鎮皆採行此一作法。年級制學校一方面可與不分年級學校（ungraded schools，或譯未分年級學校；請見本書 pp. 24, 125, 129, 162）或無年級制學校（nongraded schools，請見本書 pp. 185, 186, 188, 216）相對照；另一方面，則又可與現今有些地方施行的混齡學校（mixed-age schools）或多年齡班級（multi-age classes）等相對照——這種新制度的設置可能是因為在校學童人數較少，不便分年設級，或者可能為了要避免年級制的缺點而特意訂之。(4)郭玉霞（2000）將"non-graded school"譯為不分年級制學校。

最少量地參與於社會的、科層體制的及工業的組織所要求的特質。學校所教導的是主流的信念與價值；由來自不同文化的兒童帶到課堂來的這些與學校所教導的不同之語言、習慣及態度，都必須加以轉換，俾便成為美國公民。舉例而言，首先，兒童必須精熟美國的標準英語；同時，兒童還必須學到課堂依序行事的紀律，以及長時間保持靜肅的習慣。

凡是在家庭中已經學會了一些必要儀節的學生，就會符合教師的期望。教師會把許多這樣的學生安置在進階的閱讀分組、較高的年級、大學預備的分軌。那些來自不同文化或是社會經濟背景的學生，因為不熟悉上述的學校要求，就會適應困難。教師或行政人員會將這些學生當中的許多，但不是全部，標籤成「跟不上的」（slow）學習者，或者不合適的學習者（misfits），因而分派到課堂中的特別分組，或者作另外不同的安排。

某些特定的教學作法對於兩種學生都很實用，不過對於那些來自不同社會經濟背景的兒童就更為實用：把桌子排成行列，以便獲致齊一的行為；依賴教科書，並且要求兒童交出很多的家庭作業，作為給分或扣分的依據；施予測驗或小考，以便教師可以按照成績將他們分類，或者根本不予分類；要求學生遵循教師主導的、有關課堂教學作法──如座位上做的功課、講課（recitation）[109] 及口頭報告──的各項規定。這些具有支配性質的教師中心作法之所以能歷久不衰，主要是因為這麼作可以使學生的行為表現，與較大社會的要求保持一致。

---

109 本書將"recitation"中文作兩類譯解：一類是背誦、誦讀或複誦，另一類則是講誦、講課、講述、教課或授課，將依上下文脈而定。特別須加解釋的是，前一類是指學生先行記誦教師指定的功課，再背誦、誦讀或複誦給教師聽，以示學習的成果，重點在學生的學習行為；後一類則是指教師講解（或講述）、提問（通常是與事實或訊息有關的問題）後，學生按照教師講解、教科書或寫在黑板上等的內容，進行複誦或回答（通常是簡短的回答）等在內的教學活動，重點在教師的教學行為。本書另外尚出現各種不同的"recitation"，如「一字不漏的背誦」（literal recitation, p. 65）、（由學生主導的）「社會化式的教課」（socialized recitation, pp. 73, 111, 134；第二章原注 6 的註腳，即在 p. 299 亦提及之，請見〈注釋補遺〉）、「正式的講誦」（formal recitation, pp. 65, 131, 134, 300）、「非正式的講誦」（informal recitation, p. 196），以及「全班式的準講誦」（whole-group quasi-recitation, p. 238）。本書〈譯注前言〉第二部分中曾說明了本人因"recitation"的中譯而形成困頓的緣由，以及如何消解其中疑惑的經過，並報導了本人對"recitation"一詞的譯解原只限於第一類，後來才納入第二類的轉變過程。

3. 若政策制定者有效能地推動旨在轉變教師日常所作所為的改革，則教學作法的變革就會發生

　　如果周到的政策制定者，系統化而徹底地推動旨在根本轉變教學行為的政策，那麼課堂作法就會改變。但是，若大家不看好這些政策作法，以致只部分地推動，或者三天打魚、兩天曬網式地偶爾為之，那麼教師就大多會讓自己跟改革者為推動基本的（basic）課堂變革所做之設計，保持絕緣。

　　有瑕疵地推動學生中心的教學改革，解釋了教師中心教學取向（approaches）始終成為經久不變的核心之道理。若果真能精密細緻且廣大而全面地推動教學變革，那麼開始於 1900 年代早期及 1960 年代的各項改革，就應該會在 1990 年代顯而易見。凡是仔細籌謀且認真執行的實施規劃，所推動的教學改革作法就會有實質的效果。

　　因此，學生中心的作法之所以不常穿透課堂，責任往往是在學校教育主事者這一方面；因為他們在將有關教學變革的某項政策決定或核定，轉化為能獲致教師在課堂採行之系統化過程時，並未全心關注、意志不堅，甚或根本就力不從心。

4. 學區、學校與課堂的組織結構形塑了教師主要的教學作法

　　學區與學校的組織結構會促使教師採用某些長久以來少有變異的特定教學策略。「結構」意指學校空間如何安排；如何按照學生的程度組織教學內容，並且分年設級，妥予排列；如何按照課程分配教學時間；各項組織規則如何管控成人與學生的行為及績效。這些結構的肇因是來自公立學校的基本律則：妥善管理數量相當龐大且係受到強制而入學的學生，以便讓他們在遵守規定的情況下有序地吸收特定的知識。年齡分級制的學校、自足式的課堂（self-contained classroom）、[110] 分別年級層次的課程、50 分鐘的課時，以及

---

110 "self-contained classroom"至少有兩層意義：一是在特殊教育領域，由特殊教育教師負責所有課程與教學及有關的活動；其通常與普通教育（general education）的教室分開，學生的人數也比較少。另一則是如同臺灣所習稱的包班制，每班都有一間固定的教室，並且由一位教師負責一個班級的所有或大部分教學任務，並且總攬教學時間裡學生的一切活動；美國高中實施近似大學的選修制，學生按照課表到教室上課，在臺灣習稱跑班制，而與包班制明顯相對。Cuban 所指的應是後一種意義。

人數較多的班級，即是符合這一套基本律則、行之已久的結構。

如窠巢般的課堂組織嵌入較大的學校結構，把管理每天在此一課堂中停留一至五個小時——視其年齡大小而定——的 25 至 40 或更多名年齡相仿的學生之任務交給教師。人們對教師的期望是：維持秩序、教某些特定的教材、激發學生的學習興趣、依照學生的差異改變教學的層次（levels），並且顯示學生的學習已經確實達到滿意水準的證據。

在這些相互重疊的學校與課堂結構之中，教師必須妥予分配自己的時間與心力。他們在一個不算大的空間裡，花費一段不算短的時間，面對數量不算少的學生，必須設法創用某些既具彈性又富想像力，而且有效率的教學作法，方才有可能應付由各方接踵而來的既多元又相互衝突的要求。

舉例而言，成行列安放的可移動課桌，以及排定的座位表，讓教師容易監管，進而維持課堂秩序。教師的桌子通常位在教室靠近黑板、顯眼的地方，靜悄悄地強調了每天是誰在決定課堂活動的走向。諸如舉手後才可回答問題、經教師同意才可說話，以及別人說完才可接著說等班級常規，建立了全班式教學（whole-group instruction）的架構。要求學生請示後才可離開課堂這項規定，則支撐了教師對於學生的管控，以及課堂秩序的維繫。

在這些結構之中，將全班學生聚在一起進行教學，就教師所能掌握的有價值且稀有的時間資源之運用而言，這是一項既有效率又方便可行的作法。講演、誦讀、座位功課、根據教科書指定家庭作業、每週舉行的測驗等，都是傳遞知識給全班學生，並且確認學生是否學會了教材的這樣一套有效率且不繁複的作法。

反觀施行學生中心教學的作法時，學生會共同工作、自由地在課堂移動，並且由他們自行決定完成某些特定的課堂任務，這樣的情況會使得必須面對一群學生的課堂常規，變得歪歪倒倒。這種作法與現有的學校及課堂結構並不相容，因而必須將課堂運作的基本模式作一番大翻修。很少有教師願意像這樣，為了轉換成為效益不明確的學生中心課堂，而把他們管控停當、已經熟悉了的世界攪亂。

　　此一論證著眼於年齡分級制學校所形成的結構會為教學帶來規則性。過去的教師是以教師中心教學作法配合一些具有創意的妥協作法，來面對他們難以掌控的結構所帶來的兩難困境。

5. 在此一職業裡所發展而成的教學文化，有偏於維持課堂作法穩定性的傾向

　　教學的職業精神（occupational ethos）會滋生保守主義，亦即偏好穩定並且對於變革持有警戒的態度。此種保守主義就固定在教學的作法之中，既在進入該一專業的人們的思想言行中，也在他們如何非正式地社會化的過程中，還在教學本身是其主要成分的學校文化中。

　　教學的目標是要把兒童改變而成青年，而這種青年是家長及社會都認可的。但是，教師的教學是否成功，全賴學生能否產生成功的結果。此外，對於究竟什麼樣的教學成果才是成功的，社會大眾並沒有共識。我們可以理解，教師通常都不願意冒著調整教學作法的危險，特別是接受學生中心的教學改革，因為這種作法是否受到認可，更多是建立在學生學習結果的基礎上，但這卻是很難確認的。

　　誰入職教學行列，也是鼓勵保守主義的另一項因素。通常新進者會喜歡多跟兒童接觸，也慶幸工作的時間較為彈性，因而在理解金錢報酬有限的情況之下，仍願意接受這項內建於此一專業的服務使命。在這些入職教學專業的年輕人當中，女性遠遠超過男性。男性通常會為了追尋更多的社會認可、更多的組織影響力，以及更高的薪資收入而選擇離開課堂。凡是慮及工作時間安排較為彈性，因此可以兼顧家庭責任及假期等優點而留下來繼續從事教職的男士及女士，通常絕少有改變其職業條件或是作較大改進的誘因。

　　此外，新入職的教師也因為他們自己先前的學校經驗而傾向於維繫持續性。作了十二年之久公立學校學生的未來教師，在觀察他們的老師教他們這些學生的樣子，因而在不知不覺的情況下接受了十二年的學徒訓練。

　　於是，長久以來，課堂作法一直都維持著穩定不變的樣態。畢竟家庭作業、討論、座位功課、測驗，以及偶爾中斷日常活動的影片觀賞，是這些教

19

師從他們自己學校教育時代就熟悉的作法，而且大多時候，整個班級也都是這樣走過來的。在不作根本變動——例如進行小組教學、將各種不同的內容加以統整而成為若干單元、與學生共同計畫所上的課（lessons）、[111] 讓班級成員選擇自己想做的事——的前提之下，此一職業所持有的基本保守心態會讓教師比較願意針對現有的教學方法作些修補，改善一下技術，並且引進一些小幅度的變化。

6. 教師的教材知識，以及其有關學校在社會上所擔負的責任、有關課堂中的權威，還有關於兒童的族裔及社會經濟地位等事項所具有之專業及個人的信念，這些都會形塑其課堂的教學作法

　　教師對於某個科目的所知，必須先轉化為可教的語言及活動，然後才可以教給兒童。舉例而言，一位社會科教師不只要具備，就這麼說，美國歷史的內容知識吧，還需要知道如何把這些內容傳達給 15 歲的少年人——不論他們對學術科目有無興趣，抑或是否有意入讀大學；教師必須把權利法案對於十多歲的少年人而言有著什麼意義，進而以取自真實法庭中的具體例子清楚地加以說明。再看，某位生物科教師用來對大學預備班裡高二學生說明進化概念的意象，不一定是取自教科書，而可能是從這位教師先前作學生時奮力理解此一概念時所獲得的經驗。

　　若內容知識確實重要，則教師對於兒童如何學習，所持有的專業與個人信念也十分重要。一位小學教師若是相信，兒童以小組的方式在一起共同學習，可以從修改別人文章的過程中獲益，那麼他安排教室傢俱的方式，就會跟另一位主張，學生唯有記誦文章編修規則才算是學習的教師，作法有所不同。又，一位在教科書內容及日常事件之間尋求關聯的教師，因為他相信，若是將知識與學生的生活取得聯結，會讓學生在吸收知識時較容易些，這樣

---

111 "lesson"可譯為一節課、（教科書中的）一課、功課、課文、教訓等，複數型態的"lessons"則又可譯為課程或課業；本書將視上下文脈定其中譯。另外，值得一提的是，日本教育界將"lesson"譯解為授業，並已以"lesson study"（授業研究）作為教師專業社群運作的歷史已逾百年之久，近年亦已受到臺海兩岸四地教育界的重視，請參見鍾啟泉（2020）。

的教師會比較常離開文本，並且帶著學生探索這些聯結。

最後，有一些教師所持有的社會態度會引導他們，總是試圖接觸較高而非較低地位的兒童——亦即跟他自己的族裔、種族或宗教背景較相似的兒童。這些教師在教低收入黑人或拉美裔（Hispanic）兒童時，與教那些富裕的白種或亞裔兒童時，在選取內容、管理課堂、組織活動等方面就會有所不同。

本此，教師們所擁有的知識、信念與態度，既說明了形塑他們在課堂裡所作所為的情況，也解釋了形塑長久以來教學作法核心之變與不變的緣由。

請注意，上述六個有關教師如何教的解釋，乃是包括了環境（文化傳承及學校的功能）、組織（政策的執行及學校教育的結構）、職業社會化（教學的性質、誰進入教學職業，以及未來教師長期以來一直作著觀察他們前輩的學徒），最後，教師還是個行為會受到其知識及信念形塑的一個個人。這六個論證之中，其中四個是試著解釋教師中心教學長久不變的緣由；其中兩個（偶爾施行的課堂改革政策，以及教師的知識及信念）則指出了，為什麼課堂改變可能會發生的原因。我將於第八章中，再就這些解釋作進一步的申論。

總上所述，本書分為三篇。第一篇涵蓋了 1890 年至 1940 年，包括五章。第一章，開始先描述世紀之交的教學情況，包括了那些年間的進步教育改革。此一描述之後，是 1920 年代與 1930 年代之間，紐約市、科羅拉多州丹佛、華盛頓特區等的報導。第五章敘述那幾十年鄉間學校的教學情況，再加上以若干全國性的教學作法調查為據而作成的綜合分析。第二篇中，第六章處理 1965 年與 1975 年之間在北達科他州、紐約市及華盛頓特區等地的非正式教育。第七章，先為 1970 年代某一個學區的課堂教學作一番仔細的探討，然後轉而敘述 1980 年代全美的教學情況。在最一個部分，第三篇中，第八章，我將以稍早呈現的證據為本，檢視六個論證，闡明為什麼教師這樣教。本此，我形成了一套用以解釋教學作法變與不變的說法。最後一章則探討本研究的發現為政策制定者、實務工作者及研究者所帶來的啟示。

20

　　稍早，我曾將我的任務比作化石探尋者。謹讓我轉變學門，請各位讀者試想，一位十三世紀的製圖員正以航海家所帶回來的知識為本，繪製一幅新的世界地圖，並請各位以這個形像想想，本書都寫了些什麼，又作了哪些知情的猜測（informed guesses）。[112] 請各位讀者試想，這位製圖員所繪成的地圖包括了多少的錯誤，又摻雜了多少的不實之處，但是後來使用這些地圖的大航海家在探索世界時，又帶回了多少新的資訊，並讓人們據以重新形塑後來的地圖。本研究就是在此一十三世紀製圖傳統中的一項工作。

---

112 「知情的猜測」（informed guesses）與「妄加猜測」（wild guesses）不同。

第一篇

進步主義與課堂教學
作法，1890-1940 年

第一章

世紀之交的教學作法：
傳統與挑戰

在紐約市第八公立學校（P.S. 8），[113]William Chatfield 任教六年級。雖然
他教著許多科目，但是他十分樂於教歷史科，因而在《紐約教師專論》（*New
York Teachers' Monographs*）這份專門刊行紐約市教師著作的期刊上發表了一
篇文章。只要稍微看看 Chatfield 怎麼教他的六年級學生，1900 年的歷史樣貌
即會由他的描述浮現出來：

> 我一般的作法是，先將要教的東西作一綱要式的概述，讓學生掌握
> 其大要，接著我會順著這些概要，由教科書中選定適當的課文，然後帶
> 領他們展開會話，要他們找出造成某些事件的原因。
>
> 我把每個星期的一部分時間，用來進行口授的教學（oral instruc-
> tion），並且在每個星期的末了要求每個學生作一份書寫的練習。在這份
> 練習中，學生要試著呈現出他們由口授的教學學到了些什麼，對教科書
> 理解得如何，又閱讀了哪些東西。
>
> 我常充分運用地圖及圖片作為解說所教內容的輔助，我把地圖畫在
> 黑板上，讓學生照著畫在簿本裡。這些地圖上有幾股相反的力量移動著；
> 我會針對某些地方及位置上發生的各個事件作簡短的說明。我會在課堂
> 上請大家傳閱我從許多不同來源蒐集而得的圖片。

---

113 "P.S." 為 "Public school" 的縮寫。

Chatfield 指出他如何將氣候及地理，與人們為維持生活而行事的情況，加以聯結。最後，「讓學生留下持久的印象，並且能夠按照時間先後順序，把主要的事件記憶下來」。[114]

24 　　我對於 William Chatfield，以及其遍處於紐約市學校中數以千計的同事們的情況，所知甚少。歷史學家很少有人知道這些課堂中所發生的事情；對於學校中所發生的事情知道比較多的是：哪些人上了學、學校如何運作、誰負責學校的管理、是哪些人負責教學、都教些什麼，但是教師在他們課堂中做了些什麼，所知就不多。極少數曾經研究過進步主義者介入公立學校之前實際作法的歷史學家，是透過教師的傳記、新聞人員的記述、學生的回憶、知名的教學法教科書、參訪者的印象，以及教師們工作地點的組織脈絡（如班級人數、教室布置、年級制學校、學習課程、學校董事會的規定）等管道，針對課堂活動重建了部分的圖像。我以為，若要將世紀之交的課堂中所發生的事情做一重新的建構，必須先針對學校教育本身所發生的事情，做一番簡單的描述。[115]

小學課堂

　　1890 年的公立學校呈顯多元變異的現象。舉例而言，在這一年，共有224,526 間學校，計容納了大約 1,300 萬名小學生（包括了七、八年級）及222,000 名高中學生。這些學生加總在一起，構成了當時 5 至 17 歲人口的69%。超過 77%的兒童入讀鄉間地區的學校；在當時，凡是人口在 4,000 人以上的城鎮或都市之外的地區，都稱之為鄉間。[116]

---

114 原注 1：Fuerst, 1900, pp. 106-107。

115 原注 2：Cremin, 1961; Tyack, 1974; Finkelstein, 1970。Finkelstein 於 1989 年將其修正過的博士學位論文，加上若干探討 19 世紀學校教育的性質，以及歷史學者處理這些學校教育的作法等文章，集結成《管治孺子：19 世紀美國知名初小裡的教師行為》（*Governing the young: Teacher behavior in popular primary schools in 19th century United States*）這本專書。

116 原注 3：*Report of the Commissioner of Education, 1890-1891*（Washington, D.C.: Government Printing Office, 1894），Vol. 1, p. 43 and Vol. 2, p. 792; *1900-1901*（Washington, D.C.: Government Printing Office, 1902），Vol. 1, p. xi; *1911*（Washington, D.C.: Government Printing Office, 1912），Vol. 2, pp. xxvi, xxvi, xxviii。

　　進入 1890 年代，普通學校運動（common school movement）[117] 在此一正在成長中的國度裡，已經廣為施行了半個世紀。城市公立學校所建立的政策與施為，對於一個世紀之後的觀察者而言很是熟悉。它們都是年級制學校。學校每學年上課九個月。人們希望教師在受完文法學校（grammar school）[118] 或高中教育之後，還能接受一些正式的訓練。每位教師都有一間她們自己（1890 年時，三分之二的小學教師是女性，60%的高中教師也是女性）的教室。課桌椅固定在教室的地板上，形成面對教師講桌及黑板的行列（移動式的課桌椅在 1900 年代早期方才引進，但是一直到 1930 年代中葉才日形普遍）。人們對於各個學習課程應該在什麼時候教、教些什麼，也都設定了界限及期望。1890 年代，成績單（report cards）及家庭作業也都成了城市學校的標準作法。簡言之，今天的學校教師與學生都熟悉了的這麼一個地方，早已經在一個世紀之前的城市學校裡成形了。[119]

　　但是，鄉間學校則有所不同。在 1890 年，鄉間學校的學校董事會一年用於每位學生的經費為 13.23 美元，而都市學校則為 28.87 美元。特別值得一提的是，獨室學校 [120] 校舍的花費更少。它們以老舊的房舍湊合著使用，教室中

---

117 依方永泉（2000a）之說，普通學校運動係指美國 19 世紀上半（1820 至 1860 年）的 40 餘年間所進行的教育運動。普通一詞係著眼於普遍、共通，有一視同仁、沒有差別待遇的意思；因此，普通學校是由公共稅負所支持、對所有居住於某一特定學區（school district）兒童開放的公立學校（public school）。當時，普通學校常指城市中的小學（elementary schools）。小學畢業後，入讀的中學、大學則不一定全數由公共稅負所支持。方德隆於 Ornstein 和 Hunkins（2004/2004，頁 99，127）書中將"common school"譯為共同學校或大眾學校。

118 在美國普及教育興起之前，一般家庭的子弟或在城鎮學校（town school）或在教區與私人學校（parochial and private schools）接受基礎教育；條件較好家庭的子弟則於 8、9 歲進入拉丁文法學校（Latin grammar school）接受學院或專業的學術預備教育，亦有進入兼及學術與實用教育的學苑（academy）者。普及教育興起之後，導生制學校（monitorial school）及普通學校為一般家庭的子弟提供基礎教育。1821 年始設的公立高中（public high school）在 1875 年後迅速成長，成為一般家庭的子弟皆可入讀的中學，而過去占多數的拉丁文法學校及學苑，則逐漸衰微而成為少數（Ornstein & Hunkins, 2004/2004; Fraser, 2007; Reese, 1995）。

119 原注 4：Department of the Interior, *Biennial Survey of Education, 1920-1922*（Washington, D.C.: Government Printing Office, 1924），Vol. 1, pp. v, 2, 4; Bennett, 1940, pp. 41-43, 125。

120 Tyack（1974, pp. 14, 25）對 19 世紀獨室學校的狀況有較詳細的描述。他指出，1910 到 1960 年，大約 200,000 間的獨室學校減少至 20,000 間。又，Cuban 在本書有時以獨師學校（one-teacher school）稱之。

的書本、用品及設備，也是因陋就簡，皆甚不足。在這些未分年級學校中，未接受足夠正式教育的教師同時面對著一群 5 歲孩童以至青少年的學生。學生每年上學的週數，比他們在城市裡的表親少了一些。這些學校就是大多數美國人受教的地方，稍後，它們就成了一項蓬勃發展的合併（consolidation）運動 121 之對象。不過，到了 1910 年，鄉間學校仍然容納了三分之二的學生人口；一年用在每位學生的經費為 26.13 美元，還是比都市學校的 45.74 美元花費少得很多。122

教師在城市與鄉間學校課堂的作法有何不同？環境不同，教學作法亦相異否？依曾經檢視過 1820 年與 1880 年之間幾乎 1,000 則小學課堂描述的Barbara Finkelstein[123] 之說，教師們都說很多話。學生們則背誦教科書上的文句，坐在自己的課桌旁做作業，或者在教師留下用以教學的時間裡聆聽教師及同學們的說話。教師指定學習的工作給學生，並且期望他們的行為及課堂工作都做到一致化。教師告訴學生「何時應該坐，何時應該站，何時應該掛他們的外套，何時應該轉動他們的頭。……」學生進出教室，站立及坐著，書寫與說話──都要一致。「在國境之東與西、南與北，還有鄉間與城市中」，Finkelstein 寫道：

> 都是由教師指定課文，提問問題，並且設定成就的標準，以便促使學生們以特定的方式吸收知識，練習技巧。這種方式大抵是由教科書主導的──而且時常都是專斷地作成的決定。124

---

121 美國中小學的學校或學區合併是 19 世紀末以後，著眼於教育事務效率化、集中化與專業化等行政管理趨勢的產物。19 世紀與 20 世紀之交，美國各地開始將鄉間的獨室學校加以合併，一直到 1920 年代啟動的學區合併，未曾停歇。Ravitch（1983, pp. 327-328）指出，二次大戰結束後以至 1980 年代，全美學區數由 100,000 個併為 16,000 個，學校數則由 185,000 所併為 86,000 所。

122 原注 5：*Report of the Commissioner of Education, 1911*（Washington, D.C.: Government Printing Office, 1912），Vol. 1, p. xxix；有關各州花用在黑人學生及教師們的經費，比花用在白人的經費較低的情況，請見 Harlan, 1968, pp. 22-27; DuBois & Dill, 1911。

123 Barbara Finkelstein（1937-）。

124 原注 6：Finkelstein, 1970, pp. 22, 86。

Finkelstein 發現這些小學的教學類型有三。「學業的監工」（intellectual overseer）指定學習工作，懲罰犯錯的學生，並且讓學生熟記所學。「操練員」（drillmaster）帶著學生上課時，要求他們完全一致地依令行事，並且高聲地重述學習的內容。第三類，「文化的詮釋者」（interpreters of culture）——她只偶爾發現零星的幾位；這類教師會澄清觀念，並且對學生解釋學習的內容。Finkelstein 發現，有關這一類教學的描述不到半打。[125]

Finkelstein 在記載這些教學類型的同時，提供了設於都市的導生制學校及鄉間的獨室學校這兩類學校教學情況的詳實描述。由 Joseph Lancaster[126] 及其追隨者在 1820 年代創建的導生制學校，所採用的是集體的背誦及標準化行為的慣例；而獨室學校則是由個別的學生坐在教師面前一張背誦用的板凳，把教師只花了幾分鐘就交代完畢的教科書選文快速地背誦下來。Finkelstein 強調，她所發現的教學規律性，地域不分遠近，學校不分大小，年級不分高低，皆甚一致。她總結其研究發現指出，課堂所在的地域、學校大小及年級高低等背景，與教師的課堂教學少有關聯。她寫道：「人們會獲得這樣的印象，亦即 1820 年至 1880 年這段期間，課堂的教學少有線性的變化（linear change）[127]可言。」不過，Carl Kaestle 則注意到了，在那幾十年當中，比較少見體罰，所用的教科書也較為一致，有一些班級編組是以能力為根據，而且成績評定的層次較多（more of grading levels）[128] 等特點。還有，1820 年代及 1830 年代，大多數採行 Lancaster 方法的都市學校，到了 1850 年代，就放棄了這種

26

---

125 原注 7：Finkelstein, 1974, pp. 81-82, 84。

126 英國的 Joseph Lancaster（1778-1838）是公誼會〔或稱教友派（Religious Society of Friends），又稱貴格會（Quaker），是基督教新教的一個派別〕教師；他於 1798 年在倫敦創辦一所學校，實行導生制，選擇導生（helper）幫助其他學生學習。由於這種制度頗有助於普及初等教育，因此盛行於 19 世紀初的歐美各國。請參見高強華（2000）。

127 「線性的變化」係為數學函式的概念，不易以一般文字表達。不過，以「變化」理解之，反較清楚。

128 "grading levels"與"grade levels"意義不同：前者是指成績評定的層次；而後者是指年級的層次。

學校組織方式及教學作法。[129]

其他的一手資料確認了 Finkelstein 所指出的兩種類型：監工及操練員。舉例而言，一篇由紐約市文法學校的若干教師在 1900 年所撰寫的文章中，描述了他們如何教作文、科學、地理及算術。這些記述揭示了，他們主要是依靠大班教學、操練及誦讀等方式；事實上，與上述一致的作法，不斷重複出現在這些課堂實踐的自陳報告中。然而，相當多的教師似乎具體顯現了文化詮釋者的樣貌。他們訴說著，自己採用了教科書以外的材料，按照學生的興趣調整上課的作法，並且設計新的課題讓學生進行學習。不過請注意，這些報告是在 Finkelstein 所研究的時段之二十年後出現的。[130]

那時小學課堂的照片都是擺好姿勢拍攝的，因為那時照相的技術需要主角們必須保持不動至少 20 秒鐘，才可能讓底片感光。一般而言，這些照片呈現出的畫面是一排排的兒童把手放在桌上，眼睛注視著照相機，附近站著一位教師。這些照片會把課堂的一些活動記述下來。一張來自華盛頓特區的照片顯示，27 位兒童坐在他們的課桌椅旁，雙頰鼓脹起來，做好準備，等著教師發號施令；號令一出，他們就把雙手拿著的紙風車吹將起來。在這些很多的照片中，教師總是人們注意的焦點；有時候，某名學生在教師的注目下寫東西在黑板上、背誦一個段落，或者面向全班同學朗讀一段書。然而，在這一系列於 1899 年在華盛頓特區拍攝的黑白照片之中，我們也會看到一些描述「新教育」課堂樣貌的照片。

---

129 原注 8：Finkelstein, 1970, pp. 174-175; Kaestle, 1983。有關城市的導生制學校轉變而成年級制學校的情況顯示，在教師們處理學生們背誦教學的作法，確實有許多改變。運用年輕的導生聆聽小組同學們的背誦，轉變而成大班教學（large-group instruction）。可參見，例如 David Hamilton（1989）在他《邁向學校教育的理論》書中，報導一位教師眼中看到的英格蘭及蘇格蘭學校由 Joseph Lancaster 的導生制模式，轉變而成自足式課堂，進行「同時」（simultaneous）教學的情況。Susan Moore Johnson（1990）剛剛完成一項有關 19 世紀與 20 世紀馬利蘭州教學與教師教育的歷史著作。他的研究指出，在 19 世紀中葉的 Baltimore，教師們在導生制學校轉變而成多班制學校，面臨了學生異動以及學生人數陡增的情況時，如何戲劇性地調整其教學作法的樣貌。

130 原注 9：Fuerst, 1900, pp. 8, 132。有關 20 世紀之交，鄉間學校教學類型的描述，請見 Wayne Fuller（1982），《老鄉間學校》（*The Old Country School*）。

大約 300 幅小學課堂的照片中，有將近 30 幅顯示一些班級的學生以模型地圖、防腐處理過的兔子及松鼠標本進行學習，或者觀看教師切開牛隻的心臟並指出器官的各個部分，還有的班級則前往動物園參觀。另外 90% 的照片呈現的則是學生們一排一排地坐在他們的課桌椅上，按照教師的指令做著同樣的功課。[131]

兒科醫生兼新聞記者 Joseph Mayer Rice[132] 在 1892 年，以六個月的時間觀察了 36 個都市中的 1,200 名教師，所拍攝而成的小學課堂照片，以及所撰作而成的小學課堂描寫，可以確認上述所作有關教師教學情況的說明。Rice 在一份知名的刊物所發表的文章，將城市學校的教學描繪成嚴厲的、沉悶的且又機械化的（後者是他最喜歡用的語詞）。Rice 說，以這類單調的聲音所進行的背誦，配合了純粹是操練的教學，其結果就是學童對於所學習的東西連模糊的理解都談不上。[133]

作為一位自封的（self-proclaimed）改革者，Rice 針對這種死氣沉沉的操練，以及學生在教師的指令下，不用心地做些「為使學生不致空閒而故意外加的作業」之情況，做了十分詳細的描述：

> 「我們學習地理，會用到多少種感官知覺？」
>
> 「我們會用到三種感官知覺：視覺、聽覺及觸覺。」學童們回答道。
>
> 學童在教師的告知下翻到地理教科書中北美洲的地圖，並且由東岸的海岬開始。在找到地圖之後，每個學童都把食指放在 Cape Farewell（費爾韋爾角）上，當教師說「開始」，學童就齊聲說：Cape Farewell。然後，

---

131 原注 10：Frances Benjamin Johnston 的照片集收藏在國會圖書館；其他的照片則重製自 Tyack, 1974; Tyack & Hansot, 1990; Davis, 1976 等書裡的照片。

132 Joseph Mayer Rice（1857-1934）。Rice 於 1892 年 1 月 7 日至 6 月 26 日之間完成了美國 36 個城市小學教學的調查工作，並將觀察結果撰成九篇文章發表於 1892 年 10 月至 1893 年 6 月的《論壇》（*Forum*）期刊之上，且於 1893 年集結成以《美國的公立學校系統》（*The Public School System of the United States*）為名的專書。又，該書可自網上取得 https://ia802702.us. archive.org/29/items/publicschoolsys00riceuoft/publicschoolsys00riceuoft.pdf。

133 原注 11：Rice, 1969。

照片 1.1　華盛頓特區，某小學，黑人，1900 年

把手指往地圖的下頭指著，說著每個指到的海岬……待學童說完全部由北到南的北美洲東岸海岬之後，他們聽到把書本闔起來的指令。在書本闔起來時，他們就把手指移向書本的封面，並且憑著記憶由北到南說著這些海岬的名字。

「你們現在用了幾種感官知覺？」教師問道。

「兩種感官知覺──觸覺及聽覺」學童們回答道。[134]

在紐約市，Rice 與一位校長談起，為什麼要讓學童在不能提出任何質疑的狀況下，遵守教師的指令。他問她，是否容許某個特定課堂中的學童，把頭轉動到後面。這位校長的回應是：「教師在學童的前面，他們為什麼要回過頭去看後面呢？」[135]

---

134 原注 12：同上注，pp. 139-140。
135 原注 13：同上注，p.32。

照片 1.2　華盛頓特區，某小學，白人，1900 年

於六個月的學校參訪期間，Rice 發現，在絕大多數的課堂中，所看到的
都是未接受過訓練的教師、令人難以想像的教學方法，以及完全依賴教科書
的教學，只有少數都市的情況受到他稱讚。我將會在本章稍後再回到這些例
外來。

其他資料來源，諸如由當時一些學校教育專家所執行的學校狀況調查，
也記載了 Finkelstein 所發現的教學類型。舉例來說，由 Ellwood P. Cubberley[136]
領導的調查團隊於 1913 年在奧瑞岡州波特蘭市學校系統，即訪視了九所學校
中的 50 個小學課堂。除了低年級的教師之外，觀察者對於所見到的其他教師
教學，皆頗有微辭。茲將某些片段轉錄如下：

---

136 Ellwood P. Cubberley（1868-1941）曾任 Vincennes University 校長、聖地牙哥市教育局長，並
　　曾受聘於史丹佛大學任教。稍後，前往哥倫比亞大學取得博士學位。之後，他再度返回史丹
　　佛大學，並於 1917 年至 1933 年間任教育學院院長。其專長為美國教育史及教育行政。

〔地理：〕所有觀察到的教學……都極為抽象，又總是咬文嚼字……

29 所指定的作業及要求學生解答的問題幾乎毫無例外的，都只是做一些書本上文字的死記，而不必做任何推理。

〔算術及文法：〕總體而言，這些科目應該算是所觀察到的教學中最好的。不過，許多文法教學都是一些技術性的東西，對大部分學童而言，沒有什麼意義……

〔歷史：〕這個科目看不出有一點兒證據，能顯示學童有任何積極參與的興趣；唯一的目的似乎就是，藉由純粹的記憶力習得所指定書本中的文句……[137]

麻薩諸塞州 Newton 市教育局長 Frank Spaulding 寫下了有關小學教學的報告。他這麼記載：「被動、依循慣例、彷彿在傳教等詞，最能適切地描述校長及小學教師執行他們教學工作的態度。」除了某一堂課是例外，「在所訪視的小學課堂中，我未聽到任何一個學童問過一個問題，沒有任何徵象，也未見任何人有任何評論，顯示學童對於所學習的教材真正有興趣」。[138]

30 一個又一個調查報告不約而同地譴責，各個學習課程及學季考試的「機械式制度」遏止了富有想像力的教學作法的發展。然而，這些調查報告卻為讀者帶來了一些費解的難點。其中一個難點是，它們無法精確地估計，這些結論可以應用到所有的課堂或大部分的課堂，還是只可以應用到某些課堂。另一項更大的難點則是，讀者無法從他們所看到的情況理解這些專家尋求改進的意圖。

不過，有一些教育人士以這段時間課堂中所使用的教學方法為據，所撰成的各式論文及專書，為上述的難點提出了額外的資料。茲謹舉 Vivian Thayer 所撰《講誦教學法的消逝》（*The Passing of the Recitation*）為例說明之。Thayer 這位試著將課程改變得較具學生中心意味的教授，追溯了講誦教學法

---

137 原注 14：Cubberley, 1916, pp. 116, 118。
138 原注 15：同上注，p. 119。

照片 1.3　華盛頓特區，某小學，白人，1900 年；
教師正在解剖心臟、學生圍觀

的歷史──原初引進此一教學法改革的用意，是要藉由減少教師講述、增加
學生參與的機會，俾便達到改進教學的目的──以迄該書出版的 1928 年，該
一教學法使用的情況。

　　Thayer 指出，瑞士改革家 Johann Pestalozzi[139] 的兒童中心思想，如何於
1860 年代，由其在（紐約州）Oswego 師資訓練學校及其他地方的追隨者加以
譯解，並傳布於整個美國。然而，在幾十年內，「實物教學」（object teach-
ing）的附從者就受人指責為「機械式的教學」（mechanic instruction）。同樣
地，一群熱心推廣 Johann Friederich Herbart[140] 學說的美國追隨者，將 Herbart
對於兒童心靈如何運作的想法，轉變而成一套「要求學童在獲取新知識時，

---

139 Johann Pestalozzi（1746-1827）。
140 Johann Friederich Herbart（1776-1841）。

必須遵循固定的五個步驟進行學習」的教學方法。詳細的教課計畫包括了教師所採取的確實動作、掌握全班學生注意力的要領、精心設計的作業等。Thayer 觀察到，在課堂中，這些技巧更多地聚焦於教師，因而回轉過來有增加教師影響力的傾向。[141]

在扼要敘述了幾位 19 世紀教育思想家的想法，以及他們對於教學實務，特別是講誦教學法的影響之後，Thayer 為 1920 年代之前的教學狀況作了如下的總結：

> 自從 Lancaster 以來的發展，並不比在舊瓶倒入新酒好多少。[142] 我們教不同的科目，而且我們還把舊的科目替換了新的內容。我們為學習啟動了更為經濟的設計，而且我們針對習得技能與知識的方法進行小心的研究，也使我們受益。我們更技巧地將學童分級與分等。但是，我們並未從根本上將 Lancaster 在一個多世紀之前所設計的誦讀制度作根本的改造。[143]

雖然由教師工作情形及其訓練的狀況等所獲得的其他證據，只是間接地點出課堂的實際情況，但是這的確指出了教學的實際情況可能與一般的組織特性，諸如班級人數、教科書、教師本身的教育背景等都有關聯。

城市學校中，每間課堂大約有 40 至 48 張課桌，最多容納 60 名學生。20 世紀之交的班級人數大約就是如此，這當中所顯示的意義是，很少課桌會長時間空著沒有學生使用，特別是在東北部及中西部地區一些快速成長的都市中，更是如此。若要讓這些擁擠的課堂能都有教師執行其任務，就一定要找

31

---

141 原注 16：Thayer, 1928a, pp. 7, 9-12。

142 「舊瓶不要裝新酒」一語出自西方的《聖經》，其來源是當時社會習慣用皮袋裝酒，皮袋如果長期使用，容易破裂。因此人們總結出：不要把新酒裝在舊皮袋裡，否則皮袋裂開新酒也沒了。將「舊瓶不要裝新酒」轉換為「舊瓶壞新酒」的說法，則提醒我們不要用舊形式來表達新思想，因為那樣會得不償失。

143 原注 17：同上注，p. 12。

到可以存活下去且還能持續待下去的教師。然而，教學是一項不甚安穩的工作。學校執事者每年都須決定是否要續聘某位教師。政治與家世的聯結在教師聘任這件事上扮演著不成比例的角色。此外，這項工作對於通常並未接受較進階教育的申請人而言，壓力實在是蠻大的。一般總會期待教師每天能教大約十個左右的科目，但是這些教師本身卻不曾接受過多於文法學校或高中層級的學校教育。[144]

有這麼一批主要是未受過訓練的教師，卻要教著各種不同科目與技能，無怪乎教科書如此盛行。以迄 1880 年代，教科書已經成為教師的主要工具，也成為學生知識的主要來源。印行了的學習課程（course of study）亦決定了教師們在什麼時候教什麼東西。這些教學大綱（syllabi）通常都標示有每個科目所使用的教科書中的書頁，以便於教師們在執行課堂教學時參酌之。[145]

在教師為其教學而進行課堂組織時，前曾述及的工作場所之條件，會發生如何的形塑作用，這一點難予評估。不過，由小學教師對於這些條件所作的記述，可以明顯地看出，班級人數多寡、規定了的教科書及課程、教師本身所受有限的教育等，確實會帶來一些影響。[146]

20 世紀之初，高中的課堂跟小學的情況一樣嗎？

---

144 原注 18：Folger & Nam, 1967, pp. 84-85; Rice, 1969, pp. 58-59, 76, 159-160。

145 原注 19：*Report of the Educational Commission of the City of Chicago, 1898*, cited in William Bagley, "The Textbook and Methods of Teaching," National Society for the Study of Education, *The Textbook in American Education*, Part 2（Bloomington, IL: Public School Publishing Co., 1931）, p. 8；亦請見《紐約教師專論》（1900-1904）中教師描述他們如何運用其教學大綱。【譯注者補充】：茲謹承接本書 p. 2 第一段下註腳，就"curriculum"、"course of study"、"materials"與"syllabi"的關聯與異同稍作說明。蓋由本段文字（p. 31 第二段）應可看出，Cuban 認為學習課程應有教學大綱（syllabi），甚至教學指引或教師手冊的意思。這與 West、Greene 和 Beownell（1930, p. 65）的說法近似：課程（curriculum）或可界定為教材、活動與經驗等構成學生學校生活的整體。學習課程（course of study）通常是以小冊子（pamphlet）形式呈現的材料（material）；它針對某一給定的科目（subject），就其目標或內容，乃至用以達成所欲結果的活動及書籍等，作成可供教師使用的說明。我們或許可以作一暫時的綜結："curriculum"、"course of study"、"materials"及"syllabi"都是指未進入課堂之前，供教師們在執行教學時參酌使用的資料；它們可能是課程、課程綱要、學習課程、教學大綱、教材（material 或 subject mattet）、教科書等等。

146 原注 20：Hoffman, 1981；請見由 Margaret Haley 於 1904 年對全美教育協會的演說；選自《大西洋月刊》（*Atlantic Monthly*）（July, 1896）一位未記名的教師所撰文章。

高中課堂

在 1890 年，稍稍超過 220,000 名學生入讀 2,526 所高中，平均一年在校 86 天，但是全美各地學生上學的狀況不同。十年之後，入讀人數大幅增加到稍稍超過 6,000 所高中，共 519,251 名學生。平均每天增設一所新的學校。不尋常的是，學生在 17 歲的年齡才入讀高中，更不尋常的是，這些十多歲的年輕人通常都畢不了業。1890 年的 220,000 多名學生，代表了全美人口該年齡群組的 3.5%，但是其中只有 11%畢業。入讀高中獲有文憑的學生中，女生人數比男生多出了一倍。[147]

高中教師比起畢業自文法學校的同行，接受了更多的訓練與教育。茲舉一個例子，在新英格蘭地區，56%的教師大學畢業，21%修習過高中以上的某些課程。在 1914 年，紐約州的 Buffalo，182 位高中現職教師中有 72%，要不是畢業於大學，就是畢業於正式的教師專業訓練學院。[148]

教師接受過高中以上的教育通常是有必要的，因為他們必須教許多科目。由於一半以上的高中只有不到百名學生入讀，所以通常都是由一或二位教師負責全部課程的教學。舉例而言，康乃迪克州的 59 所高中裡的 23 所，由一或二位教師負責全部學習課程教學。茲舉一個案例，密蘇里州 Albany 的 Henry King 教了植物學、動物學、拉丁文、歷史、英文、字源學及算術等科。在都市的高中，入讀人數較多，因此到了 20 世紀初，原本不分科別目的各個學校，即設立了以科目為依據的部門（department），將教師作一分科別目的歸屬。[149]

高中的課程設置皆是為了配合學生升入大學。1893 年，44%的高中生選習拉丁文；56%選習代數。1990 年，大部分學生選習英文、美國與英國歷史、

---

147 原注 21：Krug, 1964, pp. 5, 14, 169; Sizer, 1964, pp. 5, 39, 53; Tyack & Hansot, 1990, p. 114。

148 原注 22：Sizer, 1964, pp. 44, 46; New York State Department of Education, 1941, p. 55。

149 原注 23：Sizer, 1964, pp. 45, 53；亦見 Buffalo 市的調查。【譯注者補充】：本書將視上下文脈將"department"一詞譯解為部門，或科，或科組。

代數、幾何、拉丁文、地球科學及生理學。大學入學考試形塑了學習的課程及活動，也同樣影響了整個學年的律動。[150]

那麼，教學如何呢？若說很少有歷史學者研究這段時日的小學課堂，那麼研究中等學校課堂的可以說是絕無僅有。不過，還是可以看出一些線索。舉例而言，課堂照片顯示排成行列的課桌椅固定在教室的地板上；在一些新建的校舍中，有專為「講誦」而設置的教室；進度計畫總表中，一般也都會留下主要的時段（master schedules），由教師考問學生問題。除了這些線索之外，我們對於課堂中發生了什麼事情所知不多。雖然本研究是以 1920 年之後的教學為主旨，不過我還是提供了一些簡單的描述，俾便為高中課堂實務提供一部分的圖像。

俄亥俄州 Dayton 只有一所高中：Steele。在 1896 年，Steele 高中的校長 Malcolm Booth 在初任校長的這一年，以該校為主題寫了一份詳細的報告。Booth 在上呈教育局長的這份報告中描述了 Steele 高中的工作狀況，以及教師針對他們在課堂的行事情形所作的報告。

在 1895 至 1896 學年，Steele 高中共有 846 名學生入讀（其中 60%是女生），這 學年共上課 36 週，比前一個學年少了一個月。1896 年畢業班共有 92 名學生，其中 71%是女生。這一學年是這所高中首次由上午 8:30 一直到下午 1:00 這段時間上課，而非像先前那樣，將一天分為二個上課時段。一整天分為每節 41 分鐘長的課時共六節（periods），一節緊接著一節，只在上午 11:18 至 11:33 之間有 15 分鐘的下課時間。[151]

該校的課程共設有四類學習課程（古典、科學、英文及商業等類科），每一類科都開設四年。校長的報告描述了四類學習課程中每個科目的內容大要，包括了所使用的教科書、作業、對學生的期望。一共有 26 位教師（其中女性占 38%）教 25 個必修科目，共 800 多名學生。他們每天教六節課（每班

---

150 原注 24：Sizer, 1964, p. 66; Tyack, 1978, p. 3。

151 原注 25：Dayton, Ohio Public Schools, 1896, pp. 13, 49；插入 p. 250。【譯注者補充】："Dayton, Ohio Public Schools"可譯解為：俄亥俄州 Dayton 的公立學校學區。一般而言，複數型態的"public schools"是指學區，單數型態的"public school"則指個別的公立學校。

大約 30 名學生）。這六節課很少是同樣的功課教六次，例如古典類科的 Kin-
caid 先生，雖然只教兩個科目：拉丁文及希臘文，但是他可能每天要教五種
不同的課程：四年級拉丁文、三年級拉丁文、二年級希臘文、一年級拉丁文、
三年級希臘文。每堂課都有不同的教科書及要求，例如在三年級希臘文，包
括在「學習課程大綱」中的一個記號"5"，這表示 Kincaid 先生必須在每週進
行五次講誦的活動。[152]

33

　教植物學、生理學、幾何、拉丁文、希臘文及進階級德文的教師必須有
高於文法學校的學歷。在 Steele 高中的教師裡，54%大學畢業，15%曾入讀師
範學校或學院，其餘為高中畢業。[153]

照片 1.4　華盛頓特區，Western 高中，1900 年；化學課

---

152 原注 26：Dayton, Ohio Public Schools, 1896, p. 250。

153 原注 27：Dayton, Ohio Public Schools, 1896, p. 13；插入 pp. 250, 274 之後。

　　由教師們提交給校長的課程描述中可以看出，41 分鐘長的課堂時間大致發生了什麼事情。英文教師 Charles Loos，1869 年畢業於 Bethany 學院（西維吉尼亞州），是在 Steele 高中服務八年之久的教師，年薪為 1,500 美元，是全校薪酬最高的三位教師之一。他描述了英文教師將神話學教給四年級及三年級學生時所習慣採用的作法：

> 　　神話必須在家中研讀，並且按照課題一一背誦，不得有所遺漏，也不得不仔細閱讀……神話會重複出現在敘事、比較及記述的練習中……這項學習必須與繼續不斷的書寫作文和口述作文兩項練習配合，特別強調良好的句型結構及發音。[154]

在教小說時，Loos 及其他英文教師們作了如下的計畫：

> 　　在上講誦課時，必須準備一套即將學習的內容大綱，指出其與已經上過的內容之間的關聯：在各個角色出現時討論之，〔還須〕指出它們如何影響到其他的角色，又如何影響到整個情節……講誦時，必須兼顧口述與書寫的報告、快速的提問、非正式的討論，進而針對一些特定的具有例證作用的段落，作大聲的朗讀。[155]

　　物理學與植物學教師 August Foerste，這位哈佛大學博士（1890 年），在 1893 年受聘於 Steele 高中，曾經在寫給 Booth 的信中指出，教育董事會（Board of Education）最近購買的設備使得科學的教學有所改善：

> 　　有了這套設備，教師就可將書本中所提到的實驗當中的大多數，一

34

---

154 原注 28：同上注，pp. 58-59。
155 原注 29：同上注，pp. 59-60。

照片 1.5　華盛頓特區，某高中，1899 年？；生物課

35　　　　一在全班同學面前示範。教師則可要求學生在實驗過程中作成紀要，然
後在他們的筆記本上以較長的文字加以描述。[156]

Foerste 催促購買更多設備，以便學生可以個別地學習，並且進行一些專
題計畫，諸如「電鈴及防竊警示器、電報聲碼器與繼電器、電話」，讓學生
可以「將物理學的律則付諸實際的應用」。他說，「這樣的想法並不怪異」。
對於「讓學生將來成為一個熟練的技工，以便使他們在**教育方面** [157] 有所成
就」，其實並不重要。請看這位教師關切知識的實際應用，以及個別學生的
專題計畫等事項，這在所有教師提交給校長的報告之中，乃是獨一無二者。[158]

雖然 Marie Durst 已經在 Steele 服務八年，但是在她提交的法文與德文教
學報告中，仍然可以看出她對於每日進行的語文教學所表示的關切，她說：
「大部分現代語文的班級都太大，因此教師沒有機會給予學生個別的關注。」
她說，她是以所教的語文上課，以便讓「學生在習得足夠的字彙之後，可以

---

156 原注 30：同上注，p. 64。
157 此地，引文原本即是以斜體英文字行文，表強調之用。這位 Foerste 教師的意思是，只在教
　　育方面（*educationally*）有所成就並不重要，獲有實用知能比較重要。
158 原注 31：同原注 30，p. 65。

用這種語言表達他們的意思」。至於文法及翻譯，Durst 常用聽寫的教學作法，因為「他們必須訓練耳朵聆聽陌生的聲音，而這就需要最為謹嚴的注意力」。而且她補充說，學生必須「記憶及背誦一些具有高度文學價值的選文」，以便學習正確的發音，以及流利的說話。這樣的報告顯示了教師的意圖，也間接地描述了實際的情況。不過，關於 Durst 課堂的情況，我找不到其他的佐證。[159]

十年後，在另一個都市，一位教授進入了一些課堂，並且報告了她的所見與所聞。Romiett Stevens 於 1907 年與 1911 年間，在紐約市內及附近參訪了未有明確數量的一些學校，以便研究教師們如何運用提問的方式進行教學。她帶了一只馬表及一位速記打字員，觀察了 100 位英文、歷史、數學、外國語文、科學等科教師；這些都是經校長推薦的最佳教師。她記載了他們所提問的問題。在一項相關聯的研究中，她進入十個課堂，在同一天的每一堂課跟著教師，以便理解教師提問對於學生們所造成的整體影響。[160]

Stevens 發現，教師們平均每分鐘提出二至三個問題；學生們平均一天面對教師所提出的問題總數為 395 個。她發現，在 100 個課堂中，每一堂課教師提出的問題總數最少的是 25 個；最多的是 200 個。她評論道：「已經養成執行講誦教學作法習慣的教師，在一節 45 分鐘的上課時間裡，會產生出 100 到 200 個問題與答案，真可謂為致命的速度。」在她參觀的 100 位教師中，就有 28 位是以這種速度提出問題。[161]

在教師提問成為主要的教學作法的前提下，Stevens 確實地計算了，在一堂課當中，教師用在說話的時間多少，又，學生說話的時間多少。她以 20 份速記報告為據，發現了教師們的說話占了一堂課的 64%。在學生說話的 36% 之中，許多都是短短的，通常都只是一個字的回答，或者短句。不過，也有例外。在某一堂科學課中，一共有 34 個問題提出，其中 25 個來自學生。在

36

---

159 原注 32：同上注，pp. 76-77。
160 原注 33：Romiett Stevens, 1912。
161 原注 34：同上注，pp. 11, 15-17。

某一堂歷史課中，教師要求學生在回答問題時可以參閱教科書。依 Stevens 之說，一般的作法都是在教師開始提問時，學生必須把書本闔上。[162]

Stevens 不喜歡連珠炮似的教師提問，因為在這兒「學生必須跟上，否則就彷彿遭受到遺棄被人丟在路旁一般」。針對一分鐘提問二至三個問題的情況，她寫道：「我們把自己弄成像個『趕牲口的人』，而不像個青少年的『領導者』。」Stevens 總結道，像這樣，教師指定課文為家庭作業，學生們將書本帶回家把課文記牢，接著第二天，教師告訴學生闔上書本，然後把答案背誦出來，簡直就是「操練員而非教育家」。[163]

Stevens 的研究成果出版之後的三年，紐約州教育總長（Commissioner of Education）辦公室的官員完成了一份在紐約州 Buffallo 學區的調查報告。這份報告有一部分是處理高中的。

1914 年，Buffallo 共有四所高中，計有 182 位教師。執行調查工作的「視察員」（inspectors）團隊訪視了所有的教師，並且據以撰成結論。雖然報告中未見具體的數字，但是某些摘錄還是可以看出一些組型，例如在訪視了 25 位英文教師三次，每次至少 15 分鐘後，視察員對於他們的文法教學做了如下的評估：

> 文法的教學通常都是太過詳細，且太過正式。它們大多是由短句的抄寫、組合及改正；由一些對學生而言經常都太容易的句子中選取單一類型的句法結構；將省略的句子加以完成；記憶一些術語及定義；以慣例的樣式進行的圖解及語法的分析等組成。[164]

視察員所觀察的 23 位現代語文（西班牙文、法文及德文）教師，「通常使用的方法是要一位學生唸一段課文，然後對他所唸的課文提出若干個簡單的問題，再提出幾個有關句法的形式及解釋的問題」。調查團隊判斷，教師

---

162 原注 35：同上注，p. 11。
163 原注 36：同上注，p. 25。
164 原注 37：Buffalo survey, p. 127。

所指定的作業通常都具有模稜兩可的性質，而所作的講誦教學又乏善可陳，另外有四位他們讚賞有加的教師則不在此列。「這些教師通常不怎麼舒適地坐在她桌子後面，讓學生回答問題」。[165]

　　州教育廳的官員觀察了 32 位數學教師。講誦依然是最主要的教學方法。該報告說，大多數的數學教師「指定大多數的學生作某些部分的誦讀」。視察員批評四所高中的數學教學，認為教師給學生的關注不足，因而使學生為隔天要教的新材料所作的準備不足。[166]

　　科學教師則讓視察員印象深刻。15 位教師的課堂中，學生的時間分成實驗及講誦兩個部分。在實驗室中，學生利用一些讓視察員看來適切的設備及器具作一些完整的練習。他們報告：「沒有任何證據顯示，學生是盲目遵從教師指令的……。」就講誦而言，「所提出的問題都在事前妥為計畫，以便測試學生對事實的記憶，以及應用定義與原則的能力」。在兩個課堂中，教師讓學生做報告，視察員寫道：「這似乎是慣常的做法。」在另外的課堂中，學生的責任就較不明確，「結果講誦就變成了教師講述，加上不定時出現的提問」。又，在許多課堂中，教師與學生都抱持著「高度熱忱」參與其中。[167]

　　視察團隊對於歷史的教學也頗感滿意。除了少數（沒有具體的數目顯示）課堂的教學，因為只使用教科書及筆記本，所以顯得「形式化及機械化」，其餘大部分「熟練的」教師會運用地圖、討論、辯論、校外實地考察（field trips），以及課程中的其他主題，讓歷史教學「生動有趣」。[168]

　　這些由調查、報告、參訪者的印象、照片抽繹而得的高中教學證據顯得零碎瑣細。它們只能算是一些提示性質的（suggestive）訊息，而非綜合性質的（comprehensive）結論。不過，即使由這些廣泛的梗概也可看出，一些教學組型逐漸成形。

---

165 原注 38：同上注，pp. 132-133。

166 原注 39：同上注，p. 134。

167 原注 40：同上注，pp. 140-142。

168 原注 41：同上注，p. 138。【譯注者補充】"field trip"可譯解為田野調查或短程校外旅行考察，本書將依上下文脈定其譯法。

教學的同與異

當我們將小學及高中的教學放在一起檢視，相同之處立現。一般而言，教師都是同時教著整個班級的學生。教師的說話主導了課堂時間的語言表達。課堂活動圍繞著教師的提問與解說、學生的背誦，以及全班學生書寫著教科書上的作業。除了科學教室中的實驗工作外，教師會試著將學生的行為一致化。因此，20 世紀之交的課堂中，社會組織可以說是正式的：學生排排坐在固定於地板的課桌椅上，面向著教師的桌子及黑板，站著背誦給老師聽，並且只在教師同意的情況下才可在教室移動，或者離開教室。課堂的學業組織隨著學習課程、教科書、講誦、家庭作業等，以全班的方式行動著，彷彿一個整體。凡是能妥為運用上述作法的教師，就能成功地在學校工作；否則，就會失職。

這兩個階段的教學有許多相同之處，但是在若干方面還是有著差異。學科（subject matter）[169] 所受到的重視，在較高年段遠比較低年段多了許多。在高中，因為學生必須在教室與教室之間移動，[170] 所以上了一天課下來，他們會與五位或更多位教師見面，每次見面大約一個小時。在小學就不是這麼回事，教師在小學要花費整天時間跟同樣一班學生相處。高中的班級人數少於小學，而且高中教師比他們在較低年級學校的同行受過較多正式的教育。

考慮到教學的同與異，現有的各項證據顯示，由上述討論所言及的各種各樣的作法看來，教師中心教學確實主導了中小學教師的課堂教學。在教師中心教學作法的背後有著 20 世紀之交的人們對於許多事務的考量：首先是當時人們對於學校在經濟與社會等方面應該發揮的作用所持有的看法；其次是當時人們對於知識、兒童及學習等與教學有關事項所持有的看法。人們對於學校的期望不只是培養未來的公民，還希冀透過學校教給學生能夠在日漸複

---

169 "subject matter" 一詞可視上下文脈譯解為學科、科目或教材。

170 臺灣習稱跑班，或跑教室。

雜的工業社會中必須運用的知能。公司與學校的領導者都重視具有效率的科
層體制，以及任何看來「科學化」的事務。學校的官員與教師們逐漸共享了
許多這些信念，例如用以協助來自南歐及東歐的移民美國化的某些特定科目，
就受到來自教師及行政人員強而有力的支持。此外，還在初創時期的教育心
理科學，將兒童必須透過重複及記憶等方式才可能獲致最佳學習的作法，加
以理論化。這些由當時科學知識所強化的學習信念，將教師中心的教學作法
深深地扎根在 20 世紀之交的教師及行政人員的心中。[171] 然而，此一教學傳統
固然主導了中小學的課堂教學，但還是有一類能與其相匹敵的課堂社會與學
業組織形式存在於 20 世紀之交。

學生中心的教學

19 世紀晚期，存在於公立學校的學生中心教學有兩個版本。一個有關於
常識的、與理論無關的、符合實用的版本在鄉間獨室學校出現，這大部分是
那個時候的背景條件所造成。缺乏教材、孤立於視察，以及當時教師比較彈
性而形成的群體精神等情況，所形成的課堂就具有了讓學生相互協助、在教
室中隨意移動、接受來自教師的個別關注，並且還能學習到取自社區生活的
內容等特性。

學生中心教學的另一個較著名且較具理論性質的版本，是嵌入一些小型
且多半是私立學校所採行的革新作法之中。該一版本的來源可溯自 Socrates、
Jesus of Nazareth，以及 Jean-Jacques Rousseau 的《愛彌兒》（*Emile*）。[172] 此
一作法由 Friedrich Froebel、[173]Johann Pestalozzi 等教育改革者加以精緻化。這
些改革者的想法轉變而成的教學觀（pedagogy），[174] 視兒童而非教師或科目

---

171 原注 42：Callahan, 1962, chaps. 1-5; Tyack, 1974, pp. 39-59。
172 Socrates（470B.C.-399B.C.）、Jesus of Nazareth（4B.C.-30 or 33A.D.）、Jean-Jacques Rous-
　　seau（1712-1778）。
173 Friedrich Froebel（1782-1852）。
174 本書將"pedagogy"中譯為教學觀的緣由，請見 p.2 第 1 段下方注腳的討論。

為教學的核心，在美國是透過 Edward Sheldon[175]、Francis Parker、John Dewey 以及他們熱心的追隨者，將每個人的著述之詮釋傳遍全國。學生中心教學，無論是作為 Joseph Mayer Rice 所倡行的「新教育」精神之要義，抑或是將這些人結合在一起的信念之真諦，其著眼點正是學校可以改變兒童的生活，並進而能為較大的社會帶來更優質的生計。

以下針對 Sheldon、Parker 及 Dewey 等人的事功所作概述雖然簡要，但是其用意乃在為此一自世紀末以迄 20 世紀初這段期間，所曾經存在且又曾經在這些教育家及其等追隨者所營運的學校中實際施行的學生中心教學作法，建立一套可辯護的傳統。

Edward Sheldon

Edward Sheldon，這位曾經照顧眾多孤兒的老師、某一學校系統的組織者與秘書，熱切地接受 Pestalozzi 的想法，並且將這些想法應用在 19 世紀的學校裡。Sheldon 及其他人將這位瑞士改革者所提倡的原理稱之為「實物教學」；這種教學聚焦於兒童的經驗、知覺、語言，藉著一套有序的方法，培養兒童的推理能力。他主張，應該以兒童的經驗取代書本，以兒童的發展狀況取代學習的課程，而且應以教師小心謹慎的教學指導（direction of instruction）取代背誦的作法。[176]

當時，人們對於「實物教學」的熱衷，滲入了雜誌、書籍、教學方面的會議、報告，以及小學的學習課程，特別是算術、地理及科學等學科之中。然而，在課堂中，實物教學卻變成了 Thayer 所說「沉悶無趣的形式主義」（dismal formalism）。真實上課情形的轉載資料顯示，在教師掌控整個上課步調及結構的情況下，教師確實提問了一些有關實物的問題，但是可以增進學生理解的知識卻很少。1860 年間，於 Oswego 州立師範與訓練學校所運用的例子，包括了一些可供教師在課堂上課時應用的作法之要點，以及針對如

---

175 Edward Sheldon（1823-1897）。
176 原注 43：Thayer, 1928a, p. 7。

何帶領學生進行正確觀察的清楚指引。不過，這些指引跟腳本十分相似。[177]

到了 1900 年，雖然實物教學仍然明顯可見，但是這項教學與 Rice 及其他批評者所指責的沉悶式誦讀教學，二者之間幾乎已經無法區別。不過，實物教學背後，有關兒童發展與表達的觀念，則仍然發揮著影響力。或許這可以解釋，Shelden 於 1886 年收到來自 Cook 郡師範學校校長 Francis Wayland Parker 一封信的原因。

Francis Parker

Parker寫信給Sheldon說：「您影響了美國的每一位兒童。」的確，這是來自這位 John Dewey 尊稱為「進步教育之父」的人士所做的非常強而有力的讚美。Parker 曾任教於若干鄉間學校。在美國內戰期間，他在北方的聯邦軍隊中服務，晉升到上校的軍階，也深以喉部所受的嚴重傷害為苦。復員返回教學崗位後，他很快就成為俄亥俄州一所師範學校的校長。稍後，他的妻子辭世。Parker運用一位親戚遺贈給他的信託基金，到歐洲兼習哲學與教育學。回到美國，在一段期間的失業後，麻薩諸塞州Quincy 學校董事會主席 Charles Francis Adams, Jr.[178] 於 1873 年邀請他到該地服務。[179]

在他擔任Quincy教育局長的那段期間，該學區有 40 位教師及 1,600 名學生，分布在包括一所高中在內的七所學校中。Parker 改變了課程、教學方法及教材。不到幾年，Quincy 成了對於「新教育」有興趣的教育工作者心目中的聖地（Mecca）──一位他的愛慕者這麼稱呼之。然而，Parker謙稱並無任何改革可言，他說：

> 茲謹再次說明，我只是試著把一些既成的原則好好地加以應用；這些原則是由一些心靈的律則直接衍生而來。由這些原則產生的方法，可

---

177 原注 44：Thayer, 1928a, pp. 7-8；請見Dearborn（1925, pp. 159-169）中取自 Sheldon 所著《小學教學》（*Elementary Instruction*）一書的十三課。
178 Charles Francis Adams, Jr.（1835-1915）。
179 原注 45：Deardon, 1925, p. 97; Cremin, 1961, p. 129。

以在每個兒童的發展中發現。過去，除了學校之外，其他地方都已經運用了這些方法。我並未引介任何新的方法或細目。我並未作任何實驗，而且也沒有所謂的「Quincy 制」這項特別的制度存在。

或許真是如此吧！不過，John Dewey 於一次針對 Parker 在 Quincy 的事功所發表的講演中，作了如此的提問：「各位聽過這樣一位人士嗎？他甫一開始擔任某個學校系統的教育局長一週年，就已經名滿全美，受到全國教育人員的矚目；而現在他在此一職位已經二十五年之久了！」[180]

Parker 持續在 Cook 郡師範學校擔任校長，這所學校後來成為芝加哥州立大學。他擔任校長及主任大約二十年之久，以迄 1902 年辭世為止。在此一「實習學校」（practice school），Parker 及其同事——許多都是 Oswego 師範學校的畢業生——研發了各種教學與課程的專門技術，將 Parker 經常為人引述的一句名言：「兒童是所有教育的中心」作了栩栩如生的示範。[181]

在 1880 年代，這所共有八個年級的小學設有一所幼兒園、一座圖書館、一間提供教材並且出版教師撰寫的單元之印刷廠、體育設施、手工訓練，以及在附近的 20 畝地上所建立的一個自然研究（nature study）中心。Parker 相信將各個科目加以統整的作法〔那時所使用的是「相關」（correlation）這個詞〕。事實上，讓兒童能夠理解科學、藝術、數學及地理之間的連結，並且能將這些連結加以表達，就逐漸醞釀而為該校的成就之一。該校除了將科目加以連結，透過統整的內容教導基本技能，且非常重視藉由藝術、音樂、戲劇等的表演外，還帶領兒童學習烹飪、陶藝、編織、園藝，以及書本的裝訂等手藝。[182]

某一位資深的教育局長在 1892 年參觀了該師範學校的課堂教學，他在離開時表示，令他印象深刻的是學生們在未受到強迫的情況之下，就以輕鬆愉

41

---

180 原注 46：Patridge, 1989, p. 657; Campbell, 1967, p. 78; Cremin, 1961, p. 130, citing an 1879 report by Parker; Heffron, 1934, p. 25。

181 原注 47：Marler, 1965, p. 108; Campbell, 1967, p. 119。

182 原注 48：Marler, 1965, p. 179; Campbell, 1967, p. 130-132。

快的方式，完成了一般公立學校所稱之「讓學生忙碌的工作」。這位密蘇里
州Kansas市的教育局長J. W. Greenwood看到了兒童一點也不怕教師；學校裡
也看不到兒童在抄書；學習工作都做得快速敏捷，而且都是在沒有來自教師
明顯指令之下完成的。每位學生「都急急忙忙地趕著『完成他們的學習』。
這是把幼兒園的想法落實施行於小學的作法」。在高年級的課堂中，Green-
wood看到了和實驗室一樣的實務練習，「每個學生都將他們自己所做的實驗
作成紀錄」。這位Kansas市的教育領導所熟悉的令人討厭、作法一致的誦讀
教學，在Parker的學校裡幾乎看不到。Greenwood，和包括學校改革者Joseph
Rice在內其他數以千計的參訪者一樣，於參觀離去後，都十分認同Parker上
校的成就：[183]

> 二十五年之前，在麻薩諸塞州Quincy，人們把他所執行的工作當作
> 笑柄……對於許多人而言，他看來像是個喜好時尚的人士、一個狂熱入
> 迷的人士。那是二十五年之前的事；之後他所堅持實行的事情，一直到
> 今天，人們幾乎都視為理所當然，毫無爭議，認為他所辦理的是最好的
> 學校。[184]

Dewey與Parker十分熟識。當Dewey全家於1896年遷居到芝加哥時，
他讓兒子Fred入讀Parker學校的一年級。第二年，Fred的妹妹Evelyn也入
了學。Dewey及夫人開辦實驗學校之後，他們才把孩子由Parker學校轉回到
自己在芝加哥大學設立的實驗學校。

---

183 原注49：Marler, citing a report from J. W. Greenwood, "A visit to Colonel Parker's school in De-
　　cember, 1892"。

184 原注50：Dewey, "In Memoriam, Colonel Wayland Parker", June, 1902 in *Elementary Teacher and
　　Course of Study*, Vol. 2, 1902, pp. 704-708。

John Dewey

人們對於 Dewey 的記述，遠比有關 Parker 及 Sheldon 的，要多得多了。所以，我不再就其作為一位具有影響力的學者與實務工作者的生涯，試著重新歸結其精要，這些乃是別人都已經做過的事，我將只簡述其在 1896 年至 1903 年之間領導實驗學校的情況。在實驗學校中，他直接跟兒童、教師及家長們共同工作，將他有關學習與兒童發展方面的觀念，轉化而成課堂的實務作法。

在讀完教師所作的回憶、學習課程、教師所撰寫的報告、學生所作的實錄等之後，很容易就會作成這樣的歸結：該實驗學校將其課程聚焦於人而非分立的科目，藉由活動而非孤立的功課來學習閱讀與寫作，乃至重點在於由教師引導而非指令施行的分組學習，因此它就只不過是另一所進步學校而已。這樣的歸結將會是個錯誤。在 1890 年代，全美幾乎沒有任何一所學校，不論公立或私立，會孤注一擲地把圍繞在兒童興趣的課程，置於成人的工作、家庭與社會的聯繫、團體的合作，以及達成較大社會目標的民主實務等作法之中。作為一所（在 1900 年）有著 140 名學童及 23 名教師（包括負責教學視導工作的 Ella Flagg Young，[185] 她後來成為芝加哥的教育局長），且具有公開的實驗性質、先進觀念與嘗試各種革新作法的學校，成了一個世代之後為大家都熟悉的真正實驗學校，而不只是另一個老套而已。

若只就第三組，也就是 6 歲大兒童的這一組，在學年頭幾個月的學習作一番簡介，應該就會理解該校的教學狀況——至少是透過以前在該校服務過的教師所作的報導。[186] 全組師生每天都會聚在一起，檢視前一天的學習狀況，並且計畫當天的學習，「我們鼓勵每個兒童都要有所貢獻」。整天的學習都是由學生自己決定，並且共同分配工作。在一天學習結束前，另外一個會議

---

185 Ella Flagg Young（1845-1918）。

186 這應是指於 Katherine Camp Mayhew 及 Anna Camp Edwards（1936）編寫的《杜威學校》（*The Dewey School: The Laboratory School of The University of Chicago, 1896-1903*）書中諸位教師所作的報導。

把學習成果作了歸結，並且作成新計畫的建議。兒童們所製作與執行的計畫，或可以一座迷你型的農場為例，它包括了一間屋子、一間庫房、一塊已經耕種的土地；這座農場是由大塊木料、細小枝條及泥土建成的。兒童們討論並用量尺繪製草圖，計算農場的雛型。這一組兒童也在校園清理出一塊 5 乘 10 英尺見方的空間，準備種植冬麥。在這一學年裡，隨著時日推進，他們持續討論如何整地、開溝、作畦、犁田、耕耘、收穫，並且將穀物製成麵粉與麵包。一位教師寫道：「當他們在課堂中談論各種穀物時，他們還烹煮麥片。」測量及其他數字的運用很輕易地就融入他們建造農場模型及生產冬麥的過程中。[187]

依據教師們的說法，在學校開始頭幾個月，兒童對於閱讀的興趣也發展出來了：

> 他們在戶外遠足時發現的所有東西，都擺放在一張桌子上。句子寫在黑板上，例如「請找一個蠶繭來」，凡是能讀出這個字的，就可以跑去拿那個蠶繭。在玩了這項遊戲幾次以後，會呈現以較大字型印刷的同樣句子，這麼做，他們可以在學習書寫體的同時也學會印刷體。他們似乎非常熱切地想學會閱讀，並且他們自己還決定，要將他們的學習做成每週的紀錄。[188]

年齡稍大一些的兒童，同樣還是聚焦於主動的參與、成人的工作活動（occupation）、[189] 團體的討論，以及在教師擔任教練的情況下作決定等活動

---

187 原注 51：Mayhew & Edwards, 1936, pp. 80-84。

188 原注 52：同上注，pp. 84-85。

189 查"occupation"一詞的動詞為"occupy"，是指人們對於物質、空間等的占有或擁有，注意力、時間等的投入或充塞，也指心中為某些思慮或想法所盤據。在中文世界裡，有逕將"occupation"直譯為職業者；有意譯為作業者；亦有意譯為活動作業者或主動作業者；不一而足。然而，職業的譯法固屬不甚恰當；作業、活動作業、主動作業，又易與課堂作業或家庭作業混淆；因此，譯注者慮及，包含專注參與、投入心力等特性的「工作」與「活動」二詞，皆是職業與作業等概念之所以成立的基本內涵，乃將"occupation"譯為工作活動。有關 Dewey 對於工作活動的主張，請見單文經（2017）。

為主。表 1.1 顯示 9 至 12 歲的典型課程安排。

實驗學校有一項全校性質的專題作業，是建造一間社團會所，以便讓學生組成的攝影社及 Dewey（辯論及討論）社等社團聚會之用。在這項專題作業中，學生們有了作決定、在課堂中學習手工技能、共同合作發表他們學習成果等的學習機會。Mayhew 和 Edwards 寫下了：「這是該校所執行的一項思慮最為周到的工作。」因為它在主要校舍之外，為學生的社團提供了一棟家屋，「它把許多組不同年齡的學生聚合在一起，因而展現了別開生面的倫理與文化方面的服務」。[190]

43

表 1.1　實驗學校 9 至 12 歲的典型課程安排

科目	時數／天	時數／週
歷史與地理	1	5
技術（讀、寫）	.5	2.5
科學或	1.5	2 或 2.5
烹飪或		1.5
紡織或工作坊		2
藝術		1.5
音樂	1 或 .5	1.5
體育館		2.5
現代語文	.5	2.5
總時數	4.5	21.5

曾經就讀實驗學校的一位學生 Josephine Crane，於 1930 年回憶她在該校學習的情況：

> 首先是關於科學，不論我們多麼幼小——太小以致無法理解很多——我們都有機會運用我們的眼睛近距離地觀察自然⋯⋯。第二，木工、烹飪、編織、縫紉、藝術——這些都是訓練使用雙手及手指的活動⋯⋯。

---

190 原注 53：同上注，pp. 228-232。

人們常問我在哪裡學到運用我的雙手，又問我為什麼如此輕鬆地以雙手學習做些新的事情；我告訴他們，那是因為我所受的訓練讓我統合地運用心靈、雙手和雙眼。第三，社團會所的建造——真切而實用的學習——協助我理解建築到底是什麼。我們從這些活動中學到的遠比從課本中學到的還多得很多。

第四，我學到了負責。那時我自己還很年輕，卻有人要我教更年輕的一班學生兩個月的美術課……。當我第一次進入課堂，我才猛然覺醒我必須做一些事，才可能完成任務！我學到了以十分認真的方式教這門課，到了最後我才發現，這就是負責的真義。[191]

對於師生而言，實驗學校是一個令人興奮的地方。一位曾經在該校擔任教師、後來到洛杉磯一所類似的學校擔任領導的 Grace Fulmer，回想她在 John Dewey 底下工作的情況：

> Dewey 先生的觀念是每個兒童都應該自由地發展自己的能力，以便在經驗更豐富的人輔導下達成某些目的。這也正是他自己與他學校中的教師們之間的關係。我知道，我自己做的某些事情是他不同意的，但是我總是感覺到我可以自由地以我的方式去做……。

44

Dewey 學校——教師及朋友常這麼稱呼這所學校——後來在 1904 年時，因為 Dewey 接受哥倫比亞大學師範學院的聘任，而不能再用 Dewey 這個校名。[192]

除了上述幾位男士的努力之外，還有一些公立學校也部分地或是完全地施行 Rice 及其他熱心人士所稱的「新教育」或者「科學的教學觀」。然而，一些作家引述 Rice 著述時，總是聚焦在他對於不當教學的嚴厲批評，卻經常忽視了其實他對於一些學校在課程方面採行「相關」的作法、若干教師引進

---

191 原注 54：同上注，p. 405。
192 原注 55：同上注，p. 395。

科學的學習、鼓勵學生寫作及藝術表現，乃至於把手工訓練融入小學課程等作法，也作了充滿熱情的描述。[193]

不知 Rice 是否觀察了明尼蘇達州的 St. Paul 及 Minneapolis，或者印第安納州的 Indianapolis 及 La Porte 等地的課堂，但是 Rice 確實很隨性地引用了這些課堂中的學生作品，並且描述教師統整若干不同科目的教學活動。舉例而言，在 La Porte，他發現「完美的一堂課」之事例。它是「一堂不只引發兒童興趣，還讓兒童將他們的精力得到最佳運用的課」：

> 從一開始，學生就受到鼓勵要相互協助。在第一個學年，兒童就開始以分組的方式共同學習，並且在作植物及動物、風及天氣等的觀察與記錄時相互協助……。在教室中，有一些小方桌，學生圍繞它們坐著，特別是在做一些較忙碌的事情時，因而在執行這些工作時，各組的所有成員都會參與……。
>
> 在各組的桌子前，學生們做著一些東西，是為了裝飾教室，以便迎接已經成為 La Porte 地區習俗的雙月節慶（bi-monthly festival）的到來。許多的學習都是在各組的桌子旁完成的……。

Rice 坦承，這樣的學區在 1892 年實屬少數。他發現，所參訪的 36 個學校系統中，只有 4 個將他所熱心倡行的原則付諸實際。[194]

二十年後，John Dewey 及其女兒 Evelyn 參訪了採用進步作法的一些學校。在《明日學校》（*Schools of Tomorrow*）書中，兩位 Dewey 記載了一些採行下列作法的學校：「朝向更多的自由，並且指出兒童的學校生活應與其周遭環境及形勢取得一致，更重要的是，確認教育必然在民主社會中扮演重要的角色。」雖然他們所描述的這些學校大部分是私立的，但是他們也用了很多篇幅描述一些公立學校的情況，例如由 William Wirt 所領導的印第安納州

---

193 原注 56：Rice, 1969, p. 184。
194 原注 57：同上注，pp. 207, 229。

Gary 地區的學校系統、一所芝加哥的公立學校，還有 Indianapolis 的兩所公立學校，其中一所還是黑人學校。[195] 兩位 Dewey 將重點聚焦於諸如教師鼓勵學生表達、分組學習，以及所學習的內容與學校周遭環境取得緊密聯繫等原則，最後歸結為：「全美整個國家有愈來愈多的學校在逐步的成長過程中，試著將一些明確的教育理念加以落實。」[196]

45

摘要

　　如此看來，不同版本的教師中心與學生中心的教學早已存在於一個世紀之前。二者各自不同的程度若何、其等的版本多寡若何，乃至形成這些不同教學作法的原因是什麼等問題，都不容易遽予確定。不過，若是作成這樣的總結，應該是合理的：到了 1916 年 Dewey 的專書問世時，公立學校在教室傢俱的安排、教學的編組、課堂言談、學生移動、工作活動等事項，其主流的作法仍然是教師中心。各種不同版本的學生中心教學組型最常出現在小型學校（少於 300 名學生）、私立學校（但是，採取類似作法的公立學校仍然可見）、小學。若是高中有類似作法，也是很少。

---

195 原注 58：在 Wirt 任職期間，Gary 學校系統成了一次世界大戰之前進步主義的一個展示地點。Wirt 將經濟動因的考量與學生中心學校的作法二者結合在一起，在學校中建立了若干學生群體，將各群體的學生依不同的時間表排在不同校舍進行學習。一半的學生在一般的自足式課堂上課，另一半則在工藝場房、遊戲場、體育館，或者其他空間進行學習。然後，學生們將會輪換上課地點。新聞從業人員將 Wirt 這種名之為「區隊制」（platoon system）的創新作法，廣為報導，因而引起全國各地學區的注意。因為 1917 年在紐約市實施的 Gary 計畫失敗而引發的政治爭議，讓 Gary 的學校董事會及教育局長 Wirt 請求某基金會針對實施 Gary 計畫的若干學校，執行一項公正的調查。此一由 Abraham Flexner 所領導的調查團隊，視察了包括課堂教學在內的各項革新作法，並且作了總結報告。調查發現 Gary 計畫有許多優點，但是小學以至高中課堂中，學術科目的教學都顯得機械化。見 Flexner & Bachman, 1918, pp. 77, 79, 80-83, 160。有關 Wirt 作法的長期效應，請見 W. Lynn Mckinney & Ian Westbury "Stability and change: The public schools of Gary, Indiana, 1940-1970" in William Reid & Decker Walker(eds.), *Case Studies in Curriculum Change*（London: Routledge and Kegan Paul, 1976）；有關 1900 年代早期至 1960 年代，印第安納州 Gary 的社會脈絡之詳細描述及分析，請見 Ronald Cohen, *Children of the Mill*（Bloomington, IN: Indiana University Press, 1900）。

196 原注 59：Dewey & Dewey, 1915, preface；亦請見 Nearing, 1915。

雖然教師中心的作法在絕大多數的課堂中持續盛行，但是對於學校所扮演的角色及教學的作法，所持有的不同概念也慢慢地出現。對於當時一般看法提出的挑戰，諸如什麼樣的教材對於學生最好、教師應該如何面對學生等，所做的另類思考，也開始出現於 Quincy、La Porte、芝加哥、紐約市及華盛頓特區等地。這些對於主流的教師中心教學背後的信念與作法所提出的挑戰，經過隨後數十載的演進而在課堂產生了一些變化，讓教師們既要試著附從於主流的作法，又要試著採行新的觀念。換言之，教師走在這些充滿壓力的緊繃索上，開創了一種混合式的作法；這種作法映照了諸多不同想法為教師們帶來的三項衝突：一是，教師們究應照料個別兒童的成長，抑或培養兒童能在現有的社會秩序中用得上的一技之長；二是，教師們究應著重課堂的科學效率，抑或強調個人的創意表達；三是，教師們究應偏重正式的教育作法，抑或倚賴非正式的社會化作法。

1900 年之後的數十載，我們看到了人們為了將學生中心教學引進公立學校所做的各項努力日漸增加。到了 1940 年，教學派的進步主義者所使用的語彙，即已快速地轉進而成為教師與行政人員言談的主流。下一章即在檢視，這些主流的觀念及語言是否成了 1920 年代及 1930 年代城市課堂中主流的實務作法。

第二章
教室門後：紐約市，
1920-1940 年

房間寬敞、日照充足，窗子很大、光線四射，前後左右、室內通明。窗臺置有各式陶盆，盆中栽種各樣植物，一些花兒已經盛開。窗臺上，兒童的畫作貼在窗戶下的牆面。教室各個房門，以及黑板上方的壁樑貼著「因數」、「分子」、「分母」等揭示卡。在教室前方的黑板上方貼有精心書寫的標語「**自制**」。在一個房門上貼了獨立宣言；另一個房門上則貼了 1924 年頒授的美國少年紅十字會的會員證。

這是紐約市一所小學四年級教師 Spencer 太太的課堂。42 名兒童排排坐著，面對教師的講桌及**自制**的標語，等著教師的指令。依據 Spencer 太太的說法，來自 4A 的 15 個較聰穎的兒童，以及來自 4B 的 27 個稍遲鈍的兒童組成了此一課堂。這堂課上的是算術。

「請小幫手到黑板前來！」Spencer 太太指示。「George、Edith、Fred、Gertrude 等小朋友，請每個人帶兩位需要協助的小朋友來！」十多位兒童排成一行，三個人一組坐著。「請從書本第 101 頁的第一個例題開始。你們其他小朋友坐在座位上，打開 115 頁例題 4。是的，你們可以跟別人談論你們的功課。」一陣輕聲的嗯聲響起。

教師在教室走動，幫著一些個別的學生。過了一會兒，她看了手錶，並且宣布：「教練時間結束。請回到你們的座位。」當兒童急匆匆地趕回他們的座位並且都坐定之後，Spencer 太太走到黑板前寫著：

$$37\frac{1}{2}$$
$$-\ 25\frac{1}{2}$$

「誰能給我最小的公分母？Fanny？我叫了你，因為你不專心。好了，那麼，Sam，你告訴我。10，對了。那麼，現在，Sam，我們要做什麼——噢，我希望你知道——我們接著要做什麼？」一陣長長的停頓。一個女孩回答了。Spencer 太太說：「噢，親愛的，這裡有個女孩叫 Sam ！」一陣長長的停頓。最後，教師接受了另一位學生的答案。

她宣布：「算術課到此結束。請將練習紙放入你們的書本中。你們的家庭作業是第 114 頁的例題 2：請將 117,799 除以 3,648。」直接坐在教師書桌前的 9 歲兒童——一年來，全班同學都明白其中的原因——Stephen 在他的座位上顯得坐立不安。Spencer 太太問他怎麼了。

他說：「她一直用雙腳戳著我的背部。」

「噢，親愛的，多麼討人厭啊！這樣小小的腳，穿過一張大而厚重的椅子，正好戳進你大而強壯的背部！我認為，你受到的打擊太嚴重了，嚴重到不會想要到 Hazen 先生的房間裡把亞洲地圖拿來吧！是嗎？好吧，David，就請你去 Flynn 小姐那兒，把歐洲地圖拿來吧！」彷彿像把彈弓一樣，兩個男孩已經彈射到了教室門口。「請記得說『請』，」Spencer 太太邊說邊回身面向班上。「我們總是要……」她等著學生齊聲說「有禮貌」，他們一致地說了！

「是的，總是要有禮貌，你們會發現，這麼做是值得的！」

她環顧了教室，並且看到了學生有一些不安的樣子，就說：「大家放開手腳、向上伸展——深深地吸一口氣，再吐一口氣。好多了吧！」學生們坐在課桌椅旁，把雙臂伸向天花板，作了一個集體式的深深吸氣，然後再一致地吐一口氣。

「請各位打開地理課本，翻到亞洲。第 185 頁。Henry，亞洲是什麼意思？」

「亞洲……亞洲……」Henry 不知道怎麼回答。

「全班同學？」

「亞洲是一個大陸。」

「好的，『大陸』是什麼意思？Elsie？」

「大陸是一個非常大的土地分類。」

「是的，當我說到一個大陸，我是什麼意思？我的意思是土地。」

Stephen 拿著亞洲地圖回來，並且熟練地把地圖掛在黑板上方的壁架。「謝謝你，Stephen，這樣很好。」

一個跟著一個問題，學生偶爾從座位上被請上來，用教師的指示棒在地圖上指出一個地方。下課使得講誦的活動中斷。

在學生從遊戲場回到教室後，Spencer 太太說：「現在該練習寫東西了。班長，請發下練習紙。每個人都要坐好，姿勢要端正挺直，並且要盡力寫好練習。請寫上你們的名字。請不要忘了為自己所寫的東西好好地收尾！上一次，就有二或三位同學忘了好好地收尾。這就好比，到了學校，卻沒有把衣服的釦子扣上，或者領帶是解開的。請各位記得要寫這些字。」

在黑板上，她寫了：山、露營、8 月、手套、歌曲、大姆指、它自己。　48

照片 2.1　航空教室，洛杉磯某公立學校，1927 年；地理課

「請大家盡力寫！我們還有一、兩星期就到升級日（promotion day）了！」
有三個女孩發出了嘆息聲，並且雙手掩面。

教室裡聽到了：筆在練習紙上擦刮的聲音！雙腳在地上滑來滑去的聲音！
還有練習紙揉皺的聲音！Spencer太太複習了這些字，又要求幾個學生在不看
自己的練習紙或是不看黑板的情況下，把這些字拼寫出來。

「現在該上閱讀課了！我們將會跟Flynn小姐的班級交換讀本。今天，我
們不會再用我們自己的讀本。但是，相對地，我們要把其中一個故事演出來。
就讓我們把〈瘋狂下午茶〉（Mad Tea Party）[197] 這個故事表演出來吧！誰記
得最清楚？」

教師選出了四名兒童。他們都將這個故事熟記在心，並且以 9 歲大的兒
童所能做到的方式熱切地表演出來。Spencer太太說：「好！你們都表演得很
好！」

「現在，讓我們大家以 "bring" 這個字做一些練習式的比賽（drill
game）。」Spencer太太告訴全班同學。這一個上午的課就在這項比賽的活動
中結束。[198]

Spencer 太太服務的這所學校，在 1924 年曾經獲得公開表揚，全紐約市
都知道它是一所進步學校。Spencer 太太的校長將她列為該校進步教學的典
範。曾經觀察這個課堂的新聞記者 Agnes DeLima，是個熱心的兒童中心學校
倡行者——這些學校類似由 Elizabeth Irwin、Felix Adler 及其他人所經營的私
立學校。雖然 DeLima 認為，Spencer 太太及像她一樣的其他教師所施行的教
學，乃是以純粹且無特色的方式去模仿私立實驗學校的作法，但是 DeLima 還
是以富含同情的方式描述這一位四年級教師。DeLima 相信，如果把實驗學校
中的進步課堂放入公立學校的系統，它就會消失無蹤。班級學生人數眾多、

---

197 〈瘋狂下午茶〉是英國作家 Charles Lutwidge Dodgson（1832-1898）以筆名 Lewis Carroll 所
　　撰奇幻小說《愛麗絲夢遊仙境》及《愛麗絲鏡中奇遇》裡的一段故事，描述愛麗絲與一隻兔
　　子及一隻睡鼠在兔子家的宅院裡享用的一場狂野茶會。
198 原注 1：DeLima, 1925, pp. 21-31。所有的引文皆出自 DeLima 的觀察。我已就課堂的描寫加
　　以改述。

行政人員不重視或敵視之，再加上一般人對於兒童中心課堂所存有的負面態度等，都會讓這樣的努力遭致斲喪。[199]

接著，我們要問，進步教育者都是些什麼人？Spencer 太太？她的學校校長？私立實驗學校的教師？說來說去，這個問題的關鍵就在於「進步主義」這個詞的本身。雖然，嵌入「進步主義」一詞的觀念既分歧又模糊，但是於包括第一次世界大戰在內的數十載裡，卻大力地吸引了各方不同改革者的注意。

歷史學家 Lawrence Cremin、Michael Katz 和 David Tyack 等人將這項較大的政治運動中各種不同的教育流派加以區分。舉例而言，依 Tyack 所描述的，教育改革者當中，有一派是行政派進步主義者（諸如師範學院的 George Strayer、史丹佛大學的 Ellwood Cubberley，以及資深教育局長 Frank Spaulding），他們運用最新發展而成的科學管理概念，精簡學區的組織及教育機制。Tyack 將這些進步主義者與倡行運用學校作為國家再生工具的社會改革者（諸如 George Counts、John Childs 及 Willard Beatty），以及視兒童為學校經驗核心的教學派進步主義者（諸如 Francis Parker、Flora Cooke 及 William H. Kilpatrick）作了區分。[200] 雖然教學派改革者之間存在著很大的實質差異，但是他們全都自 John Dewey 思想獲致深刻的啟示。[201]

---

199 本段落中所提及的三位人士皆為知名的進步教育運動倡行者。最早研究進步教育史的 Cremin（1961）於《學校的變革》（《變革》）書中即提及三人的若干事蹟（Cremin, 1961, pp. 33, 64, 213 etc.）。茲據網站搜尋並加整理而得的資料補述如下：(1) Agnes DeLima（1887-1974）為新聞記者兼教育方面的作家，分別於 1924 年及 1942 年出版《我們的敵人，兒童》（*Our Enemy, The Child*）及《小紅屋學校》（*The Little Red Schoolhouse*）二書。(2) Elizabeth Antoinette Irwin（1880-1942）於 1921 年在紐約市格林威治村創辦「小紅屋學校」（The Little Red School House）。該校今日仍以 Little Red School House and Elisabeth Irwin High School 為名（亦以 LREI 稱之）維持營運。(3)Felix Adler（1851-1933），曾創辦「紐約倫理文化協會」（New York Society of Ethical Culture），旨在藉倫理文化運動的推廣，倡行普及教育。

200 Lawrence Arthur Cremin（1925-1990）、Michael Katz（1939-2014）、George Strayer（1876-1962）、Frank Spaulding（1866-1960）、John Lawrence Childs（1889-1985）、Willard Walcott Beatty（1891-1961）、Flora Juliette Cooke（1864-1953）、William Heard Kilpatrick（1871-1965）。

201 原注 2：Tyack, 1974, pp. 182-198; Katz, 1971, pp. 117-120; Cremin, 1961, pp. 179-239。亦見 Graham, 1967, ch.4; Cohen, 1964, ch. 1-4; Bowers, 1969, pp. 1-4; Tyack & Hansot, 1982, pp. 105-106。

因為本章及接續的章節聚焦於兩次世界大戰之間幾十載的課堂變革，所以我會特別注意教學派進步主義者的努力。行政派、重建主義者及其他經常在一些典型的記述中所提及的改革者，除非他們試著調整現有的課堂教學，否則不會在這些章節的討論中出現。

多元歧異而非一致相同是這些教學派改革者的標記，除了他們共同反對「學校採行固定的年級編制、為兒童設置固定的規則，並且在教室內擺設固定的傢俱」。這些兒童中心學校的倡行者在課程材料、教學策略、讓學生自主作選擇，乃至在課堂中從事專題研究、藝術實作及參與遊戲等學習活動所占的角色及其輕重的程度等方面，有著深邃與尖銳的不同。[202]

50　　雖然他們對於公立學校存有負面觀點，且儘管他們倡行的作法所蘊涵之學說的歧異性很大，但是他們對於一所辦得合情合理的學校，究竟應該有什麼樣的作法，則有一致的核心共識。大部分教學派改革者所希望見到的乃是依據兒童的興趣所量身訂做的教學與課程；他們想要的是盡可能在個別化或是小組編制的情況之下進行教學；他們希望學習方案（program）能允許兒童獲有比現存學校所能給予的還要更多的自由；他們希望學校經驗能與課堂外的活動加以聯結；他們還希望兒童能協助形塑自己的學習方向。這些由哲學家、課程理論家、心理學家、實務工作者所聚合而成的考量，轉化而成的實質信號就是可移動的傢俱、所提供的豐富教學材料、帶動兒童從事專題研究，以及明顯地將教學與學習融入較大的社區活動之中等。除了這些共通性之外，還有一些是未經觸及的事項；各方人士對這些事項持有不同的看法：應如何看待專題研究的方法、兒童在學校之內應該享有多少自由、教師在設定教學與學習目的時所應該擔負的責任，以及應該在基本能力的學習上花費多少時間等。不過，這些共通性確實指出了我們應該在哪兒可以看到教學變革的跡象。[203]

在由這些教授們所教過的數以千百計的學生和讀過他們所撰寫的著作的

---

202 原注 3：Graham, 1967, p. 46。
203 原注 4：Graham, 1967, chs. 3-4; DeLima, 1925, chs. 4, 9; Cremin, 1961, pp. 201-234。

人士之間，在報導有關他們或他們的追隨者所領導的學校情況之數以千計的
報章和雜誌之間，在融入這些觀念之數以百計的學習課程和教科書中之間，
以及在大量學校購買之可移動的課桌與椅子之間，他們的觀念似乎觸動了跨
越全國各地的學校。《時代》（*Time*）[204] 雜誌即在 1938 年做了如此的宣稱。
有一位匿名的作者即寫道：「沒有任何一所學校逃離其影響。」[205]

都市中的課堂

　　到底學校教師在多大程度上接受這些觀念，並且在課堂中付諸施行，可
在接下來各章所報導的紐約市、丹佛及華盛頓特區等的情況，獲致確認。在
1920 年代及 1930 年代，都市學校系統可謂為改革的先鋒。若是有關學校教育
的新觀念確曾實施，那麼都市學校將是觀察發生了什麼事情的最佳地方。[206]

　　這三個學區都有著若干在全美皆卓有聲響的教育局長，作為學校改進之
強而有力的領導者。紐約市及丹佛在這二十年當中的不同時間，被認為是帶
動融合了教學派與行政派進步主義者的實務作法於一爐之革新方案的領導者。
在紐約市這個世界上最大的公立學校系統中，教育局長啟動了**活動課程方案**
（Activity Program）這個空前最大規模單獨一項的實驗（大約 75,000 名學生
參與），以便檢驗課堂中施行的新觀念。在丹佛這麼一個超過 45,000 名學生
的學區，藉由啟動一項透過數以百計的教師將進步教育概念寫入學習課程這
樣的作法，力求改進課程而成為全美的趨勢設定者。丹佛更因參與進步教育
協會（Progressive Education Association）主導之以檢驗學生中心教學概念為
主旨的高中課程改進實驗，而成了一個實驗據點，並因而獲得進一步的美名。

51

---

204 【譯注者補充】：“*Time*”另有《時代週刊》及《時代雜誌》等中譯。

205 原注 5：*Time*, October 31, 1938, p. 31。

206 原注 6：（本注釋係作者 Cuban 依據若干文獻，解釋各歷史學者關於進步主義思想對課堂教
　　學實務的影響所持之不同看法；Cuban 的總結為：由各家的引述及本研究的討論顯示，有關
　　進步主義思想對課堂教學實務的影響甚鉅之說，似站不住腳。緣於本註釋文字甚多，茲謹簡
　　述其內容大要於此，再將原文譯解置於本書書末專設的〈注釋補遺〉之中。）

丹佛所有的初級中學及高級中學都加入了此一名為**八年研究**（Eight-Year Study, 1933-1941）的實驗方案。

雖然華盛頓特區有一位教育局長在專業圈子裡是知名的行政派進步主義者，而且其任職期間跨越了本研究所關注的整段期間，但是該市學校系統的教學革新作法，在全美的知名度就不那麼顯眼。華盛頓特區這個學校系統之所以值得檢視，是因為作為一個實行種族隔離政策的學校系統，其採行了許多與紐約市及丹佛十分相近的進步作法，讓我們可據以確認在這種情況之下，課堂教學方面有什麼樣的結果產生。

有鑑於此三個學區在這二十載的時段裡，不但在課堂教學方面強烈地關注進步的觀念，且又大力地將這些觀念付諸施行，所以若能仔細地研究一番，應該會對於在 1920 年代與 1940 年代之間，這些以推動行政與教學改革而知名於全美的學區在教學實務作法上，有哪些保持著穩定不變，又有哪些因時遞變，有一些認識。

紐約市的學校

背景

無論如何，這些數字，都會讓人們的想像力受到驚嚇；其實，何止驚嚇，簡直是望而生畏。想想：（於 1930 年）683 所學校，36,000 位教師，1,000,000 名兒童，會讓 Hudson 河以西的任何人心頭一顫：怎麼可能？你或許會針對一份份光鮮亮麗的年度報告，試著捕捉該一學校系統的運作，並且在心中作一些比較：1920 年與 1921 年之間該學區入學的兒童人數，相當於田納西州 Nashville 一地入學學生的總數；或者，若你要求該學區的兒童全部打開雙臂排成一列，那麼這一列的長度會由紐約市一直到達俄亥俄州的 Toledo；或者，若是教育局長到學校教室觀課，一處停留 10 分鐘，那麼一天 8 小時，一星期 5 天，他必須花三年時間，什麼別的事都不做，才可能把全市學區的教師觀課

這件事做完。[207]

　　單單是學區規模大這件事就讓紐約市顯得獨特。然而，學區規模的大小這個問題不能模糊了在 20 世紀前半葉這段時期，全美其他都市因為族群、宗教、政治及階級等問題所產生的各種緊張狀況，以及所進行的多方妥協之史實。不過，因為歷史學者們已經針對這些學校系統在這些問題上多所著墨，我將不再予以贅述。我將聚焦於教師們在課堂中的作法，而這正是這些研究者鮮少注意及之的專題。[208]

　　然而，我有必要先行作些敘事，俾便為 Sol Cohen 所稱的，1934 年「終極勝利」（ultimate triumph）這件事稍作鋪陳。蓋於當時，公共教育協會（Public Education Association）這個改革者團體的幹部致力於將學校轉型為兒童福利的機構，並且看出了：「進步主義在辦理學校的原則與程序等方面的概念，贏得了紐約市官員的注意。」[209]

諸位教育局長素描

　　在 1898 年與 1940 年之間，此一全美最大的公立學校系統共經歷了四位教育局長，俾便妥予面對學校只能設法調適而無法改動的社會變革：大量成長的入學人數，急遽增加的族群歧異性質，以及 1930 年以後因為大蕭條及第二次世界大戰而造成的薪資調降、職位減少及課程縮減等窘境。

　　William Maxwell。20 世紀初，入學人口成長與歧異性增多，讓甫經合併為五個行政區的紐約市首任、也是在位長達二十年之久的教育局長William Maxwell絞盡腦汁、費心設計、力求精巧、持久不懈。作為一位行事實際的學校改革者，一方面要組建一套科層體制，一方面又要維繫對「新教育」的興

---

207 原注 7： New York [City] Board of Education, *Thirty-Second Annual Report of the Superintendent of Schools, 1929-1930* (New York: Board of Education, 1930), p. 485; New York [City] Board of Education, *The First Fifty Years: A Brief Review of Progress, 1898-1948* (New York: Board of Education, 1949), p. 86。針對學校系統所作最後二項比較，是我所做。

208 原注 8： Cohen, 1964; Ravitch, 1974; Ravitch & Goodenow, 1981。

209 原注 9： Cohen, 1964, p. 153。

趣，他必須設法滿足為每個學生找到一個座位的基本需求，俾便讓學校能透過兒童向社區伸出援手，進而協助改善社區的情況。他的不屈不撓、堅強意志及恆心毅力，使他留下了與其同一個時代的眾人所公認的一系列成就：一套一致且寬廣的課程；能容納更多學生的校舍；擴增了的社會服務；課後輔導與暑期活動；重要的行政措施〔如設置審查人員委員會（Board of Examiners）〕；這些成就都為未來標識了不可消除的印記。Maxwell 將這些行政派進步主義者所熱衷的一致性，跟對於課堂實務的關注加以組合，因而所留下的長遠影響是其後繼者無法逃避，也是他們不會逃避的責任。[210]

三位繼任 Maxwell 職務的教育局長都是一路由教師、校長、分區教育局長（district superintendent）、[211] 副教育局長等職位拾級而上。在末了的職位上，每個人都成了教育局長監理會（Board of Superintendents）的成員。此一監理會旨在就教育局長須向教育董事會做成的人事及課程方案等事務報告，先行提出一些建議事項。此中的意義是，在他們到達最高職位之前，已經在學校系統中各個階層的重要職位上歷練過。

William Ettinger。Ettinger 任職教育局長六年（1918 至 1924 年）。他曾任教師及校長共約四分之一個世紀之久，其後他升任為分區教育局長，十年後，擔任副教育局長。在那之後不久，56 歲的他經教育董事會提名接續 Maxwell 的職務——這是一件難以承繼的行動。作為一位主張設置更多職業教育班級的倡行者，Ettinger 在鞏固與優化 Maxwell 所設置的新方案之同時，為小學高年級學生規劃了各式的職業教育方案。他於 1922 年接受了公共教育協會的建

210 原注 10：有關 Maxwell 作為教育局長的情況，請見 Abelow, 1934; Berrol, 1968; Ravitch, 1974, pp. 111-186。【譯注者補充】：審查人員委員會的設置旨在決定教師或校長陞遷；本書 pp. 59-61 論及教師視導的作法時，會稍微論及。

211 19 世紀末以來，紐約市轄下即設有 Bronx、Brooklyn、Manhattan、Queens 及 Staten Island 等五個行政區（borough）。"district superintendent"是指五行政區所設的分區教育局長，與 Maxwell、Ettinger、O'Shea 及 Campbell 等紐約市全區的教育局長不同。1960 年代末期，紐約市的學區劃分，由行政區為準據改制為依社區為準據，因而擴增為 31 個學區。另外，原設的教育局長亦改稱教育總監（chancellor），本書 p. 165 有約略的報導。又，由《紐約市公立學校學區地圖》可知其現況，請見 https://auth-infohub.nyced.org/docs/default-source/default-document-library/nycps-parent-guide-chinese.pdf。

議，運用一所公立學校，在 Elizabeth Irwin 指導下創辦了一所校中校（school-within-school）進行進步教育實驗；這一件事顯示了他對於進步教育的興趣。

不過，Ettinger 的注意力集中於取得足夠的經費，以便降低班級學生人數，並且為一些老舊、太擁擠且又過時的學校，提供足夠的校舍。後來，Ettinger 為了學校資源是否充分的問題，與財政監察委員會發生了密集且長久的爭執，復因經常設法讓學校高級職位不受黨派偏見感染，而與市長發生了摩擦，以致其職務合約無法接續。[212]

William O'Shea。像 Ettinger 一樣，他的繼任者之職涯的開始與終結都未須臾離開紐約市。William O'Shea 任教二十年後，於 1906 年接受提名為校長。他漸次陞遷，歷練多項職務，終於在 60 歲那年以教育局長監理會中副教育局長的身分，接受簡選而成為 Ettinger 的繼任者。在任職的五年之間，他蕭規曹隨：建造更多的房舍以便容納學生，公平公正地甄選受過充分訓練的教師，並且將課程加以擴增與修改使其更能適應兒童的差異。

O'Shea 以改革者的詞彙所撰寫之紐約市學校系統辦學成果的年度報告，確切地反映了超過稍早四分之一個世紀以來所作的機構改變。O'Shea 寫到了有關小學的情況：「這些學校處於與兒童的健康、社會的福祉、道德的精進等作戰的前線；他們築起了高牆、挖掘了深溝，奮力進攻。」[213]

O'Shea 要求分區的教育局長都須上交內設「進步作法」（Progressive Steps）一節的年度報告。這些報告中偶見有關課堂活動或專題研究、彈性課表、新課程材料。然而，更常見的是，各分區上交的「進步作法」會列有新的測驗作法、兒童如何編組、為兒童提供的新服務等事項。[214]

---

212 原注 11：*Who's Who in America, 11*, 1921, p. 895; New York [City] Board of Education, 1949, p. 92; Cohen, 1964, p. 110。

213 原注 12：New York [City] Board of Education, *Thirtieth Annual Report of the Superintendent of Schools* (New York: Board of Education, 1928), p. 53。

214 原注 13：New York [City] Board of Education, *Progress of the Public Schools, 1924-1929* (New York: Board of Education, 1929a); O'Shea, 1927, pp. 99-103。

如果 Ettinger 為學校系統留下的標記是職業教育的擴展，O'Shea 所留下的銘刻即是強調節儉、公民資質訓練、品格培養等各種學習課程及新編的各種學習方案。雖然他時常在報告中借用改革者的語言，但是他對於將公共教育協會所推薦的教學實務帶入紐約市的學校課堂這件事，則較無興趣。舉例而言，在公立學校與公共教育協會因為 Elizabeth Irwin 設於第 41 公立學校中的實驗學校，而釀成之猶如暴風驟雨一般的關係，導致各方提出進行正式方案評鑑的要求這件事上，O'Shea 所獲得的支持就明顯不足。由學校教師及公共教育協會提名的人選所組成的評鑑委員會即建議，應該在基本能力這方面提供較正式與較傳統的教學。公共教育協會因而撤回了它所提供的財務支持，致使該項實驗轉變而成一所位在 Greenwich 村的私立學校「小紅屋學校」[215]。

在公立學校中啟動之僅有一次正式的進步教育實驗，是在大蕭條中段期間發生的，然而因為經費的縮減，使得先前的學校首長及教育董事會的成員們多方建樹所獲致的一些進展，也跟著大打折扣。於是，班級人數增加了，學校新聘的教師人數減少了，課後輔導及暑期活動等服務也都刪減了。到頭來，在 O'Shea 服務的最後五年當中，盡最大的努力，俾便確保原先幾年的成果，就成了他的標記。與過去一樣，教育董事會在 O'Shea 七十歲屆齡退休後，還是轉向教育局長監理會找尋繼任者。

Harold Campbell。作為 Maxwell 訓練學校的畢業生之一，Harold Campbell 以小學及高中教師展開其職涯，於 1920 年擔任高中的校長。四年後，他獲聘為分管高中業務的副教育局長。在他受聘為教育局長之前一直留在那個職位上，還曾擔任首席副教育局長。1934 年，在 Campbell 進入該學校系統三十二年後，亦即他五十歲時，也就是在大蕭條的最壞時節，承接了 O'Shea 的職位。

報紙及專業期刊皆視其為保守派教育工作者的 Campbell，依循其先行者的政策在經費許可的情況下減少太過擁擠的學校，擴展對兒童的服務，並且

---

215 原注 14：Cohen, 1964, pp. 129-132。【譯注者補充】：本書 p. 49 第一段下的註腳有關於「小紅屋學校」的更多說明。

為身心殘障及資賦優異的學生提供差異化的課程。由 Maxwell 所擬訂的模板
（template）依然持續，不過有一個方面例外。依據一位歷史學者的說法，
Campbell 推動了一項「教學方面的革命」，這項革命「後來成了進步主義贏
得勝利的里程碑」。在 1934 年，於擔任教育局長才不過幾個月，他就同意了
一項前所未見之最大規模實驗，藉以確認在這麼大的一個都市學校系統中，
是否能推動如此一項進步主義式的課程與教學作法；此項實驗即是：活動課
程方案。本章另設有專節論述之。[216]

　　除了公共教育協會的背書，公眾對於教育局長所作的決定似乎少有反應。
極少公民或是學校專業人員理解 Campbell 作成這項決定有什麼個人的考慮，
或者有什麼實質原因。畢竟，大部分的紐約市教師把 O'Shea、Ettinger，或者
Maxwell 等人，看成只是報紙上偶爾出現的照片，或者只是遠距離看到的那個
站在講臺上對著數以千計教師說話的小小身影。如果這些人士中的任何一位
踏進課堂，很少教師會認得出他們是教育局長。教師們所認識的教育局長，
是間接地來自他們所在的行政總部所作成的、有關他們從事教學工作的狀況
之各項決定。這些包括了校園本身、班級人數多寡、二部制學校（double-ses-
sion schools）[217]、修訂了的學習課程、人事變動、評鑑的評分（evaluation rat-
ings）──在某種程度上，所有這些都會對於課堂所發生的事情帶來影響。

55

---

216 原注 15：Cohen, 1964, pp. 159-160。雖然這是超越了本研究的範圍，但是 Campbell 接受了活
　　動課程方案這個問題，仍然是一個值得我在此略作探索的疑惑：為什麼一位教育局長，自稱
　　是個保守的教育人員，會決定在經濟萎縮時期，推動此一全美歷史未曾見過之非常大規模的
　　實驗，俾便改革一個都市公立小學系統的課程與教學？
217 二部制學校是指學生分為兩部分，並分別在不同時間上課的學校，俾便充分利用學校現有的
　　房舍、師資、設備條件，擴大學生容量。常見的作法之一是半日二部制，學生分別在上、下
　　午來校上課；另一種則是全日二部制，學生同時來校，一部分學生上課時，另一部分學生自
　　學或從事其他活動。本書 p. 44 所述 William Wirt 所領導的印第安納州 Gary 地區的學校系統，
　　所施行的「區隊制」即類似全日二部制。

課堂教學的組織脈絡

在課堂中，教師們的作法可以歸因於他們自己所作的決定、教室作為一個工作地點所受到的影響、學區的政策，以及學生與學校所在的較大社區的性質。為了試著理解教學的作法，我所選擇的有關政策決定的因素，是一些離開教室很遠的其他人所作成的。下列的決定，例如學校應該安排在哪個鄰里、教室的設計、多少名學生及哪一些學生進入哪一班、必修的學習課程、學區的測驗、成績單、視導的規則等事務，都很少徵詢教師們的意見。然而，其他人針對這些每天發生的事務所作成的決定，都以大小不等的方式影響著教師的作法。

教室

請看教室的建築結構。在一般人意料之中的是，第一個世代的進步主義者（這當中包括了 Maxwell 在內）所高度重視（19 世紀所強調）的一致性，逐漸嵌入了教室空間的設計。於 1890 年代至 1920 年代為紐約市教育董事會服務的建築師 C. B. J. Snyder 所建立的標準教室規劃一直用到 20 世紀前半葉。每個教室所安放的學生課桌椅都是固定在地板上：一至四年級 48 張，五和六年級 45 張，七和八年級 40 張。[218]

面向黑板、固定在地板上的行列式課桌椅，可讓教師方便環視教室，因而有利於找出不守秩序的現行犯與虞犯，進而得以有效地監看學生的學習狀況。但是，改革者視可移動的課桌椅為活動式（activity-centered）課堂的必備條件，其重要性僅次於光線及暖氣。少有教育人員主張，設有行列式與不可移動的課桌椅，就無法施行進步主義式的作法，但是這樣的座位安排經證明是不方便的，因而總是有教師費盡心力、想方設法以創新的方式突破這些結構上的障礙。然而，以可移動式的課桌椅取代之，卻又因為更換課桌椅的代

---

218 原注 16：Snyder, 1922, pp. 59-61。

價不菲，而總是無法如願。

更換課桌椅的成本從未見人們公開談論過。在大蕭條的中段期間，紐約市預備更換超過 600 所學校的固定式課桌椅，這筆經費數目大到令人吃驚。然而，此一問題始終存在，因為它是教學作法改革的核心要務。後來該案達成了妥協。1935 至 1936 學年，也就是 Campbell 入主教育局長辦公室的第二年，教育董事會同意了教育局長的提議：凡是新建的小學教室有 35 個固定座位者，皆應增設若干可移動的桌子與椅子，以及一張或更多張工作檯（workbench），以便略補原有固定式課桌椅的缺憾。[219]

教育局長監理會的官方立場，揭示於 1930 年由當時的副教育局長Campbell 所撰寫、發表於《紐約時報》（*New York Times*）的一篇論文。這篇論文詳細說明了施行進步作法後，可能產生的狀況：

> 關於可移動傢俱的想法，以及將較傳統的行列式座位更換為舒適的椅子等作法，我們早已在幼兒園及特殊班級採行了。不過，在大部分的情況下，特別是在容納了 30 至 40 名學生的情況下，如此的作法即不符實際。傢俱的移動會產生噪音及混亂。某一位教師可能希望將椅子擺成一種方式，另一位教師則可能擺成別種方式。讓學生輕鬆的結果是，他們並不都能聚精會神地學習。

他在報告中還提到一項無可置辯的議論，亦即火警的問題。如果教室中的學生都能遵守秩序，並且排成直線行進，3 分鐘就可以清空。[220]

第一次世界大戰前後，課堂內的學生人數總是在 50 或更多一些，從那以後就有所下降。1930 年，小學課堂平均人數在 38 上下徘徊著。但是，此一數字卻掩蓋了很大的差異，例如 17%的小學課堂人數在 45 或更多一些。在同一

56

---

219 原注 17：New York [City] Board of Education, *All the Children, 1935-1936*（New York: Board of Education, 1936），p. 120。
220 原注 18：*New York Times*, May 18, 1930, p. 9。

所學校裡，課堂人數多寡也有極大差異。特殊班級或「笨拙」或殘障學生皆保持在 25 人一班，而同一所學校的其他班級則可能都超過 45 人。相對於 1890 年代需面對 75 名學生的教師，能預見一個人數只有 40 名學生的班級當然是很令人高興的一件事。不過，到了 1930 年代，公眾的希望及想法則都是期待教師能夠提供較多的注意給個別的學生。[221]

在這種進步主義信念的原則下，多大才算是太大呢？Harold Campbell 於 1935 年提供了一個答案。他說：「若要一位教師照顧 35 個不同人格與能力的學童，幾乎是不可避免地只能給予個別兒童不足夠的照顧。」他寫道，由一位教師教「正常兒童」所有科目的一般小學而言，理想的班級大小應該是 30 名兒童。1934 年，正當小學開始施行活動課程方案時，班級人數平均是 38 名學生。那時，大班的定義是超過 40 名學生；以此標準計，全部小學課堂的 41% 是大班。到了 1942 年，活動課程方案宣稱成功施行，並且推廣到全部的學校。這時，一般的平均人數為 34 名兒童，其中 18% 標記為大班。在高中班級平均人數為 35，不過其跨距由 Benjamin Franklin 高中的 31 人到 Brooklyn 技術高中學的 40 人，不一而足。[222]

課程

若物理空間及兒童人數界定了教師每日生活世界的關鍵層面，那麼學習課程也可謂為影響教師工作進行的重要因素。教育董事會期望教師及其等的視導人員，亦即校長，能在課堂中運用由教育董事會於 1896 年公布的細則之中原初印行的十種教學大綱；此一期望顯示了，教師及校長必須遵循特定的課程內容及組織的規定之重要性。到了 1924 年，共有二十六套課程公報（curriculum bulletins）及教學大綱，指引著教師注意他們應該教的內容，並且解說為什麼教這些內容的理由。[223]

---

221 原注 19：New York [City] Board of Education, *Thirty-Third Annual Report of the Superintendent of Schools, 1930-1931* (New York: Board of Education, 1931), p. 615。

222 原注 20：Campbell, 1935, p. 139; *Thirty-Eight Annual Report*, 1935-1936, p. 83。

223 原注 21：New York [City] Board of Education, *Report of Survey of Public School System, City of New York*, 1924 (New York: Board of Education, 1929b), p. 306。

　　1924 年，由一組外來評鑑人員以紐約市全區的學校運作為重點所進行的調查，其中包括了由麻薩諸塞州教育總長 Payson Smith 所撰寫的小學課程調查報告。Smith 的報告大肆攻擊這套小學課程的毫無彈性且缺乏整體的目標，只是由「自然增加」的方式設置科目，而未考慮到科目之間的相關。在一些「老舊且經常是瑣碎的教材上」花費太多的時間；未見給予校長及教師任何指引，讓他們可據以決定應該在每一個年級層次教多少內容。[224]

　　各個分區教育局長的正式反應不一致，有對於現行學習課程充滿激情的辯護，也有對於 Smith 的結論做出警示性質的同意，不一而足。分區教育局長 Taylor 即就 Smith 針對學習課程毫無彈性，以致縮減了課堂教師自由的斷言，提出了回擊：

> ……一所學校通常有五十或一百位教師──他們之中許多都是沒有經驗的──不可能允許每位教師都針對學習課程作一番自行的詮釋。校長的職責就是要組織、整合與激勵教師們，以便讓他們能就校長在學校作為一個整體的考量之下所設定的目標，盡力落實之……。

　　然而，分區教育局長 Stephen Bayne，也就是後來成為分管小學業務的副教育局長則同意（不過，是在謹慎的情況下同意）Smith 針對課程所做的評估：忽略了重要目標、隨意增設科目、缺乏連貫，因而需要定期進行課程的修訂。[225]

　　即使因為 1924 年調查報告的結果，以及隨之而來的各項反駁，使得該調查報告一直到 1929 年才公布，但是 Smith 的批評確實激發教育局長 O'Shea 設置了一個學習課程及教學方法修訂委員會（Committee on the Revision of Courses of Study and Methodology）。這個在某種程度上是複製了稍早在科羅拉多州丹佛所完成的課程修訂的工作，由教師以五年的期限（1925 至 1930 年）完

---

224 原注 22：同上注，pp. 1265-1292。
225 原注 23：同上注，pp. 1292-1296, 1309。

成以進步教育改革者的措辭所撰寫之十九套新的學習課程，包括了專題研究方法、注意個別學生、訴求兒童的興趣等要項。[226]

58　　　然而，誠如 Bayne 所觀察的，我們應該小心謹慎地確認，「由這些學習課程的措辭」中，是否可以預測到課堂教學作法上作了修正呢？在幾乎多達 30,000 名教師之中存在差異性是難以避免的。而且，一旦把教室大門一關，很少校長及視導人員能看到課堂裡發生了什麼事情，也很少人能確定教師到底怎麼運用這些教學大綱。這些經過修訂的學習課程是否帶來了課堂教學方面的改變？我們或許可以從對學生所施行的測驗、他們所收到的成績單、用以評判教師的評量表、教師們所接受的視導之特性等方面，找到一些線索。

　　　測驗。在 1925 年，O'Shea 第一次下令，針對小學及初中學生在作文、算術、默讀及字彙等方面進行年度的測驗。這些成就測驗涵蓋了許多的事實知識，並且與修改了的學習課程作緊密的聯結（在高中，紐約州評議會的學業考試，自 1878 年即一直都在施測）。到了 1930 年代，紐約市教育人員對於這些評議會的學業考試在課堂教學所造成的影響，存有不同的看法。至少有一半的高中教師及各科主席認為，這些年度考試把某些學習課程的項目固定化、強化操練和記憶、填鴨硬塞等，因而對於教師的課堂教學作法帶來了十分負面的影響。[227]

　　　聽到有人對他所作的課堂參訪有「太過多地參照這些測驗的結果」的怨言時，負責高中業務的副教育局長 John Tildsley 於 1925 年即直言不諱地說，這些測驗「似乎有必要成為檢核學校教學成效的工具……」。這些測驗確實取代了學校的視察（inspection），因為「我們不可能以本單位可支配的人力，對學校作出如此的視察」。[228]

　　　成績單。成績單上的項目也會為課堂教學提供線索。學生會收到百分比

---

226 原注 24：*The First Fifty Years*, pp. 94-95。

227 原注 25：O'Shea, "Progress of Public Schools," pp. 29-31; New York [City] Board of Education, 1949, p. 95; "Report of the Investigation of Regents Examinations by the First Assistants' Committee," *High Points*, 21 (December, 1939), pp. 14-29; "Report of the Regents Examination Committee," *High Points*, 22 (April, 1940), pp. 8-16。

228 原注 26：*Twenty-Eight Annual Report*, 1925-1926, pp. 176-177。

及字母等級（letter grade）[229] 二種方式計分的科目成績，也會收到公民資質的成績。舉例而言，1920 年代的初中成績單上列有閱讀、文法、拼字、作文、算術、歷史和公民、地理等必修科目，每個科目皆留有空間讓教師評定期中考試分數、期末考試分數、期末總成績。另外，還留有空間讓教師評估學生的努力、操行、個人習慣等的良窳。高中的成績單，則是以字母等級的方式評定，也一樣一年至多六次，或是一個學期至多三次。[230]

有一套基於教師判斷學生精熟表現而施行的字母等級制度，一直到 1935 年都盛行於小學，後來成績單經過修訂，將許多學生的行為及態度納入（兒童是否能好好與人相處、有禮貌、遵守規定、守信用、好好與人遊戲等）。這項革新作法與當時正在進行的小學學校課程修訂計畫，恰相一致。

規則及評鑑。除了有測驗及成績單用以測量學生精熟學習內容，以及遵守教師指示之外，明確且正式的規則也約定了適當的課堂行為。在兩次大戰間的時期，校長及視導人員發布了一些課堂管埋及實施教學的規則給教師參酌。這些規則雖未描述課堂中到底發生了什麼事情，但是它們也都確實界定了視導人員所認為「好的」教學作法。

在小學及中學教師所教的各個不同科目，也都設有類似的規定。茲試舉若干紐約市各高中的作法如下：

- 1921 年──Evander Childs 高中：口說的部分堅決要求言詞清楚。學生必須直立站好、抬頭，而且說話的聲音要夠清晰，讓全班同學都能聽到。

- 1926 年──在 Bronx 所有的小學及中學教師：請量度兒童的身高並且分配座位……。請作一套課堂座位的規劃。它有助於管理……。站及坐都要訓練；桌椅板凳上舉及放下都要輕聲，這也要訓練……。請將

---

229 以字母等級 A、B、C、D、F 表示成績的制度，稱之為字母等級計分制。

230 原注 27：New York [City] Board of Education, Junior High School Report Card, 1925; *The Handbook of Evander Childs High Schools, 1927-1928*, pp. 124。

你的每日教學計畫、時間表放在桌上，以便隨時參閱……。務請仔細而嚴謹地保存學生的測驗、口說部分的表現，以及其他的資料，俾便據以在成績單上，公正地給學生成績。

· 1930 年——Bushwick 高中，數學科：幾何教學計畫

1. 指定新的家庭作業。

2. 解說、發展與應用新教的功課。

3. 在黑板上以講誦的方式複習一般的原理……。

· 1932 年——John Adams 高中，拉丁文科：學生的背誦必須清楚，且要讓整個課堂的同學都容易聽到。「請站直！請面對全班同學！請大聲說！」等揭示卡要貼滿教室。不要讓學生直接對著你說話；務必要掌握整個課堂的狀況。[231]

教師的視導（supervision）。一項能強烈顯示教師在課堂到底做些什麼的信號是，視導人員如何在評鑑教師時給分，以及視導人員如何執行視導工作。1921 年，引進了一項新訂的評鑑給分表，俾便消除來自教師及校長的抱怨：一方面，評鑑給分缺乏一致性；另一方面則是來自校長對於教師所作的「秘密報告」之濫用，這類報告是審查人員委員會決定教師陞遷之用的。[232]

那時候的副教育局長 O'Shea 擔任草擬這項評鑑給分表的工作小組主席。用以標記表現的 A、B、C 及 D 等字母等級，經轉換而成「滿意」及「不滿意」的兩點量表，俾便就下列各領域進行評鑑：人格、課堂掌握、自我控制、紀律及學識表現。另外，表上留有空白讓視導者描述一些特殊優異的表現及弱點。

---

231 原注 28：*High Points*, 3 (December, 1921), pp. 30-31; *Practical Suggestions for Teachers* (Bronx), 1926, pp. 28-31; *High Points*, 12 (October, 1930), pp. 52-55; *High Points*, 14 (April, 1932), pp. 44-48。

232 原注 29：New York Principals Association, *The Principal*, November 14, 1921 (n. p.)。【譯注者補充】：審查人員委員會係在 Maxwell 任教育局長時設置，請見本書 p. 52。

O'Shea 為各個評分領域的解釋撰寫了手冊；教師都收到了這本解釋評鑑如何進行的手冊。O'Shea 的用語與「新教育」相互共鳴。在他為較妥切的教學作法所作的解釋中，專題研究及學生活動成為貫穿其中的要項。O'Shea 這樣寫道「我們藉由作中學，學習怎麼作」（We learn to do by doing）。他強調：「最大可能地讓全部學童參與是成功教學的真正憑據，我們無法以過去已經用得太多老舊且又個別施行的、提問與回答式的教課達成這樣的成功教學。」[233]

60

由眾多教育人員的作法看來，視導不只意指填寫表格而已。依照紐約市官員的說法，視導的重要目的是改進教學。但是，視導人員也同時是視察人員，必須評斷教師的表現。其實，這二類期望乃是相互掣肘的，為每每要進入課堂的視導人員帶來兩難。Buffalo 的教育局長 Alfred Hartwell 及另一位受聘前來紐約市擔任 1924 年調查工作的人員，即在他與若干校長及分區教育局長組成團隊訪視 16 所學校並進行視導與評鑑教師的過程中，看出這項兩難。[234]

Hartwell 描述了一次課堂訪視的情形：分區教育局長在學生面前，要求教師提供學生出缺席的狀況，並且問她曾經修習了哪些專業課程。他要求她提供教學計畫書，並於當場檢視後，確認計畫書撰寫得井井有條。然後，他要求教師立即進行教學演示讓訪視者評鑑。分區教育局長做了筆記，並且承諾在下次訪視時會跟這位教師討論這些筆記。Hartwell 發現，雖然眾人在「評分的記載」這項作法頗一致，但是他也在視導的風格與數量上看到許多的不同。他的結論指出，太多的校長及分區教育局長在執行視導工作時，所採取的作法總是會讓教師感受到，一旦有了視導人員要入班觀察的風聞，就立刻會為他們帶來恐懼。此外，可用的視導時間實在太少了。依學區的大小不同，分區教育局長必須視導 20 至 40 所學校大約 1,000 名教師。Hartwell 提到了兩位官員，在每個課堂大約停留 20 分鐘到半個小時；他們在前一個學年大約作了

---

233 原注 30：New York [City] Board of Education, *The Teachers' Handbook: A Guide for Use in the Schools of the City of New York* (New York: Board of Superintendents, 1921), p. 27。

234 原注 31：同上注，pp. 22-31。

400 至 600 次訪視。若干校長告訴他，這些官員大概要花費他們上班時間的
20%至 25%在課堂訪視這項工作上。[235]

在 1930 年代中期，一位任職於 Brooklyn 高中的教師，在所發表的文章中
寫道，他的同事們經常懼怕校長或視導人員在場，因為「教師們把校長或視
導人員看成必須迎合的人，以免招惹敵意。」他指責校長總是無法達到如此
的理想：「視導人員應該高人一等，是教育過程方面的專家，所以應該能協
助教師們面對兩難問題並且解決之。」他舉出了一些校長的例子，說明他們
有特別的教學偏好（諸如良好的板書、要遵循時間表到分秒不差、注重詩歌
及拼字，或者使用閃示卡），他又指出，這些對於教學的特有想法會影響到
視導的結果，因而往往讓教師們：「提心吊膽、易受驚嚇、很少有自己的意
見」。教師們針對特定案例所作的這些描述是否真有其事，還有待商榷；不
過比較重要的是，視導人員必須確切地了解教師對於視導人員的想法。[236]

在描述兩次大戰之間的教室建築、教學大綱、班級人數、成績單、書面
的規則、教師的評鑑給分、視導作法等事項時，我認為，工作條件、教師們
可使用的工具、他們的視導人員所作的明顯期望等，確實描繪了影響教師每
天行事的組織環境。這就好有一比：若是能略知交通號誌的情形、駕駛路線
的狀況，也稍知應該對於一位良好的駕駛人員在行車途中的表現有什麼期望
等，那麼我們就能了解人們如何駕駛。同樣地，組織的環境會有助於形塑，
或許在某些情況下，甚至強化了 20 世紀以來紐約市各地學校課堂的教學組
型。到了 1930 年代早期，紐約市的學校系統已經看到了教學大綱的內容有所
改變，因為它們已經將進步主義者所使用的語彙及所建議施行的活動都融入
這些教學大綱之中了。顯然，這些與教學有所關聯的事項——教室建築、班
級人數、成績單、規則、評鑑過程、視導等——為盛行的教學作法設定了組
織的架構。另外，學生這個群體的成分也一樣會影響課堂的教學作法。[237]

61

---

235 原注 32：*Survey*, 1924, pp. 841-849。

236 原注 33：Tenenbaum, 1940, pp. 28-29。

237 原注 34：與取自 Barr & Dreeben 1977, p. 144 的駕駛及道路規則，所作的比較。

照片 2.2　紐約市，某公立學校，1938-1939 年；測驗

照片 2.3　紐約市，某公立學校，1938-1939 年；回答

課堂的社會脈絡

教一群不同背景、且在人數上遠遠超過現存學校校舍容量甚多的兒童，
確實會形塑教師如何教。每位教師自己的社會階級、種族、族群的背景，也
一樣會形塑其等如何教。

移民子弟於（包括 20 世紀初那段時間在內的）那幾十年間進入美國的數
目之大，讓學校系統備感困窘。一些來自義大利、克羅埃西亞、塞爾維亞、
波蘭、俄羅斯等地的移民家庭，因為還能在紐約市找到可供屈居的公寓，所
以他們所在的某幾個行政區中，有些比較幸運的兒童還勉強能在一天當中的
部分時間，在學校裡找到一個座位；像這樣的情形相當普遍。於 1897 年，位
在下東城區（Lower East Side）的第 75 公立學校，有 500 名兒童等在人行道
上而無法入學，因為校長已經讓這所只能容納 1,500 名兒童的學校收受了 2,000
名。依據《紐約時報》的報導，跟著發生了一件近似暴動的騷亂。學生人數
在 60 或更多的班級在低年級十分常見，特別是自從把不會說英語的兒童，不
計其年齡大小，一律安置在一年級。

之後更是如此。為了要應付這一波移民兒童的潮流，教育局長 William
Maxwell 及其後繼者開創了新的課程，將工藝及職業科目還有類似的課程融入
其中，並且設立了一些特殊的〔稱之為客車（vestibule）或輪船（steamer）〕
班級，在新到美國的兒童進入分了年級的課堂之前，教導他們一些英文。但
是，如同某位校長在 1905 年向一位新聞記者，針對諸如繪畫、縫紉、音樂、
自然研究等新的課程，作了如下的抱怨：

如果班級人數為 15 或 20，則還有可能在學習課程中找到一些好的事
項，讓我們據以規劃某些學習活動。但是，一個班級有 35 到 70 名學生，
教師就不得不拚命地快速趕課而不敢有片刻耽擱，更遑論為了協助某個

落後的學生而讓全班停下來等著他……。[238]

　　若是過於擁擠的學校與教室會造成教學的差異，那麼學生的文化背景肯定也會如此。公立學校收受移民子弟的主要目的是希望把他們轉變而成美國人。教育局長、校長及教師──反映了較大社會對於東歐及南歐的新到者之主流態度──自視其等的職責就是協助兒童放棄他們的族群文化，俾便接受在教育人員心目中所見的美國理想與習慣。在 1903 年，新聞記者 Adele Shaw 參訪了一些收受大量新到者的學校。她對於小學教師在面對 50 或更多名來自各個不同國家而且只會運用很有限英語的學生時所表現的耐心與技巧，深表詫異。她引以為奇蹟的是，一幅同化的圖像映照在她的眼前：「我太專心地看這一幕，以致我逗留過久而不自知。Garcia、Mendelssohn 及 Joshua 等人坐在同一排，正以金蓮花作模型，用黃色臘筆作一些比例適當的圖畫。」另外的教師則較無耐性。Shaw 記下了一位教師大聲地對一名學生說：「誰叫你這麼大聲說話？肅靜站好！」她還聽到一位教師說：「你這個俄羅斯猶太小子，你在搞什麼鬼？」[239]

　　直到 1912 年，在紐約市系統下的一個地方教育局長，熱切地希望能將來自東歐的移民轉變而成說英語且自負的美國人，禁止在她學區內學校的任何地方使用 Yiddish 語。[240]Julia Richman 自己出身於德國猶太裔的家庭，也有著比她學生較高的社會階級，是紐約市第一位女性的分區教育局長。作為一位進步學校改革者，她啟動了一項最早的實驗，試著依「聰穎」、「中等」及「較差」等不同的情況，將學生加以分類，然後讓最優秀的教師到「較差」的課堂施教。她也相信「學校應該跳下去，不只應該與兒童搏鬥，還要跟那些來自於只會奴役子弟的心靈且又讓子弟的心靈滿布障礙的整個家庭傳統搏鬥，讓他們回心轉意，走上將異類同化的適切道路」。[241]

---

238 原注 35：Berrol, 1968, pp. 108, 110; Ravitch, 1974, p. 169。

239 原注 36：Tyack, 1974, p. 231。

240 屬於日耳曼語族的 Yiddish 語，主要是德國猶太人在當時使用的語言。該語言現在仍有人使用。

241 原注 37：Ravitch, 1974, p. 108; Berrol, 1968, p. 106。

　　一個世代以後，等到那些東歐及南歐移民的子弟都已經入學，進而開始
關注各個族群的文化遺產保留的問題時，這方面的問題才與將不同文化調和
成為一個整體的問題，受到同樣的關注。作為一位教師，後來成為東哈林區
（East Harlem）Benjamin Franklin 高中校長的 Leonard Covello 致力於在公立
學校教授義大利語。教育董事會於 1922 年同意了此一課程，到了 1939 年，
共有 15,000 名學生修習義大利語。猶太裔的若干組織倡行希伯來語的教學，
於 1930 年在教育局長的核定下，授權在 Brooklyn 的 Thomas Jefferson 及 Ab-
raham Lincoln 高中進行課程實驗。到了 1939 年，共有 2,500 名學生修習希伯
來語。

　　保留族裔群體的語言是保留其文化遺產的策略之一。另一個策略是引進
跨文化或多元文化課程，旨在以組成紐約市人口的許多不同族群文化的獨特
貢獻為教導的重點。Benjamin Franklin 高中的校長 Leonard Covello 即於 1935
年施行多元文化集會的活動。這樣的集會活動將不同族裔群體的學生聚合在
一起，觀賞藝術家表演，並且聽取來自不同文化的領袖談論其背景。中等學
校各班的班級教室（homeroom）[242] 時間則用來進行特別的教課，讓學生學習
個別的族裔群體之貢獻及其等的獨特性。另外，教師也紛紛接受了有關不同
文化的在職教育。

　　但是，在這幾十年當中，設法將移民美國化，並將其等的子弟聚合在一
起，使他們融入和諧一致文化的動機仍相當明顯。在 Bronx 行政區第 114 公
立學校，在緊接著於美國正式宣布進入第二次世界大戰之後，學校上課的一
天就是如此展開的：

---

242 美國的中學採取跑班制，不像施行自足式（self-contained）的小學，每班都有一間固定的教
　　室，因而另為中學生設置"homeroom"讓學生在"homeroom teacher"（類似臺灣的導師，或陸
　　港澳的班主任）的指導下，在 "homeroom"集合，聽取學校轉達的訊息或轉發的文件、標記
　　出勤率，並為學生提供一天的學習計畫。"homeroom"可譯為本班教室、本位教室、集合教
　　室，或班級會議室，惟本書依上下文脈，譯為班級教室。又，據 Callahan（1962, p. 129）之
　　說，1910 年代，印第安納州 Gary 學區的教育局長 William A. Wirt（1874-1938）推動的 Gary
　　制，亦即區隊制中，即將課堂分為"home room"及"special rooms"。學生在前者接受讀、寫、
　　算等教學，在後者接受音樂等特別的教學；前者為班級教室，後者為專科教室（或特別教
　　室）。

　　一早，第一件事情……就是向國旗敬禮，並且唱國歌。這不是為了
因應珍珠港事變而滋生的愛國主義行動，而是一直以來就都這麼做的
……。每間教室都懸掛了一面美國國旗，而且打從入學第一天，就學著
要尊敬國旗、愛護美國。他們的父親入學時是這樣的作法，他們的祖父
入學時也還是這樣的作法。自從他們懂得怎麼閱讀，就開始學習美國歷
史。故事中最先出現的美國英雄就是華盛頓、傑佛森、林肯……。[243]

　　數量龐大的學生群體，以及歧異多元的文化背景一直影響著行政人員及
教師如何理解其等的社會角色、如何把教學作井井有條的安排、如何決定教
學的內容、如何進行教學等作法。然而，學校教育的組織及社會脈絡固然為
理解學校及課堂實務作法，提供了必要的背景，但是其前景，亦即課堂教學
的實際情況，則是由教育董事會及教育局長形塑之。以下我們即針對這些教
育政策作一番檢視。

施行進步的教學作法

小學：活動課程

　　1934 年，新上任的教育局長 Harold Campbell 推動了一項為期六年的實
驗，後來成了美國最大規模的進步教育課程與教學實驗。

　　該一名為活動課程方案的實驗，原先是校長協會（Principal's Associ-
ation）向甫行上任的小學組（Division of Elementary Schools）主管 Stephen
Bayne 提出的。這項建議經過層層的行政主管核示，由副教育局長 John Loftus
主其事——Loftus 原為小學校長，因辦理革新課程方案而獲有全市的知名度。
當時，有十分之一的小學，也就是 69 所小學經過選取參加實驗計畫，因為它
們皆為各該學區中具有代表性、正面看待進步教育作法的學校。69 所學校超

65

---

243 原注 38：Covello, 1958; Montalto, 1981, pp. 69-75; New York [City] Board of Education, *All the
Children, 43rd Annual Report, 1941-1942* (New York: Board of Superintendents, 1942), p. 16。

過 75,000 名學生和 2,200 位教師參與這項為期近乎六年的實驗。不過，請注意，經過指定而納入實驗的學校，並非所有的班級都參與該一實驗計畫；這 69 所小學的學生與教師的總數分別為 90,000 及 2,700。[244]

　　什麼是活動課程方案？雖然在實驗過程中，活動課程方案的定義始終在改變，但是此一大規模實驗作法的要點可見於一份備忘錄中。這份備忘錄是於 1940 年，由 Loftus 及 J. Wayne Wrightstone 陳交予紐約州助理教育總長——同時也是由紐約市教育董事會聘請前來帶領評鑑該實驗成效的團隊負責人 J. Cayce Morrison。依據此一備忘錄，活動課程方案的主要概念如下：

・師生共同參與選擇教材與規劃教學活動。

・活動課程以個人和團體的需求與興趣為焦點。

・時間表以彈性編排為原則，特定的活動則為例外……這些活動可以排在固定的時段。

・學習多以實驗的方式進行。

・以研討、短途旅行、研究、演戲、建造與分享、詮釋與評鑑等活動，將正式的講誦教學方法加以調整。

・以自我控制取代外在強加控制的管教方式……。

・鼓勵教師採取創新的作法，並且負起責任；教師在學習課程、時間表及各種行事程序等方面，可以享有相當程度的自由。

・重視藝術和工藝方面的教學及創意表達。[245]

　　Loftus 在對教師們談話時，以比較不嚴肅的說法指出，活動課程是「對於『照本宣科』（verbalism）的反動，我們徹底地反對『教科書精熟』（textbook mastery）及『一字不漏的背誦』」。教學應該依照每個學生的狀況量身

---

244 原注 39：Jersild et al., 1939, p. 166; Loftus, 1940, p. 117。

245 原注 40：*The Activity Program: The Report of a Survey* (Albany, New York State Department of Education, 1941), pp. 20-21。

訂做。採用「同質編組」（congenial group）或委員會（committee）的方式，是活動的典型作法，正如「統整的課程」（integrated curriculum）──較早一代的改革者稱之為相關或整合（correlated or unified）課程──一樣。[246]

六年的實驗期間促成了為教師而辦理的專業發展活動。在一般學校及活動學校，教師修習了由當地的大學、教育董事會、校長協會等單位所提供的各類課程。詳細的指導手冊、教學大綱、課堂教學實務建議、社區資源指引等各種文件，皆經編寫、出版，並散發給對於活動課程方案有興趣的人士。

在實驗期間，一般學校及活動學校的學生、教師和行政人員都參加了各項測驗，並且填寫調查問卷。受過訓練的觀察員組成團隊，運用經過特別設計的工具，進入一般和實驗學校的教室，記錄學生和教師的行為表現。

這項實驗在 1941 年結束時，Loftus 的辦公室放滿了活動學校的期末報告。剪貼簿、報告及照片等，散置於櫃子及椅子上，幾乎淹沒了他的辦公室。有一所學校送交了 46 本圖示的專題研究報告，每木重約 10 英磅。隨著報告還附有詩歌、藝術作品、歌曲、織品、花瓶，以及數以百計各式各樣的學生作品。[247]

少有小學教師全天實施活動課程方案。凡是致力於施行非正式課程（活動課程方案另一種稱呼）的教師們，每天最多以三小時時間遵照活動課表進行教學。另外一項妥協的作法是，在實驗早期，為了適應由一所學校轉入另一所學校的學生，教師們每天都花一個小時在「訓練及技能」（drills and skills）的教學上。[248]

在活動課程方案開始進行的第一年，觀察者即進入課堂，並且描述他們在實驗課堂及一般課堂所看到的情況。研究者發現，於 1941 年所研究的這兩類學校的 24 個課堂中，活動的課堂「花費較少時間在傳統的學術科目，而較多時間花費在藝術、技藝，以及某些特定的學習（展示與說明、討論、學生

66

---

246 原注 41：Loftus, 1936, p. 2。
247 原注 42：*New York Times*, July, 1941。
248 原注 43：Loftus, 1940, p. 117。

演劇等）」。但是，研究者也發現，花費在正式科目如算術、閱讀、拼字、社會的時間，卻是「活動課堂及控制組課堂相差無多」。[249]

觀察者記載了學生們究竟是以小組方式學習，抑或是以全班方式上課。他們發現，一般課堂花費 93%的時間於全班上課，而活動課堂則花費 84%時間於全班上課。有這麼一段文字解釋了，為什麼其間的差異「並不如人們所期待的那麼大，這是因為這項方案原本就差異很大」。[250]

一項由公共事業振興署（Works Progress Administration, WPA）[251] 在 1937 年與 1939 年之間，透過師範學院所作的研究，除了其他方面的發現之外，還觀察了 16 所學校（8 所活動學校及 8 所一般學校）50 個課堂超過 2,000 名兒

67

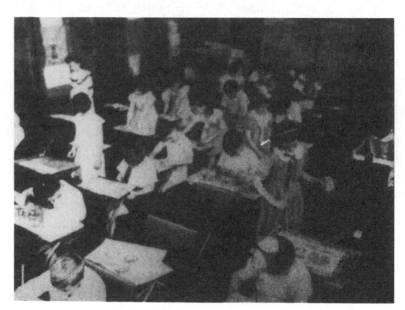

照片 2.4　紐約市某小學的活動課程，1935 年

---

249 原注 44：Jersild et al., 1941, pp. 299, 301。

250 原注 45：同上注。

251 公共事業振興署創立於 1935 年 5 月 6 日，是美國大蕭條時期由羅斯福總統實施新政時期建立的一個政府機構，以便解決當時大規模的失業問題，是新政時期興辦救濟和公共工程的政府機構中規模最大的一個。該署於 1935 年至 1943 年之間，為大約 800 萬人提供了工作機會，耗資約 110 億美元。

童，對於課堂教學的狀況有了一番理解。雖然因為研究工具無法充分地確認課堂之間有明顯可辨的差異，所以研究者有一些沮喪，但是他們確實發現了，大致而言，活動學校的課堂與一般學校的課堂之間，還是有著下列的不同：

・學生有較多自我導向的外顯表現。
・學習的工作較多樣化且涵蓋的範圍較大，特別是在一天的某些特定時段。
・較多的專題研究作業，因為這些作業將各種不同科目與技能的學習聯繫起來，因而與孤立科目的學習有顯著的不同。
・學生親手做的事情有相當大量的展示機會。[252]

　　整個六年實驗的主要評鑑是由紐約市教育董事會在 1940 年所委辦的。全國的測驗、評鑑及課程方面的專家花費一年時間訪談了教師、校長及總部的人員。他們也測驗了學生。該評鑑的結論是以觀察了 28 所學校（14 所活動學校和 14 所一般學校）共 194 個課堂的研究為基礎；其中有 10 組（20 所）學校先前**從未**參與過任何的評鑑。

　　在分析了 100 個活動學校的課堂之後，評鑑人員發現：

・20%的課堂，作法混亂無序，效果不彰。
・38%的課堂在施行活動課程時，有實質的進步，但仍需要加以協助。
・42%的課堂所施行的活動課程頗為完善。[253]

　　至於 94 個一般學校的課堂，則是：

---

252 原注 46：Jersild et al., 1939, p. 196。
253 原注 47：*The Activity Program: The Report of a Survey*, p. 47。

照片 2.5　紐約市，某小學，四年級課堂，1943 年

　　我們可以在這些一般學校的課堂，觀察到許多活動課程的要素，但是因為教師們對於活動課程的目標缺乏理解，或者對於方法不夠清楚，所以施行的效果不甚良好。有些時候，某些活動的進行或許尚可，但是因為常與一般的作法攪合在一起，所以顯得有些混亂，或者顯得沒有效率。[254]

69　　　這項研究肯定了行政人員的想法：紐約市的教師們確實可以按照這些評鑑人員所界定的方式，作出最良好的施行。

　　調查人員所作的最後結論是，活動學校在下列諸事項執行最為成功：激發學生以分組的方式參與及合作，鼓勵學生在教室自由移動，學生對學校、教師及同儕的態度更形積極，教導「有目的、有條理及有禮貌的行為」。至

254 原注 48：同上注，p. 41。

於教師執行較不成功的則有：教室傢俱、工作檯及工具的彈性運用、定期向家長報告學生學習情形等。[255]

這項研究也揭示了，活動課程方案確實傳布到一般學校。期末的報告觀察到，「我們的一般學校跟所選取進行密集研究的兩所學校，有幾乎一樣的活動課程」。評鑑者發現，大約有 10% 的一般學校「在將活動的概念轉譯而成實際作法時，有著明顯可見的進步」。[256]

此一州層級的團隊總結了活動課程方案的實施，證明了其教學作法，在知識與技能的教學、創意工作、態度及行為等方面，與傳統的教學作法一樣有效，然而，「在教育兒童思考能力及改善態度與社會行為」等方面，活動課程的效果遠比一般課程的效果為佳。於是，Morrison 宣稱活動課程方案應在自願參與的基礎上擴展到整個學校系統施行。[257]

在經濟嚴重衰退的時期，進行這麼一項涵蓋了來自不同地方的 75,000 名學生參與的教育實驗，不但沒有額外的經費可以購置設備、傢俱或教學材料，還要經歷課堂人數增加、但教師員額仍然精減的窘境。而且，這段時間的學生、教師及視導人員有著高比率的異動——例如，69 位校長中有 45 位曾經異動。即使困難如此，學校的官員在有證據支持的情況下，可以自豪地說他們確實完成了無米之炊（making salad out of chicken feathers）！於實驗所發揮的影響變得明顯之際，也正是美國正式進入第二次世界大戰的六星期之後，亦即 1942 年 1 月 20 日，Harold Campbell 同意將活動課程方案漸漸擴展至全紐約市的小學。

若欲確認包括活動課程方案在內的進步教育措施在整個區域實施的情況，是一件很困難的事情。Campbell 早在 1930 年即曾經提出了這麼一個問題：「紐約市學校系統，在多大程度上，將進步教育人士以兒童中心學校為示例而倡行之所謂『新』的教育技術及觀念，付諸施行？」他的答案是：非常大。

---

255 原注 49：同上注，p. 53。

256 原注 50：同上注，亦見 Tyler, 1976, pp. 36-37。

257 原注 51：Morrison, 1943, p. 28; *All the Children, 1940-1941*, p. 62。

他的證據是：

· 在許多高中，社團由學生自行經營。

· 18 所學校，由學生修改公民教科書。

70

· 某些小學設有迷你型的市政府及官員。

· 學生負責主導許多課堂的活動並執行講誦教學。

· 每年完成的專題研究作品愈來愈多。

· 500 所學校設有儲蓄銀行。

· 100,000 名學童選習家事課，他們在這堂課中烹煮食物，並且習得管家的技能。[258]

　　除了三項是處理課堂教學的項目，其餘各項都是組織與課程方面的事務，而這些事務都是由中央行政人員推動，再由校長負責執行的，因而這些事務很容易就能透過觀察而監看。但是，學生修改教科書、帶領課堂討論，以及共同進行專題研究等事項，就不復如此。除非觀察者坐在課堂內，這些活動並不容易監看或計次。但是，很少有人這麼做。凡是說他們曾經進入課堂的人，卻又極少回報他們的發現。

　　十年之後，Joseph Loftus 推估，大約 25%的紐約市小學「多多少少」實施了一些與活動課程相關聯的課程與教學。此一推估與猜測沒有什麼兩樣，因為沒有任何一個人曾經參訪所有的教師，以便確認他們真實施行的情況。另外，許多與兒童中心課堂及專題研究的教學有關的概念乃至「進步的」這個詞的本身，專家及外行人的詮釋都各有不同。教師在決定施行什麼教法這件事上，有很大的自我裁量權（舉例而言，某位教師可能讓全班同學選出他們自己的迷你型市政府官員，但卻絲毫未改變她的教學知識庫藏，而另一位教師則可能把每天 2:30 到 3:00 之間的時間空出來，讓學生做任何自己想做的事，卻宣稱那是一項活動課程）。不過，縱使有這些困難，人們只能猜測這

---

258 原注 52：*New York Times*, May, 18, 1930, p. 9。

些教法確實為這二十年期間帶來了廣泛的影響。[259]

　　某些學校彷彿是龐大湖泊中央的一塊陸地，絲毫不受進步教育運動及活動課程方案的理念所影響。舉例而言，於 1942 年，三所哈林區的小學共有6,000 名學生，成了在小學一年級試行以專題作業改進教學與課程的實驗場地。當中央總部的支援團隊抵達時，他們卻發現所有課堂中，每一個科目、整天採行的都是前進步主義式的（pre-progressive）課程與時間表。紐約市其他地方所熱切進行的教學作法，在這裡似乎一點也不受影響。一年級的教師應該是最熟悉進步教育語言的，但人們卻看不到這些課堂作法有任何改變。

　　在兩年期間，紐約市研究局（Research Bureau）的關注、適度的資源及教師專業發展的機會，確實改變了傳統的課堂、課程、時間的運用、教學的施行等作法，進而使得一些設定為目標的小學課堂轉變為活動取向的課堂。然而，此一都市其他 700 所小學會不會像方才提到的 1942 年那三所小學一樣根本不動如山，我很難說。但是，一定有的。[260]

　　甚至，紐約市還有相當多數的教師，根本就因為哲學理念或其他原因而反對活動課程方案（這些教師普遍的說詞是，這樣的課程實驗徒然增加了教師不少的額外工作）。Morrison 評鑑小組取樣調查了實驗六年之後的活動學校及一般學校的教師意見。他們發現：活動學校之中有 36%的教師比較樂於採用傳統的課程；而一般學校之中，則毫無意外地，有 93%的教師比較樂於採用傳統的課程。有相當多數的教師比較喜歡大班的教學、很少的學生在教室裡隨意走動，並且經常採用教師提問、學生回答的傳統教法。儘管活動課程方案有一些假定上的好處，但是這些教師仍然相信傳統教學的和易可行與效率可期。[261]

71

---

259 原注 53：同上注，February 16, 1940, p. 2。亦見教育局長 O'Shea 所作 "Progress of Public Schools, 1924-1929"中有關"progressive"一詞的用法。

260 原注 54：New York [City] Board of Education, *Exploring a First Grade Curriculum*（New York: Bureau of Reference, Research, and Statistics, 1947), foreword pp. 1-7, 86-90。

261 原注 55：*The Activity Program: The Report of a Survey*, p. 143。

高中的革新作法

從高中所獲得的證據很少。某些學校啟動了一項經人極力鼓吹的革新作法，亦即道爾頓制（Dalton Plan）。早在 1924 年，11 所高級中學即報導了，每一所學校都有若干教師採用與學生訂定的個別契約，作為讓學習課程多樣化的作法之一。若干教師將他們如何修改道爾頓制並運用在課堂中的作法，撰寫為若干文章，投稿於由紐約市學校系統所辦、由教師發表、也以教師為讀者的一份刊物《高點》（High Points）之上。但是，這類可資參考的文章非常之少。[262]

1935 年，師範學院教授 Thomas Briggs 派了一位研究生到紐約市郊的 21 所高中，去「觀察任何一個科目最佳教師的教學作法」。校長們一共選了 104 位教師讓觀察者參訪。根據這些敘事，Briggs 發現 80% 的教師是「照著教科書教」。其餘課堂中，可以看到學生參與討論及專題討論小組，而且這些課堂都將時事與教材之間作成了實質性的聯結。大約 65% 的課堂運用「由教師提問、學生回答的傳統作法；教師的提問多出自指定的作業，而學生則都依照黑板或座位工作的具體指引回答」。該名研究生注意到，80% 的教師忙著以傳統的講誦方式進行教學。[263]

另外一個高中教學的例子是 1940 年在 Washington Irving 高中，一節高中美國歷史課堂的教學演示實況紀錄謄寫本；於教學現場有分別代表三所高中的一位教師、一位校長及一位科主任等人進行觀察。這一堂 40 分鐘長的教學演示，主題為美國的鐵路。教師要求全班 35 名學生，事前閱讀二頁教科書的文本，以及一份專為高中學生而印行的報紙《美國觀察者》（American Observer）中的若干節錄。[264]

---

262 原注 56：請見 "An Experiment with the Dalton Plan in the Wadleigh High School" *Survey*, 1924, pp. 205-207; *High Points*, 9 (March 1927), pp. 26-27。

263 原注 57：Briggs, 1935, pp. 745-752。

264 原注 58：Rosenthal, 1940, pp. 21-39。

72

照片 2.6　密蘇里州，春田市，1930 年代；高中英語課堂

膽寫本共有 96 條紀錄，記錄教師的有 31 條，記錄學生的有 65 條。31 條 73
教師的紀錄中 26 條是提問，許多都是與教師所作的解說合在一起。65 條學生
的回應則是段落般長短的回答，顯示有充分的時間讓學生表達。這堂課包括
了有關一幅鐵路統計圖的全班討論，這是由一名學生將對於教師一個提問的
回應寫在黑板上，黑板上還有教師所提出的其他論點。[265]

三位觀察者一致同意這堂教學確為典範。他們認為這是十分優異的例子，
是一堂以學生參與為主導的課堂對話——改革人士稱這種作法為「社會化式
的教課」。依據觀察者的說法，教師將內容引導到誘發性質的問題（leading
questions），以及時時作成的摘要上，顯示了一位師傅級教師的高明技巧。他
們對若干事項留下了深刻的印象：學生從椅子上跳起來回答問題、學生發表
言論的熱烈情形、教師稱呼學生「小姐」或「先生」而不直呼其名，以及師
生之間相悅以解的狀況。[266]

---

265 原注 59：同上注。
266 原注 60：同上注，pp. 31-39。【譯注者補充】：「相悅以解」語出《禮記・學記》，其全文
　　為：「善問者，如攻堅木，先其易者，後其節目，及其久也，相悅以解；不善問者反此。善

像這樣針對上課情況所作的個別描述十分有益，卻不多見。為了增進有關教師教學的資料，我找到了在兩次世界大戰之間的 152 則有關課堂的描述及照片。本書〈附錄〉包含了我觀察課堂的理據（rationale），並且描述了我用以歸類資料的方法。它也包括了運用這些資料的一些注意事項。表 2.1 描述了包含在每一種教學組型的細部類目（specific categories）。圖 2.1 及圖 2.2 則係將紐約市中小學教師教學組型的資料加以合併而得。

我由 152 個課堂所搜集的資料支持了前曾述及之有關的調查結果，這些證據包括了由組織及社會脈絡，還有活動課程方案的評鑑資料。不超過四分之一的小學教師，以及更少數的高中教師，採用了進步式的教學作法，這些作法是以寬泛的方式界定的，而且教師們在課堂中的教學作法，其間的差異很大。主導的教學作法乃是由教師中心及混成的組型二者之組合。不過，有相當多的證據顯示，許多教師將學生中心的作法融入他們的庫藏，特別是小學課堂，尤為常見。

小學及高中教師採取學生中心的作法在程度上有所差異，這種情況在 1920 年代及 1930 年代的丹佛與華盛頓特區二地也很明顯。茲謹先看丹佛，這個距離紐約市 2,000 英里之遠、學生人口數不到紐約市 5%的學區。

待問者如撞鐘，叩之以小者則小鳴，叩之以大者則大鳴，待其從容，然後盡其聲。不善答問者反此。此皆進學之道也！」譯注者以為，Cuban 原文"how comfortable students and teacher seemed with one another"頗能與「師生之間相悅以解的狀況」譯文相互發凡。譯注者思及於此，乃引《禮記‧學記》有關文字，藉以彰顯儒家進學之道（教學原理）的現代意義也！

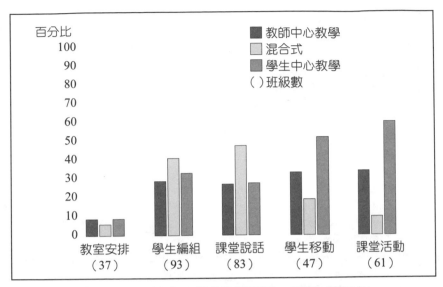

圖 2.1　紐約市各小學的教學組型，1920-1940 年

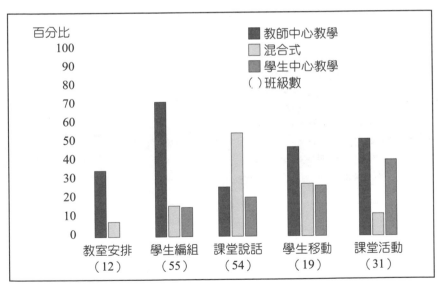

73

圖 2.2　紐約市各高中的教學組型，1920-1940 年

74　表 2.1　教學的組型：層面

層面	組型		
	教師中心	混合式組型	學生中心
教室安排	・學生面對教師的書桌和／或黑板、坐在成行列安排的可移動桌椅上	・可移動的桌椅成空心四方塊、馬蹄形等的安排 ・至少一半學生的桌椅成面對面的安排 ・沒有成行列的安排	・學生面對面坐在檯子旁，或者桌子的群集旁
學生編組	・全班學生 ・教師指導個別學生時，其餘學生坐在自己的桌椅上	・教師帶領著各個小組 ・教師改變各種不同的分組方式：全班、小組及個人	・全班學生分成各小組 ・學生專注於個人或小組活動
課堂說話	・沒有任何人說話 ・教師說話 ・教師帶領講誦／討論	・學生報告、辯論、專題討論、演戲 ・高頻率的師生教學談話	・學生帶領討論或講誦 ・學生在各組說話，或與個別學生說話
課堂活動	・學生坐在自己的桌椅上 ・教師說話（講演、解釋、發出指令、向全班學生宣讀等） ・教師檢查學生的功課 ・學生作測驗、觀賞影片、聆聽廣播等 ・教師帶領講誦／討論	・高頻率的活動，顯示教師中心和學生中心的行為	・全班學生分成各小組 ・學生在各組工作，或與個別學生工作 ・學生帶領討論／講誦 ・學生從事專題研究／角落學習
學生移動	・沒有任何移動 ・學生離開座位，必須經過允許	・少於 5 位學生離開自己的桌子	・6 位或更多位學生同時離開自己的桌子 ・學生離開座位，不須經過教師允許

第三章

教室門後：丹佛，
1920-1940 年

　　Mira Scott Frank 的幾個孩子於 1920 年代入學，並且於 1920 年代逐年升級而上；她則忙著烤餅乾、寫信、跟教師及校長會面，並且主持家長會議——質言之，她作為親師協會（Parent Teacher Association, PTA）一位活躍的母親，也藉由地方及學區的領導職務為大家服務。1939 年，Frank 經大家選為教育董事，其後她在這個職位上服務了十二年之久。自 1920 年代開始，她就一直與家長及學校專業人員一同工作。1951 年春天，在為 Valverde 學校所撰寫的獻辭中，Frank 激動地述及來自外地的團體對於丹佛學校系統施行進步教育的作法，所發起的攻擊：

　　　　這些年來，因為一般人認為丹佛的學校系統十分傑出，所以就成了經人們選取、參加一項全國性質的教育改進研究之少數幾個城市之一。最近，有許多批評的矛頭指向了所謂的「進步教育」。它在有些地方，的確是一套鑼鼓喧天的宣傳手法，華而不實；由外來的和尚唸完幾天經，虛晃虛晃，就如一現即謝的曇花，不見蹤影。不過，在丹佛，卻一直都是貨真價實，始終如一，腳踏實地，眾人合作的結晶。特別值得驕傲的是，丹佛的教育系統一直都有著自己的一套作法，絕對不是驟然由外頭引進的把式。是的，在 1934 年，我們確實參加了由進步教育協會所推動的八年研究……。但是，在這項研究中，每樣成功的經驗都是丹佛原本一直在做著的事情。我們把做得好的部分持續發揚光大；做得讓我們不滿意的部分，早在幾年之前就已經都放棄了。[267]

---

267 原注 1：Mira Scott Frank, "Dedication of Valverde Elementary School," mimeo, 1951, n. p. 。

教育董事會的成員 Frank 針對丹佛的進步教育作法所進行之辯護是正確
的：沒有任何一所學校的課程或發展方向是受人脅迫而施行的，也無法把任
何教育的作法，硬是移植到一個根本沒有意願或是對於情況不了解的學區。
即使在 Frank 擔任這項職務之前，丹佛即已竭誠地歡迎由先前擔任學校校長、
於 1920 年成為教育局長的 Jesse Newlon [268] 及他所聘請的一些年輕教育工作
者，一同引進的一些進步教育作法。

在 Newlon 遷移到他設在 14 街及 Tremont 街交會口的辦公室幾年之後，
丹佛的報紙、商業社群、市政官員對於該市的學校系統逐漸增加的全國性名
聲都引以為傲。有一家地方報紙的頭條新聞是這樣寫的：「丹佛在進步教育
方面領先群倫」；若是這樣的文章出現在《洛磯山新聞》（ *The Rocky Moun-
tain News* ）或《丹佛郵報》（ *Denver Post* ）等報紙，沒有任何一位歷史學者
會眨兩下眼睛，因為這是很平常的事情。但是，人們是在《納稅人評論》
（ *Taxpayers' Review* ）看到這樣的文章，而且還附有三張照片，那麼這就是一
件令人詫異的事情了。這樣的文章的出現，顯示了 Jesse Newlon 及其繼任者
所發現的，對他們的想法有著如此的熱烈反應，乃是出自一向對於學校經費
增加十分在意的一些市民之筆。於是，Jesse Newlon 所引入的進步教育觀念很
快就為丹佛所採用，而成為一項本地的產物。[269]

Frank 對於八年研究的記憶也是正確的，因為她把五所丹佛的高中所作的
實驗跟課程修訂的循環聯結在一起。課程修訂的工作也是由 Newlon 在他擔任
教育局長的第一個任期時引進的。Frank 沒有提到的是，丹佛多麼幸運，因為
它在教育領導這方面維繫著連續性。

在 1920 年及 1940 年之間，四位教育局長服務於丹佛的學校系統：Jesse
Newlon、A. L. Threlkeld、[270]Alexander Stoddard 及 Charles Greene。除了
Stoddard 的服務期限少於二年之外，Newlon 的影響一直延伸到整段期間，因

---

268 Jesse Newlon（1882-1941）。

269 原注 2： *Taxpayers' Review*, October 12, 1934。

270 A. L. Threlkeld（1889-1967）。

為他於 1921 年聘請了 Threlkeld 作為助理教育局長，1923 年則聘請了 Greene
作為第一任研究部主任。Threlkeld 接任 Newlon 並且服務十年；在 Stoddard 之
後的是 Greene，他曾經於 1933 年擔任 Threlkeld 的助理教育局長，接著擔任
丹佛學校系統八年研究的負責人，而於 1939 年擔任教育局長，一直到 1947
年方才離職。由這四位教育局長任職時間先後排列的年表可以看出，一個在
二十年內跨越了急速發展、經濟蕭條及世界大戰等階段的都市學校系統，在
領導人員方面所擁有的持續性之重要性。

　　教育局長 Jesse Newlon 是一位外來者。出生、長成與受教於印第安納州
的 Newlon，曾教過高中並且於 1905 年成為印第安納州 Charlestown 高中校
長，自此展開他的行政人員生涯。在經歷伊利諾州及內布拉斯加州的若干校
長職務後，他抽出時間前往師範學院取得了碩士學位（1914 年），隨後於
1917 年在內布拉斯加州林肯市（Lincoln）學校系統擔任教育局長。三年後，
他受聘為丹佛教育局長。

　　Threlkeld 曾經擔任 Newlon 的助理與副教育局長，先前曾在密蘇里州三個
小鎮擔任共十年的教育局長後，接受 Newlon 邀請來到丹佛。作為助理教育局
長期間，Threlkeld 也自師範學院取得了碩士學位（1923 年）。於 Newlon 到
師範學院擔任附設的 Lincoln 學校校長之後，Threlkeld 維持了他前任局長所建
立的方向，並且在大蕭條衝擊丹佛的期間將若干要素加以放大。他的十年教
育局長任期內，是僅次於在此一職務上（橫跨了 20 世紀之交）三十年之長的
Aaron Gove 之後，再一位久任的教育局長。

　　Newlon 及 Threlkeld 篤信社會效率與科學管理等進步學說。他們所相信的
進步學說是將行政派的進步主義，融合了清楚的教學觀點（pedagogical
views），主張教師在教學與課程方面的作決定過程中扮演著樞紐的角色，也
確認以彈性的活動本位學校（activity-centered schools）這項措施，將學生所
學和日常生活取得聯結之重要性。二十年當中，兩位教育局長從物質及組織
環境著手建立一套學校系統，使得該系統的學生人數由 1920 年的 33,000 人成
長而為 1937 年的 45,000 人。更重要的是，他們協助丹佛成為全美都市學校系

78

統中，在建立與修訂課程等作法的趨勢帶領者，並且在這些活動中獲致非常
高的教師參與比率。

　　他們作為學校教育領導者的才幹——包括推動有效率的管理作法、持續
進行課程修訂、倡行進步的教學革新——在其同儕之間亦頗知名，因而於 1925
年 Newlon 經全美教育協會（National Education Association, NEA）選為會長，
而 Threlkeld 則於 1937 年經全美教育協會的教育局長部門（Department of
Superintendence）選為會長。[271]

　　高層領導的持續性是一回事；作為旨在改進教學與課程的決定之結果，
而在課堂裡所發生的事情則是另一回事。對歷史學家而言，學校系統的先前
研究通常應該是有助益的資料，但是實際上，這部分乃是付諸闕如的。如果
紐約市的學校讓研究者嚇著的是它們的規模及複雜性，那麼丹佛作為一個那
時人口才 250,000 人的都市，對於歷史學家而言是個不會讓他們感到震驚的對
象。然而，於 1916 年，Franklin Bobbit、Charles Judd、Elwood Cubberley，配
合一群教授、研究生、實務工作者卻都在研究著這些學校。四分之一個世紀
之後，八年研究的結果一經發表，丹佛所有的中等學校也都涵括在裡面，因
為它們是以一個群體加入研究的。不過，在二十五年的間隔裡，就不曾再有
任何正式的學校研究進行著。所以，這項事實，使得在有關教師實際作法方
面，可資運用的外部證據，受到了限制。

　　為確認課堂中發生的事情，我將概述教師工作所在的組織脈絡，描述延
伸了整個兩次世界大戰期間相互連鎖的二項主要實驗，並且分析我從 133 個
丹佛課堂，所蒐集而得的數據。

學區背景

　　Newlon 來到丹佛，是於第一次世界大戰停戰以後不滿二年時，亦即在
1916 年的調查之後的四年。該一調查顯示的是，老舊且太過擁擠的學校，以

---

271 原注 3：*Who's Who in America, 1936-1937*, 19 (Chicago: Marquis Co., 1937), p. 1814; Denver Pub-
　　lic Schools, "Classroom interests," April 21, 1936, p. 3; Threlkeld, 1937, pp. 164-166。

及侷促與黯淡的教室。在大戰期間，很少有經費可用以新蓋或翻修房舍。到
了 1922 年，一項以發行較大範圍公債為主旨的公投獲致通過。有了這些基
金，配合審慎地使用的年度運作預算，於 Newlon 赴紐約履新之前，共有 17
所小學、5 所初中、3 所高中已經建成。在大蕭條強力襲擊丹佛之前，
Threlkeld 看到另外的 12 所小學及 2 所初中建成。所以，在 1920 年與 1931 年
之間，超過一半的小學、8 所初中裡的 7 所、5 所高中裡的 3 所又先後建成。
十多年間，這些大規模校舍的新建，加上初中的增設，也為小學及中等學校
帶來了可移動的課桌椅、午餐餐廳、圖書館、體育館，以及足夠的戶外娛樂
空間。[272]

　　每間新建的教室可以容納 38 名學生；不過，到了 1923 年，才出現一項
班級大小的定義：小型班級（少於 30 名學生）、中型班級（30 至 40 名學
生）、大型班級（多於 40 名學生）。到了那一年，60%的小學課堂有 30 至
40 名學生；13%超過 40 名，令人詫異的是，27%的小學課堂人數低於 30 名
學生。然而，到了 1934 年，大型班級的比例由 13%躍升為 33%，而人數低於
30 名學生的小學課堂，則由 27%縮減為 3%。整體而言，64%的課堂有 30 至
40 名學生。在初中及高中階段，學區行政人員希望能保持在中等的組距。後
來的情況證明他們成功了，甚至每三個高中課堂即有一個是人數低於 30 名學
生的；20%的課堂——不過大部分是非學術方面的（如音樂、藝術、體育）的
課堂——則有超過 40 名學生的情形。[273]

　　很少有行政人員及教師公開抱怨班級人數的問題，這可能是因為一直以
來，丹佛的學校在每個階段，比起其他大小相類似的學校系統而言，都有著
比較少人數的班級。因此，班級人數在紐約市始終是個問題，在丹佛卻很少

---

272 原注 4：School District of Denver, *Twenty-Eighth Annual Report of Superintendent of Schools, 1930-1931* (Denver, Colorado, 1931), p. 45; *Thirty-Eighth Annual Report, 1940-1941*, p. 63; *Twenty-Sixth Annual Report, 1928-1929*, pp. 33-36。

273 原注 5：*Twentieth Annual Report, 1922-1923*, p. 64; Denver Public Schools, *School Review*, June, 1934, p. 3。

會成為學校官員、家長及教師之間產生齟齬的原因。[274]

學習課程也未成為不滿的來源。Jesse Newlon 帶到丹佛的一些想法，經過轉譯而成持續進行的作法；這一套作法既簡單，又清楚，更發揮了改變教師行為的作用。在他於 1916 年擔任校長時撰寫的一篇論文中，提出了五年之後在丹佛付諸實行的想法：

> 當一群教師在兩或三年的一段時間裡，為了解決此一問題（編製課程）而進行的一系列研究時，他們在各科的會議中、在委員會及全體教師會議上，針對贊成與反對的事項進行了辯論，最後產生並編製了一套課程，且又決定了預備開設的科目，那麼與不這麼做的情形相比，這群教師一定會教得比較好，也必然會在較為理解與贊同的狀況下進行教學。[275]

教師參與課程編製的作法並不常見。紐約市及其他地方的作法都是學區辦公室的行政人員，在少數經過小心挑選的教師協助下，擬訂供作選擇實際運用的教材之目的及指引。在課程編輯完成之後，再由另一組教師審閱，接著這些文件經過修訂、印製之後，再交給校長在學校使用。視導人員可能會與校長們會面，解釋新編的算術或地理科等課程；自那以後，校長就應該會看到教師使用新的課程文件。經過若干年後，這些學習課程會再經檢討且加以更新。

Newlon 採取了不同的作法。他希望教師們普遍參與，讓他們積極參與決定他們應該教什麼，因為他相信這樣的參與過程會產生一些訓練更佳的（better-trained）教師，更有能力且更熱切地執行「以往所未見之更為自然、更為生動，且更有意義的」課堂教學。他還加上了一點：更為進步的。[276]

---

274 原注 6：U.S. office of Education, *Statistics of City School Systems, 1933-1934*, Bulletin, 1935, No. 2 (Washington, D. C.: Government Priting Office, 1936), p. 6。

275 原注 7：Newlon, 1917, p. 267。

276 原注 8：同上注，p. 266。

　　他認為，教師們經歷此一過程的重要性，與他們所須憑以進行教學的學習課程之最終確定版本相比，可謂等量齊觀，甚至前者比後者更為重要。無論如何，丹佛的行政人員認為，若是教師及他們所聘請的專家共同設計的學習課程並不適切，他們就會很快地找出其中的問題，進而在很短的期限內再度修訂，因為 Newlon 及 Threlkeld 兩位皆視課程修改是連續而非一次性的過程。邀請教師參與發展他們要教的課程，除了作法新鮮之外，還有一項因素使這一套教師參與課程修改的規劃能成功的原因乃是，丹佛的教師素質普遍高一些——這是所有執行此一透過課程修訂，俾便提高教師教學表現計畫的高層人員未曾提及的一項要因。在 1931 年，54%的丹佛小學教師受過四年或者更多年的大學教育；別的與丹佛相當大小的都市，則只有 22%的教師受過如此水平的學校教育。丹佛的高中教師，有 95%大學畢業；在紐約市，則為 69%獲有學士學位。[277]

　　1920 年與 1930 年之間，在 Newlon 及 Threlkeld 督導下，大約 700 位教師及校長組成了 37 個由教師領導的委員會。這些委員會修訂了學校層級 25 個科目的學習課程。以 Newlon 的話來說，課程與教學「必須由內而外成長」。[278]

　　以當時的標準來看，參與的教師人數及他們所完成的課程審議，是非常特別的。舉例而言，在 1927 至 1928 學年，1,400 位丹佛的教師中，有 27%（376 位）曾參與課程委員會的工作。這些委員會的成員包括了：

- 小學教師占 10%。
- 初中教師占 42%。
- 高中教師占 48%。[279]

---

277 原注 9：Denver Public Schools, *Denver Program of Curriculum Revision*, Monograph No. 12 (Denver Board of Education, 1927), pp. 17-21; Newlon & Threlkeld, 1926, pp. 231-232。

278 原注 10：*Denver Program of Curriculum Revision*, p. 14; Newlon & Threlkeld, 1926, p. 232。

279 原注 11：*Denver Program of Curriculum Revision*, pp. 22-27。

81　　　　此一過程確保了每個學校至少有一位教師參與一個委員會。所有的中等學校校長及三分之一的小學校長都加入了這些團體。還有，到了 1927 年，亦即這整項工作展開之後的五年，一共有 626 位教師曾經在這些委員會服務過。假設有一定數量的教師退休、過世，或者離開此一系統，我推測，全部教師當中大約有 30%及 40%曾經參與這項課程修訂的過程。

　　　　此一過程的機制如下：

- 教師在有校長及中央辦公室的行政人員等人參與的委員會擔任主席。
- 教師在白天上課時間執行課程工作；當他們在行政部門從事課程工作時，其原有的教學工作都由另聘的代理教師執行。
- 大學的課程專家，還有超過 30 位學者及實務工作者組成的一個全國進步改革者網絡的核心人員，應邀前來丹佛，與教師們共同工作。
- 每一個委員會都致力於研擬目標、選取內容、設計教學方法（包括所提出的問題），並針對教師們可能希望運用的不同專題研究及材料作出建議。
- 教學大綱初步在課堂中試用之後，各委員會根據教師們提出的意見，以及在課堂擴大使用的狀況，作進一步的修訂。
- 各委員會針對學區的測驗部門（District's Department of Measurements），就每一門功課所發展出來的課程測驗題目，一一加以檢視。[280]

　　　　另外，還有一些具體作法，讓未加入委員會的教師也能參與其中。委員會的成員應該要向他們學校的校長及教師，就已經修訂了的學習課程提出報告。教師們須填寫評估表，針對學習課程使用之後的情況作出評論。各委員會運用這些回應修訂學習課程。在測驗學生之後，教師們會向學區的測驗部門提出建議與他們所關注的事項。

---

280 原注 12：同上注，p. 28。

　　還有，即使他們在城區新建的行政屋舍中專設的寬敞且通風的房間裡修訂學習課程，但是在他們所完成的學習課程，與他們的教師同儕之間，還是可能有著許多以英里計算的距離。所以，丹佛學校系統的高層人士費盡心思，希望能夠推動教師自行設計的教學大綱。他們特別專注於建立一套組織機制，俾便將課程的修訂轉化而成改變教師作法的工具。

　　負責協調此一複雜歷程的是，新近（1925 年）設置的課程修訂部門（Department of Curriculum Revisions）。雖然所有這些作法都像在水中換衣服一樣很麻煩，但是這些各種不同的作法，為著與別人交換訊息的教師們製造了重重的網絡，因而增加了專業的聯繫，以及一種和睦融洽的同儕感，進而縮減了在大型學校系統中普遍存有的孤立感。

　　最後，教育局長要求校長們要確實施行新的學習課程。每一個委員會及其專家都會向校長們針對修訂了的課程進行簡報，然後校長們再跟他們的教師同事會面，漸進地把學習課程引進各個學校。來自總部的此一訊息乃是直接的：

　　　　在推動新課程時，校長必須在學校帶領大家……。校長必須執行一項新課程的學習活動，並且討論這套新課程，以便能在作好充分準備的狀況下，將這套新課程在學校的各個課堂付諸實施……。若是一位校長花費了不尋常的長久時間，才把一項新課程落實到各個課堂，那麼他將必須能為這樣的耽擱，提出好的理由。[281]

　　在此一過程中，非常少說明清楚的是，丹佛的學校系統所推動的其實是一套正式的、具有進步主義意味的作法，例如這套學習課程是立基於與「生活情境」（life situations）有所關聯的這項考慮之上，選取其教學內容；然而，此一意義含糊的語詞在教師之間製造了許多艱難曲折的討論。舉例而言，在家政科，委員會研究了女孩們在家庭中的各項活動，並且選取了一些與這

---

281 原注 13：同上注，pp. 30-31。

82

些活動有關的內容及教學的技術。同樣地，在每個學業領域中，教師們也選取了一些他們認為既重要且又與學生曾經有過，或是未來可能有的經驗相聯結的內容。以拉丁文為例，乍看之下，這是個不容易與「生活情境」有所關聯的科目；然而，1929 年完成的高級中學學習課程，就在這個方面作出了一大步的躍進：

> 它讓我們充實了認識許多新字意義的能力；幫助我們拼字；而且在我們平常閱讀報紙、雜誌及文學作品時，能讓我們有更清楚的理解。[282]

Newlon、Threlkeld 及進步主義的倡行者相信，如果課程內容與現在及未來的情境相聯結，而且如果學生了解那些聯結，那麼就會引發他們的興趣，並且會將這些興趣帶入具有生產性及想像性的學校學習。後來一個世代的學者將此一聯結稱為適切性（relevance）。[283]

在這套課程中，隱然地包含了另外一項進步教育的作法，亦即專題研究。就內容與方法而言，此一作法包括了中等學校的社會科學課程（在 1919 年是如此稱呼）、許多小學科目、文學的學習。我說「隱然地」，是因為針對這些課程而設置的委員會，對於它們必須達成什麼目的，又究應運用什麼方法，並無明確的說明。但是，人們不必一定是個氣象預報員，才能測知在那些年間吹的是一股什麼教育風。

83　　　　到了 1927 年，丹佛的課程修訂作法已經名滿全美。索取新學習課程的請求大量湧入。Newlon 及 Threlkeld 應邀向全國性的專業團體描述丹佛的經驗。一個都市接著一個都市，包括紐約市及華盛頓特區在內，都以其自己的樣式複製了丹佛的作法。《教育期刊》（*Journal of Education*）的主編 A. E. Winship 在論及新的教學大綱之有關事宜時，將其與 Horace Mann 的第五次年度

---

282 原注 14：Denver Public Schools, "General Information and Courses of Study: Senior High School," 1929 (Denver, 1929), p. 28。

283 原注 15：Newlon & Threlkeld, 1926, p. 235。

報告（Horace Mann's Fifth Annual Report）媲美，[284] 而稱其為一「科學的鴻篇巨帙」。師範學院的教授 George Strayer，這位經常應全美各地之邀前往督導學校系統調查的知名專家（後來，在 1940 年代，他即應邀研究紐約市及華盛頓特區的學校系統）則宣稱，「丹佛藉由其課程發展，為美國的教育作出了極為顯著的貢獻」。[285]

　　Threlkeld 於 1927 年承接 Newlon 的職務，並且持續貫徹施行其前任留下的各項規劃，當然包括了課程修訂的工作。1932 年，進步教育協會下設的學校與大學關係委員會（Commission on the Relation of School and College），要求丹佛參與他們所發起的全國性課程改革實驗，亦即後來一般人所稱的八年研究。丹佛的教育局長及教育董事會欣然同意，因為此項活動與丹佛持續以來進行的課程修訂工作恰可相互呼應。而且，丹佛不只是要求一所高中參與，而是全部五所都進入實驗計畫。學校與大學關係委員亦表同意。[286]

八年研究

　　該實驗計畫的目的何在？由進步教育協會所設立的委員會試圖活化高中的教學及教材，並且希望藉由撤除現有課程所受到大學入學要求事項的嚴格限制，俾便促使高中課程與教學能夠恢復其原本應該具有之獨立自主與豐富想像等優良特性。在許多所主要大學的背書之下，委員會選取了包括丹佛、Des Monies 及 Tulsa[287] 等在內的各個不同都市的 30 所公私立中等學校，參與該一實驗計畫。委員會告知參與的學校，不必理會大學入學要求，相反地，要設法重構各校的課程，並且力求激發學生與教師的想像力與創意。

　　丹佛的五所高中於 1933 年 9 月展開了這項八年研究，每所高中都有一班

---

284 Horace Mann（1796-1859）的第五次年度報告主要在強調教育在縮短國民社會差異，以及提高經濟生產價值等方面所能發揮的重要作用，請見 https://archive.org/details/annualreportsse00manngoog/page/n12/mode/2up。

285 原注 16：Denver Public Schools, *School Review*, March, 1929, p. 2。

286 原注 17：*Thirty Schools Tell Their Story*, 1942, p. 146。

287 Des Monies 在愛荷華州，Tulsa 在奧克拉荷馬州。

40 名學生（在家長的同意之下）自願參加了這項實驗計畫。這些學生的成績都在中等或中等以上，而且根據初中諮商人員的說法，他們都可能會受惠於這項課程實驗。在後續的每一年，各校都增加另一個班級參加實驗。在整個實驗計畫進行的過程中，各校都會只有不超過 30%的學生參與課程實驗，後世的學者稱這樣的革新作法為校中校。

84

為了進行實驗班級的教學，校長們選擇了兩位「核心」教師（一為英文，另一為社會），他們也兼任該班的諮商人員。雖然參與實驗的每所高中的課程規劃不同，但是就人們都稱之「進步教育」班的學生而言，他們每天大約有一至三小時是在一起上課，視其等在課程規劃中的年級而定。這些學生的其他學習則回到原本的班級，與他們的同學在學校另外的地方上課。[288]

這幾個通常位於各所高中校園某一側的實驗班，其等每天的上課時間表中，確實為實驗計畫的重要項目排定了學習的時間。因為各所高中的課程規劃不盡相同，茲謹以 1938 年東方高中（East High School）二年級某班的上課時間表為代表，說明其課程安排的一般形式及順序（請見表 3.1）。

表 3.1　東方高中的上課時間表，1938 年[a]

節	日期				
	週一	週二	週三	週四	週五
1	在校內其它地方上課（週一至週五）				
2	在校內其它地方上課（週一至週五）				
3	在校內其它地方上課（週一至週五）				
4 5	特別興趣 分組	自由閱讀	特別興趣 分組	團體諮商	特別興趣 分組
6	核心課程（週一至週五）[b]				
7	學生下課； 教師開會	研究室[289]	研究室	個別諮商	研究室[c]

[a] 學生在核心課程的基礎之上，依其興趣可以選習閱讀、音樂、工藝、藝術、時事、科學、戲劇、寫作等科目。

[b] 本核心課程為英文及社會科，後來增加了藝術、科學、家事及工藝等科。

[c] 各個教室所設的研究室，讓個人或小組安排時間與最有資格協助他們的核心教師跟他們會面，例如某位正在進行專題研究的學生可以前往英文、社會科的研究室。[290]

---

288 原注 18：請見 *Thirty Schools Tell Their Story*, 1942, pp. 146-212，書中有關丹佛學校情況的一章，以及 Spears, 1948, pp. 243-273。

289 原文為"laboratory"，一般譯解為實驗室，唯此地宜譯解為研究室。

290 原注 19：Spears, 1948, pp. 268-269。

　　直接參與實驗計畫的核心教師始終位居全部教師人數當中的少數。舉例而言，於 1939 年，工藝訓練高中（Manual Training High School）的 42 位教師中，有 12 位參加（29%）；北方高中（North High School）也是 12 位，但是因為該校教師人數較多（80 位），所以只有 15% 的教師加入。這些加入課程實驗計畫的教師，其中有若干曾經參與課程修訂的工作。[291]

　　因為參與實驗計畫的 5 所高中及 10 所初中，未接受來自丹佛學區行政中樞針對課程應如何修改，以及教學應採用何種方法的任何指令，所以頭三年只見一些學生與教師所形成的小型團體為了找出創新之道，或者躊躇莫決，或者跌跌撞撞，又或者錯了改、改了再改。到了 1936 年學區的教學主管開始出面協調各個高中找出大家共有的目標。那一年，有一份在教師之間傳閱的手冊，上面列有一些教師可斟酌採用的原則與作法：

　85

- 核心教師應教一些與「師生目標一致」的基本知識與技能。
- 核心教師應負責擴展學生的興趣，「並協助他們理解各項學習之間的關聯」。
- 核心教師必須以「新的學習驅力」為考量，將現有的評分及懲處系統加以置換。
- 在選擇教材時，只有「能協助解決問題，以及符合學生需求」的內容才算適切。
- 學生及教師應共同計畫學習的工作。
- 常用的教材系列「（可）不予理會」。

　　這份提供給參加實驗計畫的新教師及資深教師參酌的手冊，包括了協同計畫；讓學生有自由的時間可用以探求自己的興趣，以及在社區中進行研究

---

291 原注 20：Denver Public Schools, *School Review*, "North High School Master Schedule, 1938-1939"。亦請分別參見工藝訓練高中與北方高中的學生年刊 *Thunderbolt* 及 *Viking* 於 1938 年及 1939 年出刊者。

與學習；不用字母等級作成績報告；一些其它的運作原則。[292]

　　實驗計畫各個班級所開設的課程各不相同。許多，但非全部，都是以協同合作方式規劃而成的。雖然某些「新」課程只是將舊名稱換成較為時髦的名稱；但是，大多數都是真正具有革新意味的。總結而言，八年之後，毫無疑問地，確實完成了相當可觀的課程修訂工作。

　　東方高中的核心課程提供了一個變革的例子。英文、美國與世界歷史等科目取消了。取而代之的是，教師們選取了四個集中的領域：個人生活、切近的個人─社會關係、社會─公民關係、經濟關係。教師與學生編製了一系列可用於十至十二年級的單元，包括了入學定向輔導、理解自己、探索職業興趣、研究丹佛、理解民主與美國文化傳承、探索現代家庭的生活問題等主題。[293]

　　八年研究的第一份評鑑報告於 1940 年問世。該一實驗計畫宣布施行成功。報告指出，這些班級畢業的學生進入大學後的表現，與完成傳統課程的控制組學生一樣好，而且經常都是更好一些。如所預期的，課程確實經過修訂了；學生確實在此一過程中發揮了協助課程重塑的作用；一些與學生們將來成年時會面對的問題有所關聯的非傳統課程內容，也在學生的興趣經過試探之後，一一開設了。綜結而言，這股教育的颶風不只輕打了水面，也在水中深深地攪動了一番。那麼，它所激起的亂流到達海底了嗎？[294]

課堂

　　有鑒於丹佛學校課堂的資料有限，我找到了這段時間的 133 個課堂的照片及書寫的描述，稍作補充。就小學而言，有 34 則課堂的描述，其中只有某

---

292 原注 21：Denver Public Schools, "Handbook for the Application of Progressive Education Principles to Secondary Education," mimeo. September 1936, pp. 45-46, 50。

293 原注 22：Giles et al., 1942, pp. 320-328。

294 原注 23：Cremin, 1961, pp. 253-256。

86

些特定的描述為我所歸結的類目（category）提供了訊息。圖 3.1 顯示了每個
類目的小學課堂數（若要檢視這些類目的意涵，請見 p. 74 的表 2.1）。必須
特別加以說明的是，因為丹佛在兩次世界大戰之間的時段裡，課程修訂及實
驗計畫都把重點放在中等學校階段，所以我將集中探討教師在高中的所作所
為。此處輔以經過檢視 83 所個別學校而取得的高中課堂資料（請見圖 3.2）。

　　在高中，主流的教學組型是教師花費大部分時間在教導全班學生，因而
他或她的解說、提問、有結構性質的活動，主宰了大部分與學生的語文互動。
即使教室放置了可攜式桌椅，但是較常見的仍是行列式面對教師桌子及黑板
的安排。即使如此，一些課堂（少於全部的 20%）還是有許多學生參與了分
組的學習，執行著自選的學習任務和專題研究，而且學生在課堂也有移動的
自由。

　　與本世紀之初的課堂素描相比，我們會明顯地看到於相當大比例的課堂
中，學生正在合作地學習，並且在教室裡自由移動，所以我們可以說，完全
以教師為中心的作法已經不復再見。混成的教學組型之成長顯示了，教師已

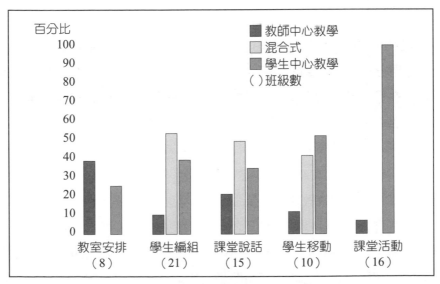

圖 3.1　丹佛各小學的教學組型，1920-1940 年

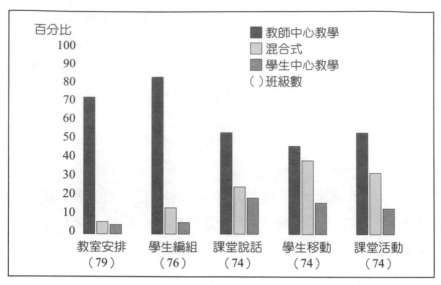

圖 3.2　丹佛各高中的教學組型，1920-1940 年

經將學生主動參與課堂學習活動這項作法納入了日常的教學作法之中。也請注意，所有的類目皆顯示，高中課堂都比小學課堂有較高比例的教師中心行為，而有較低比例的學生中心行為——這恰與此一時期的紐約市所見的組型相同。

　　若我們以現成可用的課堂描述、學生的敘事、教師的報告等來檢視個別的高中，應該可以為教學行為提供一個輪廓，但是整體的圖像仍然無從捉摸。請記得，在丹佛，沒有任何一所學校，有超過三分之一的教師參與八年研究。因此，「進步教育」的教師在高中校園一角所做的事，不一定就是他們的同事在這所高中另外地方所做的事。我在 1934 年至 1939 年之間於五所學校的實驗班，找到了 20 則有關課堂的書寫描述及照片。根據三所學校的年刊及進度計畫總表中所作的次數計算，我估計這 20 個課堂的任課教師代表了在這些年間，這些實驗班教師總數的四分之一。在這當中，有 14 位教師（70%）的報告，或者有關的資料顯示，他們運用了專題小組討論、辯論、師生合作計畫，以及其它與學生中心組型有所關聯的技術。其餘的課堂則揭示了，他們

88

的作法跟一般熟悉的教師中心組型所差無幾，雖然大家認為它們都是實驗班。

　　且讓我舉 Ralph Putnam 這位東方高中的拉丁文教師，在實驗計畫開始第一年所寫的一篇供丹佛教師參閱的文章為例：

> 我希望強調……我們現在並未試圖採取什麼很激進的作法，未來亦然。我們在這兒，就是要學習拉丁文，因而精熟拉丁文始終都是我們最重要的目標。

　　不過，他問道，教著 40 名進步教育課堂的學生，與所教的其他課堂，有什麼不同呢？在閱讀凱撒有關Helvetian戰爭的作品時，Putnam 說：「較為快速的讀法，可能是在一個特別的小組，讓學生們能在做好充分的準備之下，理解故事的線索，因而能感受到敘事的生命與活力。」此外，他們把更多的注意力放在英文派生詞（English derivative）的研究，而且他們多作了一些額外的閱讀，因為他們這個 40 名學生的課堂擁有「額外的時間」，亦即他們有一個較大區塊的時間。Putnam 是以較深入的方式涵蓋更多的教材為目標，但是他這種想法似乎並未獲得大多數教師的認同。[295]

　　東方高中另一個有關進步教育方案的觀點，是取自一份由十年級學生於 1938 年針對他們在頭兩個學期花在核心課堂、實驗室、特別興趣分組等學習活動所作的報告。八名學生針對此一專題研究作了規劃，並且寫了一份日記。他們針對一個共有235 位學生及六位教師每天三節的課程，作了如實的描述。他們八位每天一方面跟著同學們一起按照時間表上課，一方面記下他們的學習情況：如何跟他們的教師計畫各個單元、班上同學如何選擇活動、如何在核心實驗室獨立地進行自己有興趣的學習、如何以分組的方式進行專題研究，

---

295 原注 24：Denver Public Schools, "Classroom Interests," January, 1934, p.11。【譯注者補充】：派生詞是合成詞的一種，指詞根附加詞綴而派生出的詞。英文的 un- 或 -ness 等詞綴可以加在詞根 happy 上，派生出 unhappy、happiness、unhappiness 等詞彙。中文的明或暗等詞綴可以加在詞根「喻」上，派生出明喻、暗喻等詞彙；大、中或小等詞綴可以加在詞根「學」上，派生出大學、中學或小學等詞彙。

以及如何進入社區展開各種不同的田野調查等。

89

    我們仍然認為我們的課堂很有趣，但是我們發現功課實在很多。我們必須自己找到可以運用的參考資料，並且概述我們的方法及研究工具；在我們工作時，必須全程保持創意……。第六個小時是我們定期參與的核心課程時段，在此我們會聽取講演、觀賞電影，或者討論與我們所作社區研究有關的問題。舉例而言，當我們研究犯罪與青少年犯罪問題時，我們就在課堂觀賞了兩段影片。一段是取自《大屋子》（*Big House*）這部影片，而另一段則是取自有關男孩子幫派生活的影片。我們針對與這些影片有關的課題作了課堂討論……。

    星期四的第七個小時是研究室時段。專題研究的大部分工作是在這幾節課中完成的。一共有六項專題研究，涵蓋了歷史、藝術、人類關係、社會、英文、科學與統計等……。一位女生選擇了一項需要解釋一長串統計表的主題。她運用了好幾節課，藉由來自數學研究室的協助才完成了這些表格的解釋。〔1938 年 10 月 3 日，核心課程第一年第二學期〕

    由學生正在進行各項不同課堂活動的九張照片，可以看出學生所敘寫的故事真是既充實又具體化。還有，照片中並未出現教師的身影。[296]

    兩所高中於 1933 年與 1940 年完成的調查，也提供了參與八年研究的教師們有關教學行為方面的其它證據。1933 年完成的調查裡，在一項以參與第一年實驗計畫的教師為對象的調查中，問到他們與學生進行共同計畫——包括選擇教材、課堂活動、個別的專題研究、評鑑等——的程度時，他們以「很多」作為回應（與「完全沒有」及「一些」相反）的有 16%。到了 1940 年，以「很多」作為回應的教師變成了 53%，這對於重視這項活動的教學派進步主義者而言，可以說是很大幅度的增加（不過，七年之前回答此一問題的教

---

296 原注 25：East High School Core Classes, "Our Education," 1938, pp. 12-13。

師，有可能與 1940 年回答的教師並非同一批人）。[297]

最後，在 1938 年稍早，八年研究的負責人 Wilford Aiken 訪視了丹佛五所高中每一項進行中的革新課程。他會見了教師、學生及學區的行政人員。他的報告總結了，在實驗課程「與傳統的教材之間有著真正不同的狀況」發生。他看到了相當多的學生與教師共同計畫的情形。在核心課堂中，以探討社區生活為主題的作法大幅增加。此外，他還寫道：「在課堂裡，許多老舊的講誦技術消失了。」不過，該報告確實指出，「某些課堂所討論的內容主要是一些錯誤訊息的彙集」。一般而言，該報告對於丹佛的實驗計畫讚譽有加，肯定該一計畫確實為課程與教學的作法帶來了變革。[298]

這些片斷的證據顯示，許多參與八年研究的教師確實採取了與課程實驗目標一致的教學作法。但是，正如我們在紐約市活動課程方案正式評鑑所看到的結果一樣，並非所有的教師都能拋棄教師中心作法的包袱。

改革的影響及遺產

90

在八年研究的期末評鑑報告於 1941 年問世後，曾經以助理教育局長領導此項研究、並已於 1939 年接任教育局長的 Charles Greene，將核心的方案擴展至所有的初中及高中，規定以一套三年的學習課程及二年的普通教育為畢業的必要條件。運用先前八年由高中教師所發展與優化了的教學單元（instructional units）為依據，高中二年級的學生花費他們時間中的三分之二在普通教育課堂上。一旦學生升入高中四年級的畢業班時，他們在這些課堂所花費的時間即縮減為每天一節。[299]

到了 1943 年，畢業必要條件的規定縮短為一年，並且讓五所高中自行設計自己的課程。舉例而言，北方高中於 1940 年與 1943 年之間，在 80 位教師

---

297 原注 26：*Thirty Schools Tell Their Story*, 1942, p. 182。
298 原注 27：Cushman, 1938, pp. 316-317。
299 原注 28：*Thirty Schools Tell Their Story*, 1942, p. 210。

中有 15 位至 26 位的教師，經指派負責普通教育課程的教學；到了 1944 年，自行設計課程的作法施行之後，教師們所承擔之普通教育課程的教學任務，即從進度計畫總表消失了，取而代之的是諸如英文的診斷、教學的溝通、社會的生活等課程。在東方高中，普通教育成了一門所有十年級學生的必修課程。該課程處理的是諮商的問題及職業的輔導。普通教育課程的教師同時也是諮商人員。[300]

緊接著 1940 年代後期與 1950 年代早期，因為在學校中施行進步主義這件事而引發的激烈爭議之後（這就是我在本章一開始所引述的，教育董事會成員 Mira Scott Frank 為之深感憤怒的一場風暴），亦即在 Frank 離開教育董事會的三年之後，普通教育課程就遭致完全中止了。[301]

在 1950 年代，丹佛普通教育課程的消逝，是全美以一些施行進步教育而知名的公立學校為對象，所作的密集而持續不斷的猛烈攻擊之下，全國性反應的一個部分；當然，此地所謂的進步教育是由這些批評者所作的界定。不過，放棄普通教育課程這件事，與自從 Jesse Newlon 於 1920 年代夏天來到丹佛之後，在課程及教學方面所發生的各項變革不能混為一談。丹佛所施行的變革，是在學習課程、教科書及教學作法等各方面都有所改變；當然，這些改變的幅度，在小學及高中的課堂不能相提並論。值得注意的是，相對於紐約市以緩慢而不平穩的步調進行的改革，丹佛是在 Newlon 及其後繼者的努力下，以一種遠較系統化且一致化的驅動力，在這二十年當中健步履行。

檢討起來，讓丹佛相當多數的學校在組織方面產生快速且密集的變革，其諸多原因之一乃是，值得注意的教育局長領導者之持續性，尤其這些領導者都對於進步教育理念持有堅定的信心，也清楚認識教師作為成功執行實驗工作的重要性；雖然，這些作法每天都受到學校教育所面臨之現實的考驗，但是這些領導者仍然殫精竭慮，努力不懈，方才得以致之。這些信念形塑了

91

---

300 原注 29：North High School, "Master Schedule," 1938-1944, mimeo; East High School, "History of East High School," 1948, pp. 112-113。

301 原注 30：*Denver Post*, October 13, 1954, p. 25。

Newlon 及其後繼者所採取的一般方向，以迄 1940 年代，始終一貫，未曾動搖。此外，丹佛的上層學校行政人員，在改變日常作法的政策之設計與執行所投入的許多心思，為課程修訂方案建立了一套教師參與的組型，讓教師們融入整個學校系統的政策決定過程。在那一段時間裡，此一過程發揮了不凡的作用，將進步教育的作法以非正式卻強而有力的方式介紹給教師們。因為上層學校行政人員高度重視此一方案，所以在各項作法中一一嵌入了必要的誘因（例如讓教師們能有暫時脫離教學，俾便在無後顧之憂的情況下，參加課程修訂工作的時間；能受到學校董事會的重視；有充分的專業成長機會）。因為這項實驗方案持續進行了超過十年，所以相當多的教師有機會將他們所理解的進步想法，在課堂中付諸施行。

雖然證據顯示，大部分的教師還是繼續採行教師中心的作法，但是仍有值得注意的少數教師確實在不同的程度上，將既有的作法混合新作法，因而在課堂中兼用新舊的教學作法。於是，一套由上而下帶動的課程與教學變革的設計，在學校董事會及教育局長的背書與慷慨支持，以及一套經過仔細精巧安排的教師參與計畫等的情況下，確實影響了課堂的教學——再一次地，小學受到的影響多於高中。

即使是在高中，丹佛的八年研究也是全美中等學校之中最為獨特的；參與其中的教師，雖然是各校當中的少數，但是他們確實在數以十百計的課堂中施行進步教育的作法。不過，令人遺憾但卻不得不接受的一項事實是，這些進步教育的作法仍然很少通過他們同行的課堂大門，進入他們的教學世界。即便如此，姑且不計其所受到的各種條件限制，丹佛在實施進步教育這個方面，確實成了在課程與教學改革中率先垂範的趨勢設定者。在兩次世界大戰之間的華盛頓特區，其學校與課堂除了呈現出我們在紐約市及丹佛所看到的情況，也有一些是作為美國首都的特殊之處；請看下章所述。

第四章

教室門後：華盛頓特區，
1920-1940 年

　　當現今學校系統的教育局長於 1920 年就職時，他早已知道此一學校系統的行政管理有著許多的困難。其他都市的教育局長告訴他，一般學校教育人士都認為這是全美最棘手的若干教育局長工作之一⋯⋯。

　　華盛頓特區的教育進展一直都很慢，因為在現今的教育控管及財務支持的系統下，學校系統的需求日益升高，但是尋求改進與補救的考量卻始終太慢，以致問題更形嚴重⋯⋯。

　　專款專用的經費撥款能力不足，因而辦理進步教育的經費欠缺，以致將一個教育系統辦理成不進步的模樣⋯⋯。提供經費發放適切薪資的能力不足，帶來的是平庸的教師與效果不彰的教育。修建足夠校舍的能力不良，帶來的是過於擁擠的課堂、輕便型的教室，以及租賃而來勉強堪用且品質低劣的房舍，這一切一切的條件都使得最佳的教學成為不可能⋯⋯。302

上述文字是新到任的教育局長 Frank W. Ballou303 向華盛頓特區教育董事會所作的報告。在他到職的兩年之內，Ballou 即直言不諱且精簡地，以刻薄的用語批評教育董事會遭到來自兩方面的力量拉扯：一是歷來經過國會任命的華盛頓特區的首長（District Commissioners），一是國會參眾兩院（Houses

---

302 原注 1：District of Columbia, *Report of Board of Education, 1921-1922* (Washington, D.C.: Government Printing Office, 1922), pp. 96-07, 103。

303 Frank Washington Ballou（1879-1955）。

of Congress），因此他們應該為華盛頓特區這個都市成了教育局長們心目中的墳場負起責任。其後，Ballou 持續在此一職位上服務了近四分之一個世紀（1920 至 1943 年），其擔任華盛頓特區教育局長的時間之長，前無古人，後無來者。304

93　　　　Ballou 於 1879 年出生於紐約州北部地區，並在此長大，畢業於一所州立師資訓練學校，且在 1897 年與 1899 年之間任教於鄉間學校。1904 年，他從師範學院取得學士學位，並決定遷居俄亥俄州，且在辛辛那提大學取得碩士學位。在那兒，他受聘為辛辛那提大學技術學校的校長，任職三年後，進入大學課堂成為教育專業的助理教授，教了三年後回到東部。這時，他入讀哈佛大學並獲得博士學位，其學位論文研究的是城市學校系統如何聘任教師。

　　在他獲得學位的那一年，波士頓學校系統的教育局長邀請他擔任學區的教育調查及測驗部門（Department of Educational Investigation and Measurement）的主管；在當時，全美少有學區設有類此研究單位。三年之間，他的部門係就各種不同類別的智力及成就測驗，進行施測、分析及報告結果。正積極地倡行以測驗進行學生編組，俾便據以應用在課堂教學及整個學校課程，這麼一套進步教育作法的先行者們，發現 Ballou 的作法正逢其時，亦恰適其地。1917 年，他升任波士頓學校系統的助理教育局長，接著三年，他協助組織與發展最新的學校組織──初級中學。在年屆 41 歲時，他前往華盛頓特區應徵，受聘為教育局長。正像丹佛的同道 Jesse Newlon 一樣，Ballou 也在 1920 年暑期開始他首任的三年合約。305

　　Ballou 在他第一個十年任期當中，將自己塑造成一位具有決斷力的第一等行政人員，絲毫不怕說出自己心中的所思所想，又積極投入科學管理的工

---

304 在 1973 年通過一項有關華盛頓特區恢復早先民選市長及市議員的法令之前，係依據憲法第一章規定，由國會對華盛頓特區實施近一個世紀的直接管理（exclusive jurisdiction）。不過，民選之後的市政府仍須受國會的節制。所以，Ballou 才會說，"District Commissioners"這位施行民選制度之前的首長，及整個"Houses of Congress"也就是參議院及眾議院兩院組成的美國國會，都要為華盛頓特區教育的成敗負責。

305 原注 2：*Who's Who in America, 1936-1937*, 19 (Chicago: Marquis Co., 1937), p. 230。

作，視科學管理為解決學校問題的手段。就全美而言，他的同儕表示了對他才氣的尊崇，於 1925 年推選他為教育局長部門的主席。那一年，他在全美教育協會於 Indianapolis 舉行的年會上，就 20 世紀初以來教育科學的進步這個主題發表專題講演。Ballou 即將發現，在華盛頓特區，他確實需要他所擁有的每一項科學知識，也確實需要他所擁有的每一項本領。

Ballou 對於華盛頓特區迷宮般的治理作法頗有怨言，他的表述與來自各方對於 1906 年通過的《基本法》（Organic Act）異口同聲的批評結合在一起，形成一股改革的力量。此項由國會通過的法律，建立了一個由九位成員組成的教育董事會，然後再由其任命行政人員，治理此一全美實行種族隔離政策的最大學校系統。不像其它大都市的學校董事會，華盛頓特區教育董事會將其權力（但非責任）賦予三個經過任命的行政首長，分別負責修訂教育董事會的經費預算，控管經費使用、分配與審查，以及購買設備、用品等。實際上，教育董事會並無獨立的權力取得與使用包括購買土地與建築校舍等在內的經費。從教育局長的觀點來看，更糟的是，負責認可交予華盛頓特區使用的每一美分經費的國會把學校經費的審議變成了 Ballou 所說的，預算一筆一筆、一行一行地先在眾議院，後在參議院接受「檢視、修改，並且刪減」。若是兩院得出的總數不同，即需再召開一個會議，針對撥交給學校經費的最後總數進行商定。

對一個熟悉華盛頓特區取得一筆經費都必須經歷迷宮似過程的局內人而言，拖延遲緩、漠視不理、混淆不清的恐怖故事多到不可勝數。在 1921 至 1922 年的年度報告中，Ballou 使用謹嚴約制的言語，詳述他及教育董事會為了改善學校條件所必須克服的層層障礙。Ballou 在他報告中的最後幾頁，引述了美國聯邦教育總長（United States Commissioner of Education）John J. Tigert[306] 為華盛頓特區學校系統所作的見證：「據我理解，華盛頓特區教育局長所受到來自上層的多方羈絆，實際上讓他已經變得無能為力。就是給我二或三倍的薪資，我也不會承擔這項工作。」接著，Ballou 轉而引述一項由「美國最

94

---

306 John J. Tigert（1882-1965）。

主要的教育學者」所撰寫之「具有權威的教育著作」中論及華盛頓特區學校
系統的組織之一段文字。這本《教育百科全書》（*Cyclopedia of Education*）
作了毫不保留的評論：

> 從行政觀點來看，華盛頓特區的教育條件應該是聯邦各都市中最差
> 的幾個之一，其學校系統比起其它地方同樣大小的都市來說，可謂為殿
> 其後者……。除非國會能明白，適切地管理這樣的事業乃是一項不可能
> 的任務，並且能將原本應該歸屬於教育董事會的權力與管制作用都還給
> 它，否則我們不會有希望看到一個良好且現代化的華盛頓特區學校系統。
> 一般而言，人們認為，華盛頓特區學校系統教育局長這個職務是全美最
> 棘手且最不受歡迎的工作之一。[307]

若是用一個教育局長們比較喜歡用的語詞，華盛頓特區學校系統確實是
一項重大的「挑戰」。到了 1940 年，當 Ballou 正式總結二十多年來行政工作
的成就時指出，他終於能在解決諸多錯綜複雜的糾紛之後，很自豪地將諸多
變革加以表列。《二十年來的學校成就》（*School Achievements in Twenty
Years*）是 Ballou 在 1941 年向教育董事會陳交的一份報告；這份文件記錄了
他在行政管理作法的改變、校舍的新建、學校組織的改善、視導與教學的改
進等各方面所帶動的成功變革。在 125 頁的報告之中，94 頁處理的是精簡了
的行政作法、新增的設施，以及改進了的教學條件（如薪資及退休的指引）。
25 頁（20%）描述了教學與視導方面的改進。這份報告中絕大多數的文字係
在描述課程修訂、擴大了範圍的測驗方案、新的編組作法──這份報告就是
依照此一順序詳為說明。雖然在這份報告中，沒有任何一部分提及教學方法、
專題研究活動，或者任何引介經過商定而施行的進步教育作法，但是有一項
主要的變革是 1938 年宣布施行的兒童發展方案（Child Development Pro-

95

---

307 原注 3：*Report of Board of Education, 1921-1922*, p. 137。

gram）。不過，進步教育者的用語經常在許多地方意外地出現，包括了針對1938 年至 1940 年之間所作課程修訂的哲學陳述（在報告中出現二次），以及針對一所現代化學校應該像什麼樣這個主題所作的描述——這看起來就像是從哥倫比亞大學師範學院的開課說明（course description）中選錄出來的文字一般。[308]

以上這些要點，主要用意乃在強調 Ballou 重視華盛頓特區學校系統的行政運作。Ballou 將獲致更多校舍、讓他的行政團隊受到肯定，以及在華盛頓特區及國會政治的潛在困難中穩步前行等三件事，界定為重要的成果，其用意乃在集中全力聚焦於引導該學校系統，使其能健步走入 20 世紀。像 Ballou 這樣，深深地相信教育科學，且相信運用科學方法可以改善學校教育，跟那些在 20 世紀頭幾十年，試著重新設計學校系統的行政派主義教育者的想法，可謂志同道合。在教學的論題上，Ballou 似乎比較傾向於將一些教學改進的工作擴展至初級中學，運用測驗將學生編入適切的群組，並且施予經過緊密管控的課程修訂。對照之下，Ballou 與紐約市的 Maxwell、Etinger 及 O'Shea 比較相像，而比較不像丹佛的 Newlon 及 Threkeld。所以，Ballou 所留下的標記是在組織的層面上，在教學方面似乎不那麼明顯。

課堂教學的社會與組織背景

華盛頓特區學校教育有一項重要的作法是種族隔離。在其向教育董事會提出的 1911 年年度報告中，教育局長 Alexander Stuart 描述了，華盛頓特區依據現行法律規定，以種族隔離為考量而設置的兩種分立的學校這件事，所造成的某些效應。他指出，占全部學生人口 32%的黑人學生入讀與白人分立的學校，所構成的雙軌制學校系統，其成本無可避免地會比較高。

---

308 原注 4：*Report of Board of Education, 1929-1930*, p. 71; Report of Board of Education, "School Achievements in Twenty Years," June 30, 1941, pp. 106-108。

　　明顯地，若不是為了此一種族問題的苛刻要求，沒有任何一個像華盛頓特區這樣大小的都市，會有必要或足夠明智到要維持兩位副教育局長、兩所師範學校，〔以及〕兩所昂貴的工藝訓練學校……一項針對學校校舍設置地點進行的研究就顯示了，與其為滿足白人及有色人種子弟的需求，而在同一（就學）地區設置兩棟較小的房舍，不如在其它的條件下，合併為一棟較大的房舍，因為那將會非常大幅度地縮減其成本……。

　　我們在各地發現太多重複的例子，某個年級白人兒童的班級在某個房舍中，而另一個同年級黑人兒童的班級則在附近的房舍中……。

　　同樣的理由可以部分地解釋，在某些地方必須比其它大多數都市聘請更多教師，因為後者將白人與黑人兒童置於同一所學校。[309]

96　　　Stuart 強調種族隔離作法在經濟與組織兩方面所造成無效率的窘境。白人和黑人的社會態度，亦會以明顯或難於捉摸的方式滲入課程與教學之中。

　　因為華盛頓特區是美國的首府，自從重建時期（Reconstruction）[310] 以來，為「有色人種」專設的學校即蓬勃發展。在黑人社區裡，一般認為他們的學校雖然在經費方面不比白人學校充裕，但是所能給予黑人子弟的教育機會卻比全美其它大部分學區都優質得多。當華盛頓特區最高階的黑人學校官員，亦即助理教育局長 Garnet Wilkinson 這麼說：「我們整個有色人種的學校系統在全美乃是個中翹楚」時，全美南方與北方沒有任何黑人學校的官員會有所質疑。[311]

　　社會等級制度（caste system）也為一小部分受過高等教育的黑人精英分子開創了一些以其教育成就自傲的工作；在某些情況下，這種自傲感甚至超

---

309 原注 5：*Report of Board of Education, 1910-1911*, p. 35。

310 重建時期在美國歷史上是指 1865 年至 1877 年，南北戰爭之後約二十年的時間。為了解決南北戰爭遺留下來的問題，在法律、政治、經濟、社會等各方面進行重建。

311 原注 6：Garnet C. Wilkinson, "Washington is Easily the Foremost Center of Negro Education in America," *School Life*, cited in Constance Green, *The Secret City* (Princeton, N.J.: Princeton University Press, 1967), p. 211。

過白人子弟。舉例而言，華盛頓特區第一所高中就是由一群黑人在 1870 年創設；該校後來成了 Dunbar 高中。這所學校培養了一代又一代的黑人學生，其中有許多進入大學，一直到華盛頓特區學校系統於 1955 年正式實施反種族隔離的教育政策為止。[312]

採取培養有才智的少數族裔學生、讓他們得利於接受更高階教育的策略，使得 Dunbar 高中成了黑人學生以嚴謹的學術學習為典範的地方，在某些情況下，該校學生的表現甚至還將中央高中（Central High School）[313] 這所最優秀的白人高中學生遠遠拋在後面。受過常春藤聯盟盟校教育的教師們要求學生記憶某些段落的文字、撰寫長篇論文，並且謹慎地完成家庭作業，提醒他們 "i" 字上面一定要有一點，"t" 字一定要成十字交叉，不得有所苟且。此外，因為黑人社區成員接受中等學校教育的機會日多，特別是那些工人階級背景及新近由南方鄉間移居來的家庭（在 1900 年代，許多黑人子弟小學四年級就輟學），使得教師及行政人員之間的社會階級意識日漸敏銳。Howard 大學社會學家 E. Franklin Frazier 即報導了一些故事，所描述的是若干兒童聽到他們的老師在課堂上，貶損一些貧窮黑人子弟在電車或在課堂上的不當行為。[314]

凡是經營「有色人種」子弟學校的人士，皆在心中深藏有以教育黑人精英為其目標的想法。這些自己也曾經是社會精英分了的頂尖黑人教育者，相信他們的主要責任是培育那一些最有才氣的學生，因為那一些資賦優異的子弟可以藉由他們所接受的教育，在嚴苛而又不近人情的白人世界裡闖出一條陽關大道，並且終能協助自己的族人改善地位。此一隱藏而未顯明的哲學，

---

312 原注 7：Hundley, 1965; Thomas Sowell, "Black Excellence: A History of Dunbar High School," *Washington Post*, April 28, 1974, p. C3。【譯注者補充】："Caste" 為人熟知的中譯為種姓制度，但亦有階級或等級之意；此處宜譯為社會等級。

313 該校在 1877 年設立時是一所高級文法男校（The Advanced Grammar School for Boys），後於 1882 年與一類似女校合併為華盛頓高中（Washington High School），為華盛頓特區第一所高中。1890 年該高中一分為三，華盛頓高中改稱中央高中。1916 年，移至現址，專收白人學生。1950 年，設於另地的 Cardozo Senior High School 移至此地，併入中央高中。並易名為 Cardozo Education Campus 迄今。請見 https://en.wikipedia.org/wiki/Cardozo_Education_Campus。

314 原注 8：Frazier, 1967, pp. 100-111; Borchert, 1980, pp. 146-150。

照片 4.1　華盛頓特區某小學課堂，1942 年

與華盛頓特區黑人社群各個部分所存在之經過嚴苛界定的階級差異，這兩者之間的聯結十分明顯。[315]

黑人社群的人們強烈感受到的階級高低差異，時常與膚色的明暗不同二者相互交織，也形塑了教師與學生對於學校教育的態度。研究華盛頓特區黑人青年的 Frazier 於 1930 年代末記載了，對於膚色明暗不同與社會階級高低差異的關注，究竟如何影響行政人員、教師及學生們的言行。在詳細敘述了一些十多歲青少年所經歷的，教師們如何比較喜歡淺淡膚色同儕的往事之後，

97

---

315 原注 9：Green, 1967, pp. 245-246。

Frazier 在一個註腳作了下述的評論：

在訪談一位否認其會偏愛上層階級或膚色較淡學生的教師時，訪談者觀察到，事實上，在這位教師要學生幫著她做些雜事的三個場合中，縱然在這位教師徵求自願者時，好幾位膚色較暗的兒童熱切地尋求她的注意，她還是都選取了膚色較淡的兒童……。[316]

98

在 1920 年代，黑人歷史週（Negro History Week）引進之後，在社會態度與課程及教學之間，就看到更明顯的聯結〔歷史學者 Cater G. Woodson 於 1915 年，在華盛頓特區創設了黑人生活與歷史研究協會（Association for The Study of Negro Life and History），並由該組織啟動黑人歷史週的活動〕。新的教材慢慢地滲入課堂，以及在這幾十年當中有關種族意識教學與黑人貢獻等教學的興趣日漸擴展，都是這種明顯聯結的證據。

組織的脈絡

班級人數、教室空間及傢俱、上課時間表、正式課程是有助於形塑教學的組織因素。

班級人數。班級人數多寡，無可避免地會影響教師對於應該以什麼方式，又應該教多少東西等問題的思考。華盛頓特區行政人員所報告的班級人數都是平均數；平均數會隱藏班級人數的重要差異。舉例而言，1927 至 1928 學年，在 1,200 個小學班級中，29%容納了 40 或更多名學生，白人與黑人學生人數的分配大致相等。少於 30 名學生的班級為全部的 18%，85%的班級為白人學生。於是，53%的小學班級有 31 至 49 名學生。但是，這些數字還是遮蓋了白人與黑人班級人數的差異。這樣的差異明顯可見於表 4.1，該表呈現了 1922 至 1932 年這十年當中若干年的人數。到了 1948 年，George Strayer 在華盛頓特區完成第一次綜合性質的調查時，其間的差距又擴大了。這時，白人

---
316 原註 10：Frazier, 1967, p. 97。

表 4.1　經選取的若干年度華盛頓特區白人與黑人班級平均人數的差異

年度	班級人數	
	白人	黑人
1922	34.3	37.3
1927	34.9	37.9
1932	30.8	36.1

小學班級平均人數為 32；而黑人小學班級平均人數則為 39。[317]

　　教室空間及傢俱。這些學生與教師每天 8:30 至 2:30 之間所在的校舍及教室，於這些年間曾經有過相當實質的改變。即使在 Ballou 和教育董事會所主導、由國會在 1925 年支持的校舍重建工作展開之後，整個都市還是到處可見太過擁擠且老舊的校舍；以 George Strayer 所用的文字來說，這種情況使得「適切的教學成為不可能」。超過一半的小學是在 1925 年之前建成的。一直到 1940 年代，教室還是長排的固定型桌子，一共可容納 40 名學生。Strayer 寫道：「現今（1948 年），以所建議的最大班級註冊人數 30 人來看，許多小學的教室仍然太小，而且這當中有非常之多的教室還是太擁擠……。」他又說：「（華盛頓特區於 1938 年推動之）現代化的兒童發展方案要求兒童作非正式的編組、需要可作建造活動的空間、櫥櫃、放置日常用品的儲藏空間……。」依據 Strayer 之說，即使在一些較新的校舍，現有的空間仍然是不充足的。[318]

　　正如教室空間改變得很慢，傢俱也是一樣。在 1920 年，幾乎三分之二的桌子固定在地板上，這些都是從本世紀之初即開始使用的。在 1920 年與 1929 年之間，只有 200 張桌子更換過。在 1930 年，也就是將固定桌椅換成可攜式桌椅的五年計畫之第一年，即有 7,000 張更換過。經濟大蕭條使得更換計畫速

---

317 原注 11：*Report On Survey of the Public School System of the District of Columbia by the Bureau of Efficiency, 1928* (Washington, D. C.: Government Printing Office, 1928), pp. 50-55; Strayer, 1949, p. 388。

318 原注 12：Strayer, 1949, pp. 401-403。

度慢了下來。不過，當 Strayer 的團隊於 1948 年調查教室時，所有小學都已經換成了可移動式的桌椅。[319]

在中等學校就不是這麼回事了。若進入 1925 年之後興建的學校（19 所初中裡的 13 所，以及 9 所高中裡的 4 所），會發現可移動的教室傢俱是在 1930 年代引進的。同時，在 1916 年建造的中央及 Dunbar 這二所高中，成排的桌子即是固定在地板上，班班如此，年年如此。

上課時間表。雖然使用的桌椅之種類確實具有某些重要性，但是課堂裡發生了什麼事情，則通常端視教師如何分配教學的時間。多年以來，教師們都會收到每週的上課時間表，上面針對每個科目應該花費多少時間作了各項規定。在中等學校，上課時間表會依每個科目 40 至 50 分鐘的時間，將上學的一整天分成若干等分的時段。

到了 1927 年，跟他們在中等學校的同行不同，小學教師必須教 11 個科目，由常見的閱讀、寫字、算術，一直到畫圖、音樂、體育。一套標準的上課時間表決定了每個科目在每個年級應該花費多少時間，例如算術在一年級每天占 35 分鐘，三及四年級每天 3.5 小時，到了六年級降為 2.5 小時。在 1936 年，教育董事會採用了一套新的正式上課時間表，將所分配的時間作了輕微的變動。當 Strayer 團隊於 1948 年參訪華盛頓特區的學校時，該團隊發現十二年前採用的上課時間表一直還使用著，即使於 1938 年啟動的兒童發展方案，要求必須撥出某些時間給各種不同叢集的科目組合，情況也依然如故。[320]

當學校教育董事會核定一套上課時間表，教師不一定必然採取一致的步伐。在華盛頓特區，許多教師與校長試圖在他們的課堂施行活動課程，就偏離了經過核定的上課時間表，因為它會有礙於非正式的課堂教學所最需要的彈性。1940 年代，有一份教師自印的日課表，是這樣寫著的：

100

---

319 原注 13：*Report of Board of Education, 1929-1920*, p. 107; Strayer, 1949, p. 444。
320 原注 14：*Bureau of Efficiency Survey, 1928*, p. 69。

今天我們要完成的偉大計畫

1.請注意看我們的拖車，這是男孩們做的。

2.讓我們大家做一趟故事旅行。

3.讓我們讀我們的新故事。

4.讓我們解決難題。

5.你完成一份閱讀卡了嗎？

6.讓我們大家都高高興興的。[321]

　　雖然這位教師運用了彈性的上課時間表，並且因而偏離核定了的上課時間表，但這項作法畢竟是不常見的。教師花費在閱讀、算術及地理的時間確實有多少，固然各有不同，但是這些不同還是會在一個大家不明說的合理範圍之內。畢竟，對於教師及校長而言，組織方面所發出的訊號總是清楚明白的。教育局長的用詞伴隨著每一位教師可用的時間表，留下了極少詮釋的空間──「每位官員及小學教師都會以為，自己乃是受到每週的時間表所管治」──而且，校長們也應該都會檢查教師的計畫，以便「確知每位教師都遵守了時間的分配……」。此外，華盛頓特區教師的教學時間，比起其他大小相同的學區，少了 30 分鐘（5 小時比 5.5 小時），這或許會為這些一心想遵循規定的時間分配，又希望能教完這套擁擠課程的教師帶來壓力。[322]

　　關鍵在於，由教育董事會核定的老舊時間表，應該無法適合新的課程方案，特別是導向於讓師生共同計畫學習任務，從而形成彈性課堂教學的新方案。於是，這樣一種混亂狀況所暗指的，從最壞的角度看，是官僚體制的疏忽，不過更可能的是人們對於新作法所產生的複雜感受。即使我寬大地假定，大部分教師都會遵循華盛頓特區的時間表，但是許多課堂中的教師──比那些跳上進步教育花車的同行不那麼樂於冒險的教師──可能會在選用修訂了的時間表之前考慮再三：因為每個上課天都比較短，另外還有教育局長所下

---

321 原注 15：同上注，p. 70; Strayer, 1949, pp. 439-441。

322 原注 16：同上注，pp. 438-439。

的一般課程指令；特別是如果他們的校長對於新的作法並不那麼熱衷的時候，更是如此。

　　正式課程。複雜的信號也標誌了 Ballou 於 1925 年開始啟動的一項作法，這項作法一直間歇性地持續到 1930 年代。一方面，作為一位全美教育協會視導部門（NEA Department of Supervision）的知名成員，Ballou 承擔了該部門課程修訂委員會的工作，並且擔任了由華盛頓特區行政人員及教師負責執筆之修訂小學科學學習課程委員會的主席。此一學習課程刊載於視導部門 1926 年的年刊上，並且由華盛頓特區教育董事會核定。同年，Ballou 任命了修訂算術、閱讀、英文及地理等科目的委員會。[323]

　　另一方面，Ballou 的行政作法與丹佛的 Newlon 及 Threlkeld，在組織方面有三項不同之處。第一，雖然教師們經指定參加委員會，但是一直到 1930 年代末期，委員會主席皆由華盛頓特區的行政人員擔任，之後才由臨時選定的教師擔任主席。第二，委員會都開始於下午 3:00，所用的是教師們自己的時間。第三，未聘有協助委員會工作的專家，而且委員會成員在撰寫目標或學習課程這些方面都未受過任何訓練。[324]

　　當然，也有與丹佛的課程發展工作相似的地方：教師們確實參與了。進步教育的詞彙及有關活動教學方法的參考資料散見於教學大綱之中，而且教師在職教育的機會也增加了。志同道合的專業人員所形成的網絡也建立了起來。不過，與丹佛不同的是，這些發展都比較慢一些。學習課程製作的拖延很常見，因為這都是放學後才做的工作，所以完成的時間總是拉長到好些年。末了，在注意到其他都市為減輕教師們的負擔而聘請代課教師這件事後，教師們開始反對在下午 3:00 至 5:00 投入工作。不過，到了 1940 年，7 份小學（另外還有 19 份初中、4 份職業學校、21 份高中）的學習課程還是問世了；而且，教師們受到要將這些學習課程付諸使用的期待。然而，他們會這麼做嗎？[325]

---

323 原注 17：同上注，p. 441。
324 原注 18：*Bureau of Efficiency Survey, 1928*, p. 94。
325 原注 19：*Report of Board of Education, 1929-1930*, pp. 79-80。

其他因素。此一問題將注意力重新聚焦於課堂。華盛頓特區的教師都怎麼教？由 Anacostia 到 Georgetown 這些街區，白人與黑人課堂中採用教師中心教學作法，以及進步教育教學作法的情況如何？迄目前為止，我所描述的組織狀況，只針對這些問題提出某些可能答案的大綱而已。

華盛頓特區學校的教室空間及傢俱，為教師運用的進步教育教學作法所呈現的障礙，多於所帶來的機會；這種情況跟紐約市一樣，但比起丹佛的情況，則不見得如此。當然，自然環境並不會妨礙小組、師生合作計畫、活動單元、專題研究的工作等，但是那些不願參與實驗的教師，就可能會受到空間不足、傢俱笨重、日常用品不容易取得等因素的影響，而有著更深一層的挫折感。還有，在一個班級有 35 名學生的情況下，極少會有誘因讓教師願意採用小組或個別的方式進行教學，或者準備必要的額外教材，甚至有時候還必須到處請求才可能得到這些教材。

另外一個限制是時間。我已經提到過，一天五小時的教學時間，要教 11 個科目。這還必須減掉一天開始所進行的一些例行事項（閱讀聖經、收取費用、點名）及下課時間，這些加上教師一心關注的：要教完所有規定了的科目，特別是還要考慮到校長不預期的到訪等。如此之多的事情所造成的結果，就是教師們不樂意引進任何革新式的教學作法。

另一條思考的路線是要問，有什麼組織機制會激勵進步教育作法的傳布。明顯地，課程修訂的過程會有助於傳布進步教育的作法，特別是，在它開始傳布到一些具有同樣傾向的專業人士所組成的地方或全國的網絡之時，助益尤為顯著。然而，因為華盛頓特區的組織聯結無法像丹佛那樣地有系統且經過仔細而周延地規劃施行，所以在這種情況下，我們只能期望一些對於嵌入教學派進步主義中的兒童中心概念有興趣，或者根本就已經篤信這些概念的教師及校長，會在華盛頓特區學校系統行政總部的同意之下，憑藉自己的力量向前邁進。

那段時間，由來自行政人員及教師們的私人捐贈而設立的教師研習中心（teacher institutes），邀請了地方或全美知名的專業人士就各種不同的主題進

行專題講演──黑人教師在 Dunbar 高中、白人教師則在中央高中集會。在 1920 年代，教師們聽過 W. W. Charters（芝加哥大學）講課程修訂、Florence Bamberger（約翰霍普金斯大學）講課堂效率、Elbert Fretwell（師範學院）講初高中社會活動的組織、Laura Zibbe（師範學院附設的林肯學校）講進步式的閱讀方案等。另外，教師每個月都有旨在研習時勢論題的定期聚會，同樣也是在分開的學校舉辦。這些教師都必須參加的會議通常都是以講演的方式進行，由所邀請的外賓或者是助理教育局長擔任講員。講題包括了活動教學法、將學習課程改編為專題研究，以及有關的事項等。[326]

還有支持著進步教育作法傳布到課堂裡的另一個重要機制，即是教師們的教育水準日漸提高。此中的基本假定是，教師接受較高層次的正式學校教育，就會對於教育的現代趨勢有較多的認識，特別是那些新近完成學校教育的教師尤其如此。在 1931 年，78%的高中教師至少擁有學士學位，96%的小學教師擁有二至三年之間的師範學校訓練或者學士學位。到了 1948 年，全部教師中的 78%大學畢業。在小學教師中，較多黑人（74%）比白人（61%）擁有學士學位，但高中的情況則相反（85%黑人教師為大學畢業，93%白人教師為大學畢業）。教師們也向 Strayer 報告，他們完成專業訓練的最近時間。在前五年之內（1943 至 1948 年），55%的教師曾經修習有關課程；29%曾於 1933 年至 1942 年之間完成最後的專業訓練；另外，有 16%是從他們受聘之後即未曾修習過任何有關的課程。[327]

以上就形塑教學作法的組織與社會脈絡所作的檢視，為教師如何教提供了線索，但是並未提供直接的證據。

103

小學課堂

黑人及白人教師運用進步教育教學方法的情況，程度不一，這是無可否認的。1924 年，助理教育局長 Garnet Wilkinson 任命了一組黑人行政人員，

---

326 原注 20：Strayer, 1949, p. 409。
327 原注 21：King, 1936, p. 28。

在 Mott 學校及一所未指名的「傳統」學校，設計與執行了一項為期五個月的
實驗。該項實驗旨在比較進步教育對教師及學生所造成的效應。用在這一所
有八個年級的學校之新教學方法包括測驗學生、新的教科書、額外的教材、
在一至四年級教室設有可移動的傢俱。教師們並且受到鼓勵，將正式的學習
課程轉換成專題研究。依據一項調查的結果顯示，Mott 學校的教師們壓倒性
地同意了這項實驗：74%的教師指出，專題研究的學習會為他們的學生帶來優
異的結果，而且 94%的教師發現學生對專題研究感興趣的程度，比他們對一
般上課來得高。[328]

　　華盛頓特區學校系統一份專以黑人教育工作者為作者與讀者的刊物《哥
倫比亞教育協會期刊》（*Journal of the Columbian Educational Association*），
偶有一些文章表示了對於進步學校教育這項主題的關注。Bruce 學校的 Mayme
Lewis 在 1925 年的某一期中，詳細報導了她到紐約市一所由師範學院所辦理
的私立 Horace Mann 學校兩天，參訪三、四年級的教學狀況。在 Miner 師範
學院所附設的 Monroe 示範學校（Demonstration School），有若干教師配合他
們的實習教師，引進且維持了諸如教室角落、小組學習、師生共同計畫等革
新作法。最後，另外的間接證據是一項以小學的活動為主題的年度展覽，黑
人教師在此一場合呈現他們課堂所製作的專題研究成果。[329]

　　遺憾的是，我無法評估這些課堂作法在黑人學校〔在華盛頓特區學校系
統，這些黑人學校的校名係編在 10-13 分組（Divisions）〕推廣的情形如何。
在《哥倫比亞教育協會期刊》裡的各期中，每有介紹活動式課堂教學的一篇
文章，就附有三篇編排了示範性質的課堂教學計畫；不過，三篇附文都只報
導教學計畫中每一步驟的教師指令與管理的作法，因而除了學生回答教師提
問之外，未見任何學生參與的徵兆。[330]

---

328 原注 22：Strayer, 1949, pp. 81-82。

329 原注 23：*Report of Board of Education, 1923-1924*, pp. 92-97。

330 原注 24：Mayme Lewis, "Report of Visit to Horace Mann School, New York," *The Journal of Col-
　　umbian Educational Association*, May, 1925, pp. 28-29; Minor, 1939, pp. 11-12。亦請見 *Journal of
　　the Educational Administration* 的 July, 1925 and February, 1926 等各期。

　　在確認白人學校（校名編在 1-9 分組）施行進步教育作法的情況時，也有一樣的困難浮現。毫無疑問地，若干學校及特定的教師確實在他們的課堂中引進進步教育作法。在一些全國性的期刊，例如 1932 年及 1933 年的《兒童教育》（*Childhood Education*）、1936 年的《進步教育》（*Progressive Education*）、1939 年的《小學教師》（*Grade Teacher*）都報導了 Petworth 及 Ketcham 等學校建造鐵路車站、研究墨西哥人的生活、繪畫等。《華盛頓郵報》（*Washington Post*）及其他地方報紙也刊登了課堂專題研究的報導。一位小學視導人員 Julia Hahn，在還未來到華盛頓特區之前，原本一直在舊金山深深地投入進步教育的實務工作，來到華盛頓特區之後就直接跟教師一同工作，並且撰寫有關活動運動方面的文章。儘管有這些針對課堂實務所作的一些記事，但是若要評估這些課堂作法傳布的程度，我還是感到困難。[331]

　　評估進步教育作法在華盛頓特區學校傳布情況的唯一一次直接舉動發生於 1948 年，由 George Strayer 在教育董事會的邀請下，帶領其團隊到華盛頓特區，於進行其它綜合性質的調查之同時，確認兒童發展方案在華盛頓特區落實的程度。

　　該一方案的雄心壯志崢嶸不凡，但是就系統化地施行而言，比起紐約市的活動課程方案，或者丹佛的八年研究都差得很遠。Ballou 鄭重其事地推動的作法包括了在全部的華盛頓特區學校中，廣為傳布有關「兒童中心活動課程」的所有常用語言，進而將所有「傳統的……科目中心課程」都袪除掉。課堂要變成兒童分享他們學習計畫的地方，並且要積極地學習與家庭、鄰里、都市、全國有關的事項。專題研究、學習角落、可移動的傢俱、用以進行活動的時段、施行活動教學的各項作法——亦即一般教學派進步主義者所預見的各種知能的庫藏——都是兒童發展方案的重要關注事項。[332]

　　華盛頓特區的視導人員及校長被賦予在學校建立活動課程方案的責任。某些學校以先前曾經參與有關專題研究及學習角落等實驗作法的骨幹教師為

104

---

331 原注 25：*Washington Post*, April 3, 1938 and October 27, 1940; Hahn, 1933, pp. 206-210。
332 原注 26：Handorf, 1962, p. 160。

基礎，十分熱衷地接受了教育局長所賦予的責任。然而，大部分的學校則是按兵不動，守住現有的作法，明顯地不願意或者沒有能力推動整個方案。

Strayer 團隊的職責之一，也正是其目標之一，乃是評估此一 1938 年展開的方案於十年後施行的程度如何。Strayer 發現，「許多」課堂在形式和精神上都可算是符合教育局長的要求，但是整體而言，評估的結果，要不是令人沮喪，就是更糟，因為施行的情形，根本與 Ballou 的努力相矛盾。這還不算，在施行過程中，發生了許多令人窒息的障礙、錯誤，以及學校官員所作純粹的錯誤判斷。Strayer 觀察到了下列各種情形：

- 教師並未獲有為新方案製作新課程所必需的時間與資源。「這是一項嚴重的錯誤」。
- 十年來，只製作了一個新單元——數學——供教師使用。
- 教室缺乏空間、櫥櫃、設備；教師缺乏教科書及教學材料。
- 學校上課日短少。
- 課堂人數眾多。
- 教師並未作好展開變革的準備。[333]

105　　　太多教師對於該方案到底試圖作什麼，以及他們應該具體地作些什麼，持有模糊的概念（例如「我應該在星期一早上作些什麼呢？」）。Strayer 把華盛頓特區的教師分成兩群：一群是有著「重視整全兒童及有目的學習之兒童發展哲學」的教師，以及另一群是強調精熟事實與技能的「傳統」教師。正如在這項調查之中全是類似這樣任意專斷的分類一樣，Strayer 並未提供任何具體的數字，只用了像「許多」這樣模糊的字眼。因此，若要確認此一方案的傳布情形，確實困難。[334]

Strayer 所作的各項工作中，最接近於評估該方案傳布情形的，應是描述

---

333 原注 27：Strayer, 1949, pp. 427-428, 443-447。
334 原注 28：同上注，p. 407。

四位團隊成員參訪所有小學，並且與教師、校長及視導主任等談話的情況。建基在這些討論及觀察之上，他們將學校評等為「優異」、「良好」、「普通」及「差」四等。與 Morrison（1940 年）在紐約活動課程方案——這裡的觀察員受過訓練、量尺的編製都經過效度與信度檢證，而且資料都經過仔細地審視——不一樣，Strayer 的團隊在判定「優異」時是這樣的：

> 　假如該課程確係以符應兒童需求為依據而設計，教師與學生的目標清晰，有一套經過良好組織的兒童發展活動方案，一套處理基本知識、理解與技能的有效教學方案，以及一套能爭取家長在兒童教育方面多所關注與合作的社區方案。[335]

觀察者發現，全部小學中的 19%為優異、35.7%為良好、27%為普通、18.2%為差。只有藉由勇敢地做一番推論式的跳躍，才會作出兒童發展方案存在於半數以上的華盛頓特區學校——亦即，將優異和良好二種評等加總在一起——的結論。不過，若是我們看到下列的事實，我們就不僅認為這樣會是勇敢的跳躍，甚至是很危險的：觀察者所使用的是多元且模稜兩可的規準，他們以如此鬆散界定的規準而作成可能不同的判斷，以及在同一學校教師之間的差異，乃至不同學校之間的教師差異都十分明顯的事實（例如紐約市的活動課程方案即是如此）。[336]

Strayer 對於兒童發展方案施行的組織障礙，以及對於該方案是如何在帶有汙點的前提下執行的情況，這兩個方面所作的觀察，為華盛頓特區小學之無系統且品質不均勻的施行留下了一項佐證。

對於進步教育作法傳布情況的深一層跡象，來自我所蒐集的有關華盛頓特區學校系統的 53 則描述（20 個小學課堂）。圖 4.1 顯示，學生中心的教學組型在略多於三分之一的小學課堂中出現。不過，此一數目很小，而且不比

106

---

335 原注 29：同上注，p. 458。

336 原注 30：同上注。

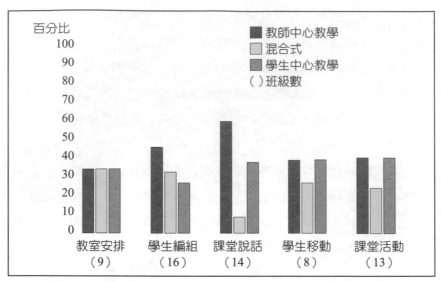

圖 4.1　華盛頓特區各小學課堂的教學組型，1920-1940 年

Strayer 團隊對個別學校所作的判斷可信。然而，儘管這些數據個別看來有些瑕疵，但若將它們組合起來看，則意指由兒童發展方案所界定之進步式教學作法，確實滲入了華盛頓特區學校系統的一小部分課堂中；不過，這一小部分小到只有四分之一至三分之一。我們也可推論，許多華盛頓特區的小學已經將某些進步教育作法融入進步教育與教師中心作法混合而成的作法中了。這樣的假定，將會使得我們針對擴展其教學技巧範圍的教師人數所作的估計，在數目上有所增加。

高中的課堂

　　圖 4.2 顯示與紐約市及丹佛一樣的組型：就每個類目而言，在高中出現教師中心的作法，都比在小學出現的多。該圖為高中教師繪製了一幅側面圖，顯示了高中教師每天教五個或更多個班級，面對著成行成列坐在桌子旁的學生時，所採取的教學作法是這樣的：在四分之三的教室裡，教師教著全班同學，大部分時間是教師在說話，並且很少允許學生自發地在教室移動。與此

107

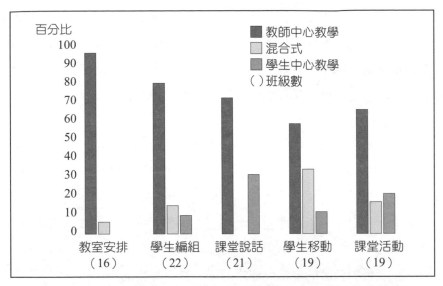

圖 4.2　華盛頓特區各高中課堂的教學組型，1920-1940 年

一側面圖互相印證的作法之一是，針對某些華盛頓特區的高中——白人及黑人——採取較近距離的檢視。

中央高中。該校座臥於一個丘陵高地之上，俯視著華盛頓特區的國會大廈、華盛頓紀念碑、商業鬧區。自從該校於 1916 年敞開全新的校門收受白人學生起始，該校即以其壯麗的景觀知名。創設於 19 世紀最後十年的這所高中宣稱，其先後有兩位知名的校友，一是美國聯邦調查局局長 J. Edgar Hoover，一是國際知名的女星 Helen Hayes。[337] 作為中央高中的學生，他們可能都讀過學生手冊中所描述的校規、課程、畢業的要求、每日的上課時間表、課外活動、學校啦啦隊等內容。

1926 年的學生手冊指出，學生應在上午 8:55 前，到達為他們展開一天上課作準備的區域（亦即班級教室）作一些活動。手冊上說，這時學生應該「保持絕對的肅靜」，因為學生必須維繫「適當的態度」，並且形成「好好展開

108

---

337 (1) J. Edgar Hoover（1895-1972）為美國聯邦調查局改制後的首任局長，亦是該單位任期最久的首長。(2) Helen Hayes（1900-1993）曾獲 1932 年奧斯卡最佳女主角獎，以及 1969 年的奧斯卡最佳女配角獎。

一天學習所必須的心靈框架」。9:10 鈴聲響起，展開了學生一共七節課的一天：「六節講誦課」及午餐。在一節課與另一節課之間，學生有 4 分鐘轉換教室的時間。在一天的上課結束時，有一連串的活動可以參與，包括為四年級年刊 *Brecky*、於 1886 年創辦的文學評論刊物 *Journal*，以及一份新聞週刊 *Bulletin* 等寫作的機會。[338]

在 *Bulletin* 中，自從 1925 年開始，即設有「課堂紀要」（Class Notes）專欄，以迄 1938 年該專欄停止。在這些專欄中，我確認了針對 55 位英文、社會、科學、數學及外國語文等各科教師所作的 302 則描述。幾乎一半教師教的是英文，四分之一教的是社會，五分之一教的是外國語文，其餘則是科學。

學生記者針對教師的課堂所作之記載，較不尋常的項目有：

1. 學生參與課堂講誦教學。

　　1925 年 11 月 24 日。在 Florence Jayne 的英文課堂，「不同的學生，或者如他們所稱呼的班長，負責記錄出缺席、發測驗卷讓同學作答，並且讀出是非型測驗卷的題目」。

　　1930 年 4 月 2 日。在 Alice Clark 的拉丁文課堂，「在上每一課時，都有同學扮演教師的角色……有位同學點了 Clark 老師回答一些問題」。

2. 非例行的課堂活動（如短程校外旅行考察、幻燈片、收音機的節目、校外的講者、專題小組討論、實況演出小說及戲劇）。

　　1930 年 12 月 17 日。Bessie Whitford 老師的第六節英文課堂，就高中兄弟會的優點進行辯論。

　　1932 年 10 月 20 日。DeShazo 先生的第三節化學課堂，「由他們自己執行他們的第一次實驗……。他們製造了氧氣，並且發現了它的特性」。

---

338 原注 31：Central High School, *Handbook*, 1926, pp. 43-44。

1933 年 1 月 19 日。Gill 小姐的第四年法文課堂，舉辦了一次橋牌比賽，所有參賽者都說法文。

1932 年 3 月 9 日。Alma Boyd 老師的第二節英文課堂，以模擬的廣播劇演出了 *The Vicar of Wakefield* 這部小說。

3. 學生主動參與的課堂活動（如學生所計畫的專題研究、分組活動）。

1932 年 3 月 16 日。Ruth Denham 的第二節課堂製作了環球劇院（Globe Theatre）的複製品——「此一劇院的尺寸大到可以放置一張牌桌」。

1934 年 2 月 15 日。「E. C. Paul 小姐高一生物課堂的學生在進行實際應用的專題研究。他們可以選取自己有興趣的任何主題，有些學生選取了盆景、豆芽等」。

1938 年 11 月 17 日。Florence Jayne 的課堂，「就老師給分的作法，進行投票，並且獲致某些改變」。

在分析 55 位教師 302 個課堂活動時，我發現 15 位英文教師及 4 位歷史教師，承擔了全部有學生參與的教學活動當中的三分之二，不過這是以這份學生編製的新聞報導所提供的資料為依據。此一發現可以解釋為，在 1930 年代，全部教師當中大約有四分之一的教師會在課堂中融入學生參與的教學活動。當然，此一教師的樣本是經過選取的，反映了學生記者們所耳聞的或親身的經歷。然而，在此一樣本中，教師們在使用進步式作法時，確實採取了各種不同的方式。[339]

我發現，在這些課堂裡，由學生所報導的全部活動中，有少於 10% 的活動包括了師生進行合作計畫、與學生需求有所關聯的課程內容修訂、學生帶領的討論，或者以小組方式進行專題研究——這些教學作法，通常是與教學派進步主義有所關聯。由教師做主而作成教學決定時，所涉入的活動始終都在狹窄的範圍之內（例如這些活動中有 80% 是學生報告、辯論、演戲、帶領討論）——而且，這些作法都與必須學習的內容或教科書有所聯結。此間的

---

339 原注 32：Central High School, *The Bulletin*, all issues from 1925-1938。

109

照片 4.2　華盛頓特區，Woodrow Wilson 高中，代數課，白人學生，1943 年

　　證據是，即使在中央高中會選用學生參與的作法，以便為他們的課程與教學帶來一些新意的少數教師，他們所採用的主要教學模式，依舊是教師中心的組型。

　　那麼，除了少數由學生編製的新聞報導所描述的一小部分教師之外，中央高中的教學似乎是緊扣著大班的教學、教科書的使用、由教師啟動與管控的提問—回答互動、稀有的學生移動及參與——所有這些都是在行列式課桌椅安排而成的教室中，學生們面對著黑板與教師時發生的。

　　Dunbar 高中。離開中央高中，往山丘底下，沿著 13 街，朝白宮走，然後在 O 街左轉，再往前走十多個街區，參訪者就會到達這所學術高中的階梯下。1870 年，當它在一個教堂地下室開啟校門收受了四名黑人學生，Dunbar 就成了全美第一所黑人高中。它與中央高中一樣，是在 1916 年遷入新的校舍。與中央高中相比，Dunbar 的班級人數較多、教科書較多磨損、傢俱較多疤痕，甚至一位總是為該校寫些讚美詞句的教師，也以下述文字描述：「黑板板面到處龜裂，再加上許多模糊的線條，讓它們看起來像幅地圖似的。」

然而，就是這所學校培養了不少知名的校友，如美國首位黑人將領（Benjamin O. Davis）、首位黑人閣員（Robert C. Weaver）、首位黑人聯邦法官（William Hastie）、重建時代以來首位黑人參議員（Edward W. Brooke），還有血漿的發現者（Charles Drew）。[340]

Dunbar 的辦學宗旨很清楚：就是要讓學生獲致充分的準備後入讀大學。Dunbar 有許多獲得北部及東部各大學高級學位的教師，為這群來自華盛頓特區各地齊聚於此的黑人學生精英，在行為及學業兩方面都設定了高標準。作為受過教育且會為族人提供指引的黑人骨幹的他們都相信「有才能的十分之一」（Talented Tenth）的說法。在知識、技能、紳士風度等方面要與白人並駕齊驅，甚至要略勝一籌，這個目標就是相信此一說法者的福音。[341]

舉例而言，在 1924 至 1925 學年的《深紅與黝黑》（*Crimson and Black*）（學生手冊）中，對於英文課堂有關學生的規定十分清楚：「務請將所有必須繳交的作業都寫在你的記事本中。當你一天至少有其他三堂課要作準備，籲請不要信任你自己的記憶力。」歷史課堂學生受到的警告是：「若要明智地學習歷史，務請遵循教師所要求的記筆記、作圖、作附加的報告、廣泛地閱讀。」手冊中還提供了 12 項學習律則〔以拉丁文"nihil sine labore"（請勿相信你可以不勞而獲）──為副題〕，建議學生在家中學習時要注意光線及空間。這些律則還包括：「給 Dunbar 男女生的建議」（舉例而言，對女生：「莫在衣櫥中放置絲綢、薄紗裙、人造絲喬其、〔及〕人造絲色丁等衣物」，而對男生：「請打領帶、穿短襪及素色襯衫。不要太花哨、太顯眼。務請保持鞋子的清潔與光亮」）。進出教室也清楚地規定：「鈴聲一響，就不許再說話，也不准有任何不必要的移動。」[342]

111

---

340 原注 33：Hundley, 1965, p. 66; Sowell, 1974。

341 原注 34：關於「有才能的十分之一」的概念，請見 Thomas Sowell 的論文，他指出這個概念是如何於 1954 年即在 Dunbar 高中開始傳布；亦請見 W. E. DuBois 的論文，"Talented Tenth," *in Negro Problems* (New York: James Pott Co., 1903), pp. 33-75；以及其"Education and Work," 1930 in Herbert Aptheker (ed.), *The Education of Black People* (Amherst, MA: University of Massachusetts Press), 1973, pp. 61-82。

342 原注 35：Dunbar High School, *Crimson and Black Handbook*, 1924-1925, pp. 11, 15, 47-48, 70, 81。
　　【譯注者補充】：作為 20 世紀上半葉最有影響力的黑人知識分子的 DuBois（1868-1963）在該文中主張：黑人中「有才能的十分之一」應接受大學教育，使他們成為黑人種族的領袖。

一天七節的上課時間表，配合鈴聲準時轉換課堂，這些都和中央高中一樣，不過教師所教的課時以及每班人數，黑人學校比白人學校都多一些。兩所學校學生修習的科目及所使用的教本固然一樣，連四年級學生就他們必須研讀的一篇名作〔即 Edmund Burke 的〈論美國各地差異的調節〉（On Conciliation with America）〕，並且因而引發學生在他們的年刊及文學刊物上所作的滑稽性模仿作品也一樣。[343]

雖然 Dunbar 高中對學生在學業學習與行為方面皆有清楚而明確的期望，教師也都有高水平的學術訓練，但是教師每天五或六次，面對 35 位或更多坐在一行又一行固定於地板的課桌椅上的學生，這樣的課堂會發生什麼事情，也只能作一些推論。這是因為可資運用的課堂描述太少。這些疏疏落落的照片、學生新聞報導的片段、年刊上的若干畫面、官方報告等所顯示的，只是在一個教師中心教學組型的較大架構之中，有著若干專題研究及學生參與課堂的學習（如作報告與進行辯論）而已。

Dunbar 高中英語與歷史科主任 Harriet Riggs，在 1920 年所作報告，指稱：「我們發現，就教導學生如何思考與如何學習而言，社會化式的教課很有價值……。在使用這種教學方法時，每位學生都會有其貢獻，而且學生們會學著為整個團體的利益著想。」她繼續說，在全部的歷史課堂中，「我們把重點置於地理及地圖的研讀。在許多課堂中，教師與學生都針對有益於學習的主題，蒐集了各種圖片及剪報。我們經常都試著指出現在與過去之間的連結」。在 Howard 小姐及 Hill 先生的四年級英文課中，學生們針對 18 世紀的英格蘭進行了個別的專題研究，以知名英國雜誌《旁觀者》（Spectator）為參照，模仿其作法編印雜誌，又製作了村莊的模型及壁飾等。幾張英文及西班牙文課堂的照片呈現出來的是，人們熟悉的教師向全班學生說話的教學組型；有一張化學課堂的照片呈現出來的是，教師在教室前方執行一項實驗，而學生們則站著圍繞成一個圓圈觀看教師執行實驗。Dunbar 的資料實在很少。

---

343 原注 36：請見 Easter High School, *The Easterner*, February, 1921, pp. 8-21。【譯注者補充】：Edmund Burke（1729-1797）為愛爾蘭裔的英國政治家、作家、演說家、政治理論家和哲學家，曾任英國下議院議員。他支持美國殖民地以及後來的美國革命的立場，頗值得注意。

因為可用的資料很少，所以我只能做一些部分性質的推論。[344]

　　除非能重現較深入細緻和 Dunbar 高中教師有關之描述，否則目前所形成的尚稱可靠的印象，將不容易超越。這些印象及部分的推論，很容易就與中央高中所揭示的各種組型，以及由華盛頓特區這個都市裡某些高中的其他描述連結在一起。

112

三個都市課堂教學作法的摘要

　　在華盛頓特區，教師中心教學普及於小學及高中的課堂。小學教師比年級較高的教師接受某些進步教育作法的情況多一些，但是就數目而言，在較低年級很少超過三分之一或四分之一，而在較高年級則很少超過五分之一。因為年級層次而造成的不同，與紐約市及丹佛的情況一樣。

　　這三個都市課堂採用進步教育作法的組型相似，但是其理由卻各有不同。譬如，Ballou 的優先順序是新建校舍、重組科層體制、科學地運用測驗──這些只是其中的三個例子。這些是行政派進步主義者持久不變且十分熱衷的關注焦點，而不是教學派進步主義者如丹佛的 Newlon 及 Threlkeld 所關注的事項。Ballou 確實啟動了華盛頓特區的兒童發展方案及課程修訂等作法，但是它們只不過是一些象徵性質的努力而已；說實在的，這些作法比較接近盲目模仿型的進步主義（copycat progressivism），而非一套針對時興觀念所做的全面發展式的施行。平心而論，這樣的作法只是輕微地為一套進步式的教育方案背書，可以說只是在言辭上而未直接且實質地支持教師，因此這麼做並不足以激發華盛頓特區的教師改變他們與兒童相處的例行作法。

　　種族及階級也會影響學校教育的作法。與種族有關的態度會對撥交經費、派任教師、分配校舍等事項有所影響，就華盛頓特區的資料而言，其佐證明顯可見。種族改善的策略，以及黑人社群內的儀節與階級為本的態度，都會對於全部收受黑人的學校之課程、教學及學生造成影響，這些佐證亦明顯可

---

344 原注 37：*Report of District of Columbia Board of Education, 1919-1920*, pp. 372-373; Dunbar High School, *Liber Anni*, 1929-1930 (student yearbook); *Dunbar Observer*, January 28, 1932。

見。然而，我只能推想，與種族和階級有關的態度，可能會對於白人及黑人兩個種族的教師與校長，有關進步教育教學作法的信念有所影響——亦即，進步教育作法對於白人中產及富人階級的兒童，比起對於在知識、技能與韌性等各方面都必須超越白人的低收入黑人而言，更為適合。

不過，我可以很有信心地陳述，有一種混合形式的教學作法出現於三個都市的資料中。教師中心及學生中心教學的混合意指著，許多教師建立了一類混成的作法，以便適應他們所面對的課堂、他們認為合適的觀念，以及來自視導人員的要求——這些情況可能會促使他們接受兒童中心教學，也可能促使他們持續進行傳統作法。這類混成的作法雖然只出現於一小部分課堂中，但是它們確實指出了，教師在面臨互有衝突的期望時，會依據他們的情況量身自創獨特的妥協作法。

這類混成作法的出現也指出了，教師及改革者在試圖促成公立學校進行改變時，所面臨的一項基本的兩難問題。對於教師而言，在他們試著解決來自進步式教學的堅決支持者，以及他們每天所面對的實際問題，這兩方面所造成的緊張時，他們內心的矛盾衝突因而倍增。畢竟，教師知道，人們期待他們集中在基本能力的教學、維持課堂的秩序、培養學生對於權威的尊重等事項；這些正是較大的社會對於教師的期待。每位教師都要個別地解決這項兩難，亦即既要他們接受進步式教學的價值（個人抉擇、自我表現及獨立思考），同時又要滿足社會及組織對於兒童尊重權威、行動整齊劃一、習得一套知識體系等的要求。

很少改革者或學校官員必須面對像教師在關起教室大門時所必須作成的困難抉擇。當然，許多也或許大部分的教師並未見到任何矛盾衝突、也未感受到什麼不安，因而總是照著他們先前的作法在課堂中行事。但是，在這二十年當中出現的混成作法——我們或可稱之為教師中心式的進步主義（teacher-centered progressivism）——指出了，許多教師開始看到，在他們過去所作所為與人們對他們的角色期待，這兩者之間有一項基本的兩難出現了。

這些兩難映照了在各種文化價值之間的較大衝突，諸如個人的關注事項

與集體的需求之間所形成的衝突；在一個時常最先考慮到損益這個命題之成就為本的社會當中，將價值置於遊戲與閒暇的時間因而造成的矛盾；還有，在尋求效率——硬要從每一塊錢擠出最後的一分錢——與創造性質的自我發展這兩者之間的衝突。這些相互衝突的價值觀在我們的文化中並存，並在公共和私人機構中不安地共存。

　　若讓學校針對怎麼做才真正對兒童最好這個問題進行辯論，並且提出各種不同的替代教學作法時，就有相當多的教師會發現，他們的課堂會變成這些相互衝突的價值觀念所在之處，而他們要不是盡力施行巧計實現這些替代的教學作法，就只是以某些實際的方式，讓這些相互衝突的作法得以同時維持。

　　請各位回憶一番，我在本書第二章一開始曾經描述過的，1924 年，在紐約市，教 42 個四年級兒童的 Spencer 太太的課堂。Spencer 太太即成功地作出妥協，解決了這些兩難。她運用學生作幫手；兒童相互作教練；她允許兒童在算術課中彼此交談；她在課堂四處查看，協助個別的學生；以幽默的方式處理一些學生的抱怨；課堂活動包括了遊戲、閱讀、扮演、全班的講誦。課堂的教學氣氛似乎兼顧了嚴肅及對於個別兒童的容忍。我們看到的證據顯示這位教師鼓勵學生表達及移動、賦予學生責任、協助個別兒童，並且迅速地完成全部這些事情。Spencer 太太確實改變了她日常的作法。

114

　　然而，在同樣的課堂裡，學生成行成列地坐在固定的課桌椅上；教師決定要在什麼時間學些什麼、什麼是合乎道德的行為，還有什麼活動可以按照什麼順序進行。Spencer 太太是所有權威的來源。除了有班長或幫手協助執行教師已經預擬的計畫之外，我們不能遽然指稱這個課堂中有學生參與的事實存在。全班學生都明白教師有關獎勵與懲罰的規定。個別表達的範限完全由教師依其所認為恰當的要求作嚴格的界定。所以，我們可以說，Spencer 太太所執行的是一種權威與實踐的基本組型。

　　於是，正如其它地區的教師一樣，Spencer 太太熱切地在她的課堂試行兒童中心的作法，而且她確實以妥協的方式如願以償地達成了她試行革新作法

的願望。然而，其結果是，在課堂中似乎呈顯了一種不安、常是脆弱的組合所形成的矛盾現象。此一在兩次世界大戰之間的幾十年，逐漸成長之教師中心式的進步主義，其弔詭之處即一直持續存在於它所開創而成的課堂中，會讓教師有著這樣的感受：於講求效率與符合科學原理的同時，卻既要顧及以兒童為中心的要求，又要保持一定的權威，這些相互衝突的動因，確實為他們帶來了困擾。

第五章

鄉間及城市學校，
1920-1940 年

密西根州 Hillsdale 郡一所獨室學校的一位教師，於 1939 年寫信給她的教育局長，說明她以 W. K. Kellogg 基金會所提供的獎學金，前往參加一個暑期班之後，回到學校所啟動的一些改變。這位名為 Leona Helmick 的教師記載了她在 Grubby Knoll 學校中所作的事情：

學校在 9 月的一個早上開學。註冊入讀的手續既經辦妥，全班同學跟著小鐘輕敲聲動了起來：「噹！」（兒童回到他們的座位上）、「噹！」（兒童從他們的座位上站起來）、「噹！」（兒童轉到教室前面平時進行背誦的地方）。在這之前，同樣的鐘聲已經敲了十四年，一直指引著學生各項動作。所有的科目都一樣要指定作業，每班平均 25 個人，人人都要〔依指令〕背書給教師聽，而且要很快，學校下午 4:00 下課……。我們一週一次要上藝術課，為了娛樂，也為了訓練……。

現在，小鐘不再用了。兒童編成幾個大的分組進入課堂，並且坐在教室前方圍成一個大圓圈，跟教師坐在一起。在此，他們按照需求進行閱讀，還可能按照需求說話。多半的學習是在這兒進行的。學得快的學生幫助附近較慢的。這麼做，就不必走來走去。這個組結束學習，換另一個組接著來。算術是個人在自己的座位上作些練習，有些則到黑板上作練習。每個人都按照他自己的能力及速度學習。

我們不再學習一些永遠都不會理解，並且很快忘記的許多文法規則，我們學習鳥類，並且寫些牠們的故事。我們出版一份雙月發行的報紙。

在報紙上，兒童自願地寫些詩歌、故事、文章……。

我們仍然會使用地理教科書，但是我們以旅行、交通、物產及地方等特別的學習充實之。去年，我們就以密西根為主題，學習了很好的一個單元。

116

我已經學習到了，在進行教學時務必慮及學生的需求。[345]

大約與 Helmick 寫信給她的教育局長之同時，《時代》雜誌在其封面刊出進步教育協會執行秘書 Frederick L. Redefer 的相片。另外有一篇相關聯的報導指出，進步教育已在「大紐約、芝加哥及洛杉磯的市郊建立了據點」，而且此一運動現在已經成為「一件令人矚目的公眾事務」，甚至已經「翻轉」了諸如丹佛、舊金山、洛杉磯、紐約市及底特律等主要地區的學校系統。[346]

不過，John Dewey 在他於 1952 年辭世之前不久，對於進步教育為學校帶來的改變，卻提出了與《時代》雜誌十分不同的觀點：

進步教育最為廣泛、最為顯著的成就即是在課堂生活條件這一點上，引發了意義深長的變化。大家對於正在成長的每個人，他們的各種需求，有了更多的認識；而且教師與學生的關係，也變得更人性化與民主化了。但是，我認為，這些方面做得還是不夠，因為主要的成就限於氣氛上的改變，而尚未真正地深入與滲透到基礎的改變，也就是改變得讓教學更具有教育的意義。過去，教育系統已經建立了既定的成規；人們習慣以威嚇與壓制的教育方法，在身體、群性與智性等層面，都以陳舊的、粗暴的手段對待受教者。一般而言，因為進步教育運動的推行，這些惡劣的現象，已經消除了……，但是舊教育所具有之根本的威權主義（funda-

---

345 原注 1：*Changes in Classroom Teaching Made During 1937-1939 in One Room Rural School in the Area of the Michigan Community Health Project* (Battle Creek, MI: W. K. Kellogg Foundation, 1940), p. 129。

346 原注 2：*Time*, October 31, 1938, p. 31。

mental authoritarianism），還是以多種多樣且經過修改的形式繼續存在著。

學校教育應該成為教師與學生以符合教育意義的方式參與於其中的一項事業，這一點大家已經談論得夠多了；可是，所談論的，仍然遠遠多於所實行的。當然，許多教師已經引導兒童一起參與民主的生活，特別是幼兒園和小學教師，更是作到了舊教育系統不可能且難以想像的程度……。

然而，在中等教育……教師對於他們所教學生的各種需要，以及他們所關心的事情，所盡到的力量就不太多……。[347]

《時代》雜誌的文章、Leona Helmick 的報告，乃至 Dewey 的反思等顯示了，我們為什麼很難確認進步教育的觀念進入學校課堂——甚至像 Hillsdale 郡這一所獨室學校——的情況，到底如何？在兩次世界大戰之間的這二十年當中，這些觀念多大程度上進入鄉間及城市的課堂，正是本章試著解答的諸多問題之中的一項。

密西根鄉間的課堂

117

Hillsdale 是參與一項以翻轉學校系統、俾便改善鄉間生活為主旨的三年計畫的密西根州七個郡之一。在 1936 年至 1939 年之間，W. K. Kellogg 基金會提供了經費，「讓教師及行政人員對於較新穎的教育概念中，所涉及的哲學、心理學及實際作法，有一較為清楚的理解」。教師藉由參加大學推廣教

---

347 原注 3：Dworkin, 1959, pp. 129-130。【譯注者補充】：Cuban 所引用的三段文字，出自 Dewey 於 1952 年，為其在哥倫比亞大學的學生及教育哲學課的助教 Elsie Ripley Clapp（1879-1965）所撰《教育資源的運用》（*The Use of Resources in Education*）一書所撰的序言（Dewey, 1952, pp. 127-135）；又，不知何故，Dewey 該文未收入校勘本的《杜威全集》，而只收入 Dworkin（1959）所編輯的 *Dewey on Education* 書中。另外，趙祥麟、王承緒編譯（2006）的《杜威教育名篇》節譯了該文；而 Cuban 所引用的三段文字，中譯見於《名篇》頁 308。不過，譯注者於參照該譯文的同時，作了必要的修改。

育課程、基金會所辦理的週末營隊聚會、暑期的大學課程，將一些改善鄉間教育的新知識與新技能帶回他們的獨室學校來。[348]

在這七個郡之中，共有超過 1,300 位在獨室學校任教的教師。他們所接受的是在高中文憑之外加上兩年的學校教育。在一份值得注意的文件之中，參加過基金會贊助的課程、工作坊或暑期部的 193 位教師中，有人曾經寫信給該基金會的顧問 Henry J. Otto，描述「課堂教學方面的改變……伴隨這些改變而引起的行政問題，以及他們為了面對這些問題所採取的作法」。[349]

這些敘述當中，有的只是報告了因為教學有所更新而狂喜，有的則是明白地指出，而且近乎窘困地說明，不論如何，就是沒有任何的改變；其間的差距，頗為明顯。為了針對這些鄉間學校的課堂活動作前後一貫的素描，我特將進步教育文獻中，針對「適切的」課堂教學技巧所作的有關敘述，抽繹而成若干類目，然後依據這些類目加以組合，再將這些訊息加以整理而成表 5.1。

由該表中，可見到相當多數的教師在他們的報告中，使用活動的教學方法，包括統整了不同科目的專題研究，以及將課程和兒童生活更緊密地聯繫起來等作法。教師的報告比較少見到他們如何將學生編組、如何安排每日的上課時間表、如何使用成績單評鑑學生、如何增加學生的參與、重新調整教室空間等方面所作成的其他改變。

該表中這些數字，是由個別教師所作報告摘記而成，所以對於多少教師運用一種或者多種作法這個問題，並未有所表示。因此，我在表 5.2 將表 5.1 的十一個類目，按照教師們運用一種或者多種作法的情況，作了另一番整理；由此或可看出教師們活動的寬廣程度。

到目前為止，用以確認教師採用什麼活動，又其頻率若何，才能獲得「進步教育者」的名號，並無任何規準可言。我明白，若欲為此而建立規準，必

---

348 原注 4：Otto et al., 1942, pp. 1, 5。

349 原注 5：Otto et al., 1942, p. 3; *Changes in Classroom Teaching*, forword。因為其中三位是以匿名呈現，所以我用了 190 份報告進行分析。

然有其本質上的困難，不過我還是設置了兩項規準，俾便於分析所蒐集而得的資料：(1)教師們所報導的，他們採用進步式技術的數目；(2)任何教室空間的重新安排。進步式作法的指標一般包括了不少的教師行為（編組的作法、學生的活動、學生的參與、空間的安排等）。因為彈性地使用教室空間，與

表 5.1　密西根州參加 Kellogg 贊助活動的 190 位獨室學校教師所作報告摘要[a]　118

類目	教師人數	百分比
教室物質條件的改變		
(1)移動／調整學生的桌子	32	17
(2)將教室布置得像家庭一樣（如窗簾、沙發、檯子等）	18	9
(3)設置供學生閱讀、工作的角落	32	17
至少作到以上各項中的兩項	19	10
編組的改變		
教師報告：將不同班級加以組合、採用能力分組、將教學個別化等作法	40	21
上課時間表的改變		
教師報告：在日課表或週課表上作了一些改變，以便引進新的作法、不同的科目，或調整編組方式	37	19
增加學生的參與		
教師報告：以學生帶領討論、辦理社團及選舉幹部等作法，改變了課堂管治的方式	43	23
物質供應補給		
教師報告：設法挑選書籍、日常用品、設備等，以呼應教學、課程及與學習方案有關的其他部分之改變	43	23
活動方法		
教師報告：運用了專題研究，並且將二個或更多個科目加以統整	80	42
課外活動		
教師報告：成立了社團（熱食午餐、母親會、四健會等）	53	28
成績單的改變		
教師報告：使用了聚焦在兒童情緒發展及基本科目的成績單；不用 A-F 的字母	25	13
改變課程（活動方法除外）		
教師報告：運用了短程校外旅行考察、時事、將日常生活的例子用於教學等作法	77	40

[a] 因為表上有三位教師以匿名出現，所以我以 190 份報告進行分析。

119   表 5.2　教師活動摘要

報告了的類目數	教師人數	百分比
0	11	6.0
1	58	30.0
2	36	19.0
3	34	18.0
4	27	14.0
5	9	5.0
6	9	5.0
7	3	1.5
8	1	0.5
9	2	1.0
10	0	0.0
11	0	0.0
總計	190	100.0

編組的作法或學生的活動之間有密切的聯繫，所以也是構成學生中心教室普遍可見的特點，乃至必備的基本要件。

　　幾乎一半的密西根州鄉間學校教師，報告他們只採用了兩種「進步」作法；四分之一採用了四種或更多種。對於觀察者而言，就看他或她要把多少比重放在重新安置教室空間，才會視為採取進步作法的信號。特別是在這些多半是桌子固定在地板的獨室學校裡，在 51 位（27%）採用四種或更多種新作法的教師當中，有三分之二會在教室空間這方面作一些變動（例如設置學習角落；把固定桌子的插銷拆卸下來，並加上可防止滑動的制動器；在窗子裝設遮簾；或者設置櫃子或沙發）。在 24 位採用五種或更多種新作法的教師當中，有 87% 會在教室空間作一些實質的變動。

　　這樣的資料有明顯的限制。這些教師並非典型的樣本，只占了七個郡全部教師的 15%，而且他們要不是接受甄選而參與，就是自己試圖尋求參與基金會贊助的課程。此外，這些自陳報告都是經過挑選的，無法獨立地加以檢證，而且在許多的情況下，他們會出自討好贊助者或是視導人員的心理，而

非出自其自己坦誠的實作評估。不過，儘管有這些缺點，這些資料還是略微道出兩件事：(1)依教師們的說法，他們所選擇和使用過的進步概念有哪些；(2)教師對於進步主義所持有之各自不同的觀點。[350]

　　舉例而言，Calhoun 郡的 Alice Dean，每天都安排一節時間，讓學生們就算術問題進行獨立的學習，並且在必要時相互協助。她說，這是「過去兩年以來，我在教學上所作的最大改變」。也是 Calhoun 郡的教師 Leslie Engle 說她唯一的革新作法是，建立了一套記錄學生個人、家庭及學校訊息的新系統。其他的教師，有的設立了科學學習角；在教室內增加了一張檯子；或者在面臨具有敵意的家長群體或漠不關心的教育局長時，仍堅決地為學生提供熱食午餐，並且視此一作法為個人的勝利；還有，在某些情況下，把他們自己看成進步的教師。[351]

120

　　最後，資料顯示，某些鄉間教師雖然彼此之間相互孤立，並且很少從上司那兒獲致支持，但是他們還是會引進新作法到他們的教室來。不過，大部分的教師發現，他們很難在三年的時間內採用兩項以上的進步作法。

全美的鄉間課堂

　　西南密西根州是全美鄉間學校的縮影嗎？答案為是，也不是。答案中「是」的這一半，乃因豐富的證據顯示，進步作法出現在全美各地一些個別的學校，包括了經過合併的學校，以及獨室學校。高知名度的鄉間實驗學校，於 1920 年代及 1930 年代早期，曾在一些專業的刊物中獲致全國性的關注。舉例而言，密蘇里州 Kirksville 的 Porter 學校的 Marie Turner Harvey 所留下的一些工作成果、密蘇里州 McDonald 郡的 Ellsworth Collings 所發展的專題研究方法、紐澤西州 Warren 郡的 Quaker Grove 學校的 Fannie Dunn 所留下的一些

---

350 原注 6：Hermine Marshall, "Open Classrooms: Has the Term Outlived Its Usefulness," *Review of Educational Research, 51* (Summer, 1981), pp. 185-186。

351 原注 7：*Changes in Classroom Teaching*, pp. 50-51。

工作成果。[352]

　　有許多不那麼知名的人物，將進步教育作法引進了黑人及白人的鄉間學校。由進步教育協會下設的實驗學校委員會（Committee on Experimental Schools）在 1937 年所執行的一項調查，即蒐集了這些例子。該委員會寄送了信件給 43 個州的 300 所學校及學區。在 78 所回覆的學校中，有 44 所是公立學校。在這 44 所回覆的學校中，康乃迪克州、紐約州、北卡羅來納州、亞利桑那州及加利福尼亞州的鄉間教師、視導人員及教育局長報告了課程修訂、將各種不同內容領域統整為全校性質的課程方案、活動課程方案，以及其它的學生中心作法。[353]

　　更少為人知的是，有一些靜悄悄地試著以自掏腰包的經費，以及自己寶貴的休閒時間作出決定的個別教師。請看維蒙特州 Cuttingsville 的 Mary Stapleton 的作法：

　　　　在 1932 年，我的學校一共有 20 位各個年級的學生註冊。我的教育局長告訴了我 Winnetka 制的作法（一項強調以個別化教學材料配合學生差異的作法），並且建議我閱讀某些書籍。

121

　　　　在 1932 至 1933 這個學年，我完成了許多的研究工作，並且在春季時，研發了一套拼寫法的技能……。我按照學生的年級配置及能力，把許多單字分成若干個單元，每個單元有 25 到 30 個字。此一方法可以用來測驗我們要讓學生在研讀它們之前已經學會的單字，並且讓他們可以集中學習自己在測驗上答錯的單字，而不須浪費時間學習已經會的單字。這種拼寫的作法經過證明是成功的，所以我決定試著明年秋天研發算術的教材……。我按照州定的學習課程蒐集了我所有的教科書，並且將它

---

352 原注 8：E. Dewey, 1919; Ellsworth Collings, *An Experiment with a Project Curriculum* (New York: Macmillan Co., 1923); Dunn & Everett, 1926。

353 原注 9：Report of the Committee on Experimental Schools, *What Schools Are Doing* (New York: Progressive Education Association, 1937), pp. ii, 3-5, 10, 19, 31, 42-43, 50。

們每一個年級的內容分成八個單元，再把每個單元分為三到四個小單元。

接下來的問題是，研發一套可以涵蓋每個細目的診斷測驗……。我發現，跟別的教師交換測驗很有幫助。有一小部分是取自 Winnetka 制某些現成的測驗。我把舊書上的例題及問題貼在紙卡上，然後放在我的檔案夾中。最後一項或許是最重要的工作就是，將自我教學的練習材料提供給學生。我發現印製好的數學及英文的便條式簿本很有用處……。到了年末，學生學習受挫的情況比以前少多了。兒童開始明白這種教學的目標，是讓每個人都按照他自己的速率學習，而不必擔心會留級……。這種教學的活動層面在社會科也能有效率地進行著……。比如在學習印第安人的生活時，一至八年級的兒童都可以有機會作出各自貢獻……。我目前所碰到的問題是，在我研發教學單元時，到哪裡找到可以組建這些活動的材料呢？這個問題的答案是，我可以訴諸兒童……。[354]

還有多少位 Mary Stapleton，一意投入時間及經費，不計困難，致力於將新觀念引進課堂，既不為人所注意、亦未接受任何酬償，但仍恆毅地持續為之者，我不知道！

這答案中「不是」的那一半，乃來自為數甚多的各州及各地方，白 1920 年起針對鄉間學校教育所作的研究。它們不但確認了與密西根州鄉間資料之間有著相似性存在，更顯示了其間有著重要的差異性存在。

鄉間學校之間彼此的差異很大。西維吉尼亞州山谷裡的獨室學校、密西西比州農場光禿禿的半畝地上搖搖晃晃的獨室學校、新建的愛荷華州合併學校中一間新抹上灰泥的教室等，它們都只是各種不同的鄉間學校之中的一些例子而已。在 1920 年，全美入學的兒童當中，幾乎有一半就讀於鄉間學校，亦即在「曠野」之上，或是在少於 2,500 人的村莊裡。在大部分的情況下，我會以「鄉間」一詞指涉一些只有一或二位教師的學校、村莊學校（village

---

354 原注 10：Taplin & Pearson, 1938, pp. 114-115。

school），以至在關閉獨室學校而成立合併學校之前的一切學校。355

122　　在大多的情況下，這些校舍都已老舊、都是一些古董設備，而且又孤立無援。教師在高中畢業後只接受一點點教育。他們都很年輕（平均年齡為 21 至 23 歲）、都少有經驗，而且又都多為女性。流動率高且薪資低，例如 1920 年，年薪各州不同，獨室學校教師約在 300 至 800 美元之間，村莊或城鎮學校則約在 500 至 700 多美元之間。班級人數自 20 至 60 名，各種不同年齡的學生都有。15 歲的學生坐在教室後面，個頭遠遠高過那些坐在教室前排雙座書桌（double-seat desk）的 7 歲學生。最大的困難在於，教室中有著許多的年級──也許 30 名學生分散於八個年級──教師必須教所有年級的所有科目。356

　　少有此一時期的作家會讚頌鄉間學校的美好。行政派進步主義者的語言及激情，讓他們把獨室學校的情況形容成了過去士兵所使用的燧發步槍（flintlock rifle）357 與農人使用的木造田犁，直言其等的老舊不堪。一位聯邦教育局（U.S. Bureau of Education）的鄉間教育專家指出：「我在這塊土地上到處旅行，不分遐邇，皆不停宣講此種狹小而老舊的紅色校舍之無效率可言。」就是這些宣講與合併讓這類學校持續減少。獨師學校（one-teacher school）由原本粗估的 195,000 間，到十年之後，也就是 1917 年，減為 153,000 間，共有 4,000,000 名兒童註冊。然而，還是有一些州可以見到不少獨師學校，舉例而言，在南達科他州，五分之四的教師任教於獨室學校，而有一半的北達科他州教師任教於獨室學校，還有超過 40%的愛荷華州、蒙他拿州、內布拉斯加州及維蒙特州的教師任教於獨室學校。358

---

355 原注 11：Department of the Interior, *Biennial Survey of Education, 1920-1922*. Bulletin 1924, Vol. 1 (Washington, D. C.: Government Printing Office, 1924), p. 125。

356 原注 12：Department of the Interior, "Status of the Rural Teacher in Pennsylvania," Bulletin 1921, No. 34 (Washington, D. C.: Government Printing Office, 1922), pp. X-9, 21, 33; *Biennial Survey, 1920-1922*, pp. 143-145。

357 燧發步槍是一種存在於 17 及 18 世紀的槍械，直到 19 世紀才被採用擊發式點火的槍械逐步取代。

358 原注 13：*Biennial Survey, 1920-1922*, p. 127; Fannie W. Dunn, "Modern Education in Small Rural Schools," *Teachers College Record, 32*(5), 411-412。

　　那麼，獨室學校的教師一整天在這些孤立無援且緊密擁擠的教室裡，都做了些什麼呢？1920 年代中期，一位師範學院的研究生調查了 24 個州 550 位獨室學校的教師。Verne McGuffey 由教師們的報告發現，他們所從事的一般工作，包括了對學校董事會提出有關課堂需求的建議（78%）、訪問家長（78%）、提供飲水（74%）、檢查學校盥洗室（83%），以及管理暖氣及通風裝置（88%）。至於教學工作則有：

- 讓某位學生背書的同時，讓幾個小組的學生忙著（82%）。
- 以若干段短促的時間呈現教材（75%）。
- 教八個年級的全部科目（73%）。
- 在很少或沒有任何視導的情況下，計畫與執行教學工作（66%）。[359]

　　在 1920 年，賓夕法尼亞州主要都是鄉間學校的 18 個郡中，62%獨室學校的教師報告他們是些什麼樣的人，又，他們做了些什麼事。這些教師大多是女性，平均年齡為 23 歲，大部分是 19 歲開始任教。幾乎五分之四的教師缺少高中文憑或者任何正式的教師訓練。這 18 個郡中，班級人數平均為 26 人；其中四分之一的教師報告，他們的班級有超過 35 名學生入讀。[360]

123

　　教師們報告，他們在忙碌的一天進行多少次的背誦活動——亦即，在一天裡，他們針對課堂裡每一個年級的學生，要求學生背誦的次數有多少——這會讓現今的教師嚇壞了。四分之一的教師說，他們一天會進行 30 次或更多次的背誦活動；中數為 26 次。因為學校一天的時間總數，去除掉下課及午餐的時間，平均為 5.5 小時（330 分鐘）。這也就是說，教師們所報導的 30 次或更多次的背誦活動，每次至少是 10 分鐘跟一位或更多位學生碰面，然後請他們回去，再跟另一組學生碰面，依此類推。即使州教育廳正式的學習課程所推薦的也只是每天 23 次背誦活動。所有這些訊息聚合起來，所顯示的是，

---

359 原注 14：McGuffey, 1929, pp. 10-13。
360 原注 15："Status of Rural Teacher in Pennsylvania," pp. 18, 33。

照片 5.1　田納西州，Crossville，某校，1935 年

獨室學校的教師所遵循的乃是十分緊張的時間表，不論是人們的期望，抑或是他們自己所做的報告，兩者都一樣。[361]

　　在賓夕法尼亞州的研究之後，1922 年時，俄亥俄州立大學的一位教授Or-ville Brim 帶領一個調查團隊評鑑德州的鄉間學校。Brim 檢視了公布的課程、調查了各郡的教育局長及教師使用這些課程的情況之後，採取了那時和現今皆屬少見的步驟，亦即訓練了一組觀察者，針對 230 所鄉間學校的課堂進行觀察與描述。這些獨師學校，跟全美別的地方一樣，都包含了八個年級。德州的教師跟其他各州的同行一樣，都只受過有限的教育、領取低薪，並且面對二十多位學生。觀察者描述了這些鄉間教師在一天當中，每個時段為時 2至 10 分鐘，一共 24 個時段裡，都做了些什麼事。[362]

　　Brim 和他的調查團隊，將這些教師花用於各種不同活動的時間在一天所占的百分比，作了以下的摘要：

124

361 原注 16：同上注，p. 20。
362 原注 17：Texas Educational Survey Commission, 1924, pp. 321, 365。

照片 5.2　喬治亞州，White Plains，某校，1941 年

- 練習，34%。
- 正式的教科書講述（formal textbook recitation），27%。
- 解釋文本的意義，27%。
- 娛樂，5%。
- 建造工作，4%。
- 討論重大的問題，4%。

　　依據 Brim 團隊之說，教科書為上課的主要材料（88%），再加上少數使用了時事或者兒童的經驗（8%）。調查者發現，實際上教師並未讓學生做一些特別的學習或是專題研究（只有 3%的課堂做到這一點）。[363]

---

363 原注 18：同上注，pp. 307, 368, 376。

Brim 將他及他的團隊之所見，作了以下的摘記：

125

　　特別是，在我們觀察到的所有學習當中，教師所關注的都是訓練兒童熟記一些他們應該知道的事實，或者提問一些可以由教科書上找到答案的問題。思考的機會很少。讓兒童生活充滿新興趣的作法很少，幾乎是沒有……。這些學習根本無法抓住學生的心。這些學習只是在課本上增加了非常微少的事實……。然後，教師只是任意專斷地在教科書上指定要學生學習的下一課，而未作進一步的發展，也不理會學生是否有興趣、是否了解。學生只是在接受指示之後，回到座位上記憶課文，準備下一次到教師面前背誦。在這裡，學生們根本就是盲目似的，或者毫無興趣地，或者懶散地坐著，有時，他們會接受來自教師的訓誡，要他們研讀他們的功課。

Brim 總結道，這就是「本州各個地方這類學校中 70%到 85%」的圖像。[364]
　　整個 1920 年代至 1930 年代在其他各州，獨室學校的教師皆需把小學全部的科目教給分散在八個年級的學生，這樣的作法造成除了早上上學時的行禮如儀、午餐及下課等活動之外，一直聽到因為背誦而發出的聲響。請看以下由一篇於 1928 年完成的碩士論文所蒐集的、在北達科他州獨室學校一天課程的實況。在 Traill 郡的 Norway 學區第三學校（School Number Three），教師在上午 9:15 到下午 4:00 之間，為 24 名學生進行了 22 次背誦，平均每次大約 15 分鐘，再加上兩次下課及一小時午餐。在 Belmont 學區第三學校，教師在與 Norway 學區的學校一樣長的一整天時間中，為 13 名學生進行了 21 次背誦，平均每次大約 15 分鐘。在此實施了新的鄉間學習課程的 Cass 郡學校，教師一整天為 19 名學生進行了 22 次背誦，平均每次大約 15 分鐘，不過在此一案例中，這位教師將學生編為初級、中級與文法三個程度的組別，而非依年級區分程度。[365]

---

364 原注 19：同上注，pp. 378-379。
365 原注 20：Berg, 1929, pp. 19-20。

　　Julia Uggen 將 11 個研究作了一番總結，確認二十多個州超過 3,200 位鄉間教師所面臨的教學問題。所有的研究都是根據教師針對他們的問題所做的報告。這些研究所揭示的問題與前一些段落所描述的，有著驚人的相似性。最首要的類目是時間不足。教師們抱怨，他們缺乏做下列事情的時間：

- 為所有年級每個科目做計畫。
- 協助個別的學生。
- 讓學生做活動。

　　Uggen 總結道：「這些研究有一項共同之處，那就是，鄉間教師最常見且最困難的問題，乃是起因於獨室學校的未分年級的（ungraded）組織類型……。」[366]

　　然而，於面對這些障礙時，亦屢見教師們創造出新的與堅持不懈的雙重精神浮現；正如大部分人一樣，這些教師亦盡其所能、以其所有，奮力因應困局。舉例而言，蒙他拿州 Lewistown 的 Stella Lucien 即自述其如何因應，於學生在自己的座位上進行學習工作時，始終存在之教材不足的窘境：

> 　　我為每個年級各取得一本 Laidlaw 所寫的《默讀用的座位工作》（*Silent Reading Seat Work*）這本書。其中的課文許多都是指導兒童作一些東西，如鳥舍、煙斗式的吹泡泡用具等。我把這些課文剪下來，再貼在紙卡上。然後，我們就可以一直重複使用這些紙卡，而不必額外花錢。我們把紙卡放在盒子裡，年復一年地使用。[367]

　　愛達荷州 Firth 的教師 Ruth Cederburg 寫下了她如何讓小學生養成整潔的習慣：

126

---

366 原注 21：Uggen, 1938, pp. 195-202。
367 原注 22：*Grade Teahcer*, 48 (October, 1930), p. 159。

我在教室的前方加掛了一條結實的繩子；我在繩子上，每一行桌子前排的位置，綁了一顆氣球。每天黃昏放學之前，我們都要檢查走道及桌子的狀況。如果在某一行的每個兒童都保持整潔的桌子與乾淨的走道，那麼那一行前面的氣球就保持掛著的狀態。但是，若有任何一名兒童的桌子與走道不整潔，那麼氣球就拿了下來，一直到隔天都保持拿下來的狀態。不多久，每個氣球就都保持掛著的狀態了。[368]

鄉間的黑人學校

上述這些研究皆未特別提及黑人鄉間學校。這些受到與上述相同的工作條件所困擾，既未經訓練、又只接受很少的正式教育、且待遇又低的教師，以少量可供其使用的書籍與教材進行著教學，又必須應付影響他們如何教的組織脈絡：散布於八個年級的不同年齡學生、來自教育董事會及教育局長所作必須任教全部科目的要求、缺乏可用以做到所有這些事情的時間。

Fisk 大學的社會學家 Charles Johnson 主持了 1924 年一項有關路易西安那州黑人學校的調查。他們參訪的 132 所只有一位或是二位教師任職的學校，占了該州全部黑人學校的 65%；他的團隊發現，這些學校所呈現的各種問題之淒慘，跟其他州鄉間學校的知情觀察員所熟悉的情況一樣。依 Johnson 之說，路易西安那州東部某個郡，名為 Shelton 的學校所發生的情況，可謂為典型。

研究者們看到，於該學校所在的教堂附近，在入口旁有兩個小型的廁所，周圍覆蓋了厚厚的汙泥。在學校裡面，橫跨七個年級的 60 位學生，一個挨著一個坐在長形木板凳上，一面聽著教師說話，一面心不在焉地擺動著。因為一早的天氣寒冷，所以允許學生作較多的移動，以便他們可以靠近在教室後面一個小火爐旁邊較暖和的地方。在教室裡，沒有通風設備，因此空氣不流通，反而因為地板及牆壁上的許多裂縫，成了自然的通風裝置。四周牆壁因

---

368 原注 23：同上注，(December, 1930), p. 316。

為放著煤油燈而薰成了暗黑色。其中一個煤油燈懸掛在一樣薰黑了的天花板上。正好在教室後面的講壇上放了一個盥洗盆，還掛著一個有著裂縫的大水罐。

參訪者注視著這位教師，她把兩張裁成一半的紙張傳給每位學生一人一份。「這兩張半截的紙張要跟著你們一整天，請小心使用」。她看著一位觀察者說：「我們沒有鉛筆；我們沒有書本；我們沒有任何東西。」她回頭看著全班學生，依年級順序開始指定歷史及拼寫方面的功課給那些動作不停、但安靜的學生們：

> 七年級同學，請看 45 至 50 頁。六年級同學，請看 20 至 30 頁。現在，請讀這個，並且告訴我你們讀的東西，等我回來⋯⋯。
>
> 好了，四年級及五年級同學，請拼寫。第一個字是 correspond。它的意思是寫信給人們。第二個字是 instrument——你們使用的某些東西。你們認得你們喜歡玩的任何 instrument 嗎？拜託，說大聲些！你有拼字書嗎，Fred？沒有？好吧，請你就坐著聽吧！你只能湊合湊合了！第三個字是 examination。有時候我們有 yes 和 no——那就是 examination。第四個字是 tennis——那是一種運動。第五個字是 ninety，我們由 one 計算到 ninety。好，這些就是你們的拼寫。請在句子中用它們。

這位教師手持著一條軟鞭子，在教室中四處行走，然後移動到較低的年級，帶著他們閱讀。[369]

Johnson 也提供了他對某一位獨室學校教師的素描。就他的判斷而言，這位教師「與這一個州裡的大多數教師，形成了鮮明的對比」。Brooks 學校，這所位於東 Feliciana 地區一塊平整田地上的一小棟水洗白框校舍，是他在聖誕節前參訪的學校。在教室的一張檯子上，擺著由師生建造的馬槽及嬰孩基督布景。教室後面的工作檯，以及沿著教室邊緣的書架，上面覆蓋著紅色及

---

369 原注 24：Louisiana Educational Survey, 1924, Section B, "The Negro Public Schools," pp. 57-58。

黃色的油布，而教室後面的幾個架子上則放著標有學生姓名的水杯。整個教室看來極其整潔。

當一組兒童坐在他們的位子上為一個派對製作禮物，另一組則站在工作檯旁邊以剪刀、紙張及漿糊製作「恩寵」（favors）。[370] 這位教師由一個組移動到另一個組，安靜地聽著，並且在學生有問題時回答之。

這個班級剛剛完成一個有關棉花的單元。這位曾經在農場工作過的教師，展示了棉花在不同產製階段的圖片，以及真實的棉花植株。全班八個年級的學生皆一一學習了棉花由種子長成到衣服製成的過程，並且在適當時機學習算術及閱讀。在一年級，教師利用閃示卡標示**棉花**（COTTON）或有關的單字。在二年級及三年級，學生以棉花植株造句，而六年級及七年級則是撰寫與其有關的簡短故事。教師告訴參訪者，在許多情況下，全部的兒童都參與課堂的討論。調查團隊工作者的報告指出，即使在教著全部年級的全部科目，這位教師還是能以有序的方式，帶著各年級學生學習各個科目。[371]

Brooks 學校是個特例。在路易西安那州的 100 位教師中，有 75 位未曾施行過任何包括專題研究或類似活動的單元教學。另外，報導了他們曾經以專題研究方式進行教學的 25 位教師，則表列了諸如印第安人的生活、園藝、路易西安那州的物產、健康、縫紉、烹飪、家庭生活等專題。[372]

鄉間課堂的照片及書面記述

以上所提供的黑人與白人鄉間學校的不完整圖像，係由曾經正式接受某些與進步教法有關的訊息、於西南密西根州 Hillsdale 郡服務的教師 Leona Helmick 及其同事開始說起。我先前曾問道：這些獨師學校是否為全美其它各地的縮影？由交叉橫跨全美的許多有關各州與全國的研究結果看來，其答案兼含「是」及「不是」。確實有不少的進步作法出現，但是它們似乎只是教師

370 「恩寵」（favors）是基督教或天主教的用語，意指「給特定之人的特別禮物」。
371 原注 25：同原注 24，pp. 164-165。
372 原注 26：同上注，p. 56。

中心教學這個大洋中的一些小小的島嶼而已。

　　我所提供的最後資料，是由全美各區域的 32 個州所蒐集而來的 103 則課堂的描述（排除掉前述 190 位密西根州的鄉間學校教師）（請見圖 5.1 及 5.2）。這些資料會將先前已經概覽過的各項不同研究的結果聚合在一起，突顯其集中的趨勢呢？抑或彼此之間有所矛盾呢？

　　雖然這 103 個課堂的照片及書面記述與上述鄉間學校的資料不同，但是它們卻附和了那些資料的發現。其所顯示的教師中心的教學組型依然占大多數；學生中心的作法不超過 40%，而在大部分的課堂裡，只占 25%或更少。這 103 位教師之中，只有很少數嘗試專題研究或學習角落的作法，這大約占了這些鄉間小學教師總數的不到 10%。所以，進步作法，如這些類目所界定的，確實存在於全美的鄉間學校之中，但可能只是很少數。

　　我們所好奇的一項事實是，有相當高比例的學生編組及課堂活動是採取混合式的教學組型。一半教師所使用的是大班與小組教學，伴隨對個別學生的教學；幾乎一半的課堂活動融入了學生中心與教師中心教學的混合作法。與其他背景相比較，這些混合作法所占的百分比相當高，而造成這些現象的原因，可能是鄉間課堂與都市學校教師所面臨的情況不同。舉例而言，因為許多年級的學生分坐在同一個課堂中，所以鄉間學校的教師通常只能請若干名學生到教師的桌子旁進行誦讀教學，同時必須將其他的學生擱在一旁，讓他們做著由教師分配的學習工作，直到教師請他們坐到背誦用的板凳上。獨室學校的教師必須請學生以分組的方式，讓學生間相互協助，這或許可以解釋為什麼未分年級的鄉間學校跟已經分年級的城市學校作法不同的原因。

　　我們在上述鄉間學校看到的主要教學組型是教師中心與混合式——此一形貌與先前各章檢視的三個都市所浮現的情況相似，但不完全相同。有興趣於建立學生中心課堂的後一個世代的改革者，可能會注意到鄉間獨室學校的情況，並且視其為雛型式學生中心的環境（embryonic child-centered settings）。不過，這麼看鄉間獨室學校的情形，可能會漠視了 1920 年代及 1930 年代如鼓聲般的誦讀、死記的教學、訓練不佳的教師、設施不良的學校教室、貧窮層次的薪資等狀況。

129

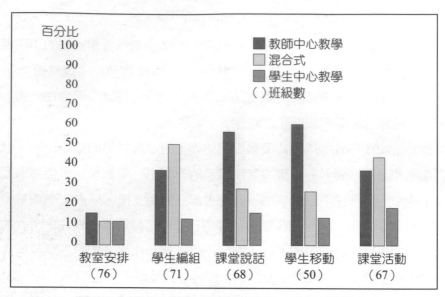

圖 5.1　鄉間小學課堂的教學組型，1920-1940 年

130

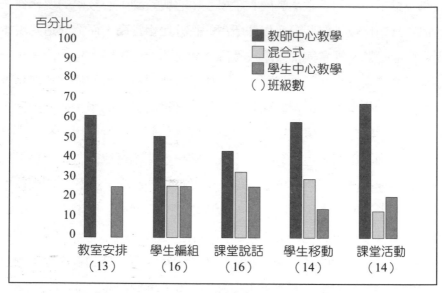

圖 5.2　鄉間高中課堂的教學組型，1920-1940 年

　　鄉間獨室學校的教師運用混合式編組，那是因為散布在八個年級的學生　　**129**
需要給予不同分量的注意力。後來的改革者或許會將這種作法解釋為個別教
學（individual instruction）。另外，教師在她的桌子旁聽取學生背誦時，兒童
針對指定的功課進行相互合作，課程內容則取自鄉間關注的事務及日常生活
的素材，也是後來的學校改革者所稱羨的聯結。又，學校裡某個校董（school
trustee）是某人的伯叔父，或者教師是某個兒童的表親，這種像家庭般的學校
氣氛，正是改革者試圖於後來幾十年在大城市裡的年級制學校中建立的學校　　**130**
氣氛。

　　然而，我們不能輕忽，在大部分獨室學校見到的這些自然作法，有著許
多的狀況：傳統的家長在態度上只重視幾個月的學校教育，家長的觀念以為
只要學習他們自己在兒童時期所學習的基本知能就足夠了，而且他們認為只
要採用自己以前受教時所用的方法就可以了。此外，未經訓練與缺乏經驗的
教師、從不適切的教科書中取得的教材所做頻繁與簡短的講誦，以及學生只
靠死記做出狹隘的回應等不當作法，我們也不能漠然。所有的這些，可能因
為經常以樺枝處罰學童的管教作法，而益形惡化。不過，我們可以確認的是，
在將改革者他們的熱忱與這些獨室學校一些經過選取的特點進行權衡時，很
少改革者會想到上述的現實狀況。

鄉間及城市學校中盛行的教學作法

　　到目前為止，我已試著就本世紀之初，以及兩次世界大戰之間這兩段時
期，在三個都市及鄉間學校的教學作法加以重建。現在，我將轉向兩次大戰　　**131**
期間全美盛行的教學作法。在我針對 1920 年與 1930 年代之間，城市及鄉間
學校的相似與差異，做一番總結之後，我將以它們與 1900 年的教學作法加以
對比，俾便確認，到了第二次世界大戰，若在教學作法上有任何改變，究竟
是什麼樣的改變。

　　為了針對教師在他們的課堂中到底做了些什麼，作一番檢視，我將聚焦

於成為變革標靶的那些教學活動：正式的講誦、全班式教學、在教室內缺少學生的移動等。茲將由四種背景取得的資料摘記於圖 5.3 至圖 5.6；這些資料是針對學生編組、課堂活動、學生移動等所作的課堂描述。

請回想一番，教師中心教學的學生編組是將全班當作一個單位，而學生中心教學則是將全班分為若干小組，並且讓個別學生各自獨立學習。混合組型描述的教師所採用的是，橫跨了全班式以至學生各自獨立學習等各種編組作法。丹佛及紐約市的小學課堂顯示了數量最多的小組學習，以及數量最少的全班式教學。在這兩個都市的高中裡，教師們喜歡採用全班式教學，但是鄉間課堂使用全班式教學的百分比就較少一些；雖然鄉間教師比他們在城市的表親們，似乎稍微多一些採用小組教學，但是這麼做的教師數量還是少。

在「課堂活動」這個類目的名稱下，有一些相似的組型浮現出來，包括了講誦、討論、專題研究、座位工作、一般的教學任務。更多的學生中心課堂活動及更少的教師中心課堂活動出現於小學課堂的，比出現於高中課堂的情況多得多。在其他方面，城市與鄉間的課堂之間，即未見系統化的同與異。

「學生移動」在小學及高中教師之間也形成同樣的關係，而鄉間課堂成為其中的例外。學生移動在較低年級比較高年級多，丹佛及紐約市的課堂則在教師中心及學生中心兩種組型都占有稍高的百分比。最後，在課堂中施行專題研究作法的小學，在丹佛、紐約市以及密西根鄉間等地都有著最高的百分比，不過丹佛的數字因為資料來源的原因，有些言過其實。

這些圖描述了大約 300 個課堂中所出現的具體教學行為。它們展現了一般的教學組型，表明以學生為中心的作法在多大程度上，浮現在教師如何組織他們的課堂教學、他們如何安排活動以及他們允許的學生移動的程度上。那麼，某些具體的教學方法，諸如講誦、教科書、學生專題研究、師生合作計畫等具體的教學行為，又如何呢？一小部分的證據提供了一些答案。

舉例而言，在講誦這個項目上，教師會先提問，而學生則以教科書、習作簿、黑板上的功課，或者先前記熟的內容等為根據，把答案背誦出來。這種大家熟悉的、許多教師都這麼做的、教師提問後由學生接續簡短回答的作

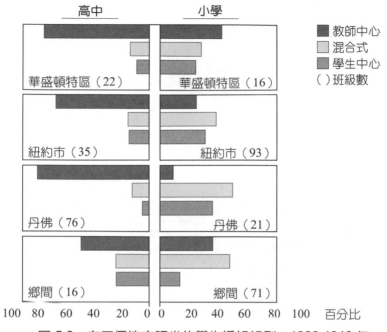

圖 5.3　在四個地方課堂的學生編組組型，1920-1940 年

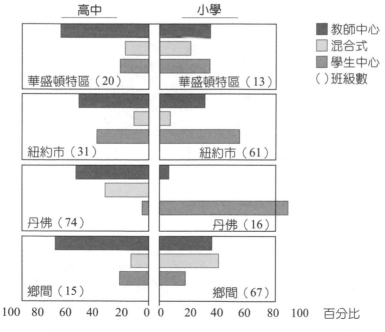

圖 5.4　在四個地方的課堂活動組型，1920-1940 年

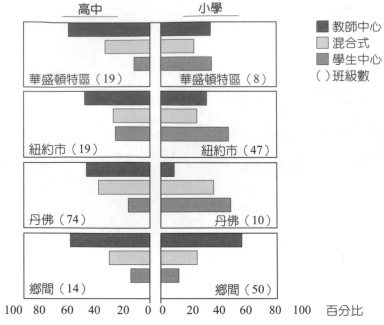

圖 5.5　在四個地方的學生移動組型，1920-1940 年

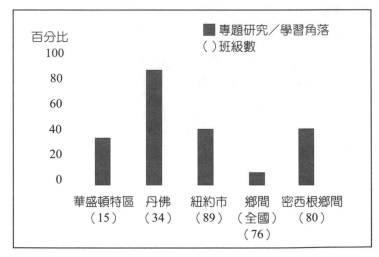

圖 5.6　小學使用專題研究／學習角落的情況，1920-1940 年

法，在 19 世紀最後二十五年，成了新聞記者、專業人員、改革者深感失望、必欲去之而後快的教學作法。以 Romiett Stevens 在針對 1908 年至 1911 年之間的教學實況所作的謄寫，記載了別人所作的觀察。在她的研究出版之後的數十年——我的意思是，其間並無因果關係存在——講誦教學的形式，似乎多少有一點兒放鬆，而不那麼嚴格地遵守教師提問、學生簡短回答的樣態。 **134**

後來，「社會化式的教課」逐漸脫穎而出，成了改良式的作法。此一作法允許學生取代教師，透過學生帶領的小組討論及專題討論、報告、演出由小說或戲劇改編而成的場景、辯論等方式將教材內容教完。此一作法把「正式的講誦」加以翻轉，因為它將仍然是以教師提出的問題為本所進行的師生互動，悄悄地轉換而成準會話的樣態。不過，此一作法還是有可能再折返而成原本的正式講誦。幾十年來習見的、學生站在他們自己課桌前背誦的作法，到了 1940 年代的都市課堂，就變得過時了；取而代之的是現今大家所熟悉的揮著手爭取教師注意的情景。

儘管教學派的改革者，對於課堂應該像什麼，或許有不同的看法，不過他們可能已經把形式主義的放鬆，當作是一種加分之舉。然而，他們希望看到更多的進步；他們還樂見：以統整了不同科目的課題所進行之較小的分組學習、師生合作計畫、與學校之外的生活明顯的聯結，以及讓學生積極參與將製作模型、繪製壁畫及其他二十多種活動融入課堂的學習任務——所有這些都有賴教師以細緻的、非威權式的作法，將它們和諧地結合起來。然而， **135** 在兩次世界大戰之間有關教學作法的研究顯示，Vivian Thayer 名為《講誦教學的消逝》（*The Passing of Recitation*）（1928）一書所述，有些言之太早，或許改以《講誦教學的永續長存》（*The Persistence of Recitation*），反而更為適切。[373]

這些年間，若干研究者進入了課堂，並且觀察了教師的教學方法。在少數如此為之的研究者當中，只有很少人將他們的所見加以計數。然而，若是

---

[373] 原注 27：Hoetker & Ahlbrand, 1969, pp. 145-167。

觀察者對於「學生中心的」、「進步的」及「現代的」等語的意涵持有不同的看法，那麼這些計數的作法即沒有什麼價值。所以，在針對七項課堂教學的研究進行總結時，我所考慮的是較不具批判色彩的研究，並且只報告那些較不會因為做了詮釋就受到影響的結果——質言之，就是要檢視那些能加以量化的行為：將學生加以編組俾便他們在一起學習、學生回答教師的情況、使用可移動的或是固定的桌子、學生提出報告或者帶領討論等。

我檢視了在加利福尼亞、伊利諾、印第安納、明尼蘇達、德克薩斯、威斯康辛等州的 1,625 所小學及高中的課堂調查研究資料，以及在 1922 年與 1940 年之間，由若干城市及鄉間學校的教育局長、視導人員、校長、大學教授等人所寫成的全國性報告。在某些調查中，受過訓練的觀察員使用了經仔細設計的工具；在其他的狀況下，匆忙寫成的印象說明，以及自陳式的報告就構成了研究的依據。必須補述的是，我並未就這七項研究作詳細的分析，而是將它們的資料融入表格當中，並且以敘事的方式作成描述。

一位紐約大學的教授 Margaret Noonan 於 1922 年，到德州主持一項旨在檢視黑人與白人都市學校情況的全州性研究當中的一個部分。作為一位進步教育熱烈支持者的Noonan，清楚地表述了她針對德州都市學校課堂教學進行判斷的一些標準：分組學習的呈現、師生共同計畫、課堂學習與校外生活聯結的證據、關注「整全的兒童」（the whole child）。

受過訓練的觀察者運用一個表格，針對九個德州都市中黑人與白人學校的情況，一一進行檢核。此一表格的許多陳述可以由觀察者做寬廣的詮釋（如「學生表現出參與活動的喜悅與欣賞」）。也有一些確實包括了具體的項目，如傢俱、學生分組學習、討論的主題等，這些有如表 5.3 所示。

師範學院 William Bagley 教授於 1930 年所執行的一項全美教學方法的研究，比 Noonan 的研究規模更大，它針對 1900 年與 1930 年之間由各州、都市、鄉間所作研究的結果，做了總結。他寫道：「研究這麼多年來一系列報告的任何人，很少會避免作出這麼樣的一項結論，亦即典型的美國課堂，不論其為小學或中學階段，過去一直以來，且現在依然如此，可以為其等的教

131

照片 5.3　新墨西哥州，Questa，某校，1943 年

表 5.3　九個德州都市中 176 所白人及 40 所黑人學校於 1922 年一項調查中的若
　　　　干項目上報導的情況

139

類目	白人學校中的百分比 （N = 176）	黑人學校中的百分比 （N = 40）
傢俱固定在地板上	70	77
由學生或班級建議的活動	2	0
學生在作同一項活動	56	42
學生在作團體活動	14	22
學生在作個別的活動	3	2
正討論著時事	22	45
學生自由地移動	24	20

132

照片 5.4　肯達基州，Breathitt 郡，Big Rock 學校，1940 年

133

照片 5.5　北達科他州，Williams 郡，某校，1937 年

照片 5.6　阿拉巴馬州，Gee's Bend 某校，一年級，1939 年

照片 5.7　愛荷華州，Grundy 市，某獨室學校，1939 年

學作出這樣的描述：毫無生氣且馬馬虎虎的學習，以及經過指定的教科書材料的講誦。」[374]

為了檢證這些調查的正確性，Bagley 寫信予全美各地的教育局長、校長、地方與各州的教學視導人員，請他們以他所發展出來的工具，針對教學方法進行一番評鑑。他接到了超過 30 個州的 500 多份完整的表件，它們不勻整地分配於鄉間（169）和城市（356）的學校，以及小學（342）與中學（183）階段。Bagley 明白，觀察者可能運用各種不同的觀點來描述教師，所以他提醒讀者，在閱讀這些觀察時：「不可以將這些針對課堂教學所作的描述，視為完全典型的情況……。」[375] 不過，我還是將某些類目作了組合，以便提供清楚的訊息給讀者。由表 5.4，可以看到其調查的主要結果。

Bagley 如何解釋這兩項結果的差異呢？一是正式調查所暗指的，教科書主導了教學；一是坐在課堂中的觀察者所發現的，學生中心教學的作法已經相當大幅度地滲入城市與鄉間課堂中。Bagley 如此問道：這些學校的官員（包括教育局長、校長、地方與各州的教學視導人員），是否因為當時正處於進步主義的全盛時期，所以在回應他這一位教授所提出的評鑑要求時，「盡可能地將實際的狀況加以美化」？[376] 或者，這些學校的官員在訪視他們所負責

表5.4　1929 至 1930 學年講誦與專題研究方法類型出現頻率的百分比（N＝教室數）

方法	鄉間小學 （N ＝ 108）	鄉間高中 （N ＝ 61）	都市小學 （N ＝ 234）	都市高中 （N ＝ 122）
教科書／講誦	16.6	28.8	10.4	22.5
個別及團體工作				
・個別報告	7.3	10.0	7.7	5.5
・團體報告	5.0	1.1	5.2	3.1
・專題研究	9.0	5.5	12.2	6.0

---

374 原書因故漏列此一引文的出處，茲謹查補之為：Bagley, 1931, p. 10-11。又，William Chandler Bagley（1874-1946）。

375 同上注，Bagley, 1931, p. 15。

376 同上注，Bagley, 1931, pp. 17-18。

的學校課堂時，展現了「一種自然的傾向，亦即將他們所見的情況，依一般可被接受的標準進行詮釋」？[377]

　　雖然 Bagley 注意到了這兩種解釋，但是他並未接受它們，而作了如此的總結：「當代的教育理論似乎已經相當深邃地影響了小學的教學，而且明顯地對於中學也並非沒有任何影響。」姑且不論在課堂中所觀察到的個別學習與分組學習落在 15%至 25%的組距，是否可稱之為「深邃」的影響，但是我所發現的情況與 Bagley 的調查，二者所顯示的趨勢相似。在講誦及學生中心的活動這兩方面，小學與高中之間有所差異。在個別學習與分組學習這兩方面的百分比，與在「課堂活動」類目下的學生中心教學的百分比，可謂在伯仲之間。

　　一位公立學校教師 L. W. Krause 在 1940 年，完成了一項以印第安納州 10 個都市中 217 個四、五、六年級的課堂為對象的研究。同樣地，他所用以指認進步教育作法的規準（例如教師依據民主原則管理課堂、兒童顯示了自我管理的情況、教師鼓勵清楚的思考）必須由觀察者以自己的意見作判斷的依據。但是，有一些項目確實需要以真實活動之出現與否為判斷的依據，也因此減少了但並不能完全消除人們在詮釋時所造成的變異。[378] 此一研究的數據呈現於表 5.5。

表 5.5　1940 年一項調查中記載的 217 個印第安納州高年級小學課堂在若干項目上平均出現頻率的百分比

類目	百分比
可移動的傢俱	46
幾個小組的學生正在學習中	2
各種不同的材料呈現	16
教師有正在進行中的學習單元	1
學生協助規劃學習	4

139

140

---

377 同上注，Bagley, 1931, p. 18。
378 原書因故漏列此段文字的參考文獻，茲謹查補之為：Krause, 1941。

一些研究針對 1924 年與 1930 年之間的高中，集中探討教師在課堂裡所做的事情及所說的話。這些研究者蒐集了中西部各州和加利福尼亞州大型及小型、都市及鄉間大約 600 位高中各科教師的資料。其結果與較早期Romiett Stevens（1912）的研究有著極為值得注意的相似之處，揭示了高中教師高度地掌控了課堂說話的數量與方向的權力，因而只留下很少的可用時間讓學生回應，而且在典型的 45 分鐘時段裡所進行的教學活動缺少變異性。

141

在 1924 年至 1926 年之間，若干大學研究人員參訪了明尼蘇達州 Minneapolis 地區的 346 個課堂，發現四種活動（講誦、督導下的學習、作業、測驗）占了每一個課堂時段裡教學活動的 90%。單單講誦一項，就平均花費了 62% 的課堂時間。兩位西北大學的教授於 1929 年進入了 116 個芝加哥的社會科課堂，並且作成「教學大部分仍然是提問—回答為基幹的講誦」的結論。他們發現，82% 的教師都會提問，有些教師在 45 分鐘的時段裡提問多達 150 次。他們驚奇地發現，非常少學生（10%）在講誦教學時會提出問題，或者提出任何意見（8%）。他們注意到，「我們在教學方法上所倡行的改革，並未以相當大的幅度進入學校」。在同一年，A. S. Barr 坐在威斯康辛州的 77 個社會科課堂中；這些課堂是由他們的校長及教育局長指定的「好的」或「差的」教師。他發現，在 40 分鐘的時段裡，教師們分別提問了 93 及 102 個問題。速記的紀錄確認了，這些教師包辦了課堂裡的說話時間，單單在講誦部分就說了幾乎 60% 的話。他還發現了八位教師使用「問題—專題研究的組織或是做中學」的作法。最後，一位史丹佛大學的學生在 1930 年，觀察了五個舊金山地區的 42 位英文及社會科教師。Charles Bursch 發現，「課堂討論」平均占了課堂時段的 59%。[379]

從這七個研究的 1,625 個課堂顯示出三個要點：第一，以不同的方法，從全美各個不同地區，大型的和小型的、鄉間與城市、小學與高中等各種各類學校，所蒐集而得的資料顯示了，與我單獨取得的 300 個城市與鄉間課堂，

---

[379] 原注 28：Koos & Troxel, 1927, p. 343; Hughes & Melby, 1930, pp. 285-289; Barr, 1929, pp. 84, 103; Bursch, 1930, p. 128。

有著值得注意的趨同現象。第二，以全班學生作為教學的主要承載平臺，並且依賴提問—回答的形式及教科書的作法所形成的這種自 Rice、Stevens 及其他人在幾十年前即觀察到的教學組型，似乎仍持續長存於兩次世界大戰之間的美國課堂中。第三，經過選用的進步作法進入小學課堂的情況，比出現於高中課堂的情況多。至少依據坐在課堂中的觀察者所作的報告、由教師及其他人士所撰寫的記事，以及照片等證據，專題研究、師生共同計畫、小組學習出現於高中的情況，不如它們存在於較低年級課堂的情況。

　　然而，校長及教育局長所作報告的證據則顯示，在高中課堂出現的某些特定的進步作法，比上述所示的情況多了許多。舉例而言，在一項由國會授權、為期三年（1929 至 1932 年）的中等教育調查中，即由 8,600 所中等學校（這個數目在那時約占全美的三分之一）產生了極為大量的訊息。關於專題研究方法，27%的學校報導他們運用此一教學形式，但是只有 4%的學校報導其運用的結果是「不尋常的成功」。同樣地，對於「個別化教學」（individualized instruction）這個語詞，25%的學校在指出他們運用此一作法的地方打了勾，但是一樣地，只有 4%的學校說他們運用的結果是「不尋常的成功」。[380]

　　是什麼情況使得「達到精準」這項要求變得不可能？當然，其中一個重要的原因是，這些術語對於負責報導這些教學作法的不同人士而言，可能有著不同的意義。在一所 3,500 名學生的學校，假如 100 位教師中有若干位社會科教師，剛好在接受調查的前一個學期施行了課堂專題研究這套方法，那麼這位校長就會報導該校採用了此一作法。同樣麻煩的是，專題研究這個術語本身就模糊不清。常見到的情況是，在學校教育官員的心目中，像專題研究這個術語及其他語詞〔如道爾頓（Dalton）方法〕乃是難以分清的。改革可能確實付諸施行了，但是行政人員在報導時，卻可能無意識地誇大了新作法的傳布。

　　在活動課程方案所激起之興趣波濤的後期，身兼紐約市學校系統的評鑑

142

---

380 原注 29：U.S. Office of Education, *National Survey of Secondary Education. Summary*, Monograph No. 1 (Washington, D. C.: Government Printing Office, 1934), pp. 126, 129。

人員與大學教授兩種身分的 J. Wayne Wrightstone 曾經在普通教育董事會（General Education Board）所執行的研究中作了一項聲明。他試著將 1930 年代一些高中所執行的實驗作法，與其它的因素加以分開。Wrightstone 主要依靠上述的全國性中等教育調查、由進步教育協會所贊助的八年研究，以及他多年來與全美各地辦理實驗的高中所建立的網絡等資料，作了一番總結指出，新科目及內容，特別是將若干科目加以關聯的作法已經引介到高中學校的課程來了，這些情況顯示，1930 年代的高中在教學作法的革新方面確實跨出了一大步。但是，他注記道，課堂教學的重心之所在，仍然是講誦、教科書、全班式教學。[381]

摘要

基於以城市及鄉間課堂為對象的本研究，以及針對兩次世界大戰之間這些年以全美為範圍的研究所做的分析，我可以就進步的教學作法之傳布，做成下列的陳述。

1. 一套進步的教學作法確實滲透進入了相當大多數的小學課堂

然而，在我所檢視的各個學區及我所概覽的研究中，受了影響的課堂之數目，在任何地方的某個學區中，絕未到達近乎大多數的地步。此一套作法——透過小組學習增加學生參與的程度；專題研究的活動；更多的學生表現；增加各種不同的課堂編組方式；二或三個科目領域的統整；更多地接觸社區的短程校外旅行考察；讓學生有更多在教室中移動的自由——在課堂內不均勻地、且只在一整天當中的部分時間施行。我估計，在任何一個推動這些改

---

381 原注 30：Wrightstone, 1936, pp. 21-22, 48-49, 59, 76, 184-185. 亦見 Dora V. Smith 於 1927 年在 35 個都市中針對英文課程所作的研究。她發現，在她參訪的這些課程及 70 所學校中，有一些教師將進步的教學作法和教師中心的教學混合在一起運用。*Instruction in English,* Office of Education Bulletin 1932, No. 17, Monograph No. 20 (Washington, D. C.: Government Printing Office, 1933)。

革的學區之中，很少有多於四分之一的小學課堂會出現這樣的教學作法。凡
是未致力施行這些作法的學區，採行這一套作法的教師人數，徘徊在五分之
一至十分之一之間。因為教師在採行這一套作法時，往往具有相當大的選擇
性，所以若是只將某些特定的作法計入時，比例還會再高一些。在小學課堂
比較少見的是諸如讓學生決定該學習什麼內容，還有如何運用課堂時間及選
取活動。[382]

143

2. 兩次世界大戰之間，在高中的學術科目中，極少進步的作法會改變教師中
　心的教學

　　在一些孤立的高中課堂，確實有活動課程、各種不同的編組方式、彈性
的空間安排、師生共同計畫等作法存在著。不過，只有少數的進步教學作法，
出現於大部分的高中課堂。課程內容確實有所改變的，通常是在英文及社會
科。與講誦教學作法關聯的形式主義有了一些鬆動，討論活動、學生的報告、
辯論等作法變得較為常見。兒童中心教學作法的跡象可見於課堂增加了的學
生說話、偶爾出現在社區中的短程旅行，乃至觸及學生所關注的事項或課堂
外生活的教材。但是，分配給個別科目的教學時間——除了一些學校在上課
的一天撥出部分時間施行核心課程或普通教育之外——仍保持不變。即使有
可移動的傢俱，但是教室空間的安排仍然是教師的桌子在前面，面對著一排
排的平板式扶手椅子（tablet armchair）或是可以攜帶的連接式桌椅（desk-
chair）。

3. 混成式的進步教學作法逐漸出現於許多的課堂

　　教師中心的教學與教學派進步主義的混合作法出現於許多小學與中學的
課堂。不同種類教師中心式的進步主義存在於相當多的學校。一種公立學校

---

382 原注 31：這項估計是出自以下的資料：我所蒐集的有關課堂教學的描述及照片；密西根鄉間
　　　190 位教師的自陳報告（1937 至 1939 年）；華盛頓特區中央高中 55 位教師的記述（1925 至
　　　1938 年）；Joseph Loftus 針對紐約市實施活動課程方案所做的估計；以及由 Krause 和 Bagley
　　　於 1930 年代，針對教師使用各種不同作法的程度所做的評估報告。

版本的進步式課堂，似乎已經在嚴峻的客觀條件下適應過來：課堂內有 35 名或更多名學生；有經過規定了的必須教會的技能及必須涵蓋的教學內容之學習課程；未接受過任何進步教學作法訓練的教師；老舊的傢俱、有限的空間、設備；數量龐大的、未經選擇且總是沒有學習動機的學生。

　　這時，已經有了人們熟悉的進步主義說辭及象徵意義存在於這些混成式的作法中，讓學校教育官員及教師可以自豪地指出，確實有少數的教師將這些新穎的作法融入每日的教學之中。然而，這些代表了以進步主義轉變教學作法這個夢想之極為微弱的表面信號，讓那些在公立學校之外的改革者，譴責這些所謂的改變實際上只不過是「原裝貨」（real thing）的複製品而已。不過，不論採取什麼觀點看這件事，明顯的是，真是有相當數量的教師確實改變了他們有關課堂方面的技能庫藏。

4. 學區的壓力及支持似乎在有限度地傳布進步教學作法這件事上，發生了作用

144
　　若是上層行政人員正式核定這些作法的推動、建立落實這些作法的組織機制，並且持之以恆地督促這些作法的付諸實行，則這些作法就會最容易在學區傳布。然而，即使在丹佛及紐約市，這些新穎的教學作法也都還未滲入大部分的課堂。在鄉間學區，教師們孤立無援、所受學校教育有限，而且又缺乏足夠的書籍與教材，因此除了一些原本即為多重年級組合而成的獨室學校所固有的一些作法（如學生編組的方式）之外，進步的教學作法似乎更不容易傳布。一些如孤島般的學校所推動的進步作法，也出現在一些獨特的學校，這些學校是因為有一些不懈的個人，恆毅專一地持續推動所以致成（例如 Ellsworth Collings 及 Fanny Dunn 即建立了一套進步的鄉間課程方案）。

　　我在本章前面所報導的將進步作法傳布到鄉間學校的一項經驗，或許為另一種改變作法提供了一個梗概。1930 年代中期，Kellogg 基金會所採取的傳布策略聚焦於個別教師的身上，讓散處於西南密西根州的一些教師受到激勵，而改變了課堂的教學作法。這些教師在基金會的經費支持之下，參加了若干推廣課程及大學的暑期研習；根據他們的自陳報告，在他們回到各自的學校

之後，確實改變了他們的課堂作法，不過這些改變乃是有限且間斷無定的。舉例而言，這些教師報告他們使用專題研究的情況，比諸其他研究中的教師，還有我所分析的一些課堂敘述，比例都高一些。這樣的證據可以確認，這些在密西根州獨師學校所報導的改變，與那些有著整個學區系統化推行計畫所引發的改變是否有實質上的不同，也可以確認這樣的改變是否會長久地持續下去。

5. 若是將相當多混成式的進步作法在學校傳布著這項事實算在裡面，則我們可以確認，教師中心的教學作法仍為主要的教學組型

　　小學及中等學校的教師從事教學工作時，長久以來一直都是在教室前方的位置，作著以什麼方式、在什麼條件之下、該學些什麼等項決定。學生編組的主要單位是全班。每天主要的活動包括了教師向學生講演、解釋、提問，而學生們則是聽著、回答、閱讀、寫著。座位工作或督導下的學習則是這些活動的延伸。

　　關於學生在教室內移動的限制多多少少有些鬆動。教師准許在課堂有更多的動作。可移動的傢俱為教師重新安排桌椅成為各小組的作法，提供了一種選擇，不過大部分的教師仍然是把桌椅作成行列式的安排。質言之，課堂的氣氛變得較為非正式一些，這樣的情況足以讓教師和學生跨越長久以來一直維持著的疏遠界限。

結論

145

　　自 1900 年起，重要的漸進式改革即已發生。即使 1940 年的教師與 1900 年擔負教學責任的人不再相同，但是教學仍然朝向教師中心的作法傾斜。然而，相當多的新任與資深教師都在調整他們的作法，這種情況在本世紀之初的公立學校還不明顯。

　　到了 1940 年，不同於標準教學方法的另類作法逐漸出現，並且因而讓教

師有了選擇的機會，也因此有少數教師開始嘗試採用；就專業的規範而言，這些教師確實值得尊敬。然而，儘管有些教師確實將原有的教學作法擴展而成為較大的技能庫藏，但是將這些作法付諸實行的教師仍然有限。若有一位像密西根州 Hillsdale 的 Leona Helmick 這樣，能做到嘗試進步教學作法的教師，就會有幾十位教師發現這樣的作法不是太過費時費事，就是會打亂現有的日常作息時間，或者太過遠離他們每天必須面對的現實條件。若有一位維蒙特州 Cuttingsville 的 Mary Stapleton 願意用自己的時間探索 Winnetka 制的作法，就會有許多教師對這些技巧關上大門。他們之所以關上課堂大門，是因為此一革新作法所需時間與精力的代價太高；他們之所以關上課堂大門，是因為擔心一旦引進變革，會將他們自己跟同事們孤立起來；他們之所以關上課堂大門，是因為根本沒有任何誘因促使他們作出這些變革。最後，他們之所以關上課堂大門，是因為沒有任何人有信心地告訴他們，若是這麼作了，會帶來許諾了的結果，亦即，他們不能確知這些結果會為兒童帶來益處。那麼，我們應該如何來理解此一教學上的變與不變呢？

於本世紀中葉，在稍早幾十年即擔任進步教育協會榮譽主席的 John De-wey，觀察到進步主義確實改變了「課堂生活條件」，但這只是發生在小學及極少的其它地方，而幾乎未見於高中的課堂。他注意到了，人們對於變革這件事，誇誇其談者多，腳踏實地、力求課堂教學與學習之改變者少。他更觀察道：「但是，舊教育所具有之根本的威權主義，還是以多種多樣且經過修改的形式繼續存在著。」[383]

我發現到許多的證據支持 Dewey 對於自從 1900 年以來，在課堂改變的程度及品質等方面所作的觀察。不過，我還必須就他針對「根本的威權主義」所作的評論，作一番申述。他這樣的說法讓我們注意到，教師引進他們課堂中的教學作法，以及他們為什麼引進這些作法，而非引進別的一些作法。

舉例而言，為什麼這些接受了某些進步教學作法的教師，會鼓勵學生在課堂中移動、利用部分時間帶領學生作專題研究的活動，乃至採用混合的學

---

383 原注 32：Dworkin, 1959, pp. 129-130。

生分組方式，而不會採取諸如讓學生決定平常上課時應該學習什麼課題呢？為什麼非常少見到，教師們把安排日課表的決定權委託給學生呢？教師中心式的進步主義融合了某一些新的作法，但卻不是另一些新的作法。或許這些混成的作法讓具有冒險犯難精神的教師們，在勉力將某些變革引進課堂時，所選取的總是一些不致於威脅到他們在課堂裡擁有權威的作法，而且這些作法也不致於影響到全校的課程營運。

　　Dewey 的評論確實引發了人們的關注，因為這些評論指出了，混成作法的本身竟然未能弱化教師們的課堂權威，反而可能因而強化了他們的權威。針對一些改革者於 1960 年代晚期及 1970 年代早期，試著藉由引進非正式教育，並將各種與進步教學近似的變革融入其中的作法，進行一番檢視，或許可以廓清這一項尚未確定的疑惑。

第二篇

開放課堂與另類學校：
進步主義再探，
1965-1990 年

第六章
非正式教育，
1965-1975 年

1972 年，在北達科他州一個有 35,000 名居民的都市，一位大學研究人員到一所有 180 名兒童的小學訪談一位二年級的教師。

訪談者：一開始，請你為我們描述，你典型的一天是什麼樣？

教師：上午，兒童按照他們自己安排的時間表進行活動。我們總是在午餐後，整個班級聚集在一起，我讀書給他們聽。這時，兒童也會自己安排時間表並且宣布，他們或者會作一場演出，或者會展示些什麼。我們會在稍後的下午時間，安排一些時間做這一類活動。其他的兒童會選擇是否參與這些活動。如果要參與，他們就會把這些活動放進他們的時間表裡……。

訪談者：好的。現在，我想請你描述教室的情況……。

教師：當你進到教室門口，會看到一個高高的書架區域。那是我們的接待櫃檯，那兒有可供到訪人員及兒童使用的來賓簽到簿、咖啡、果汁及餅乾等東西。數學學習角在這些書架的另一端。在那兒有一塊告示板。我們有一塊長型的組合黑板──告示板在另一端。一架打字機和我們的創意寫作區域在教室那一片特別的區域。然後，我們有一個大行李箱。它是我們的戲劇箱，裡頭放滿了許多帽子、衣服，以及像棍棒之類的一些道具。然後，我們有一張 6 英尺長的檯子，是一個放了唱片、幻燈片觀賞器、幻燈捲片看片器……等的聆聽學習角。

我們有一大塊覆蓋地毯的區域，裡面有一座長沙發、許多枕頭，還

150　有一些絨布玩偶。書櫃擺在旁邊，像是個一般所稱的閱讀學習角。接下來，我們有一個玩具櫃，然後是科學學習角〔以及〕植物與動物學習角。然後，你會看到烹飪區域，那兒有食譜寫在海報紀錄紙上，上面記載了這一年我們已經烹飪的東西……。

　　訪談者：在典型的一天裡，課堂中有多少兒童會參與語文及閱讀的活動？

　　教師：我們唯一整班學習的時間就是作持續靜默閱讀（sustained silent reading, SSR）。[384] 當然，閱讀是每個兒童每日時間表都包含在內的一個部分。在一天裡，一到了這段時間，他們就會聚集到閱讀學習角。他們會自己閱讀、讀給好朋友聽、讀給一位助教（tutor）聽，或者任何在教室的其他成人聽……。[385]

　　若有一架時光機器四下眺望 1920 年代兒童中心倡行者的作法，然後跨越幾十年，降落於 1970 年代早期的北達科他州某個二年級的教室，那麼這架時光機器會覺得這位小學教師，遠比 Spencer 太太在 1924 年紐約市的進步課堂，或者 Leona Helmick 在 1938 年的密西根鄉間的獨室學校，在精神上接近了很多——即使這兩位女士都早已經嘗試施行了學生中心的作法。這間北達科他州教師所報導的運用空間與傢俱的狀況、其學生高度參與制定教學與規則的程度、其課程融入了學業與生活情境的作法，乃至於其學生獨立自主的表現

---

384 持續靜默閱讀的基本作法是每天 15 至 30 分鐘，全校師生放下手邊的事務，除了安靜地閱讀圖書之外，不做其他任何事。亦有人在“SSR”前面，再加一表示“modeled”的“M”字而成「身教式持續靜默閱讀」，意指大人（校長及教師）以身示範帶著閱讀，而不要讓學生以為校長只會開會、訓話，教師只會教書、管教，而不會讀書。因為研究發現，學生不喜歡閱讀的理由之一，是身旁沒有喜歡閱讀的大人做榜樣。師生共同讀書，讓學生喜悅地讀書，是倡行「持續靜默閱讀」或「身教式持續靜默閱讀」的主要目的。

385 原注 1：Vito Perrone et al., 1977, pp. 1-20。【譯注者補充】：“tutor”有名詞與動詞二義，名詞則又有英美用法不同的歧義。就名詞而言，英國特指大學的導師；美國則可為家庭教師、助教或輔導員。就動詞而言，則為執行上述三種角色所採取的行動。本書將視上下文脈定其譯法，惟此處由上下文脈難定之，是以暫以助教譯之。另外，p. 174 二次出現的“tutor”，一宜解為名詞的助教，一宜解為動詞的輔導；而 p. 260 出現的“tutor”則宜解為家庭教師。

等，在在皆顯示了這是一個非正式的、兒童中心式的課堂。此一北達科他州教師的作法是全美，無論外行人或專業人士，皆熱心推動的開放課堂及另類學校之熱潮的一部分，而早先一代的人們可能會很輕易地就將這些作法標識為進步教育的稱號。北達科他州這位教師的作法，可以說已經落在兒童中心教學傳統之中；而此一傳統可以回溯到幾個世紀前，並一直傳承到現在。

　　但是，由 1930 年代到 1970 年代，兒童中心教學的系譜出現了斷裂與曲折。三十年的隔離將紐約市活動課程方案的課堂，與我們方才讀到的北達科他州某個二年級課堂，或者將 1936 年丹佛東方高中的核心課程，與一個三十年後華盛頓特區「沒有圍牆的學校」（schools without walls）這些不同的作法明顯地加以分立了。以 Philip Jackson 的說法，這些教育方面的進步「比較容易以蝴蝶的慢漫展翅，而非子彈的急速爆飛，描繪其蹤影」。[386]

非正式課堂的背景：1960 年代

　　在接下來的這個部分，我並未回溯第二次世界大戰之後的歷史，而是集中探討看來似乎導致非正式與另類學校在 1970 年代早期達到頂峰之短暫熱潮的一些情況。我也會將之與較早的進步教育運動作一番比較。[387]

與進步主義平行

151

　　正當 1960 年代，在媒體沉緬於非正式與「自由」學校的熱頭時，Lawrence Cremin 將進步教育作法，與此時正為人們注目的這些改革，二者作了一番相互比況。他在此一「新進步教育運動」（new progressive movement）中看出了，其與較早的進步教育運動之間有著重複之處：兒童中心及社會改革。

---

386 原注 2：Jackson, 1968b, p. 4。【譯注者補充】：Philip Jackson（1929-2015）。又，Cuban 參考了 Jackson 這段文字，為其 2018 年出版的專著取名為《蝴蝶展翅抑或子彈在飛？以科技帶動教學變革的今與昔》。

387 原注 3：第二次世界大戰之後的公立學校歷史，請見 Ravitch, 1983; Powell, Farrar, & Cohen, 1985, ch.5; Hampel, 1986。

Cremin 於指出 1960 年代 A. S. Neill 所寫的《夏山學校》（*Summerhill*）一書，在十年後都還年銷超過 200,000 冊，這件事讓人們重新將教育的重心聚焦於兒童之同時，也理解到一些對於學校教育情況有所批評的人士，如 John Holt、George Dennison、James Herndon 及 Herbert Kohl 等的著作，對於當時一些試圖尋求不同類型的教師和學校教育的努力所帶來的契機，有所貢獻；因為Cremin 相信，這些努力會讓兒童的想像力與創造力從沉悶的常規、專橫的威權、消極被動的學習等層層壓力中解放出來。[388]

然而，Cremin 指出，在民權運動的餘波中，黑人及其他族裔群體試著重新形塑學校，俾便適合其對於身分認同的期望，並且建立一種同體感（a sense of community）。他評論道：「我們在該運動的有關文獻中，看到了兒童中心與政治改革這兩個主題精彩地相互交織，因而開放教育一方面成了解放兒童的手段，另一方面則成了激進社會變革的方策。」Cremin 於注意到這兩個主題之間的不同之時，還發現這些文獻「具有惡名昭彰的輕忽歷史及漠視學理之特性」。因為那些創建新學校的人士「並未閱讀他們的 Francis W. Parker 或者他們的 Caroline Pratt⋯⋯結果是他們彷彿不斷地重複推動著教學歷史的轉輪，費盡心力，卻徒勞無功！」但是，他確實看出了這兩項運動的相似之處：公立學校仍是推動改革的工具。即使 Charles Silberman 所著《課堂的危機》（*Crisis in the Classroom*）這本「確實是與現今這兩項運動有著密切關聯之最具學術性質、作了最廣範圍分析的專著」，亦將開放課堂視為「教育改革這個弓形門的拱頂石」。[389]

---

388 原注 4：Cremin, 1973, p. 171。【譯注者補充】：Cuban 原注有誤！應為 Cremin, 1973, p. 1。蓋經查明，該文的出處應為 Cremin, L. (1973). The Free School Movement: A Perspective, *Notes on Education, II*, 1-4。該文並在其他地方發表：Cremin, L. (1974). The Free School Movement: A Perspective. *Today's Education, 63*(3), Sept.-Oct., 71-74；Cremin, L. (1978). The Free School Movement: A Perspective. In T. E. Deal & R. R. Nolan (Eds.), *Alternative Schools: Realities, Ideologies, Guidelines* (pp. 203-210). Chicago, IL: Nelson-Hall。

389 原注 5：同上，pp. 2-3。【譯注者補充】：(1) Caroline Pratt（1867-1954）為知名進步教育倡行者，曾於紐約市 Manhattan 區格林威治村創辦城市和鄉間學校（City and Country School）。(2) Charles Silberman（1925-2011）為知名記者與作家。

　　那時的北達科他大學新學院〔New School，後來重新命名為教學與學習中心（Center for Teaching and Learning, CTL）〕的院長、也是致力推動非正式教育改革人士所形成的網絡之中的顯要人物 Vito Perrone，大量地以 Cremin 在進步教育運動方面的著作為據，將開放教育的根源溯及於世紀之交的進步主義。雖然在人們對於開放課堂表示關注的大浪之中，Perrone 並未將政治改革與兒童中心這兩個主題加以區分，但是他確實將它們都作了描述。[390] 他跟 Cremin 一樣，將溯源研究的範圍擴大而超越了進步主義，進而在民權運動中找到它們的根源；他不僅止於如此，還及於民眾對政府施政覺識的漸增——例如關於環境及越戰等方面的政策——因為民眾以為這些作法都是愚蠢之舉、沒有人性，且又具破壞性。此外，他還稱許，英國小學為美國施行非正式教育提供了「相當可觀的刺激」，特別是在《兒童及其小學》（*Children and Their Primary Schools*）（1967）這份英國政府報告出版之後，更是如此。[391]

　　Roland Barth 針對開放教育的源頭所作之探索，將他帶回到 1961 年。在那一年，麻薩諸塞州劍橋地區的私立學校教師 William Hull 前往英國，就小學的情況作了觀察與報導。他充滿熱忱的文字引領了日漸增多的美國教育工作者前往英國，以第一手的方式參觀「萊斯特郡方案」（Leicestershire plan）、「統整日」（integrated day）及「發展式課堂」（developmental classroom）等作法。於是，設於麻薩諸塞州牛頓地區的教育發展中心（Education Development Center, EDC）就變成了有關英國小學相關訊息與資料的交換場所。Barth 追縱了該項運動在美國的成長：由早期若干私立學校、基金會、聯邦經費支助的課程發展人員所形成的交互連鎖之網絡，到由 Joseph Featherstone 在《新共和》（*New Republic*）期刊上發表的一系列文章，乃至 Silberman 所著

152

---

390 Vito Perrone（1933-2011）。又，如下文 p. 156 所示，新學院的全名原為教育行為研究新學院（New School of Behavioral Studies on Education）。

391 原注 6：Perrone, 1976, pp. 186-187; Perrone, 1972, pp.10-11。【譯注者補充】：於 1967 年公布的《兒童及其小學》又名《普勞頓報告書》（*The Plowden Report*），鼓勵小學教師採用兒童中心的教學方法。另外，設置「教育優先地區」（educational priority areas, EPAs）的作法及「積極差別待遇」（positive discrimination）的理念，皆為該報告書的重點。

《課堂的危機》一書的出版，再到各州教育廳、大學、公立學校行政人員、教師等。他指出了，開放課堂就像這樣，雖然缺乏系統、參差不齊，但是卻以持續傳布的樣態在全國各地出現。[392]

上述各個作者對於開放課堂的發源及傳布的說法各有不同，但是沒有任何一位論及課程改革的出現（及消失）。作為蘇聯發射 Sptunik 號人造衛星這件事前後改革浪潮的一部分，1950 年代及 1960 年代的改革者製作了數學、科學及社會科等的教科書及各種材料，讓學生基本上像科學家一樣，進行操作古氏積木（Cuisenaire rod）[393] 及光熱燈泡，並且展開情境模擬的活動。當全美各地許多熱心的支持者及參與者所採取的變革作法，到了末了對於課堂中實際產生的效果表示失望之時，聚焦於兒童興趣與動機及嘗試現代關懷事項的教材等，與早先幾個世代的改革者相互輝映的作法，乃再度受到改革者的重視。

社會改革、兒童中心教學、課程變革、自我解放等早先幾十年前進步教育運動的各項標誌又再現於 1960 年代。此外，曾經見識過早先幾個世代公立學校對於兒童的身心發展多所限制、顢頇無效，甚至屢加傷害等情況的學界人士、作家寫手、專業的改革者，在後期的一些評論者的批評中發現了新的聲音，而這些後來者也同樣認為學校的組織方式，以及其所提供的教學作法不但愚蠢之至，更是破壞有餘。

與進步主義的差異

然而，除了這些相同之處，兩個世代的學校改革者還是有著一些實質的差異。舉例而言，到了 1940 年，各種不同形式的進步主義已為大部分的公民

---

392 原注 7：Barth, 1972; Featherstone, September 11, 1971, pp. 20-25; Featherstone, September 25, 1971, pp. 17-21。【譯注者補充】：「萊斯特郡方案」是一項以綜合式組型的教育（comprehensive pattern of education）為指導原則的實驗。請見 http://www.educationengland.org.uk/documents/mason1964/mason.html。

393 古氏積木是瑞士數學家古氏（George Cuisenaire, 1891-1975）所發明的一套數學教具，由 10 根長短不一、顏色互異的棒子所組成，10 色積木以不同的長度及顏色的特性，透過創造性的教學活動，可以清楚地解釋許多數學概念。

及專業人員視為公立學校的現代形式。行政派進步主義者將設備的效率、企業化的辦事程序、新穎的校舍建築等列在科學概念為本建構而成的績效計分卡中。教學派進步主義者則建立了一套教學方法的架構。社會改革者所撰寫的一些書籍則成為見多識廣的教育人員心目中的暢銷書。

153

　　這時，進步主義成了主流。這項運動表現於正式組織、年度會議、具有同樣心態的人士所組成之網絡、教師教育的課程，以及旨在訓練學校行政人員的研究所學習課程等諸多事項中。在這種情況之下，實務工作者與政策制定者的語彙皆映照了他們對於進步觀念的熱衷。於是，欲成為現行教育建制的一部分，與欲成為一個進步教育工作者，就變成了同義詞。

　　非正式教育的新星包括了少數上述的各項特色。相比起來，進步的信念費了幾十年才成為主流，跨越非正式教育天空中的閃光紋理，雖然絢麗，卻極短暫。非正式教育從來未做到有組織且深邃地掌握住眾多美國教育工作者的注意力；這一點，由其曇花一現般地存在於美國，就可以說明之。或者，堅決支持非正式教育的人士並未熱衷於在他們彼此之間建立起正式的聯結，也未積極與主流教育工作者建立良好的關係；這些正好解釋了，其等根基如此淺薄的緣由，因為熱衷於開放課堂的人士缺乏可用以增加其活力的組織體系。雖然偶有支持者的團體結合在一起，試著努力傳布其等的觀念與作法，但是這些隨意組合而成的網絡對於整個教育的建制而言，只能勉強算是邊緣的作法而已。

　　與早先改革的努力相比較，非正式學校所引發的興趣如此短暫，實在令人吃驚。一般人都認為此一運動始自 1960 年代的中葉；到了 1970 年代中葉，對於基本技能（basic skills）、測驗分數、傳統式的另類學校、最低能力（minimum competencies）等，[394] 取代開放課堂而成了學校董事會、教育局長、校長及教師們的行動綱領。出現於《教育索引》（*Education Index*）及《當代教育期刊索引》（*Current Index of Journals of Education*）等論文索引

---

394 茲依國家教育研究院樂詞網（https://terms.naer.edu.tw）譯解之。

中，有關非正式學校教育的論文數目是興趣突然轉移的風向指標。於 1969 年與 1973 年之間，這方面論文發表的數目突然暴增，占滿索引的好幾頁；到了 1975 年與 1979 年之間，該一論題的文獻數量卻又陡然地縮減，以致只剩下一、二頁。即使對於非正式教育的興趣短暫到如此的地步，但是有關該一名詞的界定及與其相對應作法的內涵，仍然未見有其一致性，即使是在 1967 年至 1973 年之間亦不例外。

突然暴增了的各式論文出現於各種媒體上，諸如新聞報紙、雜誌、專業期刊、書籍等，再輔以電視與電影的播出。書籍與非書籍的資料記載了一連串標記了廣義的非正式學校之不同名稱：開放課堂、自由學校、開放教育、另類學校、校中校、個人化教育（personalized education）、人文主義的學校、迷你學校等。在許多評論者皆對於公立學校有著共同不滿（不然的話，就是厭惡）之同時，大多數的專業人士及外行的改革者則相信，公立學校的教學應該能受益於這些非正式教育作法中的某些版本。

在我針對非正式教育所作的討論之中，我將會集中於公立小學及中等學校裡，試圖改變課堂教學作法的各項努力。我在描述小學的變革時，所使用的「非正式教育」及「開放課堂」二者為同義詞。在中等學校層級，則會以「另類」一詞指稱跨越 1960 年代晚期及 1970 年代早期出現的各種革新作法。兩個層級的學校變革所共同關注的要項即成了課堂改革之標的。

開放課堂：1970 年代

在非正式學校教育一經推動，通過一段初始的狂熱，轉而成為常規發展之後，若干倡行者即開始憂慮，學校實務工作者會不顧一切地將所作所為凍結在「開放課堂」這個正統派的名詞上。他們指出，真正攸關重要的乃在於教學、學習、兒童的性質，以及建立一種非正式的環境──而非某些稱之為開放課堂的產物。Roland Barth、Joseph Featherstone、Vito Perrone、Charles 和 Arlene Silberman、Lilian Weber，以及其他人經常以書面及講演的方式指出，

諸多危險的造成，皆係因為倒錯手段與目的，而忽略了非正式教育的基本論題，卻又為課堂實務開出一些無用的處方。Featherstone 於 1971 年，在《新共和》期刊上即曾以〈務請緩和這一波流行的風尚〉（Tempering a Fad）為標題。他於該年的同月在另一篇文章上指出：「雖然在這塊土地上有許多先知出現，但是並無所謂教育的『福音』存在。」不過，他提出的警告，並沒有人理睬。[395]

　　界定何謂開放課堂這項作法的強烈動機，並未因為各種警告而有所轉向。1970 年代早期，研究人員、學校行政人員、學校董事會的成員等人士，在民眾及專業人士對於非正式學校的熱情催促之下，提出了各式表列的項目，俾便用以區分開放課堂與傳統課堂。一些倡行者認為，如此的表列作法會冒著將一套複雜過程加以瑣碎化的危險，不過他們辯稱，此番危險可以藉由針對開放課堂的作法提供具體的說明加以彌補。到了 1971 年，各種檢核表、圖解及可用以評估開放性質的方式開始出現。1973 年時，Barth 抱怨說，美國教育工作者不用心思地複製了英國小學的作法：「我們已經製作了內含字彙、出版品、教材等的精巧套件，並且售賣予學校。」[396]

　　即使有著這些擔憂，作家寫手們還是同意開放課堂有著某些共同的要素。開放課堂的教學風格，在空間與教法的運用這兩方面都是彈性的。學生在選擇活動的過程中有參與的機會，而且課堂中有著學生們經手的各種豐富的教材。課程都是經過統整的——也就是早先一個世代先進們所指謂的「相關的」（correlated）課程。教學的編組傾向於使用小組及獨立自學（independent work），不過於適當的時機，教師亦會將全班學生聚在一齊上課。[397]

---

395 原注 8：Featherstone, September 11, 1971, p. 20。

396 原注 9：Roland Barth, 1973, p. 59；檢核表的例子，請見 New York State Education Department, *Information and Planning Kit for Use in Developing Open Education Programs* (Albany, N. Y.: Task Force on Open Education, 1971); Anne Bussis, 1976。對於太快接受開放教育的警示，請看 Roland Barth 在 *Saturday Review* 上的文章；Perrone's Phi Delta Kappan Fastback; Ruth Flurry, "Open Education; What Is It?" in Ewald Nyquist and Gene Hawes (eds.), 1972, pp. 102-110; Chales Silberman, 1973, pp. 297-298。

397 原注 10：Horwitz, 1979, pp. 72-73; Kathleen Devaney, 1973; Perrone, 1972, pp. 12-21。

Charles Silberman 對於任何可能把教師帶進開放課堂的活力，逐漸加以稀
155 釋與損壞的舉動，都很敏感。因此，Silberman 警告支持者要小心謹慎。他擔
心一些不經心的開放課堂的忠實信徒，會像醉漢的惡名讓酒精飲料遭殃一樣：
一旦弄壞了開放課堂的名聲，就永遠洗不清了：

> 若只是針對開放教育本身下工夫，把教室分成若干個興趣區域（in-
> terest areas）〔學習角〕，並不算構成開放教育；留出較大的開放空間，
> 並不算構成開放教育；將教學個別化，並不算構成開放教育……。因為
> 開放課堂……並不是一個模式或一套技術；它是一種教學與學習的觀點
> ……。
>
> 於是，開放課堂的人為事象（artifacts）──興趣區域、具體實在的
> 材料、牆面的展示品──並非目的自身，而是達成其他目的之手段……。
> 此外，組織開放課堂的用意在於鼓勵：
> ・主動的學習而非被動的學習。
> ・以各種各樣的媒介進行學習，而非只以鉛筆、紙張及口說的語詞
> 　為媒介。
> ・自我導引、學生啟動的學習，多於教師啟動的學習……。[398]

既然已經對政策決定者及實務工作者提出了這些警告及建議，那麼這些
教學與學習的作法進入一般學校課堂的情形如何呢？為了解答這個問題，我
檢視了三個地方的學校教育狀況──北達科他州，這個州試著透過一項遍及
全州的教師資格授予方案，全面地改革教學作法；紐約市；華盛頓特區──
這三者都是在 1967 年與 1975 年之間最熱衷於施行開放課堂作法的地區。

遺憾的是，我所找出、用以表示非正式教育的信號，正好是 Silberman 示
警且反對的人為事象。將面對面坐著的學生書桌加以叢集式的安排、學習角、
在教室中不受阻礙地移動、小組與個別的教學、學生自行選擇活動等都是開

---

398 原注 11：Silberman (ed.), 1973, pp. 297-298。

放課堂最為原本的指標。不過，這些開放性質的外在信號所揭示的，與教師
們對於學習與兒童發展所持有的觀點並無實質的關聯，與他們對於改進學生
知能的考量也無實質的關聯。我針對課堂所作的行為分析，可能會受到這樣
的批評：太過狹隘，而且無法掌握住內存於非正式教育的整體特性。但是，
對於這些批評，我可以僅只這麼說：教師們自己會把這些信號當作他們向著
非正式課堂移動的證據，而且無論如何，這些人為事象直指一項實質的努力，
可藉以確認教師是否已將開放課堂的某些層面融入其教學作法之中。

北達科他州

在為期十一個月的時間裡，《星期六評論》（*Saturday Review*）、《大西
洋雜誌》（*Atlantic*）、《新聞週刊》（*Newsweek*）、《讀者文摘》（*Readers
Digest*）、《生活雜誌》（*Life*）、《紐約時報》及《華爾街日報》（*Wall
Street Journal*）等都以橫掃北達科他州高原上的獨室學校、村莊、城鎮、小型
都市的各項改革為專題，作了報導。到了 1972 年，公共電視系統（Public
Broadcasting System, PBS）及哥倫比亞廣播系統（Columbia Broadcasting Sys-
tem, CBS）都播出了該州開放課堂改革的紀錄片。從媒體的角度來看，「內
地（窮鄉僻壤）作為先鋒」（hinterland as avant garde）的改革，實在太難以
漠視。由卡內基公司（Carnegie Corporation）贊助而由 Charles Silberman 撰成
《課堂的危機》的研究中，設有鮮明的一章專門述及該州的改革。所有這些
專題文章、專業期刊、書籍皆指出，北達科他州大學的教育行為研究新學院
（New School of Behavioral Studies on Education，以下逕稱新學院）在為非正
式教育提供觀念、經費、師資訓練、支持等方面的作法上，皆扮演了主要的
角色。[399]

開放課堂起源於地處偏鄉性質、政治上保守的一個州，這件事有必要加

156

---

399 原注 12：例如，請見 *Newsweek*, 77 (May 3, 1971), p. 65; Resnick, 1971, pp. 67-69; *The New York Times*, October 11, 1970, p. 68。

以解釋一番。該州的一般情況，曾在本書其他有關章節描述過，此處不再贅述。一項 1967 年完成的研究記載了，北達科他州是美國各州當中，在小學師資培育這項業務的績效上排名最後：每五位教師即有二位未獲學士學位，而且可供小學生入學的機會（如幼兒園班級、特殊專長的教師、殘障兒童的服務）也有限。為了讓占全體教師人數 40%、平均年齡為 43 歲之未取得大學學位的教師能夠提升學歷，研究人員建議，應設置一所實驗性質的教師教育學院，其所開設的學程應該契合這些教師所任教學校的情況：學生零零散散地分布在幾個年級的小型學校。該研究的人員在 Featherstone 於《新共和》期刊上所發表的以英國小學為主題的文章中看到了，非正式教育與在一個偏鄉性質的州裡設置小型、孤立的學校之需求，這兩者之間的適配性。於是，不只旨在讓教師能通過資格的檢覈，也希望在有關教師如何教、如何運用課程、如何作成課堂決定等方面引進「基進」（radical）變革的北達科他大學新學院乃應運而設。[400]

Vito Perrone 受聘擔任新院長，人們希望他的機智及情緒上的激發力，能夠將動力賦予此一尚在初期的冒險事業。Perrone 聘請了一些跟他志趣相投的教師，亦即一些知曉英國小學情況，或者曾經在設於麻薩諸塞州牛頓地區的課程發展中心（Curriculum Development Center）——也就是發展與印行開放課堂用教材的單位——工作過的人士。Perrone 跑遍全州，將開放課堂及新學院所聘請的實習教師（用以代理那些未具學位的現職教師而新聘的一些年輕男女，而現職教師則前往攻讀學位並通過檢覈）的優點，告訴議員、學校教育官員、教師及家長們。Perrone 及他的同事，運用家長們熟悉的鄉間學校之形象，特別是許多年級在一個班級，還有與周圍的社區有著緊密聯結這兩項特點，把非正式教育當作許多北達科他州人曾經接受、因而都熟悉的學校教育之變體，加以倡行。[401]

---

400 原注 13：Resnick, 1971, pp. 67-68; Silberman, 1970, chs. 7 and 11; Vito Perrone and Warren Strandberg, "The New School" in Nyquist and Hawes (eds.), 1972, pp. 275-291; The North Dakota Statewide Study of Education, 1973, pp. 6-9; Michael Patton, 1973, p. 7。

401 原注 14：Patton, 1973, p. 21。

　　在 1968 年與 1973 年之間，超過 50 個學區（約占整個州的 20%），共 80
所學校（該州大約有一半的小學生入讀這些學校）加入了新學院此番努力之
中。新學院及其他州立學院共同參與此一協助教師們獲取學位的運動，大幅
地減少了未獲學位教師所占的比例（由 1968 年的 59% 銳減為 1973 年的
13%）。[402]

　　雖然 Perrone 對於將開放課堂的概念固著成一項信條的作法有所警惕，但
是，他還是需要以家長們能理解的語詞，將這些在教學及學校生活方面的不同
方式作一番解釋。北達科他州版本的非正式教育，包括了在英國小學中發現的
一套核心作法，當然這些還加上了新學院所重視之一些經過地方調適的作法，
特別是學生參與課堂決定、非學業方面成長的評鑑、家長的參與。[403]

　　實習教師將開放課堂的作法引進了 Starkweather、Minto、Devil's Lake、
Fort Yates、Fargo、Bismark、Minot、Grand Forks 等地。在頭五年之內，都
市、城鎮、鄉間及獨師學校——全部都由新學院或是聯邦政府的聯外活動方
案，直接或間接地觸及之。不過，到了 1973 年後，聯邦政府給予全州各地新
學院的經費贊助撤離了，聯外活動也縮小而成只包括了這些動機高昂且精力
充沛的新學院教師，以自己的時間投入的工作。[404]

　　若欲確認新學院在多大程度上，將開放課堂這項作法傳布於該州，乃是
挺複雜的，因為全美並沒有任何一個其他的州採行這樣一項引介開放課堂的
作法。北達科他州作法的獨特性避免了與其他州進行比較的必要，而且在針
對其作法進行任何的效能評估時，都必須考慮此一獨特性。開放課堂在 1970
年代早期傳布很快，這是很明顯的。舉例而言，在 Fargo，於教育局長的要求
下，新學院於 1969 年在有著長期以來學業成績低落紀錄的 Madison 小學，為
實習教師建立了一個中心。於 1969 年與 1977 年之間服務於該校的兩位校長
都與新學院有密切聯繫。

---

402 原注 15：Devaney, 1974, pp. 209-211。
403 原注 16：Landry, 1975, p. 5。
404 原注 17：Devaney, 1974, p. 219。

　　Vincent Dodge 校長描述了到 1973 年為止的改變。教室的牆面去除了，跨越年級的團隊成立了。教師設立了數學、科學、社會、創意寫作、閱讀、藝術等學習角，並為學生安排個別的學習站，以增強及激勵學生和社區加強聯繫。此外，學生以硬紙板及其他的材料，製作了櫃子、椅子、個人閱覽或學習用的卡座（carrels）、雜誌櫃、日用品置物箱、遊戲及謎題等設備與用品。最後，在成績單上不再出現字母等級。學校每年都會將學生具體學到的學業知能、合作行為、人際技能等的檢核表寄送到學生家裡兩次，還會舉行兩次教師與家長的會談。質言之，依據這位校長之說，在此不但有著開放課堂的各種人為事象，也有著教師與學生共同合作的計畫與決定。*Fargo Moorhead Forum* 這份報紙針對 Madison、Clara Barton、Lewis and Clark，以及 Horace Mann 等學校撰寫了一些文章，描述其學習角、小組學習活動，以及學生在教室中自由活動等的情況。其中一個頭條標題是這麼寫的：「Fargo 的學校帶領著教育的革命」。[405]

158

　　在 Fargo 北方不到一百英里的 Grand Forks，如教育局長 Wayne Worner 於 1969 年所說，該地已經變成了：「革新作法的麥加。」他宣稱，在該學區沒有哪所學校是「30 名學生關在一個箱子裡的情況」。華盛頓小學與新學院建立了正式的關係，學校本身就在學院幾個英里的範圍內。由幼兒園到六年級共 220 名學生的該校校長 Larry Hoiberg，在 1970 年描述了華盛頓小學如何「將兒童的世界與其家庭世界結合在一起」。照片及敘事顯示了，該校確實施行著小組學習、學習角、學生自由移動、彈性空間安排等作法，而且可以看出新學院的實習教師、家長志工、助理們參與工作的情形。[406]

　　在 Grand Forks 的另外一所學校，學區行政人員 Jerry Abbott 描述了，將助理引進一所新設學校的一項聯邦政府補助款，如何在 Kelly 學校協助建立開

---

405 原注 18：Vincent Dodge, 1974, Item VI, pp. 1-5; *Fargo-Moorhead Forum*, October 4, 1970; October 25, 1970; November 29, 1970。

406 原注 19：*Grand Forks Herald*, August 26, 1969; Larry Hoiberg (1971), "We're Putting It All Together at Washington Elementary School" (Grand Forks, N. D.: Washington Elementary School), mimeo, pp. 1-51。

放課堂方案的情況。學習角、學生聚合在叢集式課桌邊進行小組學習、個別
化的閱讀學習、豐富的材料，以及十多項其他的信號，皆指向開放課堂及改
變了的教學作法。Abbott 反問道：「教師的傳統角色若何呢？」並且隨即很
快地回答道：「她不再站在教室前方指定著……功課給學生。兒童們以分組
的方式學習時，她自由地在兒童之間移動，並且協助著有需要的兒童。」[407]

　　參訪者及記者注意到了，在該州其他一些不大可能的地方，也出現了非
正式的課堂。Arlene Silberman 進入了設在 Starkweather（人口 250）一所學校
的若干課堂，追蹤著若干學生。這所學校一到十二年級的學生共有 200 人，
四位小學教師（都正在新學院攻讀學位）所帶領的課堂，「比人們在美國的
Scarsdale、Winnetka、Shaker Heights、Palo Alto 等地的課堂更讓人感到興奮，
而且當然更具創新的性質」。她還參訪了 Edmore（人口 405）、Lakota（人
口 1,658）、Minot（人口 33,477）等地的學校，這些學校都由新學院畢業的
教師執教，並且都在教室設置了構圖板、收銀機、古氏積木；這些課堂也都
安排了數學、閱讀、科學、藝術等區域。她看到了學生分成小組共同學習，
某些兒童獨立自主學習，其他兒童與教師圍坐在檯子邊，還有些在角落裡，
或者手腳伸開躺臥在地毯上。[408]

開放課堂的傳布及久暫

　　試著記載開放課堂以各種不同形式在該州傳布的情形，並且進而敘述這
些教學作法於經過一段長時間後持續存在的情況，比起只是單純地計算這些
課堂的事例，困難程度大多了。如同評估進步主義的傳布一樣，其中的問題
可大別為兩個部分：一是，如何確認標記了「開放」這兩個字的課堂，在付
諸實踐時，其施行程度如何；二是，如何評估運用非正式作法（學習角、小

159

---

407 原注 20：Final Report, Title III (1970), *Elementary and Secondary Education Act*; "The impact of
the Teacher and His Staff" (Grand Forks, N. D.: Grand Forks School), mimeo, p. 56。

408 原注 21：Silberman, 1970, pp. 290-297; Silberman (ed.), 1973, pp. 43-52; *Life*, October 1, 1971;
Today's Education, February, 1973, p. 35。【譯注者補充】：Scarsdale、Winnetka、Shaker
Heights 及 Palo Alto 分別位在紐約、伊利諾、俄亥俄及加利福尼亞各州。

組等）的課堂之間，難以避免的變異。

問題的第一部分涉及了在教師報告及直接觀察中，用以提供資料俾便獲致結論時，所使用之「開放課堂」這個具有綜合性質的語詞。這些資料很難加以詮釋，因為教師及觀察者賦予「開放課堂」這個語詞的意義，可能各有不同。如同我在分析進步教育情況時所曾經說過的，非正式教育或開放課堂作為一個單一面向的構念（unidimensional construct），比起一個由教師經過選擇且不均勻地施行之各種不同要素所組成的構念，其效用少多了。

問題的第二個部分涉及了資料的本身。研究者當中，愈來愈多人認識到，教師及校長針對進步教育與開放課堂的施行狀況所作的報告，有言過其實的情事。我所蒐集的證據，在這些要點上，就有其易受抨擊之處。[409]

有一項可以確認該州非正式教育施行程度的作法是，設法找出有多少新學院的實習教師及畢業校友在該州的學校工作。到了 1973 年，超過 500 位新學院的教師及實習教師，帶著他們所習得的開放課堂概念進入了 80 所學校，或者幾乎是該州全部學校的 15%者。1975 年有一位新學院的研究人員探討了一項問題：這些新學院訓練的教師在這幾年裡是否持續進行他們的活動。他透過問卷，將 56 位新學院實習教師的課堂，和 342 位隨機取樣而得的北達科他州教師的課堂，針對許多與非正式教學有關的領域作了比較：教師們以個別方式處理兒童的教學事項之程度；教師以集中的方式抑或以分散的方式進行課程決定之情形；課堂活動與學習任務的不同類型；這些經驗的統整；兒童之間相互學習的作法，受到教師的課堂布置與組織影響的程度。[410]

該研究者總結道，新學院（此時該學院已易名為教學與學習中心）的實習教師們「課堂開放的程度，比北達科他州一般的教師顯著地高」。雖然新學院的畢業校友確實維繫了他們對於非正式教育的承諾，但是「他們對於開放教育的綜合態度，則傾向於中度」。[411]

---

409 原注 22：Marshall, 1981, p. 180。
410 原注 23：Patton, 1973, p. 7。
411 原注 24：Landry, 1975, p. 24。

在另一項研究中，一位北達科他州的研究人員請教師們描述，他們在課堂中使用諸如分數盤（fraction discs）、古氏積木、籌碼等有關數學教材的情況。就非正式課堂而言，這些教材相當普遍，因為在各個學習角中，兒童經常以個別的或分組的方式使用這些東西。因此，使用這些教材的程度就變成了確認非正式作法傳布情況的一項線索。來自 116 所學校、將近 1,000 位教師（或者大約是該州全部教師中的三分之一）回答了這份問卷。90%的教師回答道，在他們的課堂中有這些教材中的二種或更多種。不過，教師使用這些東西的比例則較低。少於一半的教師說他們「稍微」使用這些東西，而只有 7% 的教師說他們「大量使用」。還有，該研究人員發現，兒童操弄這些教材，和課堂是否設有學習角，這兩者的關係密切——這也就是說，凡是指稱他們常用這些教材的教師，也正是報導他們設有學習角的教師。在將近 1,000 名教師中，有 25%說他們設有學習角。設有學習角的比例，在幼兒園階段最高（40%），其後就向下跌落了，因此在五年級和六年級各有 14%及 15%的教師報導他們設有學習角。[412]

在普及有關非正式課堂的觀念及作法這件事上面，新學院所發揮的影響相當明顯。新學院當中負責散播開放課堂種子的蘋果佬（Johnny Appleseeds），確實將它們的種子散播到十分廣大的地方去了。在 1968 年與 1975 年間，確實有相當少數的北達科他州教師，以各種不同的程度施行了各種不同版本的開放課堂作法。

十年後的開放課堂

1981 年，我花了一個星期在 Grand Forks 及 Fargo，參訪六所學校並觀察 63 位教師（占這兩個都市全部小學教師的 20%），俾便了解在引進開放課堂十年之後，這些教師在他們的課堂做些什麼事情。在這 63 位教師之中，8 位是新學院的畢業生。這一個星期我參訪了 Madison 小學，以及其他曾經是實習教師及大學教師進駐過的校園。我預期非正式教育對這些校園的影響應該

160

---

412 原注 25：Roland Kutz, 1977, pp. 21, 37。

比較高些。

　　每個都市都有 12 所學校，班級大小平均為 25 人。每個都市至少有四分之一的小學設有開放空間，這些空間由可移動的隔間牆、8 英尺的隔間板，或由書櫥和可攜式黑板自製而成的牆板等方式設置而得。雖然設有開放空間的校舍並不就等同於開放課堂，但是後者的倡行者認為，提供設有開放空間的校舍是鼓勵教師們採行非正式教育的必要條件。[413]

　　在這兩個都市中，教師們告訴我，他們很高興，中央行政人員即將採行他們的要求，立起牆面，俾便每位教師都有自己的教室。這也包括了 Fargo 的 Madison 小學在內，因為這裡在十年前曾經把牆面加以拆除，以便開創寬敞的雙房套間，但是現在則反其道而行。我所觀察的教師所接受的訓練都不只擁有學士學位。課堂裡購置了高架投影機（overhead projectors）、成套的書籍、數學及科學教材，以及各種設備，顯然經費尚稱充裕。還有，專題研究的活動也顯而易見。

　　那麼，我所觀察的六所學校的課堂，所採取的教學組型到底是什麼呢？請謹記，我對每位教師的觀察持續 15 分至 30 分鐘長，通常是在上午（小學教師通常在此時集中教導基本知能），而且我的觀察經常包含了不只一位教師，因為我會在某些校舍看到三至四位教師在一起，在同一段時間帶著他們的學生共同學習。

　　表 6.1 顯示了，教師在大部分時間裡，將全班視同一個整體進行教學，大

---

413 原注 26：在此有必要就「開放空間」與「開放課堂」二詞作一辨別。前者係指涉物質方面的設施，包括了小群（pods），或者較大區塊（blocks）的空間，加上可攜式的傢俱，便於藉助折疊狀的隔板、可攜式的牆壁，以及其他容易移動且類似牆面的機制，重新擺設成較小的空間。然而，傳統的校舍，通常是一系列自足式的課堂，沿著廊道排列成每間可容納 30 名學生教室，另外設有可以容納許多學生的較大空間（如餐廳、會堂、圖書館、體育館）。開放空間學校允許設置成為自足式課堂的空間，以及一些鼓勵教師們與較多兒童共同合作進行學習的空間。因此，將兒童做各種不同編組的作法就成為可能。開放空間允許不同年齡的兒童輕鬆地聚集在一起，在為兒童留出的「公地」（commons）裡，進行共同的學習。若教師們希望能在課程與教學方面做一些變革，乃至在教師角色方面做一些轉化，俾便接受非正式教育的原則，那麼我們可以說，開放空間為「開放課堂」建立了必要的物理條件。請見 Weinstein, 1979; Getzels, 1974, pp. 527-540。

表 6.1　1981 年北達科他州 Grand Forks 及 Fargo 六所小學調查顯示的教學組型

指標	教師中心教學的%	混合式的%	學生中心教學的%	班級數
教室安排	43	30	27	63
學生編組	62	25	13	
課堂說話	60	24	16	
學生移動	37	0	63	
課堂活動	59	30	11	
課堂中有一或二個學習角				32

部分時間是教師在說話，所安排的課堂活動集中於聆聽教師說話，而且在做習作本上的作業或座位工作時，也是採取全班的方式。超過一半的教師安排傢俱時，是採取能鼓勵學生相互之間可以談話的方式。在我參訪的課堂中，有三分二的課堂，學生可以在不經教師允許的情況之下，自行在教室四處移動。小組及個別教學，以及學生中心的課堂活動並不常發生。

　　幾乎三分之一的教室至少設有一個學習角。在 Grand Forks 的 Benjamin Franklin 學校中，四位五年級及六年級教師，在上午或下午上語文及科學等課時，運用十二個學習角進行教學活動。不過，他們乃是例外。當我請問教師如何且在何時運用這些學習角時，他們的回應總是：在閱讀、語文、午餐或下課等活動的前後，以及把它們當作加深加廣的活動、良好行為表現，或者各種技能的訓練。除了 Benjamin Franklin 學校的四位教師之外，教師們多把學習角當作現有課程的補充活動。

　　在我所參訪學校中任教的八位新學院畢業校友——我無法確知他們這些新學院校友的作法所具有的代表性如何——有兩位在學校一天中的部分時間大量使用學習角。我未在其他六個教室看到任何有關學習角的證據。六位教師中的四位，會把一整天上課要完成的課業列述在黑板上。

　　質言之，就 63 位教師的課堂而言，雖然可以在當中的許多，看到一些開放課堂的要素，但是主要的教學模式還是包含了各種各樣教師中心的作法。在一番以推動開放課堂作法為宗旨的密集努力施行不到十年之後，針對北達

162

科他州這兩個都市中的課堂所作的簡短一瞥指出了，非正式教育當中有哪些要素持續留存，又，哪些則是較不能持久。

在 1960 年代末期，一個主要是在鄉間的立法機關支持下所進行的一些根本改革，俾便提升該州小學教育的作法，與全美最大的學區引進開放課堂的作法相對照，其背景很是不同。在 1970 年代早期的紐約市，有關推動非正式教育的熱忱，像顆流星一樣突然出現，由設在 Brooklyn 的行政總部飛落到五個行政區的學校中。

紐約市

茲謹比較 1940 年及 1980 年該市的學校狀況。在 1980 年，該系統仍有 100 萬名學生及 50,000 位教師在將近一千個校舍中。該市仍然有一個教育董事會及一位教育局長，但是後者的職稱已經調升為教育總監。當我參訪 DeWitt Clinton 高中時，斑痕累累、用插銷固定的桌子仍然成行成列地排列在一間教室接著一間教室之中。[414]

不過，在此一表面之下，許多深邃的改變已經在四十年後的紐約市學校發生。請看下列的描述：

- 自從第二次世界大戰以來，一波一波的新到者已經將 1940 年白人為主的學校系統，轉變而為到了 1960 年，以黑人及波多黎各裔兒童占小學學校人口 75%的學校系統。
- 在第二次世界大戰之前，十分之一的兒童入讀私立學校；四十年後，八分之一的兒童入讀私立學校。
- 在 1940 年，人們視紐約市學校系統為全美公立教育的領導者。活動課程方案、精英高級中學、高測驗的得分等，讓教學與行政的職位十分

---

414 原注 27：New York [City] Public Schools, *Facts and Figures, 1977-1978*. (New York: Board of Education, 1978), pp. 1, 5, 11。

搶手。到了 1980 年，讓每間教室內都能有合格的教師帶領學生學習，163
卻變成了要務。每年新聞報導的各校測驗分數，已經向下滑落超過了
十年，不過，情況開始有所轉變的跡象漸趨明顯。市政府空前的財政
危機所導致的人事精簡，迫使班級人數增加為 35 至 40 多一點，學校
重要的支持性服務遭致取消，學校教育改進的新穎作法也遭致擱置。
學校系統留給眾人的形象是，該一組織既雜亂無章，又騷動不安，單
是應付眼前各項問題，即已捉襟見肘，遑論圖謀改進。[415]

　　這四十年來的改變，反映在位於 Brooklyn 區 Livingston 街 110 號的紐約
市學校系統總部的教育局長之高流動率。相對於本世紀第一個四十年當中，
有四位學校首長服務於紐約市學校系統，在 1960 年與 1990 年之間，則有九
位居此高位。紐約州的法律要求將整個學校系統分成 31 個學區（只包含幼兒
園到八年級的學校），每個學區皆由社區的學校董事會負責聘請各自的教師
及行政人員。拖延很久且又引起分裂的教師罷工及家長的杯葛所造成的學校
暫時關閉事件，在 1960 年與 1970 年之間發生過許多次。

　　最重要的是，公眾的態度已經改變了。認為學校董事會的行事皆會合乎
法理，而且教師是兒童智能與道德發展的守護者，這兩項信念也已經腐蝕了。
在第二次世界大戰之後的數年之間，民眾對於公立學校有能力履行職責的信
心，更是一直降低。在那些年間，紐約市民耳聞學校教育官員在興建新校舍
時貪汙，眼見學校董事會與教育局長彷彿在獨木舟上，先向一邊擺動，然後
再向另一邊擺動，試圖保持直行方向，卻都不願意坦誠地處理廢除種族隔離
這個問題。他們看到了，高層行政人員笨手笨腳地與教師工會和家長激進行
動，展開鬥爭。凡是有子弟在學的紐約市家長都經歷過，因為學校董事會與
工會及家長團體的爭論，所引起的一次又一次的罷工與杯葛而造成的學校關
閉，讓全市學童無法入學。在 1968 年與 1970 年之間，工會成員與主張社會
控管的人士形成之對抗，因而引發的種族偏執事件，使得這樣的騷亂所造成

---

415 原注 28：Ravitch 和 Goodenow, 1981, p. 239; Ravitch, 1974, p. 261。

的無政府狀態達到了最高點；民眾看到了家長與行動激進的教師遭到逮捕，
進而導致州政府教育總長及立法機關的介入。其後，整個學校系統的管治與
組織方面的實質變革也跟著發生。[416]

關於對公立學校的激烈批評，紐約市民已經很熟悉了——憶起 1912 年的
Hanus 報告（Hanus Report），以及對於當時的教育局長 William Maxwell 及
其繼任者所忍受的不斷猛烈攻擊——雖然如此，但是近期的狀況與早年不同，
因為跟隨這些批評而來的是民眾對於學校教育兒童的能力所具有的信心已經
遭到侵蝕。然而在 1960 年代末期及 1970 年代早期的政治脈絡下，開放課堂
及另類學校卻直如雨後冒出的蘑菇一樣地突然活躍起來。

164

開放課堂的採行：言辭與行動

以下文字是 Harlem 對第 123 公立學校，1967 年某個早上的課程描述：

> 一早 9:30，幾位教師的助理及實習教師們開始在廊道中，以檯子及
> 椅子安排成一塊小的 L 型地區。他們從一間儲藏室裡取出了裝滿材料的
> 盒子，並且將盒子內的東西散置在檯子上。這些東西有量尺、古氏積木、
> 水瓶、樂器、一打不同種類的火柴拼圖（match puzzles）、計算用的器
> 具、六角形、不規則四邊形、動物、黏土……。兒童單獨地，還有成對
> 地、三個人或四個人成群地，陸續由五個教室進入廊道；這些教室的門
> 都是打開的，教室裡都有教師在上課……。
>
> 廊道成了另一類的地方。顯然兒童都知道這裡提供了些什麼活動。
> 某些兒童直接進入活動中，其他人則拖著朋友一起四處看看，再固定在
> 進行某件事上……。在一張檯子邊，有一位 4 歲女孩正操弄著有關人物
> 的遊戲，辨認他們之間的關係。後面，有一位 6 歲小孩身子躺在地板上
> 攤開的白報紙上，這時，一位實習教師以蠟筆描繪著她的身形，然後她

---

416 原注 29：關於 1960 年代及 1970 年代紐約市學校不同研究文獻的樣本，請看 Ravitch, 1974;
Rogers, 1968; Wasserman, 1970; Maurice R. Berube and Marilyn Gittell (eds.), 1969; Fuchs, 1969。

要一段一段地量度自己的身形，並且掛在牆面上。

　　其他兒童用步子量出一段距離，再用繩子度量……。幾英尺之外，有一組四名兒童安穩地工作了一個小時，測度著鞋子的重量……。

　　兒童們返回他們的教室，其他的又從教室出來，工作持續在所有的房間進行著……。在教室中，兒童們都依照一般的作法工作著，看不到一點兒煩亂不安的情況。兒童認真學習，只有廊道傳來的一些動作引發的聲音。與此相對照的是，一個在隔壁的二年級課堂，正以小組的叢集進行非正式的學習……。到了上午 11:00，廊道開始變得清爽了。材料、檯子及椅子等一一放回他們的儲藏室。留在廊道牆壁上的是兒童的剪紙作品。[417]

此一針對紐約市學院 Lillian Weber 教授所創立的第一個開放廊道（Open Corridor）方案所作的描述，說明了將另一種非正式教育作法加以改編後，再行引進美國的不同情況。之前，Weber 曾經花費一年半的時間參訪英國小學，並且以它們為主題發表了若干著作。[418]

　　1967 年，在第 123 公立學校，Weber 發現了一項可以應用她有關非正式學校教育觀念的機會，乃將她的實習學生安排在那兒及附近的一些學校。在後來的幾年，Weber 貫徹了她的一些想法，諸如教師作為決定者、教師參與此項方案應是自願的，以及非正式的課堂應能與兒童的不同能力加以結合；但是，她持續對於將這些作法標識為具有開放的性質，表示深度的嫌惡。作為一位教授，以及一位在學校系統之外的非正式教育中心主任，她所採取的策略是，鼓勵一系列的小型、在教師與學校自願參與的前提下所帶來的改變。她主張，這些小型的改變，久而久之會帶動教師與學校的轉型。她說：「我們的意圖絕不是要說服整個紐約市的學校系統，他們都應該如此為之。」相反地，她希望：「能以小型的作法建立一個範例，顯示公立學校可能蛻變而

165

---

417 原注 30：Center for Urban Education, 1970, pp. 11-12。
418 原注 31：Charles Silberman 指出，在撰寫《課堂的危機》一書的半途中，他曾經會見Weber，閱讀她有關英國小學的手稿，並且寫道：「我們的著作採取一個新的方向。我們去了英格蘭以便理解我們自己。」Ruth Dropkin, 1978, p. 48。

成的樣貌……。」[419]

從第 123 公立學校五位 K-2 的教師所建立的連絡網開始，在 Manhattan 地區向外散播開來，直到 1971 年，共有 10 所學校及 80 個課堂正式與 Weber 的市立學院開放廊道顧問服務中心（City College Advisory Service to Open Corridors）取得聯結；後來，該一單位變成了開放教育工作坊中心（Workshop Center for Open Education）。四年後，一個附屬於開放廊道方案的學校及教師的清單表列了 17 所學校 156 位教師，以及大約 4,000 名學生在這些課堂之中。[420]

到了 1978 年，當 Weber 的朋友及仰慕者，包括 Charles Silberman 及 Vito Perrone，聚集在一起慶祝她參與非正式教育這項作法十年時，26 所小學、2 所中等學校共有 200 位教師及大約 5,000 名兒童在直接與市立學院（City College）聯繫的開放課堂中。此外，每年都有超過 1,000 位教師、助理、校長及家長參訪該中心。[421]

在紐約市的其他地方，個別的教師及整個學校，或出諸自己的主動發想，或在一些其他利用大學或是臨街店面房間而成立之私人的或公家贊助的團體協助下，推動了一些開放課堂的作法。其他的教師，在不知道這些革新作法的情況之下，或者是決定依他們的教學風格及學生的情況之下，所建構之某種形式的開放課堂，則兀自進行下去。當 Herb Kohl 及 Gloria Channon 針對他們創辦開放課堂的漫長歷程撰寫專書之時，其他的一些教師則以相似的旅程撰作他們的碩士學位論文，不過他們當中有一些則是在苦惱的情形下面對失敗。[422]

在 1970 年與 1973 年之間，全美對於開放教育的興趣高漲。在地方上，

---

419 原注 32：Alberty, 1979, pp. 6-7; Karunkaran, 1978, p. 30。

420 原注 33：David Rogers, 1977, pp. 82-84。

421 原注 34：Dropkin, 1978, p. 51。

422 原注 35：在該市各地某些開放課堂的例子報導於 *The New York Times*, January 8, 1973 on P. S. 24 (Bronx) and P.S. 27 (Bronx) in January 17, 1973 issue; New York: Board of Education, *Staff Bulletin*, May 15, 1972 on P. S. 92 (Bronx); *United Teachers*, June 25, 1972, pp. 15-16 has a description of P. S. 35 (Queens)。此外，還有一些記述，分別由 Kohl, 1967; Channon, 1970 等教師撰寫。Bank Street College of Education 的一些碩士學位論文，詳細地記載了課堂的經驗。請見 Donna

許多家長與教師也湧出了類似的熱忱；而這些乃是於 1968 至 1969 學年那段期間，受到三次教師罷工及新增超過 30 個社區的學區等事件影響，所形成之十分濃郁的情緒餘波而發生的情況。緊跟著教師罷工之後所冒出的種族傾軋，一直在下一個十年中，於教師、行政人員及社區活躍分子中，獲得回響。這些情況也發生在為了補實新設的教育總監職缺而進行長達一年的招聘過程之中。在 Sargent Shriver、Arthur Goldberg、Ramsey Clark 及 Ralph Bunche——都是全國的知名人物——拒絕教育董事會的聘請之後，Harvey Scribner 這位維蒙特州的教育總長終於同意接受此項聘任。[423]

受聘為教育總監的 Scribner，以及擔任全美教師工會聯盟（United Federation of Teachers）主席這個公眾職務的 Albert Shanker，二人對於非正式教育皆有所偏好，此一事實為紐約市在未來推動開放課堂作法的希望大幅提升。56 歲的 Harvey Scribner，先前在緬因州鄉間任教，在維蒙特州服務之前，曾在紐澤西州的 Teaneck 擔任教育局長；非正式課堂的熱忱支持者對於他離開紐澤西到維蒙特任職，早已經引頸盼望多時。到了維蒙特州，他提出的「維蒙特州教育的設計」（Vermont Design for Education）（1968 年）所規劃的 17 項目標，掌握了非正式教育的主要原則。他在講演時曾經引述 John Holt 的說法。他會見過 Gloria Channon 這位曾經將自己改採開放教育的心路歷程寫成一本專書的五年級教師。他經常提及他作為一位偏鄉教師的經驗；正如同他常說的，他在那段時間總是試著做出特別的努力，幫助一些上進的學生。他曾經告訴一位記者說：「沒有任何一種教育設計可以滿足所有人的需求。」他還說：「我們必須提供機會給兒童，讓他們以自己特有的方式學習，以自

C. DeGaetani, "Beginning an Open Classroom in a Public School" (1974); Mamie Gumbs, "Human Learning Through Open Classroom Procedures and Self-Discovery Methods" (1974); Helen Haratonik, "A Descriptive Study of an Approach to Teaching Reading in an Open Classroom" (1973); Alice Montalvo, "Diary of an Open Classroom" (1972); Helen R. Meisler, "Educational Change in a School Mandated 'Open' As Seen Through the Eyes of an Adviser" (1977)。

423 原注 36：*New York Times*, January, 8, 1973。【譯注者補充】：Sargent Shriver（1915-2011）、Arthur Goldberg（1908-1990）、Ramsey Clark（1927-2011）、Ralph Bunche（1904-1971）、Harvey Scribner（1914-2002）。

己的速度、進行適合他們程度的學習。我們必須給他們許多可能的選擇機會。」[424]

Scribner 表示要確實踐行非集中化的政策，並且力求改革學校教育作法，俾便為課堂與學校中的學生製造更多的選擇機會，因而他四處參訪學校，頻繁地與教師及行政人員會談，並且在市內尋求擁有類似想法的人士組成聯盟，藉以促成改革。[425]

在街頭的另一邊，Albert Shanker 則告訴記者：「我們意圖讓教師們閱讀 Silberman 所寫的《課堂的危機》一書，並且將他視為一位英雄、一位具有建設性的批評家。」這位教師工會的主席表示，他贊同將非正式課堂當作學校改革的一項手段，他會將開放課堂的優點告知工會的領導階層、贊助社區的論壇，並且支持紐約市學校系統往此一方向努力。在一次稍後參與全市性質的教師會議時，Shanker 催促教師應該允許家長「四處看看」，以便尋找一間開放課堂。於是，一位是新近到任的教育總監，一位是精明能幹的工會主席，二位公開支持非正式教育這件事，確實帶來了一段非常特別的時機。然而，在即將到來的潮流中，此一時機像一個沙堡一樣，並未持續多久。[426]

Scribner 在他到任兩年半時宣布，他將在合約於 1973 年 6 月到期時辭職。他所給出的理由是，在教育董事會與他自己之間有著「一道日形擴大的信任鴻溝」。Scribner 發現，試著改革紐約市學校，直如要在東河（East River）之中，將一艘遠洋定期客輪轉個身一樣。到了 1973 年，甚至在 Scribner 離職之前，Shanker 早先有關施行開放課堂是一項樂事的公開聲明，也已不復再見。到了 1975 年，工會所支持的教師研習中心也大多不再將非正式課堂的作法視為讓教師充實知能、俾便帶動改革的合適項目。末了，經費削減、班級人數

---

[424] 原注 37：*New York Times*, July 25, 1970; State Department of Education, "Vermont Design for Education" in Nyquist and Hawes (eds.), 1972, pp. 55-62; Joseph Lelyveld "The Most Powerful Man in the School System," *The New York Times Magazine*, March 21, 1971, p. 31。

[425] 原注 38：*New York Times*, January 30, 1971。

[426] 原注 39：同上注，February 7, 1971; December 20, 1970; and January 24, 1971（最後一則是付了費的廣告）。

激增、教師裁員、教師大量調動、對於測驗成績的日漸強調、重視基本知能的教學等作法，取代了有關改革與非正式課堂的談論。[427]

開放課堂的傳布

即便工會領袖及學校系統總部的高層官員對開放課堂讚賞有加，但是確認大多數教師在其課堂的所作所為到底若何，仍然如同以前一樣地困難。是的，證據顯示，數以百計的教師設置了學習角、重新安排了傢俱、充實了教室中的設施、以小組的方式進行教學，並且獎勵學生參與。但是，這兒有 600 所小學，超過 25,000 名教師。開放課堂的要素多大程度上出現在這些地方呢？欲解答此一問題，恰如回答兩個世代之前，有關進步教育作法的情況一樣，都有著相當的難度，因為大家對開放性（openness）一詞的界定不同，再加上教師對各項引進的作法都會作一番選擇，而且在學校之內，乃至學校之間，教師們所採行的組型也都是參差不齊的。

我們可以用謹慎的信心來說，無論如何界定開放課堂，又如何看待其施行的情況，其傳布的程度大致不會超過 Joseph Loftus 在第二次世界大戰稍前一段時間，針對紐約市課堂使用活動方法進行教學的情況所作 25% 的推估。請回憶一下，當時他是在大家對於此一方法有著高度興趣，且經過教育局長及其同事批准與支持下，以將近 70 所學校超過 75,000 名兒童進行了六年的正式實驗之後，所作的推估。

Scribner 任職不到三年；他並未形塑任何持續的政策及組織的套件，他的想法也未獲有總部層級的行政人員及中層管理者等各方人士的廣泛支持。單就這些方面而言，各項觀念還未經過充分的醞釀，因而尚未能在 Livingston 街 110 號之外產生任何改變。還有，在一陣劇烈的教師罷工熱潮之後，因而催生的 30 個社區型的學區將一股政治的不穩定性質帶進了學校的系統。因為缺乏

---

427 原注 40：同上注，January 8, 1973。【譯注者補充】：東河是美國紐約市市內的一條潮汐型海峽，北接 Long Island 海灣，南接上紐約灣，將位於 Long Island 島的 Brooklyn 區和 Queens 與 Manhattan 島以及位於北美洲大陸的 Bronx 分開。

可藉以鼓勵開放課堂的正式制度架構，接受非正式作法的教師只得以一些特別的方式，自大學、私人團體，或是在學校系統之內的別處一些有相同想法的個人或群體等管道獲致支持。至於到底有多少學校，又有多少教師施行了開放課堂的作法，則不可能確認，因為在 1967 年至 1975 年這段期間沒有進行任何正式的課堂調查研究。

如果有任何一個調查研究指出，多於四分之一或五分之一的教師維持開放課堂的作法，甚至是廣義界定下的開放課堂，那麼我都會要求重新計算。然而，我用以推估的基礎也一樣值得懷疑。雖然市立學院、復頓大學（Fordham University）、皇后學院（Queens College）、銀行街（Bank Street）及創意教學工作坊（Creative Teaching Workshop）等在非正式課堂作法方面的推廣都很活躍，但是只有開放廊道留下了資料，因而為我所作的推估提供了某些根據。1975 年，開放廊道還存在的 17 所小學裡，大約有 13,000 名學生及 550 位左右的教師。在這些人當中，3,000 名學生及 150 位教師參與了開放廊道方案。到了 1978 年， 在與開放教育工作坊有所關聯的 26 所小學中，有 3,900 名兒童和 180 名教師參與了該計畫。這些學校估計有 21,000 名兒童及 800 位教師。在如此的參與程度下，我們或可預期有些觀念與作法會使得一些非開放課堂的教師，因為恰巧同事認真地參與開放廊道方案而受到感染。毫無疑問地，某些學校確實因為與市立學院有所關聯而一直都深入參與其中，有些則是近期才加入的。[428]

在紐約市的其他學校裡，那兒的教師缺乏由大學或顧問等外來的支持，參與的程度可能會低一些。但是，這些並非暗示，開放教育工作坊及一些同樣作法所發揮的影響力不夠大。事實上，有不少曾經接受過開放廊道訓練的教師，在整個紐約市學校系統中擔任了行政職務，也在其他的學校方案（如教師研習中心）工作，因而在推動開放課堂這項作法上多少會發生一些作用。

---

[428] 原注 41：Chittenden, et al., 1973; Dropkin, 1978, pp. 51-53。【譯注者補充】：(1)市立學院現名 "City University of New York"，為紐約市立大學系統中的一所大學。(2)銀行街全名為 "Bank Street College of Education"。(3)依 Bell & Peightel（1976, p. 29）之說，創意教學工作坊為設於紐約市的一個教師中心。

又，即使開放廊道的經費遭到刪減，社區的學校董事會還有可能經常從預算中別的地方找些經費來支持顧問們的工作。[429]

教師報告及課堂直接觀察

另一項用以推估的基礎，是來自我所閱讀的紐約市教師在這些年間留下的許多報告，這些報告記載了他們如何在自足式的課堂中，教授 30 或更多位學生五、六個科目時，處理每天所碰到的各種問題。這些教師當中有一些可能受到有關非正式課堂的談話影響而對其產生了興趣，並且謹慎地試行某些作法。不過，大部分教師似乎太忙、太勞累、感受到太多來自上司的威迫、太過注意自己的生計，或者只是單純地不同意這種作法的方向，因此他們對於那些必須準備新教材、在課堂內外和兒童有更多的接觸，又可能要在家中花費更多時間備課的新作法，遲遲不願嘗試。

在 1960 年代，若干教師所做的各種記事，描述了他們在課堂中什麼樣的情況下執行教學任務，又，他們在課堂中到底做了些什麼事情。在 Gerald Levy 於《貧民窟學校》（*Ghetto School*）一書所描述的學校，就是位在中城區（Midtown）[430] 的一個貧民窟裡，該校有 1,300 名兒童及 70 位教師，這些教師中有半數是沒有經驗且新近聘任的。他在充滿了憎惡與反感的情況下，激動地記錄了這些學校怎麼在跌跌撞撞中渡過 1967 至 1968 學年這段期間；這一年發生了未經工會批准或違反合同的野貓式教師罷工（wildcat teachers' strike）、[431] 激烈的家長參與，以及不負責任的行政單位所表現的無能。於是，秩序的維持取代了踏實的學習而成為首要目標。他寫道，除了幼兒園教師及一位二年級教師之外，其餘的教學都是一系列不用心思的例行工作，目的都在讓兒童保持肅靜地在他們的課桌椅上忙碌著。閱讀的教學就像七十年前 Joseph Rice 所記載的一樣，簡直是亂七八糟；整本書都在描述兒童與教師

---

429 原注 42：Karunkaran, 1978, pp. 205-207。
430 紐約市 Manhattan 區地形狹長，分為下城（Downtown）、中城、上城（Uptown）三個區域。
431 野貓式罷工指的是沒有經過工會同意的罷工，許多國家認定這種罷工形式為非法。

對於學校的厭惡。[432]

Gloria Channon 直言不諱地描述她如何在 1967 至 1968 學年，帶領 22 位哈林區某校五年級學生施行開放課堂的情況；她的描述還包括了，她自己如何在十二年來由紐約市學校銘刻在她心靈上的一些印記中，經過一番內心痛苦掙扎的歷程，終於獲得解放的坦率觀察。以下的文字是取自 1968 年 1 月 31 日由學區總部發行之名為《教師公報》（*Staff Bulletin*）的出版品：

- 在上講誦課時，學生應該舉手，表示要有所貢獻；教師應該鼓勵他們以完整的句子說話……。
- 學生上洗手間，必須請求同意……。
- 禁止在校舍的任何地方嚼口香糖。教師必須以身作則……。
- 在教師例行視導之下，學生應定期清空他們的課桌椅，而且除了獲得許可的書本及材料之外，任何東西皆應立即捨棄，或者於下午 3:00 帶回家去……。[433]

Channon 觀察到，紐約市的課程到了三年級，已經「定了型」：

兒童坐在課桌椅上好幾個小時。筆記本及教科書變成了他們活動的焦點。所學習的功課（lessons）正式地組織成拼寫、書法、閱讀、作文、數學等科目。保持肅靜及良好行為的人會受到獎勵，一直都是如此。[434]

在另外一所有 1,350 位兒童的哈林區某校，Donna DeGaetani 於 1972 年記述了她的經驗——她任教的第三年；這所學校校長的作法讓她懼怕，但是家長們卻有意催促她施行開放課堂。她的率直不僅令人消除了對她的疑慮，也

---

432 原註 43：Gerald Levy, 1970, chs. 4 and 7。
433 原註 44：Channon, 1970, pp. 23-24。
434 原註 45：同上註，p. 116。

能接受她的解釋。DeGaetani 就校長針對她所作的一次正式的觀察，作了下列的描述：

> 知道她要來觀察你的教學，會讓你做下列事情，例如把遮簾調整到規定的高度、把掉在地板上的紙屑撿拾起來⋯⋯把公布欄上的東西更新，並且事前讓兒童在行為表現方面做好準備工作⋯⋯。我承認我是個懦弱的人，我是被我不相信的權威給嚇唬住了，但是我又沒有力量作出挑戰。[435]

在這位校長退休後，4 位（30 位中的）一至三年級的教師慢慢地引進了開放課堂的活動，一天一個小時左右，讓兒童選擇作些學習角或其他的活動。然而，對於自己的進步感到自負的 DeGaetani，還是感受到都會成就測驗（Metropolitan Achievement Tests）為她帶來的壓力。她寫道：「成就測驗帶來的烏雲迫使教師妥協⋯⋯。我知道，我會教兒童如何做好接受這個測驗的準備，但是我也明白，這麼做，基本上是與我的信念相牴觸的。」那麼她為什麼屈服於這股壓力呢？她說：「我沒有精力這麼做，而且在這時候，我也不願意起而對抗整個學校系統。我知道，人們會拿開放教育班級的測驗分數和傳統班級做比較。這項比較本身就是錯誤的。我知道這件事⋯⋯。但是，某些家長不會明白。許多行政人員，還有整個學校系統都不明白。」[436]

在 DeGaetani 附近一所類似的學校中，Alicia Montalvo 保留了她於 1971 至 1972 學年所寫的日記；這一年是她擔任小學教師的第三年。一年級其他 6 位教師都是「以傳統的作法帶班。每個兒童都坐在指定的座位上，所有的桌子都面對著教室的前方」。為了啟動她稱之為「銀行街」式作法的開放課堂，「我必須得到校長的允許」。因為她經常於下午 3:30 還留在學校——依照合約規定，教師必須離校——準備材料並且更換學習角，結果是，校長請她到校長室告知她，她必須於 3:30 離開，因為沒有任何人會為她在那段時間之後

170

---

435 原注 46：DeGaetani, master thesis, p. 4。
436 原注 47：同上注，pp. 14, 36。

的安全負責。她在那天的日記寫道：「我真不明白，我這整個想法到底值不值得我這麼努力。」後來讓她更厭惡的是，當校長告訴她「兒童們將要接受測驗，以便確認他們在開放課堂中是否真正在學習」之時。在這種情況下，她只好把原本使用的古氏積木，改成以傳統的方式來教兒童加法與減法。[437]

在 Manhattan 區的第 198 公立學校，一位教導 30 名四年級學生的教師 Dorothy Boroughs 跟上述的同行們不同，因為她樂於與校長保持良好互動的關係。Joseph Lelyveld 在《紐約時報》一系列十多篇的文章中，獨特地描述了他在 1970 至 1971 的一整個學年當中，定期參訪 Boroughs 課堂的情況。[438]

Lelyveld 把 Boroughs 描述成「活潑輕快、精力充沛且有強烈奉獻心態的年輕教師，她每天總是最早到校打卡的幾位教師之一」，而且她衷心致力讓兒童能以符合或超過四年級的程度進行閱讀。他描述她與兒童們一同大笑、一同嘮嘮叨叨、一同辯論，並且讓兒童們沐浴在誠懇感人的讚美及熱切認真的要求混合而成的氣氛中。兒童們以開放及鄭重的態度回應之，不然的話，就是以直率的情感面對他們的老師。學生們面對面坐在叢集式安排的課桌椅上，進行個別的或是小組的學習，或者以整班的方式進行教師指定的學習任務。她對學習成就及行為表現的高度期望融合了振奮精神的魅力，少有學生能抗拒得了。[439]

Lelyveld 還提供了影響 Boroughs 所作所為的一些組織歷程的描述。舉例而言，她的上司助理校長 Edmund Fried 以視導人員的身分前來觀看她的社會科教學，以便作成評鑑。Boroughs 交給坐在教室後面的 Fried 的教學計畫，包括了目標、步驟及活動，這些都是她教這堂課時遵循的計畫。Lelyveld 寫道：「Boroughs 小姐已經為這份教學計畫煩惱了一個星期，卻一直到那天中午，

---

437 原注 48：Montalvo, master's thesis, pp. 4-5, 33, 37。

438 原注 49：Joseph Lelyveld "Class 4-4: Educational Theories Meet Reality," *The New York Times*, October 9, 1970, p. 39; November 16, 1970, p. 39; November 25, 1970, p. 39; December 20, 1970, p. 49; January 8, 1971, p. 33; January 16, 1971, p. 31; January 22, 1971, p. 41; March 11, 1971, p. 41; May 29, 1971, p. 25; July 1, 1971, p. 49。

439 原注 50：同上注，October 9, 1970, p. 39。

她才把一些想法寫成計畫。一般而言，她寫成教學計畫只是為了滿足視導人員的要求，但她從未真正地按照他們的要求教課。」[440]

在以探險者為主題的課教完之後，Boroughs 把那一節課帶到一個問題：「為什麼我們要學習探險者？」

一名學生 Shaun Sheppard 故意地把頭部朝著 Fried 先生的方向點了一　　・171
下說：「因為他在這兒觀看。」

「Shaun，騙你的，」這位助理校長宣稱：「我早就已經知道這些了。」

在他要離開教室時，Fried 先生指出，在課本上提到的唯一一位西班牙探險者 Pizarro，Boroughs 在課堂上卻未提到。他告訴 Boroughs，針對他在夾有紙張的書寫板上記下的兩頁意見，他會找時間跟她仔細地研究一番。[441]

或者，請看 Boroughs 如何接觸開放課堂的。在春季這一學期，她與第 198 公立學校的其他一些教師，選習了由 Hunter 學院所提供、開設在下課之後、以開放課堂為主題的進修課程。在耳聞她的實習教師說到，下東城區第 12 公立學校的三位教師，以沒有經費或外來協助的情況下，啟動了開放課堂之後，Boroughs 就在徵得校長同意的情況下，到這三位教師的課堂待了一個上午。Hunter 學院的進修課程及這些課堂參訪刺激了 Boroughs 的想法，甚至導致她重新安排傢俱，建立了一個學習角。當 Hunter 學院的教授邀請那三位教師前來跟第 198 公立學校的教師談話時，Boroughs 的校長在公共的廣播系統上宣布，全校 55 位教師都受邀前來聽取三位教師如何打開他們的教室。結果，有 12 位教師與會，他們之中大部分選習了上述的進修課程。[442]

---

440 原注 51：同上註，March 11, 1971, p. 41。

441 原注 52：同上註。

442 原注 53：同上註，May 29, 1971, p. 25。

Boroughs 對於開放課堂確實有興趣。Lelyveld 寫道：「但是，她不能確定，她自己應該朝著這個方向走多遠或者走多快。」到末了：「教育理論的爭議總會消退。怎麼面對春季這一個學期，才是最實在的！」[443]

離開第 198 公立學校不遠，詩人 Philip Lopate 於 1970 年代早期，在第 90 公立學校負責協助教師及兒童創意寫作。一位友善的資深教師告訴 Lopate，在這麼一個雙語且又正在實驗開放課堂的學校，要注意到：

> 這所學校從表面看起來，可能很自由，而且正常發展著，但是不要受到糊弄了，有許多保守的情感在其中。任何外來的東西若要生根，必須非常小心且要慢慢來。

Lopate 到該校工作一段時間之後，注意到有些班級大部分是白人學生，而另外的則主要是黑人及波多黎各裔子弟。一位同事 Denise Loften 解釋其中的原因：

> Denise 說，其中的原因是家長們在一開學時，他們可以選擇，讓他們的子弟到「開放的」或「較正式的」教室。來自上西城區（upper West Side）的白人且自由派的家長傾向於選取開放課堂。而少數族裔的家長則傾向於選取較傳統的課堂；他們認為開放教育在基本知能方面的要求較弱……。[444]

這些教師及新聞從業人員所作的記事，指出了開放課堂這項作法，大致上是透過個人的聯繫，以及其他獲得訊息的管道，因而這兒一點、那兒一點地散布著，而很少一整所學校都採用開放課堂這項作法。

---

443 原注 54：同上注。

444 原注 55：Lopate, 1975, p. 25。【譯注者補充】：上西城區位於紐約市 Manhattan 區上城西邊，約五平方公里的區域，是個富裕的住宅區。

　　支持此項觀察的有限資料是取自該市各地 30 多則小學課堂的描述。圖 6.1 顯示了，在教室安排及學生移動這兩方面採取學生中心作法的，大約占一半以上，但是在學生編組及課堂活動這兩方面，則有不到四分之一的課堂採取學生中心作法。不過，有兩點值得注意：(1)在學生編組與課堂活動這兩個項目上，似乎有相當數量的百分比呈現混合的組型；(2)設有學習角的課堂的數目。這些數目再度顯示了，教師在決定採取什麼教學作法這件事上，確實具有選擇的餘地。

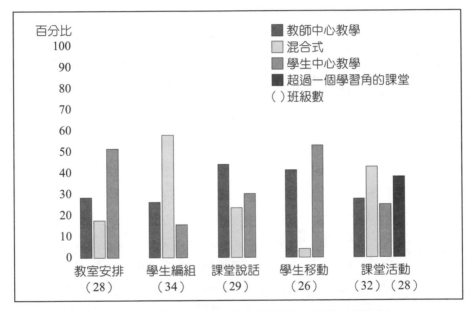

圖 6.1　紐約市小學課堂的教學組型，1967-1975 年

　　雖然我所呈現的資料確實有限，但是我還是可以公正地說，開放課堂在其不同的發展階段中，特別是在人們對於非正式課堂特別關注的高峰時期，真是如同星羅棋布般地四處可見。但是，若將這些點狀分設的開放課堂加總起來，施行此項作法的教師應該不超過四或五分之一。那麼，高中的情況如何呢？

173

一般與另類高中

另類高中課堂

　　小學教育階段施行的開放課堂，到了中等教育階段，就轉變而成另類學校。然而，這兩種組織確實有其相似之處，不過另類學校並不單純是在中等教育階段與開放課堂相對等的學校類型。從此一根源來看，另類學校與非正式教育二者，總是多少有些差異。另類學校起源於 1960 年代末期，學生對於大學課程的抗議、人們對於越戰與民權的關注，再加上若干混雜在一起的問題匯聚而成。當時，源自於大學的學生抗議一路滲透到高中，學生對於高中校規及行為要求、傳統的教學、缺乏參與決定，以及對於課程與當代年輕人關注事項的疏遠等的不滿，表現在此起彼落的杯葛、地下新聞報刊、中途離校，以及私立學校與公立另類學校的新設等諸多事件上。[445]

　　麻薩諸塞州牛頓地區的 Murray Road 學校，以及紐約市的哈林預科（Harlem Prep）[446] 學校於 1967 年開始啟用。明尼蘇達州 Mankato 的 Wilson Open Campus 學校於 1968 年成立，一年後，費城的「公園大道課程」（Parkway Program）這所「沒有圍牆的學校」，把整個都市當作學校，因而把學生送到都市本身這所學校學習。1972 年，到了這項運動最高峰時，數以百計的另類中等學校成立了。不過，這些學校因故停辦的比率亦高。到了 1975 年，大部分學校系統都把設置公立的另類中等學校視為當然，而成了眾所接受的生活事實。而且，許多的例子顯示，它們確實活存下來且有所成長。[447]

---

445 原注 56：關於另類學校運動的背景，我採用的文獻如下：Deal & Nolan (eds.), 1978; Graubard, 1973; Fantini, 1973; Duke, 1978; Kozol, 1972; Raywid, 1981, pp. 551-557; Moore, 1978; Lewis, 1991, unpublished doctoral dissertation。

446 "Prep" 為 "Preparation" 的縮寫，中譯為預備學校或預科。依 http://www.uncoverharlemprep.com/ overview 之說，哈林預科成立於 1967 年，最初是紐約城市聯盟（The New York Urban Coalition）街頭學苑（street academy）計畫的延伸。設立哈林預科的原因在於哈林區中部未設有高中，而且現有學校的學生輟學率很高，哈林預科試圖招收因各種原因離開公立高中系統的大量學生。另須說明者，華盛頓特區亦有城市聯合會街頭學苑計畫施行，請見本書 p. 195。

447 原注 57：Raywid, 1981, pp. 551; Moore, 1978, pp. 21-22。

　　「沒有圍牆的學校」（在此，都市本身就是學校）、臨街店面設置的學校、在較大的傳統學校內設置的迷你學校、主題或磁石（theme or magnet）學校（如科學或藝術等專長）——全部都落在另類高中的標題下。不過，我把職業、繼續及其他專為特定學生群體而設的學校——這些學校大部分都是設於 1965 年之前——都排除在外。[448]

　　因為我們不容易把握住這些學校的變異性，所以也就不容易為它們的特性作一概括。不過，它們確實有若干共通性：

- 學校即社區。
- 教師作為顧問。
- 主動而非被動的學習。
- 學生參與主要的作決定。
- 將學生的需求及經驗融入課程與教學。[449]

174

　　個別的另類學校之間有非常大的差異，各有其所強調的某些特性。然而，所有的另類學校在學生人數、學校氣氛、教師與學生的關係、課程作決定的歷程——特別是設置選修課程——都與一般學校有異，在意識型態的承諾這方面也不相同。[450]

　　教學（instruction）的情況若何？這是在問，既然重視個別學生、主動學習及課程選擇等，是另類學校最看重的價值，那麼會有什麼教學（teaching）作法發生呢？不過，大部分研究另類學校的人士都聚焦於管治、課程、學生群體的組成成分、學生與教師的關係、組織的歷程等項，真正關注教學

---

448 臨街學校多以租來的空間作為校舍；這些空間原本是臨街的店面。因為交通便利，設施簡單，通常用來提供繼續教育，並且作為成人充實新知的場所，或提供給不需要像傳統學校那樣的設備與社會氣氛的學生入讀。

449 原注 58：Deal & Nolan (eds.), 1978, p. 3。

450 原注 59：Deal & Nolan (eds.), "Alternative Schools: A Conceptual Map," *School Review* (November, 1978), p. 33; Flaxman & Hanstead (eds.), 1978。

（pedagogy）的研究，反屬少數。[451]

不過，由這些少數的例子，還是可以看出教學方法（teaching methods）層面所顯現的歧異性。舉例而言，David Moore 將他從有限的研究中所觀察與辨認出來的實際作法，做了一番列舉：由教師引導的、經過編序的教學，以至於「相對不拘形式的、合作式的研究及活動」。他注意到了，討論是最受歡迎的教學方法。他寫道：「令人好奇的是，講演法出現的比我們所能想像的多，但是開放性質的談話（open talk）更是普遍。」依 Moore 之說，經常舉行的短途旅行、邀請來的演說者、影片及分組學習也普遍為大家所使用。還有，「教師通常負起主要的課程設計與提供教材的責任」。他與學生們的訪談顯示，他們希望「教師能承擔這項角色」。Moore 注意到，就教學作法的本身而言，似乎其革新的性質並不多，但是就這些作法的出現頻率及其混合的情況而言，「在美國教育上可能是新穎的」。[452]

Dan Duck 研究六所另類中等學校。他發現，在將學生進行編組時，全部六所學校都為不同能力的青少年設置適合的課堂。教師們運用許多不同的課堂編組，除了一所之外，其餘五所學校都設有小組及獨立研究。當他觀察實際的教學作法時，發現一半的學校為學生設有特別的房間，以便與助教（tutor）會面，或者進行獨立研究。不過，沒有任何學校設有「具創意的房間安排」（例如學習角或者安排一些椅子用以增進學生互動）。一所高中設有協同教學，而另一所高中則以年級較高的學長姊輔導（tutor）年級較低的學弟妹。至於評鑑學生表現的作法，則有三所學校使用固定的量尺測度學生；不過，根據報導顯示，這些學校更強調將重點放在個人、非競爭型的計分之上。在向家長就其子弟在學校學習情形作報告時，四所另類學校運用學習歷程檔案記載學生的學習結果，並且舉辦教師與家長的會談。在概覽了教學改革的結果

---

451 原注 60：Swidler, 1979; McBride, 1979。【譯注者補充】：由這段文字可以看出，作者 Cuban 常混用"instruction"、"teaching"及"pedagogy"。本此，本書亦常將三詞皆中譯為教學。不過，由這段文字似可看出 Cuban 使用此三詞的上下文脈仍可稍作區分：一般情況下多用"instruction"，指稱教師教學行動或師生互動時多用"teaching"，學術研究的脈絡下則多用"pedagogy"。當然，這或許是 Cuban 個人的行文風格（style），並無定則可資依循。

452 原注 61：Moore, 1978, pp. 9-10。

與歷史之後，Duke 總結道：「當代另類學校並未構成教學的革命。」[453]

　　在紐約市，另類學校成了 Harvey Scribner 落實其當初到職時所作改進該
市高中的政策宣言裡的一項政綱。在 1970 年代初期，Scribner 所主管的超過
100 所學術及職業高中共有約三十多萬名學生入讀。從任何標準來看，這些學
術高中的規模都很大，大部分都有 3,000 到 4,000 名學生，由 175 至 215 位教
師負責他們的教學。小一些的職業高中，則有 1,500 至 2,000 名學生；於 1971
年，較大的學校包括 Brooklyn 區的 John Jay 有 5,600 名學生；Manhattan 區的
Louis Brandeis 約有 6,000 名學生；而紐約市最大規模的高中 Bronx 區的 Dewitt
Clinton 約有 7,000 名學生，且全部都是男生。於 1971 年，組成高中的族裔
為：白人，50.9%；黑人，29.5%；波多黎各人，15.1%；東方人，1.4%；還有
其他族裔 3.1%。學術高中的學生平均每天的到校比率為全部學生人數的
77%。幾乎三分之一的學生，閱讀能力的表現低於其年級水平二或三年，但是
十分之八的高中畢業生會申請入讀初級學院或四年制大學。[454]

　　這位新到職的教育總監所進行的是一項大規模行動。即使在 Scribner 到
任之前，就有許多私人贊助的臨街學校，是透過私人的努力，以救助一些能
力優異但從一般高中輟學的學生。紐約城市聯盟及城市聯合會（Urban
League）二者，運用來自銀行及企業的捐款，為該市一些低收入少數族裔地
區的這些學校建立了連絡網。當經費用罄時，這些私人團體即跟教育董事會
取得協商，將這些臨街學校納入一般高中，而成為迷你學校。這些學校收有
75 至 125 名學生、有專門的教師及教室、位於主要的校舍或教堂或附近租來
的設施之中，包括有設於 Manhattan 區內 Charles Evans Hughes 高中的 Haram-
bee 預科（Harambee Prep）、設於 Brooklyn 區內同名高中的 Wingate 預科
（Wingate Prep）、本身分為 14 個半自主（semi-autonomous）迷你學校的 Ha-
aren 高中。[455]

453 原注 62：Duke, 1978, pp. 40, 44-46, 51。

454 原注 63：New York City Public Schools, *School Profiles, 1970-1971* (New York; Division of Sys-
　　tem Planning, 1971), Appendix A, p. 6。

455 原注 64：Rogers, 1977, pp. 10-11; Divoky, 1971, pp. 60-67。【譯注者補充】：Haaren 高中也在
　　Manhattan 區。

在 Scribner 及其後繼者的努力之下，這些迷你學校及分開設立的另類學校，散布於整個紐約市學校系統內，因而到了 1975 年，五個行政區共有 11 所另類學校收受 4,000 名學生，40 所迷你學校收受約 6,500 名學生。此外，還有一些另類的課程方案散見於若干學校，收受資賦優異的學生。設於 Erasmus Hall 音樂與藝術學校（Erasmus Hall's Institute of Music and Art）的高中行政實習（Executive High School Internship）及 Julia Richman 高中所設人才培養課程（Julia Richman High School's Talent）等，就是這種課程方案的例子。到了 1976 年，這些另類學校，包括迷你學校在內，一共收受了 15,000 名學生，約占全部高中青年的 5%。[456]

大部分迷你學校都是為了挽救學生，使他們免於中輟的最後堡壘，或者呼喚一些無故曠課者回到學校，更有的是為那些有能力但因故無法適應一般學校、以致未作好學術準備的青年男女，提升他們的學術知能。這些迷你學校的班級都屬小型，每班學生人數少於 25 名。行政人員所招募的教師都必須是能聆聽學生心聲、學業要求嚴格，並且不介意學生直呼其名者。另外一些教師，人們有時稱之為「街頭工作者」（streetworkers），他們的任務是到學生家裡或工作場所進行訪問。這些都是迷你學校的重要特色。[457]

1976 年，另外還有 11 所另類學校，包括了都市即學校（City-as-School），可謂為費城「公園大道課程」在紐約市變身的對應學校；哈林預科；與 La-Guardia 社區學院有聯結的 Middle College 高中；以社區團體經費開辦的 Park East 高中。

一些記者在觀察 Wingate、Harambee、George Washington 及 Lower East Side 等預科學校的十多個課堂教學之後，發現了一些人們熟悉的教師作法（teacher approaches）。茲節錄若干於下：

---

456 原注 65：Rogers, 1977, pp. 22-25。我所含括的學校排除了 Bronx 科學高中、Beach Channel 高中、John Dewey 高中及其他那些是以全市為著眼、為學生設有特別興趣的學習主題、通常都定有入學要求的學校。

457 原注 66：*The New York Times*, November 1, 1971; November 17, 1971; July 1, 1975; Divoky, 1971, pp. 60-67。

- 針對毒品使用一事進行範圍廣大的討論，包括了本州所新頒的對於販毒者懲處的法令，以及同儕文化對於學生使用毒品的影響。
- 師生在英文課共同閱讀 Dorothy Parker 所撰寫有關一位黑人盲童的故事時，在討論故事內容之前，教師先花一部分時間，讓學生們蒙住眼睛在教室內四處移動。
- 學生們閱讀由一位當代黑人作家所撰寫的劇本，中間不時停下來，進行熱烈的討論。
- 在一堂可稱之為災難的歷史課中，教師講演時長篇大論、問一堆問題，然後自己卻陷入為問題作解答的泥淖裡；學生很少用心參與、逕自聊天，並且不理會教師的警告。幸好，鈴聲響了！
- 一位教師在黑板上寫了二次方程式，學生安靜地作筆記。
- 一堂天文學的課，有一些關於占星學和天宮圖的提問及回答散布其中。[458]

　　有一位記者總結了他對於迷你學校課堂教學的印象：「這些課堂教學及教材，與許多傳統高中所發現的情況，基本上沒有什麼不同。」這些另類學校所不同的是學校規模、班級人數、教師與學生之間關係的非正式性質、學生參與管治的決定較為頻繁。[459]

一般高中課堂

　　在傳統的高中裡，教學的組型就像早先幾個世代一樣的作法。我找到了在 1969 年至 1975 年之間，13 所高中 33 位教師的照片及文字的描素。此一樣本確實是小，但是由圖 6.2 所顯示之教學組型聚斂的情況則令人吃驚。

　　在大部分的案例中，教師們把全班當作一個群體進行教學；教師說話大約占了三分之二的時間；在教室裡幾乎看不到任何學生的移動；大部分的課堂活動建立在學生聆聽、書寫，或者觀看等行為上。質言之，教師中心的教

177

458 原注 67：Rogers, 1977, pp. 14-22。
459 原注 68：Divoky, 1971, pp. 60-67; *The New York Times*, November 1, 1971; July 1, 1975。

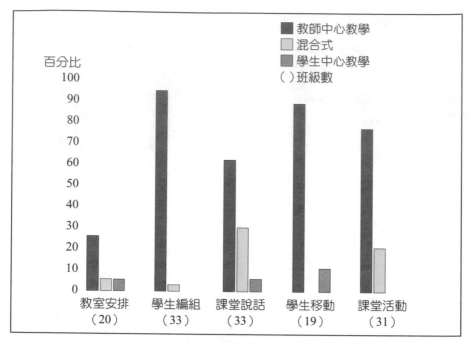

圖 6.2　紐約市高中課堂的教學組型，1967-1975 年

學顯而易見。

　　由《紐約時報》的記者針對兩所高中所作的報導，也包括了課堂的觀察。William Stevens 這位記者在 1971 年以 John Bowne 高中為對象，寫了一篇深入報導的文章；John Bowne 高中位在 Queens 區，有 200 位教師及 3,100 名學生，學生中有 75%會入讀兩年制學院或四年制的大學。John Bowne 學生的族裔分布為 65%白人，35%黑人，應該多半是教育董事會推動反種族隔離政策下的產物。[460]

　　Stevens 將一堂由物理教師 Horman Hessel 所教無線電電子學的課堂與另一個數學課堂作了對比。前者的學生都個別地且熱切地逐步在裝配收音機，後者則是任何教師的夢魘——學生相互拋投紙團、玩撲克牌、在教室四處行

---

460 原注 69：*The New York Times*, November 1, 1971。

走，並且不理會教師的指示。Stevens 寫道：「今年，John Bowne 高中將全神
貫注地創造較多像 Hessel 教師一樣的課堂，並且把像數學科一樣的課堂加以改
變。」[461]

John Bowne 高中每天有將近 500 堂課，上著 75 門不同的科目。每一天都
分為九個 40 分鐘的時段。教師們提到，密集的討論進行著，只有下課鐘聲會
將其打斷。雖然課堂的上課時間會影響教學，但是教師們也告訴 Stevens：
「傳統的教學作法」讓學生們感到厭煩。一位教師指出：「如果我們以教其
他主題的方式，來教有關性方面的主題，那就太過時了。」於坐在許多課堂
觀察之後，Stevens 總結道：「教師都站在教室前方，試圖在同樣一段時間上
同一門科目的課時，讓每個學生都產生興趣。」

儘管那是很不容易做到的事情，但教師們還是盡力試著做。社會科的科
主任告訴 Stevens，每堂課都有具體的目標，並且把問題融入教學之中，俾便
引發學生的思考，進而參與討論。該科的另外一位教師則說，他的課堂上，
若是有三分之一的學生參與，他就認為是成功的教學了。[462]

這位記者也花費了一星期，如影隨形地（shadowing）觀察了一位家住哈
林區的九年級學生。她就讀於布朗克斯（Bronx）區的 John F. Kennedy 高中，
這是一棟新建的八層樓校舍，有 1,800 位九及十年級學生入讀，將來隨著年級
增加，學生數會成長到大約 5,000 名學生。15 歲的 Natalie Wright 是占了全校
總數 40%的黑人學生之一；其餘的學生由白人及拉美裔的學生均分。由 William Stevens 的報告及 Wright 的觀察，可以歸結她學術課堂的一般情況：

- **自然科學導論**。科學科的教師把學生兩兩配對，就質量守恆定律作第
  二次從頭到尾貫通的實驗。他把放進銅及硫磺且密封了的試管加熱，
  秤其重量，並且記錄結果。他們花費了兩天做這項實驗，因為教師試
  著讓全班同學都能畫出結果。Stevens 寫道「Natalie 覺得這很無聊」，
  因為她在初中時就已經學過質量守恆定律。

---

461 原注 70：同上注，May 24, 1971, p. 33。
462 原注 71：同上注。

- **代數**。依 Natalie 之說，這是堂「快樂的課」。她自行學習多項式的乘法，教師則在教室四處巡迴著幫助個別的學生。Natalie 做完後，開始幫助其他的同學。Stevens 問她為什麼喜歡代數，她回答說：「我就是喜歡代數！」

- **社會科**。Natalie 在星期一覺得很無聊。不過，她一點也不在乎中國古代的文官制度或他們的士大夫階層。星期三，學生和老師就公務員制度、社會地位和階級流動展開了熱烈的討論。

- **西班牙文**。Natalie 在這一科的前九個星期不及格。後來，換了一位教師，情況好轉。星期一的西班牙文課是以一位觀光客及一位旅館職員會面的故事為基礎。教師還用《花生》（*Peanuts*）這套漫畫，以西班牙文提問，同學們則異口同聲地回答。

179

- **創意寫作**。教師介紹擬聲法。教師的解說隨之以提問與回答的互動方式進行。當教師請同學們舉例時，同學們爆以「砰砰聲（bangs）、貓叫聲（meows）、狗叫（bow-wows）、叮噹聲（jingles）、牛叫聲（moos）、豬的呼嚕聲（oinks）……。教室充滿歡樂」。

- 「下午 2:30。鈴響。解放！」

Stevens 以一段簡潔的文字總結兩個整天的上課：「星期二與昨天一樣」或者「課堂教學一模一樣！」[463]

除了科學科的實驗課把 Natalie 跟別的同學配成一對之外，課堂主要是以大班教學的方式進行。教師提問學生是訊息交換的主要工具。學生坐在自己的座位上進行的學習占了整節課的時間。除了科學實驗課之外很少學生移動。每堂課的教學都是有結構的、有方向的，而且都由教師帶領學生朝著教完預定的功課而前進為要務。依賴教科書的情況十分普遍。誠如另一位 John F. Kennedy 高中教師在幾年之後所說的：「我總是感覺最好的教學機就是書本。」[464]

---

463 原注 72：同上注。【譯注者補充】：《花生》是一部美國報紙連環漫畫，以若干小學生為主要角色，以小孩生活為題材，觀察這個既簡單又複雜的世界。

464 原注 73：同上注。

　　Stevens 對於兩所高中所作的描述，與我所蒐集的 33 則描述可相互呼應。教師中心的教學主宰了傳統與迷你課堂，夾雜著一些程度與頻率不等的不同作法。

　　大約就是在 Stevens 發表的報導出現時，Scribner 正好宣布辭職。在一年之內，Irving Anker，這位有三十八年服務年資的紐約市教育工作者拾級而上（跟他大部分的前任一樣），接替了教育總監的職務。「提高測驗成績」及「績效責任」成了 1970 年代中期，內部人士流傳的新口號。自動升級的作法取消了；現在學生必須達到更嚴格的閱讀表現標準，才可能升級。開放課堂不再是熱門的課題。等到嚴重的預算刪減於 1975 年開始，求生存之說就取代了要改革的言說。[465]

　　財政危機讓整個紐約市的公職人員慌亂成一團，因而將所有政府機關的經費都加以刪減，公立學校更是首當其衝。教師遭到資遣，使得課程方案都跛了腳。在一所開放廊道學校，亦即第 84 公立學校的 52 位教師中，有 26 位教師遭到辭退。辭退的漣漪效應使得一些較為資深的教師被調到一些有空缺的學校，而一些年資較淺、大部分是黑人及拉美裔的教師則遭到辭退。大量教師離職使得推動開放課堂的許多努力都付諸流水。小學與中等學校班級規模也大幅激增，超出了合約規定的 32 至 34 位學生人數上限。助理人員遭到辭退了，諮商人員及特殊教師也遭到裁減。較大的班級規模及協助的銳減，更進一步降低了教師的士氣。事件突然發生的變化讓教師們的主動精神、承受風險的心理、額外的努力、創發的意願等都受到打擊。[466]

　　然而，於 1981 年，已經有著十年施行開放廊道及非正式教育經驗的第 84 公立學校及一些其他的小學，仍然維持著那些課堂。雖然教師及校長的人數都比十年前少一些，但是類似的作法仍然存活著，甚至在一個漠然且有時帶著敵意的環境中，卻還是維持著豐富多彩、光耀四射的榮景，此一事實的造成都是一群堅毅不拔、持之有恆的教師與行政人員不屈不撓的最佳佐證。

180

---

465 原注 74：*The New York Times*, January 8, 1973, p. 57。
466 原注 75：同上注，September 8, 1975; January 15, 1975, November 16, 1975。

在中等學校層級，另類高中及迷你學校也在受到經費縮減的重擊下，巧妙地活存下來。1979 年，11 所另類高中仍然運作著，共有 5,000 名學生入讀，這還未將許多學生入讀一些寄居於高級中學（如 Seward Park 高中、James Monroe 高中、Haaren 高中）的迷你學校計算在內。[467]

到了 1980 年代，非正式學校教育的殘餘遺跡仍然在紐約市各地，大部分施行主流教師中心作法的情況下持續存在著。正如我於 1981 年參訪的北達科他州兩個都市一樣，課堂組型的變異情形相當明顯。開放的程度已經貫穿小學課堂，但是卻較少貫穿高中的課堂。現在，我將轉向華盛頓特區，看看相似的組型是否也出現在那兒。

華盛頓特區

資深的學校觀察者從未見過，在三個月內就發生這麼多事情。1967 年 4 月，首都的教師們以 3：2 的投票結果，讓美國教師聯盟代表他們坐在談判桌上。教師工會來到了一個原本未設任何工會的城市。6 月時，歷史上的頭一回，教育董事會的黑人成員占了多數，而且大多數委員反對在這個學校首長的職位已經九年之久的 Carl Hansen 所提出的政策。同一個月的稍後，教育董事會委託師範學院進行一項為期一年、25 萬美元經費、以整個華盛頓特區學校系統為對象的研究。該項研究批評了教育局長的政策，以及其大量既無效能又不適切的教學方案，進而要求結束四軌制的學生編組作法（Four-Track system of grouping students）。[468]

---

467 原注 76：New York [City] Board of Education, *Directory of the Public Schools, 1978-1979* (New York: Board of Education, 1979), pp. 5, 27, 39, 51, 122-129。

468 (1) *Hobson v. Hansen* 係一項聯邦法院訴訟案。由民權活動家 Julius Wilson Hobson（1922-1977），控告華盛頓特區教育局長 Carl F. Hansen（1906-1983）和華盛頓特區教育董事會，指稱當前的教育制度剝奪了黑人和窮人平等受教的權利。(2)關於課程分軌一詞，請參見本書 p.3 第三段下的註腳所作說明；四軌係指大學預備軌、普通教育軌、職業或技術準備軌、榮譽軌及精修軌。

　　就在同一天，聯邦法官 J. Skelly Wright 為 *Hobson v. Hansen* 一案提出了一份 183 頁的判決書。他要求結束這一套分軌的制度、開始以校車將黑人兒童從過度擁擠的學校送到 Rock Creek 公園以西幾乎已經清空了的白人學校，他還要求教師也要整合。在兩星期內，教育董事會決定不就 Wright 的判決進行上訴，並且要求教育局長執行法院的命令。Carl Hansen 這位催生此項將教師置於教學中心的一項結構十分緊密、名為 Amidon 計畫的課程方案，以及四軌制的學生編組這兩項作法的教育局長因而辭卸了他的職務。1967 年 4 月至 6 月之間發生的事件動搖了華盛頓特區的學校系統，因而使得該一系統在接下來的十年陷入不安的境況。[469]

　　教育局長的頻繁異動就是接下來不穩定情況的一項指標。過往幾乎半個世紀（1920 至 1967 年）裡，華盛頓特區只有 Frank Ballou、Robert Haycock、Hobart Corning 及 Carl Hansen 等四位教育局長。現在，才十多年（1968 至 1980 年），就有六位學校首長進出這棟在熱鬧市區有十二個樓層的總統大廈（Presidential Building）的辦公室。

181

　　人口、法院判決、政治的變化有助於解釋這些高層的混亂。華盛頓特區學校系統由 1940 年的 90,000 多名學生成長到 1967 年的 150,000 多名學生，其中超過 90% 是黑人。1967 年，幾乎有 8,000 名教師在近乎 140 所學校服務。華盛頓特區是全美最大的以黑人居多數的學校系統。雖然，學區中相當於 *Brown v. Board of Education* 判決的 *Bolling v. Sharpe* 判決，要求學校於 1955 年就實施反種族隔離的政策。但是，當將近三分之二的學童是黑人時，另外三分之一的白人則跟第二次世界大戰以來的作法一樣，持續離開此一學校系統。當這些白人學生被來自美國南方的新到者所取代時，反種族隔離的政策即引發了媒體及公民團體的注意。這些注意大多是象徵性的，因為在 *Bolling* 判決通過之後，一個共有 150,000 名學生的學校系統，就只剩下了 15,000 名白人兒童。不過，到了 1967 年，其他的考量就把反種族隔離的政策推開到一邊兒

---

469 原注 77：Hansen, 1968, pp. 91-106; Cuban, 1975, pp. 15-37。

去了。[470]

到了 1960 年代晚期及 1970 年代早期，教育黑人兒童成為學業表現良好者，這項考量取代了反種族隔離的政策，成為學校的基本目標。但是，在 1968 年，此項目標的清晰性質（以及其訴求）經常陷入迷途，這是因為在 Martin Luther King 牧師遭受殺害後所引發之廣為散播的暴動餘波中，國會將有限度的地方自治授予華盛頓特區的地方政府。此外，因為行政人員為了符應 *Hobson v. Hansen* 判決的命令，要求教師於學年中途調離原校，俾便讓所有的學校資源能均等配置這項作法，亦將此一基本目標的明晰性質弄得模糊不清了。這項大量的教師調動將整個學年所餘下時間裡的學校課程的進行全都打斷了。[471]

選舉的政治運作原本是以 1968 年選出的教育董事會進入華盛頓特區。然而，後來的發展卻是，任何與學校關聯的事情都變成了引起爭辯的議題。新選出的教育董事會招聘取代 Carl Hansen 的教育局長這件事，帶進了密西根州 Lasing 的 William Manning。Manning 在職兩年，之後由底特律的行政人員 Hugh Scott 接替；Scott 因而成了全美第一位在大都市學校系統擔任首長的黑人。Scott 接任的 1970 年，恰巧是教育董事會獨立地安排 Kenneth Clark〔學校評論家，也是紐約州評議委員會（New York State Board of Regents）成員〕推動他為改進華盛頓特區學校教育而設計的課程方案。此一旨在傾整個華盛頓特區學校系統的力量，將改進閱讀教學、俾便全面提升學生學習成就的 Clark 計畫交由 Scott 執行。該計畫對於提高測驗成績的要求殷切，復加學校官員不太細膩地暗示測驗結果將成為教師評鑑的依據，因而引發了教師工會強硬的抗拒。教育董事會成員之間經常不斷爭吵、工會動輒以罷工威脅、執行 Wright 判決時所顯示的拙劣官僚作法，使得 Clark 計畫於 1972 年夭折，這也導致

182

---

470 原注 78：Hansen, 1968, chapters 1-5; Green, 1967, ch. 13; Passow, 1967, chs. 2, 4, 5。【譯注者補充】：Hansen（1962）曾為施行 Amidon 計畫的同名小學撰成專書一本（可下載自 https://archive.org/details/amidonelementary00hans/page/n9/mode/2up）。由 Streitz（1962, p. 235）為該書所撰評論中的一段文字似可看出 Hansen 的看法相當傳統：「當其他人認為，我們應以科目為手段來教兒童，該書主張把科目教給兒童。」這句話與 Cuban 在前所述 Hansen 催生「將教師置於教學中心的一項結構十分緊密」的課程方案之說，似可相互呼應。

471 原注 79：Cuban, 1975, p. 25。

Scott 於後來不到一年就離開教育局長的職務。他在這個職位未滿三年！[472]

　　Scott 的繼任者，芝加哥的學校行政人員 Barbara Sizemore，熱衷於主動積極的公民參與學校的管治與運作、黑人的增權賦能、衝突的正面效益等作法。Sizemore 有兩項特點，其一，她是華盛頓特區學校系統首位女性教育局長；其二，她是教育董事會在舉行公聽會後立即遭到辭退的首位教育局長。她在職兩年。

　　此一擺晃不穩的教育局長職位，於 1975 年 Vincent Reed 的任命暫時止住。他是由內部逐級提升上來的教育工作者；他曾任高中校長，並且擔任自 Hansen 以來三位教育局長的副手。有鑒於幾年來華盛頓特區學校系統因為首長的進進出出，以及行政部門的動盪不安，已經在組織上造成了重大的混亂，所以 Reed 上任後，即著手重建此一學校系統的管理秩序。

　　1976 年，Reed 啟動了一項名為能力本位課程（Competency-based Curriculum, CBC）的綜合性方案。這是一項大規模的教師發展方案，旨在訓練教師設定課程目標、規劃達成這些目標的教學策略、評估課堂教學的結果。這項方案的施行策略包含了各項在職進修的活動、分發給教師重達 3 英磅的指導手冊、向民眾作的詳盡闡述、提升教師士氣的作法等。教育董事會以些微的多數通過了 Reed 的施政方向，包括了不再讓學生自動升級、為學生設定在升級之前必須展示的基本能力表現。1980 年時，因為教育局長與教育董事會之間的摩擦多次攤開在大眾面前，再加上教育董事會成員之間在 Reed 所提出為資優生新設一所高中的計畫，以及另外的一些論題上，因為意見不同而產生了極深的分裂，Reed 選擇了提早退休而辭卸教育局長的職務。[473]

　　以上針對 1967 年至 1980 年之間，華盛頓特區學校系統組織不穩定所作的摘述，可作為我們針對一般學校在教育董事會與教育局長之間的齟齬，所引發的政治騷亂中到底發生了什麼事情進行檢視之所本，也對於學校校長及

---

472 原注 80：Cuban, 1974, pp. 8-32。

473 原注 81：*Washington Post*, October 13, 1980, p. C-3; Vincent Reed, "An Introduction to the Competency-based Curriculum," *Journal of Personalized Instruction*, *3*, (Winter, 1978), pp. 199-200。

教師因此而在何者應為、何者不應為這件事上所造成的混淆，有了進一步的理解。關於 1966 至 1967 這一學年（也就是這段騷亂剛剛開始的時候）整個華盛頓特區學校系統的運作到底如何，由師範學院 A. Harry Passow 教授擔任計畫主持人，率領將近 200 名同事所完成的一項名之為「Passow 報告」（Passow Report）的研究，應可提供約略的認識。[474]

Passow 發現，若是華盛頓特區真要建立一個「模範的城市學校系統」（Model Urban School System）（該研究的正式名稱），那麼整個學校系統都需要作一番根本的變革。如果讓 Carl Hansen 或者他的支持者在 1967 年早期就讀到這份厚達 593 頁的研究所記載該系統的缺點，他們可能會感到不快。在眾多的研究發現中，可見到下列文字：

183

- 學業成就低落；
- 編組作法的執行並不規律；
- 課程的安排，除了某些例外，多不符合城市入讀學生之所需；以及
- 學區總部既龐大又官僚。

有關教學方案部分的總結，也未予學校的官員任何讚美。[475] 例如：

- **教師「未適切地接受培育」**。「無論如何」都要將教師缺額補足的壓力，使得教育董事會在許多年都聘用了數以百計的臨時教師。Passow 總結道：「出現那麼多不合格的教師，難怪依課堂觀察者之說，許多教師在呈現教材時，總是行禮如儀、膚淺表面，而且他們所帶領的一般教學活動，亦都令人慘不忍睹！」[476]
- **課程狹窄**。學校「把科目空洞化而成非常形式化，又毫無意義可言」。

---

474 原注 82：Passow, "Executive Summary," *Toward Creating a Model Urban School System* (New York: Teachers College, 1967), p. 1。

475 原注 83：同上注，p. 3。

476 原注 84：同上注，p. 265。

在進行閱讀教學時，這種課程之狹窄到了極點：「閱讀變成了認字，而認字又變成了發音練習，於是把閱讀變成了一種儀式化的解碼（ritual code-breaking）工作……。」另外的小學科目「要不是匆匆趕完，就是故意轉個彎，變成了閱讀的練習」。然而，測驗的結果顯示：「事實上，兒童們閱讀學習的時間不夠，當然也未學好。」[477]

- **分軌無效**。於概覽學生的成績、各個不同分軌的中小學生數目、學生在不同分軌之間移動的程度等資料時，該團隊負責研究分軌的工作小組總結道：「分軌的作法應予放棄，因為其間有著許多不公平、不一致、不適切的事實存在。」[478]

- **教學標準化且缺乏想像力**。23位有經驗的教師及行政人員在接受過觀察的訓練後，訪視了隨機選取的九所學校75位教師。有一位觀察者寫道：「時鐘似乎掌控了課堂。」每天的上課時間表決定了誰、在何時、在什麼狀況下、做些什麼。課程——與Amidon計畫的課程公報一致——每個課堂都一樣。很少有證據顯示，教師們脫離計畫的精神或是每天的上課時間表。觀察者報導：「這些課堂一項驚人的特性是都很安靜且有秩序……。兒童們看來都很溫順、馴從、被動。」上課時間最常用來「操練、閱讀及發音練習，閱讀社會科的訊息，以及做一些算術題目」。基於這些觀察，Passow總結，華盛頓特區學校系統的小學教師：「扮演著高度指導性的角色……。兒童花費整天時間，付出可能最緊密的注意力在他的教師身上、遵守她的指令、回應她的問題、服從她的規定。兒童並未受到鼓勵跟別的同學談話，不論正式或非正式地……。」[479]

184

在高中階段，有限的觀察甚至更讓教師或行政人員難過：

---

477 原注85：同上注，p. 255。
478 原注86：同上注，p. 235。
479 原注87：同上注，pp. 275-276。

- **科學**。「教師講演、學生聆聽。少有生─師或生─生的互動。」
- **社會科**。「在大部分課堂，教學似乎都採用教科書的上課方式……。」
- **外國語文**。「教師們所接受的教科書、教學資源、直接教學法等的訓練……必須……大幅度地更新。」
- **數學**。「受到觀察的教師似乎顯得對於所使用的材料不太自在，要不就是對於這些教材的細節及意蘊有些茫然。數學方面的錯誤，或是迷思概念經常出現……。由不稱職的教師負責執行大型數學課堂的教學，是一項有問題的作法。」[480]

由 Passow 針對 1966 至 1967 這個學年的中小學教學作法所做的描述看來，大多數為教師中心式的。該項研究也指出了，有一些個別學校及課程方案，顯示某些課堂採用了令人感到有希望的革新作法。在 Hansen 辭職、Amidon 計畫與四軌制的學生編組作法遭到解散之後的一陣紊亂時期，也正好是大眾及專業人員對於非正式教育的興趣達到最高峰的時期，所以將這些還在起步的課堂作法變革加以拓展的機會也浮現了出來。模範學校部門（Model School Division, MSD）即是一個適當的例子。

模範學校部門

位於市區 Cardozo 的鄰里，一個長年經新聞報導及改革者標記為貧民區的此一模範學校部門，到了 1969 年變成了一個不受華盛頓特區學校系統中央辦公署管控的單位，收納了 19,500 名學生，共包括了 5 所幼兒園及 18 所中小學，其中就包括了 Cardozo 高中在內。[481]

在 1964 年及 1975 年之間，MSD 是一個控股公司（holding company），幾乎所有為改善城市貧窮少數族裔學生所接受的學校教育，而進行之有希望

---

480 原注 88：同上注，pp. 295, 305, 312, 322。

481 原注 89：District of Columbia Public Schools, "Model School Division in Capsule," (Washington, D. C.: Model School Division, 1969)。於 1950 年，全部都是黑人學生的 Cardozo 高中，遷移至甫行關閉的全部都是白人學生的中央高中原本的校舍。

185

的革新作法，皆在其服務之列（如小學學校科學、英語在每個課堂中、Madi-son 數學專題研究、協同教學、無年級制初小、閱讀中的語文經驗等）[482]。MSD 將來自聯邦、私人及地方的經費結合在一起，為 Cardozo 地區帶來了令人振奮的樂觀及變革的氣氛。在 Carl Hansen 離開教育局長職務之後，MSD 更能自由地施行革新的作法。

　　MSD 所設的「革新團隊」（Innovative Team）就是一項嘗試性質的作法；此一團隊的努力不但為 MSD 帶來了公眾的能見度，也贏得了地方上及全美各地許多教育工作者的尊重。此一團隊是由 15 位有經驗的課堂教師所組成，在曾經於麻薩諸塞州牛頓的教育發展中心（EDC）工作過的 Mary Lela Sherburne 領導之下，於 1967 年開始營運。該一團隊原初的任務是為來自聯邦及地方所贊助的多項課程方案，進行協調工作。後來，也協助課堂教師將新的想法及教材融入他們每天的課堂作法當中。

　　到了 1969 年，在一項針對該一團隊所作的正式評鑑完成之後，其目標即轉變為提供教師一些常規式的在職訓練及技術上的協助，以便改變教師的角色，並且讓課堂能成為更積極主動的地方：「在此，藉由許多材料及技能，各種不同的學習風格、興趣及速度都能調適。」此外，現在該一團隊的工作還包括了「讓教師們參與整個學校為範圍的、合作性質的問題解決及作決定的過程」。在 EDC 所提供的一部分協助下，該一團隊辦理了幾十個工作坊、（在教師們的要求下）參訪了數以百計的課堂許多次，並且為許多教室充實新的數學、科學、社會科及閱讀材料。在少數但不斷增加的 MSD 課堂中，科學及數學學習角開始出現了。[483]

---

482 (1)茲將這些專有名詞的英文置於此：Elementary School Science、English in Every Classroom、the Madison Math Project、team teaching、nongraded primaries、Language Experience in Reading。(2)其中，"nongraded primaries" 一詞，在本書 p. 198 亦稱之為 "ungraded primaries"，在 p. 216 則又稱為 "nongraded primaries"。(3)依 Skapski（1960, p. 41）之說：「愈來愈多小學，以 "ungraded primaries" 取代小學的前三個年級（一至三年級）。」這種無年級制或不分年級制初小，取消傳統以年級為據的組織，改以學生的學習表現為進步的依據，並且施以混齡式的差異化教學。

483 原注 90：Cort, 1969, pp. 7-8。

　　雖然團隊成員、主任、助理教育局長所使用的許多語彙，都與非正式教育倡行者一致，但是 MSD 很少提及開放課堂。來自 EDC 的材料、使用三面牆式的硬紙板建構學習角以及個人閱覽或學習用的卡座，乃至將教師們對於課堂的觀念擴展為讓兒童主動學習的地方等作法，都統整到該一革新團隊所傳遞的不顯眼訊息之中。

　　之所以如此少見明顯的開放課堂語言，部分是因為在 1967 年與 1970 年之間，該團隊的哲學理念就逐漸朝著這個方向演進，而在稍後幾年才以明晰的語言敘明之。不過，該團隊在主動學習與非正式教育方面所持有的信念，跟他們視教師的核心角色為主要決定作成者的信念，這兩者的結合，並未讓 MSD 製造大量包裝為或標識為「開放」的課堂。某些確實在過去即已存在，但更多是到 1970 年才發展出來。然而，該一革新團隊的主要目的並非將開放課堂加以複製；相反地，該一團隊的存在是為了回應教師們提出協助的請求。此外，MSD 的教師們都支持該一團隊的工作，在一些調查中重複地指出，這15 位教師「於他們作為教師所貢獻的效能，比任何其他的作法，甚或 MSD 的課程方案，都高出很多」。[484]

　　在 1969 年，Russell Cort 完成了他對於該一團隊的評鑑工作時，說道：「改善學校與課堂層次的表現，必須永續不斷、專心致志、持之以恆、匯聚全力。」然而，不到一年，此一革新團隊卻因故解散了。[485]

　　新任的教育局長 Hugh Scott，由於教育董事會有關施行 Kenneth Clark 所設計的學業改進方案的決議受到掣肘，因而理解到該一革新團隊另有其他用處。其結果是，讓一個剛成立三年，歷經組織團隊、與教師們共同努力，因而獲致地方及全國佳評的革新團隊宣告中止。深植於該一團隊所作有計畫變革的應許，也消失無蹤。

---

484 原注 91：同上注，pp. 227-228, 240；當我在 Cardozo 城市教學計畫——模範學校部門（MSD）的 24 個方案之一——擔任主任時，與「革新團隊」原本的主任 Mary Lela Sherburne，以及助理教育局長 Norman Nickens 有經常的接觸，而且後來，我負責執行整個學區範圍內的教師專業發展方案時，也跟他們經常接觸。

485 原注 92：Cort, 1969, p. 240。

此舉致使革新團隊的成員，或者轉任校長，或者進入華盛頓特區學校系統的中央辦公署服務，或者離開此一系統。該團隊的首位主任 Mary Lela Sherburne，則會同成員 Olive Covington 協助華盛頓特區都會地區有志於建立與推廣開放課堂的教育工作者，自籌經費成立顧問與學習交流中心（Advisory and Leaning Exchange, ALE）。作為一個教師研習中心、試圖探索開放教育與類似作法的公私立學校家長與教育工作者的支持團體，ALE 在 1971 年於華盛頓特區商業鬧區的一間辦公室正式展開服務。到了 1974 年，超過 600 場的工作坊吸引了華盛頓特區的教師與家長前來參與。不過，到了 1981 年，該組織經歷了一番改變，導致支持非正式課堂這項服務不再成為其主要關注的事項。[486]

開放課堂與開放空間

在該市別的地方，開放課堂出現於 1970 年代早期。有時候，由一些白人家長團體（如同紐約市一般）所倡導；有時候，則是由一些熱衷開放課堂的教師推動。舉例而言，在 Hearst-Eaton 學校，既是新任校長（於 1971 年就任）也是革新團隊成員的 Joan Brown，招募了熱心於非正式教育的新教師，並且力勸一些她承接而來的教師，共同啟動了開放課堂的作法。1970 年暑期的工作坊訓練了 20 位教師，在 Rock Creek 公園以西——一個主要是白人居住的富有區域——的 12 所學校設置了開放課堂。由此一區域來的學校家長們，成功地遊說了教育官員支持這項課程方案。至於暑期的工作坊，則是由革新團隊成員 LaVerne Ford、Mary Alexander 及其他人士所帶領。[487]

　　Morgan 學校是第一所由教育董事會指定成立開放課堂的學校；該校由經過選出的家長負責運作，於 1967 年在 Antioch 學院的贊助之下啟動。大部分是白人的年輕教師，配合大部分是黑人的社區助理——全部都曾受過使用 EDC 教學材料的訓練——將學校依年齡而非年級分成若干兒童的團隊，並且採行了開放教育的作法。到了 1969 年，第一任校長 Ken Haskins 離職，Morgan 社

187

---

486 原注 93：Kaya, 1974, pp. ii-iii。

487 原注 94：*Washington Star*, August 16, 1970; Theresa H. Elofson, 1973, pp. 8-154。

區學校董事會（Morgan Community School Board）的主任 Bishop Reed 亦不幸辭世，而且 Antioch 學院也切斷了它跟該校的連結；曾經協助創辦該校並與華盛頓特區的教育董事會協商合約、給予 Morgan 學校自主權的白人少數家長也離開了。這時，一個新的地方教育董事會及校長為學生的行為設定了具體的規則、把一般習用的成績單又帶了回來、測驗了學生，並且告訴教師們要著重基本知能及紀律。[488]

到了 1970 年，大部分原本的教師及開放課堂都受到排斥而從學校消失了。校長從南方的一些黑人學院招聘了一些教師取代離職者。到了 1971 年，該校的 30 位教師中有 17 位是初任教師。當一位新聞記者於 1973 年——也就是該校開始成為一所由家長經營的公立學校（parent-run public school）的六年之後——參訪該校後發現，只剩下兩位教師還維持著開放課堂的作法。大多數的教師：「以高度傳統的方式帶領班級，並且說他們受到了一些人的讚賞，因為他們與 Morgan 學校某些毫無組織與缺乏紀律的課堂有所不同。」然而，於 1974 年，Morgan 學校有少數保持開放課堂的教師，還是盼望能以新的開放空間校舍替換原有的舊校舍。[489]

開放空間校舍的建立，就像華盛頓特區許多需要用到經費的事情一樣，必須等待教育董事會、華盛頓特區政府、國會兩院等單位在授權這件事上取得協議，然後這項經費才會得到認可，並得以撥付所需的款項。正如 Frank Ballou 於 1925 年所發現的，若無耐心、荒誕莫名的感受、會帶來好運的兔子後腳等的協助，他所提出的第一件建築校舍的計畫將無法獲得全部必要單位的核准。一般而言，申請校舍通常需等待至七年之久，才會獲致教育董事會核准，進而開始著手興建，然而這時建築計畫早已過時。所以，我們現在討

---

488 原注 95：*Washington Post*, May 13, 1973, C3。【譯注者補充】：Antioch 學院是由 Horace Mann 於 1852 年所設。Horace Mann 在該學院第一屆畢業典禮上說了一句傳頌千古的名言：「吾人當終生致力發揚人性，死而後已！」（be ashamed to die until you have won some victory for humanity）。現今 Antioch 學院在美國各地設有七個分校，尊崇進步價值，以培養能為人類發展盡力的青年學子。

489 原注 96：Lauter & Howe, 1968, pp. 235-262; *Washington Star*, March 1, 1970; *Washington Post*, July 6, 1971; May 13, 1973。

論校舍改建這件事時，所替換下的老舊而擁擠的小學校舍，都是在 Frank Bal-lou 之前或是他任內興建的。

在 1960 年代早期，開放空間的學校抓住了全美教育董事會及教育局長的想像力，以其為針對課程、教學，以及教師所應擔負的角色等事項，進行改革的作法之一；華盛頓特區也不例外。興建開放空間學校的請求提出後，經過長久時日的拖延終獲同意。到了 1970 年代中期，開放空間學校陸續出現於小學及中學階段（例如替換舊的 Brookland 小學的計畫在 1967 年核定；開放空間學校終於在 1974 年投入使用；開放空間的 Dunbar 高中也幾乎花費了一樣長久的時間才落成）。

開放空間的環境鼓勵教師之間進行協同合作、多樣的兒童編組、無年級制的安排、空間的多元運用。這些都與開放課堂的想法一致，但並非開放課堂的精要部分。自 1971 年開始，在 Ketcham 小學校舍的附加部分啟用後，每一年都有開放空間的學校竣工，一直到 1979 年，一共有 17 所學校先後建成，包括了新建的 Morgan 學校（後來更名為 Marie Reed 學校）；總經費為 1 億 6,300 萬美元。[490]

在華盛頓特區，校舍中設有開放空間的概念，與開放課堂的作法，逐步結合在一起。在 1971 年至 1974 年之間，為自願於開放空間工作的教師提供了一些在職工作坊。六個訓練的循環是由聯邦政府出資設置的開放空間學校訓練中心（Training Center for Open Space Schools）所贊助的。很少人會懷疑，英國小學、Lillian Weber 的開放廊道、非正式課堂等是華盛頓特區學校系統重要官員心目中的模範。凡是對於非正式課堂存有熱情的校長、視導人員及中層管理人員，都試著為那些自願在新校舍工作的教師尋找經過改善的訓練方式。但是，沒有任何一個教育董事會及教育局長會對非正式教育作公開的承諾。[491]

請看 Brookland 學校的情況。在這所新學校啟用的二年之前，校長及

188

---

490 原注 97：*Washington Post*, December 11, 1979。
491 原注 98：Behavioral Service Consultants, 1974.; "Brookland School Plan," February, 1974。

「舊」學校六位教師成員參加工作坊、參訪華盛頓地區的開放空間學校、前往華盛頓特區師範學院選修課程，並且自費前往英國的學校參訪二週。教師還為家長舉辦工作坊，向家長解釋他們會將所施行的「開放課堂」設置在開放空間的校舍內。這所新學校於 1974 年正式啟用之後，經指認為華盛頓特區學校系統的模範開放空間學校。[492]

開放課堂的傳布

在華盛頓特區，開放課堂（即使是廣義界定的開放課堂），其傳布的情況若何，很難加以推估。如同在紐約市一樣，在「Passow 報告」之後，華盛頓特區即未再見到任何有關調查研究的結果公布。在 130 所小學將近 3,500 位教師（於 1975 年）的華盛頓特區，到底設有多少開放課堂，實在很難作出真確的推估。雖然如此，我們大致可以確認，採行開放空間的小學應該少於 15%。然而，若是認為所有在開放空間服務的教師都會施行開放課堂的作法，或者開放課堂都只座落在開放空間，都是可笑的想法。不過，其間確實有一些相互關聯的線索。

於 1974 年，在為選擇在開放空間校舍工作的教師所舉辦的最後一個訓練循環中，200 位參與者中的 28%報告了他們施行開放課堂的作法。對於超過一半參與訓練的教師，這項工作坊是他們第一次接觸到非正式課堂的經驗。ALE 報導，在 1975 至 1976 這個學年，超過 700 位華府地區的小學教師參加了工作坊；不過無法確認此一數目是累計的次數，抑或代表著個別的教師。另外，也請看看我為 23 位小學教師的 46 個課堂所做的描述——這些是我從照片、報紙上的文章、以發表了的教師訪談及一份評報告等蒐集而來的（請見圖 6.3）。不過，請注意，學生中心教學的百分比可能有言過其實的情事，因為在十所設有學習角的學校，有兩所——Morgan 及 Hearst-Eaton——出現在記事中。這兩所學校幾乎一半的課堂都設有一或二個學習角。[493]

---

492 原注 99："Brookland School Plan," n.p.; *Washington Post*, December 11, 1979。
493 原注 100：Behavioral Service Consultants, 1974, pp. 21, 47。

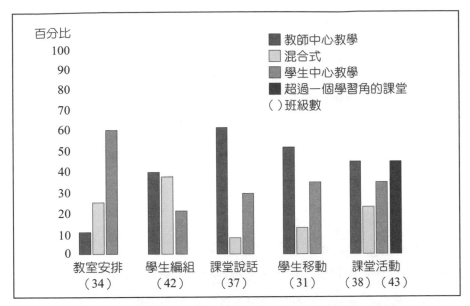

圖 6.3　華盛頓特區小學課堂的教學組型，1967-1975 年

　　就教室的安排（62%）、學習角（44%），以及學生不經教師同意即可在課室四處移動（35%）等項而言，學生中心的組型最為強大。不過，若論及小組及個別活動、學生參與課堂功課，以及學生說話的情況較多等項，則其組距即為 22% 至 34%——然而，還是必須提出警告：這些數字可能仍然有言過其實的情事，因為學校總數不多，而且因為兩所學校比起其他學校，貢獻比較多的次數。教師中心的組型仍占較多數；幾乎一半以上的課堂是以全班式教學（49%）配合聆聽、坐在座位工作及回答教師提問（45%）等作法。超過一半的課堂只有些微的學生移動（52%），而且有三分之二的課堂中，教師支配了語言的交流（62%）。

　　雖然所有這些疏疏落落的數字提供了殘缺不全的訊息，但是這些仍然是值得注意的基本訊息，讓我們可據以推估，大約有四分之一或五分之一的小學教師，在他們的課堂中做了某些可以界定為非正式教育的事情。[494]

---

494 原注 101：District of Columbia Public Schools, *Data Resume Book* (Washington, D.C.: Division of Research and Evaluation, 1976), pp. 28, 32; Kaya, 1974, p. 9。

190 　　到了 1975 年，人們對於非正式教育的興趣相當大幅度地衰退了。聯邦政府撥予訓練中心的補助經費亦已耗盡。市政府的經費欠缺造成了預算的刪減，而且教育董事會與市長之間，在哪些單位應該在哪些部分刪減預算引發了長久的爭論。學校為撙節經費，著手去除助理、教師發展，以及曾經滋養開放教育的各項服務。到了 1978 年，一項比較 372 個開放空間與自足式課堂閱讀成就，以及其他學生學習結果的小型研究顯示「自足式的課堂提供了比……開放空間課堂較佳的學習環境」。[495]

　　不過，更為重要的是，整個華盛頓特區學校系統日益集中注意於增進學生的基本知能，以及藉由測驗的施行監看學生進步的作法；這些作法包括了原初的 Clark 計畫（1970 至 1973 年間），以及後來在教育局長 Vincent Reed（1976 年之後）任內推動的能力本位課程方案。教育主管要求教師針對學生的基本知能，提供具體而直接的教學；教師必須知道學生在任何一天的學習表現是否都到達適切的水平。測驗施行次數也因而增加了。學生半年檢核一次的升級標準日漸加強且更趨嚴格。針對遭到留級兒童的補救教學作法亦加強施行。這些作法雖然不一定與開放課堂不相容，但是在作法上與已經在 1967 年廢除的 Amidon 計畫的精神較為接近，距離開放教育的精神則較為遙遠。

191 　　透過能力本位課程方案加強學術知能、縮減對於開放課堂的實質支持，以及內存於施行非正式教學的較大壓力，或許可以解釋校長們於 1976 年之後不容易吸引自願者擔任開放課堂教師的緣由。一些經過分配進入開放空間學校、取代遭到辭退的較年輕同事的教師，將那些以可攜式黑板及書箱草草建成的牆壁拆除了，以便將開放空間區域整理成自足式的教室。學習角也漸漸消失了。[496]

---

495 原注 102：District of Columbia Public Schools, "Open Space vs. Self-Contained Classrooms," (Washington, D.C.: Division of Research and Evaluation, 1980)。

496 原注 103：*Washington Post*, December 11, 1979；當我於 1981 年，參訪 Bruce-Monroe 學校和 Brookland 學校時，我觀察到教師們致力於封堵開放空間。

190

照片 6.1　華盛頓特區，Winston 小學，1977 年

191

照片 6.2　華盛頓特區，Friendship 小學，1977 年

1981 至 1982 這個學年，我在 Bruce-Monroe 及 Brookland 這兩所開放空間學校停留了兩個上午。Bruce-Monroe 有 525 名學生與 20 位教師，以及一位曾在革新團隊工作過的校長。當該校成立於 1974 年時，曾經在由三或四位教師所組成的「學習共同體」（Learning Communities）中設有閱讀、數學、科學及社會的學習角（也稱之為小群）。1981 年，當我進入這個小群時，我看到了許多學習角，但是，教師只是偶爾使用它們，通常是在閱讀、數學及語文等正式時段之後的練習活動。助理不再出現。特殊教育的教師則確實將一些學生調離原來的教室，進行細部的教學。[497]

在我觀察的（從一至六年級共 14 位中）七位教師裡，只有一位教師讓學生成行成列地面向黑板坐著；其他六位教師讓學生在檯子邊面對面坐著。兒童們在學習時自由地移動，也向教師提問。這六位教師中，有四位教師將課堂中的學生視為一組，正在上課；其餘的教師則在我進進出出這一小群的 2

照片 6.3　華盛頓特區，Gage-Eckington 小學，1976 年

---

497 原注 104：取自我的參訪筆記；Behavioral Service Consultants, 1974, pp. 60, 71。

小時中，採取小組與全班視為一個整體的混合方式帶領學生學習。這六位教師中，有四位教師將今天要達到的能力本位課程目標寫在黑板上：

・圈起開始的聲音。
・加與減。
・複習複數字尾。
・使用縮寫。

　　進行課堂活動時，五位教師發出指令給學生，然後要他們全部坐在桌子旁做同樣的學習（例如回答教科書上的問題、從黑板上抄些東西），共花了30 至 35 分鐘。一位教師於全班學生雙膝上放著教科書坐在地板上時，提問了若干數學問題。另外一位教師則將她的班級分為至少三個小組，做著不同的功課。

　　七位教師中的六位在課堂設有學習角，但是並未每天都使用。教師告訴我，他們偶爾會將學習角的活動當作獎勵，或者讓他們在原定的活動完成之後，請他們在那兒針對能力本位課程的目標做練習。

193

照片 6.4　華盛頓特區，Takoma 小學，1977 年

也是在 1974 年開辦的 Brookland，從幼兒園到八年級共有 450 名學生。寬大的開放空間加上少數的隔間板，就成了學生所稱的「學習角」。如同在 Bruce-Monroe 一樣，都已將助理辭退了。教學人力的縮減使得一些新教師進來，也送走了一些。美術、音樂及家政等科的教師必須教所有的學生。在我參訪的那個上午，我只看到一個課堂的學習角運作著。

在我觀察的那個年級裡有九位教師，我在其中的六位身上各別都花了兩個小時做觀察。大部分的教師都讓學生面對面坐成圓形。兒童們在課堂中自由移動。在五位教師的課堂中，每一個課堂都是由教師跟一組學生進行教學活動，另外的學生則逕自坐在檯子邊做著教科書上的作業。一位教師的課堂中，有兩組學生在做不同的學習。六間教室中的四間，有超過 10 分鐘的師生互動；互動是採取教師提問、學生回答的形式，而這些問題則取自教科書或學習單。在每間教室的牆上都列出了能力本位課程方案在閱讀、思考、數學、語文及其他科目必須學會的知能。六間教室中的五間，掛有一些個別的學生必須完成的學習工作表。

194　　　在我觀察的兩所學校中，有許多關於開放課堂明顯可見的信號。空間是開放的。設有學習角、彈性的傢俱安排、空間的使用、學生自由移動。但是，很清楚地，都是由教師控制著誰跟什麼人、什麼時候、做什麼、怎麼做。學生的參與限制在教師所指定的工作範圍內。這些混合的行為與早一個世代之前的教師們所建立的：混成式、教師中心式的進步主義，十分相似。[498]

假如非正式課堂在不同發展的階段，並且以混合的樣式在 1967 年之後出現於小學，那麼華盛頓特區的高中，在那幾年間是什麼情況呢？

高中的課堂

如同在美國的紐約市及其他的地方，在 1960 年代晚期的華盛頓特區，我
195　們看到大學生抗議他們學校的一些政策，這類行動也影響了許多的高中。這些高中跟 Howard 大學一樣，針對學校的一些作法提出抗議，不過大學的學生

---

[498] 原注 105：除了我的觀察之外，《華盛頓郵報》的記者 Judy Valente 也寫了一系列有關 Bruce-Monroe 二年級教師們的文章。請見 October 13, 1980 及 May 24, 1981 等的報導。

抗議原本集中在種族的議題，特別是在 1968 年 Martin Luther King 牧師遭到暗殺而引發的暴動之後，更是如此。雖然，高中學生的抗議並不限於種族的議題，但是種族意識的發展確實導致華盛頓特區設立了第一所公立的另類學校。[499]

Freedom Annex 的設立，是一支由 Eastern 高中學生組成的骨幹群體，因為不滿他們所接受的學校教育之品質而起。他們設計了一所另類學校，為它募集款項、決定課程，並且選聘教師。因為它名列全美少數由學生們自行經營的高中之一，所以那時候負責主管中等學校業務的助理教育局長 George Rhodes 表示支持，教育董事會亦表同意，但是並未撥予公共的經費。經費是來自基金會或其他私人來源的捐助。

有超過 100 位學生，上午在 Eastern 高中修習必修課程，並利用其他的時間在附近一間教堂就有關黑人歷史、黑人文學、Swahili 語、黑人藝術與戲劇、黑人的組織等主題聽取講演並且參與討論。[500]

兩年後，新任的 Eastern 高中校長修改了該校課程並做了許多改變，再加上當初創立 Freedom Annex 的學生已經畢業，於是這所只剩下不到 30 名學生入學、且私人與基金會所贊助的經費亦已用罄的另類學校，就關門大吉了。[501]

自從 Freedom Annex 成為地方新聞的頭條之後，贊成學校選擇權的 George Rhodes 即為教育董事會支持、且以經費支助其他的另類課程方案這件事奠定了基礎。1970 年時，一所可視為費城「公園大道課程」、紐約市「都市即學校」、芝加哥的「大都會課程」（Metro Program）等另類學校在華盛頓特區版本的學校，開始招收第一批學生；來自全市的十年級學生申請入讀這所「沒

---

499 原注 106：如同在紐約市一樣，我排除了繼續學校中潛存的或實際的中輟生（如 Spingarn 方案）、Capitol Page 學校、獨立的職業學校。這些學校的入學標準、規模及其他特色等與我接下來描述的另類學校皆有十分顯著的不同。【譯注者補充】：1968 年 3 月 19 至 23 日之間，Howard 大學的學生占領了該校行政大樓，提出改變管教作法，以及開設非裔美國人歷史課程等訴求。

500 原注 107：*Washington Daily News*, November 14, 1968; *Washington Post*, November 22, 1968。
【譯注者補充】：Swahili 語是非洲語言當中使用人口最多的一種（約 5,500 萬人），為若干國家的官方語言。

501 原注 108：*Washington Post*, November 1, 1970。

有圍牆的學校」。此外，Rhodes 及其助理們鼓勵一群中等學校教師及行政人員在五所初級中學設立迷你學校。一個名為文學藝術及期刊方案（Literary Arts and Journal Program）的迷你學校——學生在此花費下午時間製作一份全市性質的創意藝術期刊——也成立了。不過，11 所高中都未設有迷你學校。[502]

正如同其他都市一般，華盛頓特區除了有公費主辦的另類學校，還有受到私人經費贊助而辦理的另類學校，諸如城市聯合會街頭學苑（Urban League's Street Academy）、華盛頓特區街頭學苑（D. C. Street Academy）、說唱公司（Rap Inc.），以及其他企業（它們的作法是試著收受一些華盛頓特區高中已經輟學，或是有可能輟學的學生，讓他們接受感化，並且引導他們為進入高等教育做準備）。華盛頓特區的教育董事會如同紐約市的教育董事會一樣，並未把這些作法列入 1970 年代早期即開始逐漸形成的另類學校架構中。[503]

到了 1981 年，沒有圍牆的學校、文學藝術及期刊方案、Lemuel Penn 職涯中心（Lemuel Penn Career Center）、Duke Ellington 表演藝術學校（Duke Ellington School of Performing Arts）、新建的 Banneker 資賦優異高中（Banneker High School for the Gifted）等構成了另類學校方案。在逐漸形成的學生選擇權這個問題上，管治、規模、教學等問題似乎都成為次要的了。

關於另類學校的課堂教學與一般高中的作法有什麼不同這一點，我未找到證據。不過，另類學校的班級人數確實少一些，因而教師較有時間協助個別的學生；教師與學生之間的非正式關係確實存在於較小的課堂中；小組及獨立學習在一些以特定的手藝及技能為教學要項的課堂中比較頻繁。[504]

在一般高中，如同以 86 個課堂（1967 年至 1975 年之間）的資料為據所製成之圖 6.4 所顯現的一般圖像，會讓我們有一種非常熟悉的感覺。正如同紐約市一樣，由所取得的描述整理而得的統計數據看來，與十至十二年級的高

---

502 原注 109：Rhodes, G., Jr., 1970, pp. 21-22, 24; *Washington Daily News*, March 9, 1971; *Washington Post*, March 9, 1971。

503 原注 110：Barbara Sizemore, Superintendent Memorandum to School Board, "Procedures for Alternative Programs," June 19, 1974, p. 4。

504 原注 111：我曾經參訪過設於 Lemuel Penn 職涯中心的語文課程方案；我曾經與 Duke Ellington 表演藝術學校的教師討論過。亦請見 *Washington Post*, March 9, 1971。

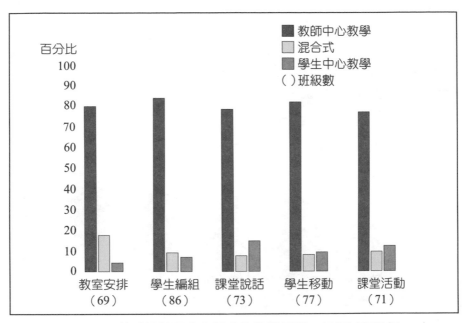

194

圖 6.4 華盛頓特區高中課堂的教學組型，1967-1975 年

中教師有關的教師中心組型的每一個類目，都是一樣的。由這些記事中所描 196
述的，或是這些照片所顯示的，近乎十分之八的高中教師都是以一種令人震
驚的相似方式進行教學——這種相似的情況，就如同以計量器（meter）來測
度學生參與的情況，其指針將會停在 0 的位置不動一樣。

　　這樣的情況與我先前在華盛頓特區的 Roosevelt 高中，擔任歷史教師與一
個教師訓練團隊的領導者三年期間的經驗（1967 至 1968 年及 1970 至 1972
年），一點也不矛盾。我在該校擔任實習教師團隊領導者的職責，讓我與許
多教師有所接觸，特別是那些我經常簡短而非正式地觀察的英文及社會科部
門的教師。我在本章所報導的華盛頓特區其他地方的高中課堂教學組型與我
當時所觀察到的情況相似：全班式的教學、少有學生行動、討論與非正式的
講誦、教師指定的座位工作、學生在黑板上寫東西、偶爾見到的學生報告及
專題討論小組。教科書、黑板、耐久又耐用的發聲韌帶、強壯的雙腿，就是
主要的教學工具。

　　1979 年，《華盛頓星報》（*Washington Star*）的記者 Pat Lewis，花費了兩個月時間在都會地區的四所高中參訪；其中一所是 Coolidge 高中。她出席了六個課堂，並且詳細地描述了其中二個。以下是她就 Coolidge 高中裡的一個美國歷史課堂所作的記述：

　　　　203 課堂點名時，14 名學生未到，……10 名學生到了。

　　　　「明天就要考試了。今天，我會針對這些將出現在明天試卷上的問題，做一番複習。」Rita Dinnerstein 告訴她美國歷史課堂中的學生。

　　　　「什麼是 act？」

　　　　有人回答：「一種法令。」

　　　　「《國家勞工關係法》是什麼？」

　　　　沒有人應聲。她說：「它在教科書上。」

　　　　「是嗎？」

197

　　　　4 名學生晃入教室，這時已經是表訂時間開始上課後的 8 分鐘。

　　　　Dinnerstein 喊叫著「遲到三次就要扣分，我已經記下來了。」

　　　　「《國家勞工關係法》在 1935 年通過。它保證了什麼？」

　　　　有人回答：「集體協商。」

　　　　這時走廊傳來許多噪音。在木門窗上出現了幾個人的臉，並且盯著教室內看。

　　　　「產業工會（industrial union）與職業工會（craft union）之間有何不同？」沒有人回應。

　　　　Dinnerstein 提高了她的嗓門。「這是複習耶！我們都教過了！」

　　　　有一名學生從走廊進入教室大門。讓門敞開著說：「Dinnerstein 老師，有人要見您！」Dinnerstein 走向大門說：「我快要爆炸了。」已經是上課開始的 11 分鐘之後了。Dinnerstein 走到廊道去，並且立刻回來。她對在那兒的某個人說：「你打斷了我的上課。」她問全班學生：「工會是什麼？」一名學生根據他的筆記讀出了答案。當他讀完時，Dinnerstein 告訴另一名學生：「如果你要搗鬼，就請出去！」

這名學生反駁道：「誰說我在搗鬼？」……。

「什麼是須按資方與工會協定條件雇用工人的工廠（union shop）？」她問道。一名女生悄聲地回答。

Dinnerstein 告訴她：「我聽不見你說什麼。」

一名坐在女生旁邊的男生重複了女生的回答。這是正確的答案。上課已經開始 20 分鐘了。學生們聆聽著。只有一些學生知道 Dinnerstein 在星期一就已經給了的問題，以及這些問題的答案。現在是星期四。星期五，這些問題將會出現在考卷上。[505]

這位記者暗指，此一課堂因所涉及的教課內容層次太低、所授教材數量太少（一星期的課只涵蓋一點點內容），復加走廊事故打斷教課造成學生分心等原因，真可謂不忍卒睹的一場災難！似此的簡單描述，隱然地判定了教師的表現，也因而給了教師們很好的理由，為記者報導課堂紀事這項要求掛上了免戰牌。然而，因為我曾經看過 Dinnerstein 的教學，所以我知道此一課堂片段並不能完全掌握判定她教學品質良窳的要項。不過，此一故事體現了提問—回答這種教學形式，確實受到倚賴教科書這項作法的增強，而且它還顯示了在關注開放課堂與另類學校等的熱潮衰退之後的若干年，一般學校課堂教學是如何進行的。

全美的圖像

以 1967 年與 1975 年之間的北達科他州、紐約市及華盛頓特區為對象的個案研究，已經確認了非正式的學校教育作法存在於小學課堂，而另類的形式則在較高年級的課堂出現。這些案例在全美其他地方發展的情形，會具有代表性嗎？我未找到任何一個地方，以進行非正式教學的課堂占當地學校教

198

---

505 原注 112：*Washington Star*, December 31, 1979。

育作法的大多數，且又維持一段相當長時間的，即使是採取廣義的方式看待「非正式」這個語辭，也還是如此。我所碰到的最高估計，是一位研究者宣稱紐約州 Roslyn 這個地區，有 60%的學校至少設有**一間**（one）開放課堂。

另外一項估計是來自全美開放教育協會（National Open Education Association）於 1974 年發函予人口在 100,000 人以上的 153 個都市，請其教育局長填寫一份調查問卷。其中有一個問題，是請填答者估計開放課堂傳布的情況，該問題讀如：「在我的都市裡，大約有＿＿%的課堂，實實在在地運用了開放教育的作法。」91 個都市（占全部的59%）有所回應，這意指在這些都市裡，教育局長或其指定的代表人（紐約市即是由 Lillian Weber 作為代表）回答了這個問題。[506]

上述的問題中，之所以會用「實實在在的」（substantial）及「開放的作法」（open approaches）等字眼，意在確認回答此一問題時，應該是要請學區中央辦公署的人員，前去請教一些在學校設有這類課堂的校長，再請這些校長估計有多少位教師正在運用「開放的作法」。調查的結果顯示，由教育局長或其指定的代表人，在 91 個都市裡所估計的平均數為 17%，中數為 10%。這樣的估計，從最好的角度來看，顯示了這是在帶有大量希望的情況下所作知情的猜測。這種猜測與下列這種情況所差無幾：這些行政人員說，接下來的五年（1975 至 1980 年）他們的都市會在「運用開放教育的作法上有所增加」，所以他們會在問卷上填答 80%這個預測數字。[507]

我之所以引述這些數字的用意，只是在強調，即使有著官員們所做的樂觀陳述融入其中，到了 1974 年，這項運動在公立學校的傳布情形，依然是如此的有限。因為有關開放課堂作法的盛行或傳布的情形，缺乏全國性的可靠資料這項事實，迫使我選取一些在 1967 年與 1975 年之間出現的零零散散的敘述及研究作為根據，為我到目前為止概覽的資料，作出支持或質疑的結論。

在 1960 年代晚期，John Goodlad 帶領其研究團隊，觀察了 13 個州裡 67

---

506 原注 113：*The New York Times*, April 20, 1975; *Opening Education, 2* (Summer, 1975), p. 5。
507 原注 114：同上注，p. 36。

所學校中的 150 個小學課堂。他們希望檢測 1960 年代一些廣為宣傳的教育革新作法——協同教學、不分年級的初級小學（ungraded primaries）、課程改革、個別化教學——是否進入課堂。他們的發現是，每所學校都「極為相似」，不因為地方的不同而有落差。他們所觀察的課堂可以標記為：「教師講解、教師在全班的情境下詢問個別的學生、極為大量看起來似乎是安靜地做著例行的座位工作。」換言之，主要的教學工具是教科書，接著是練習本、補充讀物。[508]

在進行全班式教學時，共同的組型是提問—與—回答。若教師把班級分為一些閱讀小組——每日例行的活動——則是：一個小組讀給老師聽，一個小組獨自閱讀，還有一個小組在自己的座位上做一些與現在、先前或未來學習有關的工作。Goodlad 寫道：「極少見到兒童參與一些自發的、自我引導的小組活動，或者個別的活動。」該研究報告總結道，就科目、材料、教學作法而言，150 個課堂都是「力求符合團體的規範」而非考慮到個別的差異。他寫道：「以我們的樣本作成判斷，兒童時期所接受的學校教育比較像是香草冰淇淋，而不像……多色分層冰淇淋。」[509]

在這裡，一些有希望的學校教育改革原本應該有著成功的機會。但是，Goodlad 及同事們卻發現了全是千篇一律的枯燥沉悶——「單調而無變化」。所以，Goodlad 很是失望，認為改革「一旦碰到學校及課堂的大門，就變得遲鈍了」。當教師自己所做的報告指出，他們的作法是如何地具有革新的性質，但是 Goodlad 的團隊卻一再地做出了完全不同的報導。舉例而言，當「教師真誠地想著，他們正在將教學個別化、正在鼓勵兒童作歸納式的學習、正在引導兒童融入在團體的過程中」時，觀察者卻發現，根本不是這麼回事兒，其他的研究者也有著一致的發現。[510]

國家科學基金會（National Science Foundation）委託了一項研究，探討於

199

---

508 原注 115：John Goodlad, et al., 1974, pp. 78-79, 81。
509 原注 116：同上注，pp. 82-83。
510 原注 117：同上注，p. 97。

照片 6.5　華盛頓特區，Dunbar 高中，1977 年；英文課

200

照片 6.6　華盛頓特區，Dunbar 高中，1977 年；科學課

1955 年至 1975 年這一段跨越較長的時段裡，在科學、數學與社會科等課程與　　　200
教學變革的情況。綜合了一些調查研究、課堂觀察研究、其他研究等的結果
顯示，這三個科目的情況極為相似。

　　數學。一項摘述 1968 年與 1976 年之間七項以小學及中學教師口語行為
的研究成果，作者 Suydam 和 Osborne 發現，平均而言，教師說話占了三分之
二的時間，而且教師傾向於使用直接且較具結構的方式。至於課堂作法，作
者們引用了於 1959 年與 1977 年之間所完成的八項研究（包括 Goodlad 的研
究），據以總結稱：(1)涵蓋了全班學生的告知與提問，乃是最盛行的作法；
(2)小學教師使用的告知—與—演示，加上座位的工作，以及中學教師使用的
家庭作業—講演—新的家庭作業，這兩種作法為最主流的教學組型。[511]

　　社會科。有一篇以概覽二十年來（包括了 1970 年代早期）的研究為主旨
的論文，揭露了有位研究者幾乎是感到遺憾地作了跟上述數學科一樣的總結：

　　　　這些學生的社會科課堂，與許多人年少時期都經歷過的社會科課堂，　　201
　　有著驚人的相似之處：一位「以他或她自己的方式，表示他喜愛學生，
　　並且試著顯示關注他們的」教師，先行交代學生閱讀教科書，接著再進
　　行講誦教學。[512]

　　科學。於摘述九項小學科學教學（1963 至 1976 年）的研究結果，概覽者
發現：

　　　　有較多使用「自己動手」及實驗型態的教學……。不過，有相當多
　　數的教師不重視實驗活動。最常見的學習活動是講演—討論，再加上隨
　　後的學生演示。報告及調查研究指出，有相當多數的教師（大約 30% 至
　　40%）在進行教學時，大多把科學課當作閱讀／講演課。在中學階段，較
　　少講演，而且比以往有較多「學生中心的活動」，但是講演與討論仍然

---

511 原注 118：Suydam & Osborne, 1977, pp. 54-55。
512 原注 119：Shaver et al., 1979, p. 7。

是教師使用的最主要方法。[513]

James Squire 和 Roger Applebee 檢視了 158 所在英語教學方面卓有聲譽的學校，他們將焦點置於高中的英文課堂。由伊利諾大學一個經過訓練的觀察者團隊，於 1963 年與 1966 年之間參訪了 1,600 個課堂。研究者發現，講演及誦讀等方式主宰了課堂的言說。學生—教師的討論活動占了 23%的時間，還有少數的分組活動。[514]

另外一組針對失敗了的革新作法所進行的文獻概覽，讓我們可以對當時的作法有些微理解。這些文獻所概覽的描述與分析，是以一些在有系統且有意圖的情況下試著推動開放課堂，卻因為若干理由而未能成功施行的個別學校為對象所完成者。Louis Smith 和 Pat Keith 描述的一所 1960 年代聖路易地區的 Kensington（假名）小學，它是原本預定在新建的校舍開辦的一所由教師領導的兒童中心學校。Gross 和他同事記載了，一所設於波士頓的小學 Cambire（假名）學校，它於 1966 至 1967 學年試圖採行革新的作法，卻因為行政人員的不稱職，以及教師們的期望不清楚，而在最後造成了不幸的結果。Barth 描述了 New Haven 一些聰明、年輕但無經驗的白人教師，在一個主要是黑人的學校，推動了一項名為 Attucks-Lincoln 的開放課堂實施方案，卻因為許多原因只施行了兩年就宣告停辦。所有這些研究皆顯示，針對教師的課堂教學進行計畫與推動變革，有多麼困難。[515]

幾個要點很清楚。正如我從北達科他州、紐約市、華盛頓特區及全美各地所蒐集到的各項證據顯示，確實有一些課堂的開放程度不盡相同，而且這些非正式的作法也確實在一些教師之間傳布著，這些都是不可否認的。在任何特定的時間、任何特定的環境下，總有一小部分的教師，針對他們的課堂進行著一些根本性質的重建。更多的教師選用了某些與非正式教育有關的技巧，進而將這些新穎的作法融入其較為傳統的日常教學工作之中。然而，在

513 原注 120：Helgeson et al., 1977, pp. 31-32, 34。
514 原注 121：Applebee, 1974, pp. 210-213。
515 原注 122：Smith & Keith, 1971; Gross et al., 1971。亦請見 Herriot & Gross (eds.), 1979。

1967 年與 1975 年之間，教師中心仍然是大部分課堂最主流的作法。除非有新的資料出現，使得我以上所作敘述遭致質疑，否則我的總結是：絕大多數的教師仍然保持可以相當順適地稱之為教師中心的教學作法。

摘要與結論

在 1960 年代晚期與 1970 年代中期，具有改革心態的實務工作者、行政人員、政策決定者採取了認真的、廣為傳布的作法，在全美各地試圖將自足式的課堂版圖，作一番根本上的翻轉；就本世紀而言，這已經是第二次的舉動了。我謹在此將蒐集自北達科他州、紐約市、華盛頓特區、全美其他地方的資料中，所出現的教學組型作一番比較，藉以確認在 1960 與 1970 年代的那些背景下發生的狀況，與正逢進步主義潮流盛行於學校系統的 1920 至 1940 年代的情形，二者之間是否有可相對照之處。

1. 確實有一套非正式的作法出現

正如早一個世代的進步教育作法一樣，相當多數的小學課堂，特別是初小的幾個年級當中，某些教學作法可以標識為非正式的，這一點明確可證。開放課堂作為一種教育現象，包括了下列作法：學習角、桌椅成叢集安排俾便學生可以一起說話與工作、小組教學的使用有所增加，還有學生在不經教師允許即可自由移動等。一般而言，任何一個學區當中，會採用這些作法的教師少有超過四分之一者。甚至更少教師採用其他非正式的作法，諸如允許學生決定學習的內容、要在某些特定的課題上花費多少時間，或者把學習角當作主要的教學方法等。

將兩次大戰之間的二十年和 1960 與 1970 年代二者之間的狀況作一比較後，顯示了某些教學作法傳布的程度，一般而言是相似的。雖然有一些教師嘗試施行完整的兒童中心課堂作法，但是大部分的小學教師則仍是以具有選擇性質的方式，將某些非正式的作法融入他們每天的日常教學工作之中。這

些將非正式與正式的作法加以混合之舉，與我稍早描述的混成式教師中心進步教育作法，二者相似。不過，有一項主要的差異即是——與 1920 及 1930 年代的丹佛及紐約市不同——沒有任何一個地方，會為了將開放課堂的作法融入教師的知識庫藏，而在教育董事會與教育局長之間形成正式的聯盟，或者建立組織的機制。

2. 在一般學校及另類學校的背景下，高中的教學變化很小

和 1920 及 1930 年代一樣，1960 與 1970 年代的學生中心作法，出現在較低年級比較高年級的多一些。然而，有某些證據顯示，在這兩個時期當中，學生中心這項性質的高峰都出現在初小的年級，但是到了高級中學階段，整個狀況就縮減為其中的一小部分。雖然在中等學校，一些學術性質的科目已經修訂而成與學生的生活或學生有高度興趣的事件相聯結，而且課堂的討論也傾向於非正式化，但是早先所報導的基本教學順序與組型，則仍然保持原樣而紋風不動。

就另類的高中而言，教學的類目（此地可找到的證據實在稀少）顯示，雖然有一些作法確實類似小學教師的教學組型，亦即把學生的參與涵蓋了進來，也採用了討論及課堂趨於非正式性（informality）等的作法，但是教師們所運用的技術在範圍方面並無實質上的不同。毫無疑問地，由這些高中教學的有關記述所浮現的圖像是教師中心，而且與三十到四十年前曾經存在的情形非常相似。

3. 教師中心的教學傳統持續主宰著小學與中等學校的課堂

這幾十年，自從人們試著將學生中心教學引進一直以來由教師中心主導的課堂，如此努力的結果，至少產生了兩種具有教師中心性質的形式。高中所採取的是純粹的形式——全班式教學，亦即大部分時間是教師說話，而學生們則聆聽著；所進行的活動限定於且執行於整個班級（例如包括了教科書或學習單的使用），學生出乎自願的移動很少。另外一種形式是，從這兩種

教學傳統中各採取一些作法，加以混合而成。這樣的混成跟純粹的形式相比，包括了各種學生編組方式，並且允許在教學的言談、學生的移動、空間的安排等方面，具有較多的非正式性質。

在 1940 年出現的一個方向，到了 1975 年即清楚地變成了一種組型。某些兒童中心的作法在小學裡漸漸普及：彈性的座位組型、學生在教室內自由地移動、各種不同的編組方式。其他諸如學習角及小組學習的作法，雖然不那麼頻繁，但是也已經多到了足以引起注意的地步。這些改變顯示了，1970 年代的小學課堂比起 1900 年時的小學課堂非正式了許多，這一點毋庸置疑。

但是，這些改變雖然確有其重要性，不過就整個課堂教學作法的演進而言，它們仍然處在邊緣。就整個課堂教學的作法而言，無論是哪個階段、哪個年級，其核心的作法皆固定在教師決定教什麼內容，以及用什麼方法這項權威之上，其存在之長久可上溯自本世紀之初。於是，混成式的作法即逐漸形成。現在，教學及教師與學生的關係這兩方面存在較為非正式的性質這項事實，固然已經為大家所公認，但是混成式作法及社會交際性逐漸增長的現象出現在小學裡，特別是在較低的年級，卻不能掩蓋深度嵌入於各種教學組型的恆久性質。就課堂的學術組織而言，全班式的教學、依賴教科書提供權威性質的知識、家庭作業的指定等作法，仍然是 1970 年代大多數高中所採行的教學作法。[516]

204

516 原注 123：自 1970 年代中期開始，並且一直延續到 1980 年代，一系列的書籍、全國性的報告、論文等都主張，非正式教育會導致教師權威低落、課程的寬容、測驗分數的降低等說法。舉例而言，有如 Cooperman, 1978; National Commission on Educational Excellence, 1983。這些批評假設大多數學校都採行了開放課堂的作法。此一假設嵌入了 1980 年代早期大量的各州立法之中，藉以奮力提升學術標準，並且阻止測驗分數降低。此地所呈現的證據卻顯示，不是這麼回事，即使是在一些熱衷於非正式教育言談的地區，亦然。還有一個例子是，不少學校改革政策乃是建基於一些針對課堂中所發生的事情而形成之未經檢視的假設之上。Carl Kaestle 所著《美國的閱讀素養：1880 年以來的讀者與閱讀》（*Literacy in the United States: Readers and Reading since 1880*）（New Haven, CT: Yale University Press, 1991）一書的頁 129-145 中，對於 1970 年代測驗分數降低這件事，即作了仔細且令人信服的檢視，並針對上述批評作了反駁。

第七章

各地與全美課堂教學作法
的快照，1975-1990 年

1975 年，當我走進 Carmen Wilkinson 這位 Jamestown 小學教師的課堂時，我大為震驚。這時是我初任 Arlington 郡教育局長的第一年；我已經看了 300 間小學課堂。這是 300 間課堂中，唯一有混齡（mixed ages，一至四年級）且設立了學習站的；學生花費大部分時間在學習站裡獨力進行學習，並且自由地在教室移動；他們正以小組或個別工作的方式學習著，而 Wilkinson 則在教室四處走動，提問或是解答問題、給予建議，並且聆聽學生的言談。家長、兒童及教師稱之為「皇宮」（The Palace）的課堂，是由兩間緊捱著的教室打通而成的。Wilkinson 與另一位教師組成此一協同教學團隊，還有兩位實習教師跟著學習。她以安靜的、低調的方式，將許多的學習任務精心巧妙地融入整個課堂裡。

在四月的那個早晨，當我看著 Wilkinson 和她的同事與 50 個孩子一起工作時，如果 Lillian Weber、Vito Perrone、Charles Silberman、William Kilpatrick、Harold Rugg、Elizabeth Irwin 等人一直看著我，我相信他們會對 Jamestown 小學的「皇宮」之存在感到高興。假如他們和我一同走在廊道上，並且朝裡面看其他的 17 間教室，他們可能只看到另外有一個課堂與「皇宮」相似。[517]

在我擔任教育局長的幾年之間，至少十多次參訪了這位已經在教學崗位

---

517 原注 1：1966 年，Wilkinson 詢問她的校長 Kitty Bouton，是否可以找到一間教室，讓她引進非正式的教學作法。Bouton 接受上級核可，將兩間教室中間的隔牆打掉，創造了一間兩倍大的教室，因而有了寬闊的空間。第一次看到這麼大的空間時，Wilkinson 大聲驚叫：「它簡直像一間皇宮！」她告訴我，於 1970 年代早期，在她的同儕之間，其實這個詞有著負面的意義。Interview with Carmen Wilkinson, March 22, 1982。

上三十二年之久的 Wilkinson（迄 1980 年），並且看到她的課堂改變而成單獨一個年級構成的自足式班級，不過她還是保持了彈性的學生編組及學習角等作法，並將它們融入每天的教學之中。Wilkinson 的非正式課堂在 Jamestown 小學固然是不尋常的，和 1975 年與 1980 年間 Arlington 的其他 500 所小學相比，當然也是少有的。

於 1975 年，我還看到一個也是不尋常的課堂：Bobby Schildt 的社會科課堂；她在 Arlington 的另類初中 Hoffman-Boston 任教。在我擔任教育局長的第一年，到各校參訪課堂教學時見到 Schildt，此時在這所另類初中並沒有其他的課堂可供我參訪。Schildt 將她所擔任的課程，個別化成為一系列的專題研究、契約、學習站；她把這些作法聚合在一起稱之為「社會科實驗室」。對於每一段課程，一星期裡會有一次全班學生聚在一起討論一些問題。這一星期裡的其餘時間，學生們會做各種功課，也會在不同的學習角工作，以便完成他們與 Schildt 訂定的契約。她則將課堂時間花在向個別學生提問、協助那些受困於學習問題的學生，並且針對即將放在牆邊學生櫥櫃的作品，做出必要的評論。教室裡面放置了豐富的教師自行製作、盡力蒐集而得的、乃至購自坊間的材料。

如同對待 Wilkinson 一樣，我也看了 Schildt 的教學很多次。當我在 1981 年最後一次看到她時，她仍然在一所另類學校教著七至九年級的社會科；這所學校是與另一所另類學校合併而成有著七到十二級的中等學校。但是，實驗室已經不存在了。不過，透過契約及學習站施行的獨立與個別學習，仍然融入較屬於全班形式的討論、摹擬、角色扮演、小組學習等作法之中。

在這些 Arlington 課堂見到的細微改變，以許多重要的方式映照了全美以教學作法改革為目標而做出的努力這一點上，所發生的一些事情。在本章，我會針對下列的事實作一番概括性質的素描：人們對於非正式教育的關注，快速轉換而成一種經過更新，且來勢洶洶之以基本知能、最低能力、績效責任等為急務的全神貫注；此一事實已經匯聚而成一股潮流，於 1970 年代中期突兀地高漲，在 1980 年代滿溢而出，並且流遍全美。然後，我會試著針對全

美及一個學區——維吉尼亞州 Arlington 郡——的中小學課堂，在猝然轉變之前、之中，以及之後所發生的諸多事情，作一番重建。

　　媒體及民眾對於非正式課堂的關注，如此迅速地消逝這件事，真是令人十分驚訝。短短的幾年，大約就是在 1968 年與 1974 年之間，開放課堂與另類學校吸引了全美的注意，成為一項時髦的革新作法，不旋踵就已不再為公眾青睞。在一些《讀者指南》（*Readers' Guide*）、《教育索引》、《紐約時報》及《華盛頓郵報》等的索引及其他類似的編目上，所出現之聚焦於此主題的報紙文章、各類圖書、電視節目、期刊論文、學術研究、研究紀要等的各式文獻，即可映照出公眾與專業興趣的驟起驟落。

　　其他的一些學校改革脈動一經浮現，又經結合而成為運動，其生命幅度往往會持續延伸幾十年之久。不曉得什麼緣故，這種朝向非正式教育與另類學校的脈動竟然壓縮到不足十年（當然有著區域及地方的差異）。打個比方說，似乎在 1970 年代早期，一般民眾及學校專業人員，就為了某些原因把頻道給轉臺了。到了 1975 年，圍繞著開放課堂與另類學校的氣氛很大幅度地改變了。明顯地看來，這樣的概括之說，對於美國這麼一個國家——有著超過 15,000 個學區、將近 100,000 所學校，還有數以百萬計的教師及兒童——而言，不可能適用於全部的學校。然而，儘管潮流的到來不平穩，但仍有漲潮的現象。

207

　　到底什麼時候，又為什麼發生了這樣的轉變，實在難以確定。有一位學者為此一轉變，記錄了開始於 1960 年代晚期，並持續到 1970 年代中期的一連串事件：建立一些實驗，讓私人公司與學校訂定提升學生測驗分數的契約；尼克森（Richard Nixon）總統於 1970 年對國會發表的教育訊息，要求縮減經費支出、作更多研究，並且以績效責任的觀點看待學生的表現；還有，企業社群更多要求將用在支持學校的經費，與學校辦學的效率作緊密的連結。一位記者則指出，民眾對於非正式學校的熱情，終止於建立以傳統作法為主旨的另類學校。加利福尼亞州 Pasadena 於 1973 年設立了名為 John Marshall 的基本學校（Fundamental School）；在同一州的 Palo Alto，有一位非正式教育

方面的領導者於 1974 年創設了名為 Hoover 的當代學校（Contemporary School），在該校宣傳的小冊子中指出，該校集中於「學術知能及學科並培養良好的學習習慣……在安靜及有序的環境。在校的大多數時間將會投注於閱讀、寫作、拼字、語言及算術的學習」。許多學區建立了「基本的另類學校」，如馬利蘭州的 Prince George 郡在 1975 年時就這麼做了。Arlington 在 1978 年所設立的 Page 傳統式另類學校（Page Traditional Alternative School）也是如此的學校。類此，「回到基本」（back to the basics）這個用語所傳達的往往是政治包袱多於實質作用，因為讀寫算這套三位一體的基本知能，已經變成了 1970 年代中期這幾年的一項戰鬥口號。[518]

沒有一個人可以充滿信心地說，學業標準的強化是對於學校及課堂經常受到有關失諸於太多的「放任」（permissiveness）──這是借自較早一個世代對於進步主義表示異議的論者之用語──之批評的本能反應。它也可能受到測驗分數降低、學校屢見學生故意毀壞財物的行為、學生對於教師無禮等持續不斷的報導，或新近出現的保守政治氣氛為教育帶來的影響。

不管是什麼樣的解釋，確實有一股希望能再度重視秩序、穩定、學術知能等經過更新了的激情，所轉化而成的一些象徵，撥動了教師、家長、納稅人心中的懷舊之弦：排成行列面對黑板的課桌椅、站在教室前方的教師、必須做完的家庭作業、課後留校的處罰、著裝的規定、拼寫比賽（spelling bees）、成績單上的字母等級、嚴格的升級標準、全校為範圍的紀律規定等。

208

隱藏在這些口號及象徵背後的是這樣一種想法：大多數教師要不是自己早就如此，就是在受到威脅的情況下，將他們的課堂改變成為兒童可以自行決定他們應該做什麼、學業與行為的標準模糊不清、基本能力受到忽視，且紀律有問題的地方。然而，現有的證據顯示，無論就這些非正式課堂的特性，或是就其等的普及性而言，上述的想法乃是一項誤解。正如我所蒐集的 1967 至 1975 年之間紐約市、華盛頓特區，以及北達科他州等地的有限資料顯示，開放課堂確實出現在許多的地方，且許多是人們未預期到的地方，但是所有

---

518 原注 2：Applebee, 1974, pp. 233-234; *New York Times*, September 15, 1974。

的證據皆顯示，此一改革的熱情只出現在一小撮教師的身上，以及他們的學校裡，而不像一般人所想像的，已經造成一種沛然莫之能禦的洪流。相對地，這些口號所揭示的，與其說是一般課堂的真實情況，不如說是一般學校在面對文化中的社會與政治脈動時，所呈現之長久以來的脆弱性質（historical vulnerability），復經新聞、雜誌，以及今日的電視等媒體，重新加以形塑而成的虛構畫面。

為了評估人們對於非正式教育的強烈關注，迅速地改變為對於直接教學——亦即講求基本能力、較嚴格的學術課程，進而確認學生們在標準化測驗上表現良好的作法——同樣的強烈關注這件事，我將仔細檢視維吉尼亞州 Arlington 郡的公立學校在這方面的政策與實際狀況，然後檢視最近全美有關教學作法的研究，俾便探究人們作出此一改變的緣由。

維吉尼亞州 Arlington 郡，1974-1981 年

在轉回到這個學區時，我就不再是個歷史學者，於蒐集各種資料、評估資料來源、清理證據，進而由散見於斷簡殘篇的信息抽繹出推論之後，再透過我身為一位教師及行政人員的價值觀念及經驗，將這一切加以過濾。當我敘寫 Arlington 的故事時，我是以一位參與者的身分撰寫。

1974 年，我受聘擔任教育局長。我服務了將近七年，於 1981 年離職，開始撰寫本研究，並在史丹佛大學任教。我在 Arlington 任職這七年，真是既令我興奮，又讓我筋疲力竭。從教育局長辦公室我所坐的位子上觀察一整個學校系統，這個觀點顯然太過狹隘。不過，在進行本章的有關記述時，我會試著對我所看到的一切採取較寬廣的觀點，我之所以提及我的職位是為了向讀者表示，有關 Arlington 的其他記述，可能在詳細的程度及強調的重點上，都與我所作的記述有所不同。

很少有人，不論是專業人士，抑或是一般人，會像教育局長這樣有著很方便的機會，可以進入其樂意參訪的課堂，只要他或她選擇如此運用其特權，

皆可如其所願，暢通無阻。我就運用了這項特權。在尚未到職的幾星期之前，我就展開了我的參訪。學校董事會同意了我的請求，讓我花費一個半月時間參訪學校，並且坐在教室中，以便讓我在正式履行新職時，能先認識諸位校長及教師。學校董事會、教師及社區都知道，在我成為 Arlington 教育局長之前，我最後的正式職務是華盛頓特區一所高中的社會科教師。因為學校董事會跟我都同意，改善學生的學業表現是我們努力的最高目標之一，所以我會花時間跟諸位校長及教師相處，乃是理所當然之舉。

我在那六個星期樹立了後來七年我到學校參訪的程序。我會在不預先通知的情況之下抵達一所學校，停在校長辦公室，跟他或她談個幾分鐘，然後就走到校舍，隨機地停在某一間教室。我停留在一間教室最常維持在 15 分鐘到半小時；通常大約是 20 分鐘。我會就我所看到的師生行動、教室擺設、我注意到的一些不尋常的活動、師生互動等事項作成筆記，置入文件夾中。在不打斷課堂活動的情況下，我會跟所觀察的教師談話。如果可能，我通常會問到學生正在做著的功課、教師所使用的材料，以及教師希望我知道的任何活動。隨著時日遞移，教師們漸漸習慣了我的到訪，而且經常會利用時間跟我就他們個人對於學校、學區、家長，乃至工會一些應興應革的事項，提出他們的看法。

我都會以我自己才看得懂的速記方式作筆記。因為如此，我才可能在事後寫信謝謝他們回答我的提問，或者我也會讚美我喜愛他們課堂的一些事情，或者只是就我們曾經討論過的要點再作一些申論。雖然，我並不會在每一次到訪後都寫封信函給他們，但是此一作法相當平常。我參訪課堂並在事後寫個信函的目的，正如同我一再清楚地陳述並在地方報刊發表的文章、對教師們發表的談話，以及在公共會議上的發言等一再申明的：我相信，教師應該知道，這位教育局長跟他們一樣既關心也注意教學。表達此一關心的若干方式之一是，我的時間安排——每星期大約一天半——用來進行與教師面對面的聆聽、觀察、回答等互動。另外，我會針對有興趣於透過提問改進學生思考技能這個專題的教師及行政人員，每年舉辦兩次工作坊，由我親自授課。

所有這些活動都讓我接觸到相當多數的教師。以下謹讓我就學區及社區這些年的情況作一番簡述，這樣會為我有關課堂的檢視作一番背景的鋪陳。[519]

背景

橫跨波多馬克河而在華盛頓特區西邊的維吉尼亞州 Arlington，過去曾經是個寧靜的、主要居住著中產階級白人的市郊，因而有著施行種族隔離政策的學校。不過，到了 1970 年代早期，它就變成了一個多元種族人口漸漸增多的都市。在那些年間，Arlington 的人口也同時變得較少、較老，且文化較為多樣。事實的呈現很清楚：人口數由 1966 年的 180,000 人下降到 1978 年的 160,000 人；有學齡兒童的家庭更少且更小；年輕的單身者，以及年齡超過 55 歲的成年人口突然大幅增加。與這些改變同時發生的是，許多不同國籍的人士遷入該郡，使得少數族裔人口數膨脹，但這些人口數的增加並不足以抵消其他的轉變。[520]

人口的變化對於學校的影響十分巨大。入學人口由 1968 年的 26,000 人縮減到 1982 年的 14,000 人。學校數由 1968 年的將近 40 所（包括 3 所高中）縮減到 1982 年的 31 所。少數族裔學生人數成倍增加——由 1970 年占不到學生總人數的 15%，增加到 1980 年的超過三分之一。最急遽的增加是非講英語的

210

---

519 原注 3：當然，就是這七年我所作的這些非正式且頻繁的課堂觀察，所產生一些費解的問題促使我從事本研究。美國國家教育研究院（NIE）於 1980 年核定的該研究計畫，將 Arlington 作為一個研究現場這項作法給略去了。我離開此一職位後，開始在丹佛、華盛頓特區、紐約市、鄉間學校，蒐集兩次世界大戰之間這幾十年的資料，並進而蒐集 1970 年早期的資料時，我才看出檢視在 1970 年代中期至晚期這段時間，業已經歷過因為非正式教育及開放空間而帶動之熱潮的一個學區，有什麼樣的好處。因為我早先並未把 Arlington 列入我原本的研究計畫中，所以我就請求 NIE 同意我增加該一學區，而他們也同意了。於是，為了某一項目的而作成的筆記，就這樣地經過篩分而看看是否能用在另外的目的。大部分是的；但許多不是。在我離開 Arlington 之後，為了保護我參訪過的教師之隱私，除非是經過他們同意，或是他們自己已經發表過文章，否則我都不會揭露他們的姓名。舉例而言，我在本章開頭幾頁所描述的兩位教師就同意我寫出他們的姓名。還有，我所呈現的資料，都會在事後依小學及高中的類別加以整合。

520 原注 4：Cuban, 1979b, pp. 367-395。

少數族裔，特別是拉美裔、韓裔及越南裔的兒童。[521]

　　如果人口變化是一把擠壓學校的夾鉗，另一把就是辦學成本的持續上升。1970 年代中期至末期這段時間，學校系統跟家庭一樣面臨了一項現實：花費日漸增加，但能夠購買的東西卻愈來愈少。稅收日漸減少，又面臨通貨膨脹，夾鉗就變得更緊了。

　　因為五個經過指定的（appointed）委員組成的學校董事會（School Board），在財政上必須接受五個經過民選的（elected）委員組成的郡董事會（County Board）的節制，所以州及聯邦稅收的短缺，再加上通貨膨脹，就讓這些年的學校經費變得失控了，而這時正好又碰上人口變化所造成的累加效應，於是擠壓學校的夾鉗，其雙臂就變成闔在一起了。

　　有幸的是，還有一件事防止著夾鉗把 Arlington 的學校系統弄成四分五裂，那就是，若以家戶收入及房地產估價來衡量，該郡的財富還算不差。這些財富多多少少讓該郡在處於衰退時，還能在由市郊轉變而為城市的過程中，所遭受的痛苦稍微減緩一些。靠近華盛頓特區，且因為地下鐵系統通車而得到更進一步改善的 Arlington 黃金地段，又在郡董事會小心謹慎的財務政策下，課予它在大都會地區最低的稅率（1980 年）。不過，郡董事會還是必須為經費縮減所造成的政治問題而陷入痛苦的掙扎。因為憤怒的房地產擁有者中，大部分都是沒有在學兒童的家庭，所以他們希望享有較低的稅率。他們的要求與那些希望較高學校預算、為長者提供資助，並且改善警務力量、娛樂及社會服務等人的要求，兩相競爭。

　　正如衰退時期中的其他每個人一樣，郡政府官員綁緊腰帶，而且郡董事會在 1970 年代中期衰退時段，從困境擺脫時還讓大部分的服務保持原樣，並且在大都會地區仍然保持最低的稅率，然而在這種情況之下，整個學校系統就成了每一年壓縮經費運用與降低支出的標的。

---

521 原注 5：同上注，p. 368；Arlington 於 1971 年關閉了全部收受黑人學生的 Drew 小學。後來，該校重新招生時，改為以該郡為範圍的另類學校。該校招生廣告上顯示，學生若有興趣入讀以非正式作法設立的該校，可在 Drew 地區以校車接送。該校為 Drew 鄰里的黑人學生預留了若干名額。

211

　　該郡的政治狀況也有所變化。原本具有共和黨色彩的學校董事會，有著漸進但持續地轉變為由獨立派與民主黨人士聯盟的趨勢。到了1971年，此一自由派（liberal）的陣營已經完全掌握了郡董事會。不過，到了1978年，三個共和黨人又經選舉進入五人組成的郡董事會，因而重新取得他們曾經擁有十餘年的多數。因為學校董事會是郡董事會任命的，所以在整個1970年代，學校董事會都是由自由派多數所任命的。因為共和黨重獲郡董事會多數（1978年）與該郡董事會的任命，這兩件事之間有些延遲，所以直到1980年學校董事會才又回到共和黨占有三位的多數情況。不過，到了1980年代中期，自由派多數又重新掌握了學校董事會。[522]

　　1970年代的政治轉移為學校董事會與教育局長之間的關係，帶來了變化。先前在1960年代具有共和黨色彩的學校董事會，將運作方面的決策都交由董事會的這位執行官員處理。但是，自由派任命的學校董事會則有所不同，他們會介入較多一般教育局長視為其管轄範圍的事務。於是，無可避免地，原本由放手較多的學校董事會於1969年所聘任的教育局長，就跟後來介入較多的學校董事會發生了一些摩擦，到了1974年，這位教育局長終於辭職。我就在那年接任該職。

　　我發現，若是要摘述我擔任教育局長一職的情況，很難不受到下列各項作法的誘惑：表列功績、遮掩疏誤，或者敘說一些奮戰的故事等。為了避免墮入這些明顯的圈套，也躲開掉進陷阱的危險，我會試著摘述我接任該職後的行動計畫，以及學校董事會在那一段有爭議的時期裡所持有的行動議程，再加上引起我們大量關注的一些議題。

　　於1974年聘任我的學校董事會關心下列事實所造成的後果：入學人數減少、測驗分數降低，以及一群資深教師對於日漸增加的多樣化學生人口數所帶來的變化，要不是茫然不知他們必須在教學上採取什麼因應的作法，就是

---

522 原注6：我無意陷入「自由派」一詞在1970年代北維吉尼亞州政治脈絡下細微差別的糾葛中，我之所以選用該詞是因為當時新聞界確實以「自由派」標識該聯盟，而且該一團體本身的成員也時常如此為之。

採取抗拒的態度。頭幾年，我的同事及我花費很多時間，試著建立一套過程，讓學校董事會跟社區人士能以有條理的方式決定是否要關閉學校，若一定必須關閉學校，要關閉哪一間。到了 1975 年，確定學校合併的決策過程已經到位，而且關閉第一所學校所帶來的創傷，也確實造成該郡的富裕地區人士對整個事件的反感。到了 1980 年，五所小學及二所初中併入了附近的學校。此外，學校董事會核定了一項有關中等學校重組的計畫，把九年級移到高中，並且保留四所中間（intermediate）學校（七及八年級）。所幸併校的過程似乎還算穩定，我們也因而有足夠的時間可以捱過因為關校而間歇性迸發的爭議。

212　　　我們費時處理的另一件事情是建立一套組織架構，俾便改善學生的學業表現。到了 1976 至 1977 學年，一套教學改進的框架已經到位。它包括了下列要素：

- 學校董事會為學校系統確立了一組教學目標（例如提升閱讀、數學、寫作及思考等技能；提升學生對於人文學科的理解，並增進學生對於人際關係的認識）。
- 教育局長及同事為了將這些目標轉化為學校及課堂教學的優先事項，擬定了下列計畫：
  1. 每所學校的工作人員須在聽取家長建議後，擬定一項聚焦於落實學校董事會目標的方案。
  2. 教育局長會檢視每份學校方案，與每位校長於年度中期會面，討論進步情況，並作出必要的改變，而且在年度末期，校長會收到對此方案的評鑑。
  3. 每一年度，教育局長會與校長們面對面地討論學校的側面圖；此一側面圖是由教育局長所做，表列了測驗分數，以及與學校董事會目標相關的學生學習結果。
  4. 行政人員與教師的評鑑表及有關程序皆將加以修訂；修訂的重點在

於把學校年度方案中的目標融入每一位行政人員及教師的正式專業評鑑中。

5. 十二年級的所有科目及技能領域的課程目標皆將相互調整，並且與學校董事會的目標有所連結。包括教科書在內的教學材料，都將接受檢視並且須與課程目標取得一致。學區為範圍的測驗將會一一加以建構，俾便評估修訂了的課程目標，進而確認其等與正在使用中的材料之符合程度。在學區以課程為本的測驗及全國性的標準化測驗裡皆未達標的測驗題目將會一一加以分析，進而跟校長及教師作年度式的分享，以便確定需要改善之處。

總之，三年時間過後，我們竭盡所能致力達成這項主要的任務：將一般而言，在目標、學區課程、學校目標、測驗、綜合的評鑑程序等之間鬆散的連結加以栓緊，進而將教學人員的注意力聚集在較少數的、更有價值的目標上。在從事這些努力時，學校董事會和我希望能夠為學生學業表現有所提升這件事，布置積極的氛圍。

在 Arlington，測驗分數才是真正重要的東西。七年之間，小學的測驗分數一直向上攀升。在初中及高中，雖然都通過一段高原期，之後又有了一些提升，但整體而言，進步不那麼明顯。在 1978 年，我的同事為學校董事會及社區確認了，在少數族裔及白人學生之間學業成就有著相當大的差距，並且著手縮小這些差距。其他表現的指標，諸如學生持續接受教育、中輟生人數、整個學區的測驗分數、學術性向測驗（Scholastic Aptitude Test）分數等，也都反映了在教師及行政人員努力下的良好成果。

自從 1974 年以來所推動的組織歷程重建的工作成果，似乎暗示了，涉及學校董事會與教育局長的事件及決定皆十分平順。但事實上，遠非如此。各種非預期的事件層出不窮，斷斷續續且又繁複雜亂，更因而製造了各種非預期的後果。舉例而言，試想，將一位由學區的母校高中出身的資深校長調職，怎麼竟然會製造出一場政治的爭論，讓學校董事會及教育局長都受到長達七

213

年的糾纏，更留下了一樁法院的訴訟案件；該案是因為支持這位遭受調職校長的若干人士之一，透過選舉而進入了郡董事會，使得共和黨人獲致該董事會的多數，進而又透過任命程序把那時已經退休的這位校長送進入了學校董事會。

另一件非預期的危機發生於 1976 年，維吉尼亞州州長提告 Arlington 學校董事會及郡董事會，必須無條件地處理自 1967 年起的勞資集體協商。結果，州長在地方法院輸了這場官司，到了 1977 年在州最高法院又贏得上訴。學校董事會歷經了為期十年的勞資集體協商，以及跟四個不同的工會（包括所有行政人員）建立了人事的程序，到頭來卻發現如今跟教師或行政人員代表坐下來協商薪資或工作條件，竟然是不合法的。

同時，在 1977 年維吉尼亞州最高法院判決，要求因稅收短缺而窮於應付的郡董事會，將一些緊縮的作法強力加諸於學校。於是，在 1970 年代，教學職位及專業人員範疇的員額裁減一直未曾停止。因為學區預算的 85%都用在支付薪資，再加上通貨膨脹又把現有的專款吸收掉，讓教師見到了他們的薪資始終落後於無情地攀升的生活費用。在集體協商失敗之後，教師們得到了2%的加薪結果，但是他們解釋這彷彿是在臉上挨了一耳光似地，受到了公然的侮辱。對於此一加薪之舉表示的憤怒在後來的幾年迸發，工會要求成員採取按章怠工（work-to-the-rule）；[523] 而且，工會經過成員多數議決，要求我於 1979 年辭職。

在 Arlington 這種反覆無常的政治背景下，自由派人士與保守派人士週期性地轉換對於郡政府官員的控制，以致經常把學校當成社區的出氣筒；加上經濟變化所導致可提供服務的稅收減少； 再混以由學校董事會及教育局長所制定的（造成教師人力有所變化，並且集中注意力於不同行動計畫）新方向，讓人們議論紛紛、莫衷一是。凡此種種帶來的後果是：令人眼花繚亂的報刊

---

523 按章怠工是指機械式地按照工作合約行事，並且因而達到減少工作量、放慢工作進度、降低生產率等讓雇主有所損失等作法，俾便表達不滿的目的；與罷工或停工相比，按章怠工的程度及影響較為緩和，也較不易受到紀律懲罰。教師拒絕為學生撰寫推薦函，即是在教育的情況中較明顯按章怠工的例子。

新聞頭條標題、長達七年許多冗長的晚間會議，以及因為組織變遷而造成之
動盪不安的氣氛。[524]

學校與課堂

　　現在請讓我轉向學校的情況。在 1975 年，該郡有 36 所學校（25 所小學，
包括 1 所另類學校；6 所初中；3 所高中，不包括 2 所另類中等學校）。在小
學中，6 所是完全的開放空間，還有 9 所是在傳統廊道及教室校舍的基礎上加
建了大量的開放空間。教師多為資深的（超過一半已經到達 15 階薪級的上
端），而且教育程度較高（52%有碩士或更高學位）。整個 1970 年代，各級
學校的平均班級學生人數在 22 至 26 名之間。書籍、材料、日常用品等都足
夠；在某些情況下，可以算是充裕。每位學生的經費支出於 1974 年為 2,000
美元，1981 年為 3,000 美元。到了 1981 年，5 所小學及 2 所初中已經關閉，
2 所中等另類學校合併成為一個學程（七至十二年級），還有一個組織重建的
計畫旨在將九年級推向高中，讓原先的初中變成二個年級的中間學校。[525]

　　對於革新作法的專業接受程度，以及對於大部分學校問題的回應程度，
兩者都高。1960 年代，主管教學業務的助理教育局長 Harold Wilson 曾經建立
了教師及行政人員的網絡，他們都以 Arlington 的學校作為創造潮流者而自
豪，並且也為了這項榮譽而盡力。整個 1960 年代在他的領導下，該學區要不
是採行了，就至少是曾經考慮過許多革新的作法，諸如協同教學、個別化的
處方教學、電腦輔助教學、新課程（社會科、科學及數學）、另類學校、開
放空間，當然還有非正式教育。這些新作法，並沒有伴隨來自學校董事會或
是教育局長的正式指令。不過，似乎有著一項隱藏了的期望，亦即專業人員
必須熟悉有些什麼新方法在美國別的地方試驗著，那麼他們就會研究這些方
法是否適合在 Arlington 施行。正如考古挖掘一樣，先前的革新作法之遺跡，

---

524 原注 7：請見拙作《學校中的管理律令與領導作法》（*The Managerial Imperative: The Practice of Leadership in Schools*）（Albany, NY: State University of New York Press, 1988）第六章內，
　　就我個人擔任教育局長那段時間所作的深度記事。

525 原注 8：Arlington County Public Schools, *School News*, January, 1980, n.p. 。

可以在我於 1974 年成為教育局長後的組織裡各種不同的層次中發現。

開放課堂也是這樣。在 1969 年 6 月號的《側面圖》（*Profile*）這份寄發給所有教師成員的刊物之中，5 頁中就有 2 頁描述新的「學習角作法」。教師們了解，這項「實驗」經證明會是一項為 Arlington 及全美的教師帶來「令人興奮且具有創意的」作法，因此有 4 所過去幾年曾經施行過非正式教育的小學，為此一作法做出熱忱的背書。此外，還順勢舉辦了各種工作坊，其內容包括：設置學習角、購備材料，並且建立管理系統俾便追蹤學生在學習角的表現等等。

在 1968 至 1969 學年已經出現的有關學習角的各種不同作法有如：

215
    某些教師喜歡在他們對一個較大的分組進行教學時，讓一或二個小一些的分組在學習角活動……。有的教師則喜歡讓他們的學生整天都在學習角進行活動。還有另外的教師則會利用一天的部分時間以傳統的方式面對全班學生，然後分配其餘的時間讓學生在學習角進行專題研究。[526]

教師們體察到：「就教師而言，施行學習角需要大量的準備工作，也要有高度的創意。」因此都很謹慎地調配時間。教師受訪時，針對工作量這個問題，如此說道：「若沒有助理，根本無法辦到。」其他人則對學習角的作法持懷疑的態度。Henry 小學的 Bessie Nutt 即說：

    我在心中仍然懷疑，這項作法到底是一項教育的新猷，抑或只是另一項花招。不過，我仍然保持開放的心態，並且會試著做一些。[527]

三年後在 Jamestown 小學——也就是 Carmen Wilkinson 於 1966 年採行非正式教育的學校——有 50 位五年級和六年級學生，由三位教師協同合作，設

---

526 原注 9：Arlington County Public Schools, *Profile*, June, 1969, p. 3。
527 原注 10：同上注，pp. 3-4。

照片 7.1　Arlington 學區，Glebe 小學，1975 年

置了八個學習角，有科學、社會、數學及語文等科。三人都說，他們每一星
期都會花費一部分週末時間，為隔週準備學習角要用的材料和活動。

　　我無法確認，學習角使用的普及程度如何，不過在 1970 年代早期有一項
非正式課堂的指標可供參考。曾經到 Arlington 郡各個學校為教師們辦理有關
工作坊的 Wilkinson——事實上，到她課堂參觀的人士也是川流不息——估計
大約每所學校都有二或三位教師施行著程度不同的開放課堂。Drew 小學這所
另類學校，於 1971 年開辦時引進了學習角、無年級制的初小、協同教學等作
法。到了 1975 年，當我至少到各校參訪了一輪後，大概可以找出大約 25 位
教師每天都會用到學習角、允許學生自由移動，並且在撥出一些時間進行大
班教學之外，還會採用小組及個別的方式帶領學生學習。不過，在課堂中選
擇設立學習角作法的教師，對於開放課堂這項作法的熱情並不完全相同。在
一個有著接受該作法氛圍的地方，教師們選擇如此為之，其理亦明也。[528]

　　在 1975 年至 1981 年之間，我兩次或更多次非正式觀察了 280 間小學課
堂，亦即占了在那些年間服務於 Arlington 學區教師總人數的 50%。這些參訪

216

528 原注 11：此一陳述是我在擔任教育局長第一年時所作的筆記，我參訪的是小學課堂。Inter-
　　view with Carmen Wilkinson, March 22, 1982。

的結果，請見表 7.1；我還將這些結果跟北達科他州若干都市的情況作了一番比較。

表 7.1　小學教學組型，1975-1981 年

	教師中心教學		混合式		學生中心教學		班級數	
	Arl. %	N.D. %	Arl. %	N.D. %	Arl. %	N.D. %	Arl. %	N.D. %
教室安排	42	43	18	30	39	27	223	63
學生編組	49	62	50	25	1	13	215	63
課堂說話	45	60	52	23	2	16	215	63
學生移動	60	37	0	0	40	63	125	63
課堂活動	34	59	64	30	2	11	213	63
課堂中有一或二個學習角					23	32	209	63
至少過去兩學年觀察的課堂中有一或二個學習角					8		150	

217　　　　Arlington 的數字顯示，教師們相當多但不是完全地倚賴教師中心的教學組型。學生中心的組型主要呈現在兩個方面：空間安排及學生移動。在學生編組這個項目上採混合式（大、小、個別）；課堂說話及活動方面的數字顯示，在學生參與這個項目的情況屬於較高水平。只有不到四分一的課堂設有學習角。經過較為仔細地檢視那些設有學習角的課堂，我們會發現約有 6 位教師把學習角融入每天的教學，成為其中統整的部分。大部分的情況是，將學習角用做充實、技能的練習，或者在正式排定的教學前後由學生自己選擇的學習活動（例如在閱讀時段之末、午餐前、下課後）。我參訪時，確實曾經追蹤在教室設有學習角的 12 位教師（8%），在不同的兩個學年裡的情況。全部在教室至少設有一個學習角的 12 位教師中，他們是否設有學習角，與他們任教的空間類別（亦即，開放空間或自足式的教室）二者之間並無關聯，不過有一所學校例外，該校 11 個課堂中有 7 個設有學習角。該校建校時曾經是開放空間，但是後來教師們以書櫃及臨時的隔板把空間隔成自足式的教室。

　　且讓我們檢視我於 1981 年簡短地觀察到的 Grand Forks 及 Fargo 教師的情況。雖然在樣本數或觀察的久暫這兩方面都無法與 Arlington 相比，但是這些參訪確實發生在相近的時段，還有一些背景如班級人數、對於革新作法回應性的歷史、資深與受過較高水平教育訓練的教師所占比例，也都相仿。

　　比較之後顯示有兩個方面是相似的——其一，教師中心教學仍占多數，而兩個北達科他州都市占多數的情況更勝一籌；其二，學生中心教學仍顯著地占少數，而 Arlington 占少數的情況特別突出。不過，學生中心的有關類目中，有兩項呈現出令人吃驚的優勢：教室安排及學生移動。這些數字與 1967 至 1976 學年這段時間發生在華盛頓特區的教室空間利用，以及 1967 至 1976 學年這段時間發生在紐約市學生移動的情況相似。

　　在近七年當中，參訪小學課堂時，我逐漸發現若干常見的情況。幾乎半數的教師（43%）會把每天的時間表公告在黑板上。一旦到了閱讀的時間，教師會跟著一組學生閱讀，而分派其他的學生一些相同的或是不同的座位工作。若科目是數學、社會、科學或語文，則教師會使用教科書，讓全班學生回答從書上找到的或是學習單或練習本上的問題。教師們在分配時間與學生編組等方面採取規律的作法十分普遍，只有採用諸如學習角、在閱讀以外的科目進行小組教學，以及指定不同作業給不同學生等學生中心教學作法的教師才會成為例外。如果這些出現於小學的組型，在中等學校也會出現的話，那麼又會是哪些組型呢？

218

高中

　　在 1970 年代，Arlington 跟其他許多社區一樣都經歷了一些由學生、教師及家長所日漸關注的事項，諸如課程與青少年所面臨的問題沒有關聯、一些管教辦法訂定得彷彿把 17 歲的青少年當成 2 歲的小孩來管理，還有學生在校內外都缺乏獨立學習的機會。為了尋求一種教育，是可以由學生負起學習責任這樣的想法，驅動了在 Wakefield 高中的一小組教師與家長，成立不同的班級進行一項讓學生自行選擇他們想要在一星期學什麼的實驗。這項實驗引發

了成立一所分設的另類高中的驅動力。[529]

　　Wakefield 高中這一小組教師與家長設計了一所新學校，並且向學校董事會提出了他們的規劃。慮及高中的規模、學生作決定、選修，以及許多教學的實際問題，他們規劃了一所小型的（225 名學生）另類高中，以抽籤的方式收受十至十二年級的學生。學校董事會同意了這項嘗試，並且於 1971 年以 Woodlawn 為名，在一所經過改裝了的廢棄小學舊址正式成立。兩年之後，一所另類初級中學，因為相似的動機，也獲得學校董事會同意，在一所原本為全黑人的中等學校舊址正式成立，名為 Hoffman-Boston。1979 年，這兩所學校合併為一所名為 H-B Woodlawn 的另類中等學校，收受七至十二年級學生。入讀學生超過 400 名，還有一張候補名單載有希望子弟入讀該校的家長姓名，顯見這所學校在 1980 年代一直維持一定的知名度（亦即，有意入讀者眾）。[530]

219

218

照片 7.2　Arlington 學區，Swanson 中間學校，1979 年

---

529 原注 12：*Northern Virginia Sun*, September 7, 1971; *Washington Post*, May 31, 1971。

530 原注 13：教育局長提交予學校董事會的備忘錄，"Status Report on Alternative Schools," June 15, 1979, p. 22。

正像 1970 年代早期其他新設的另類學校一樣，H-B Woodlawn 有一位主任教師（head teacher）及一個自治會議、成人與青少年之間的非正式關係、較小的班級，以及非常能接受差異的一個學校共同體；這些地方使得該校在 Arlington 獨樹一幟。學生與教師彼此以名字稱呼對方；在教室前門的公布欄上釘了一些便條、公告，以及諸如請求協尋遺失的教科書或找一位教笛子的助教（tutor）等，因而成了即時信息中心。學生與教師共同設計選修課程，而教師則在學校或 Arlington 及華盛頓特區附近的機構，為學生找尋擔任實習生的機會。白天期間，學生在校舍進進出出，以便到 Arlington 的其他高中上課（某些課程在該另類學校未開設），並且擔任實習生或是從事正式的工作。[531]

依一位一開始就自願前往 Woodlawn 任職的資深教師 Amos Houghton 之說，在這樣的學校教學是一項新鮮的經驗：

> 在這兒比起在傳統學校教學，具有較多的挑戰。我必須投入更多時間。我一生之中，都沒有讀過這麼多書。但是，最終的報酬是，你會在這麼一所只有 200 名而非 1,600 名學生的學校，更深入地認識每一個學生。噢！我確實有一些必須適應的地方。這並非一所整潔的學校。但是，我由我的兒子那裡知道，比起整個學校一股自在的氣氛而言，這一點並不那麼重要……。
>
> 我們並沒有這樣的規定，亦即一定要持有教師簽了名的廊道通行證，學生才可以離開教室。我們放棄了師生關係當中權威的一面，然而我們發現學生不會那麼緊張，也不會覺得像受到迫害似的，而且對於我們的想法都能接受。[532]

討論、學生報告、講演、獨立研究、教科書、專題研究——是教師們所運用的各種不同方法。他們課堂教學作法的不同情況若何，請見表 7.2。

---

531 原注 14：*Arlington Journal*, February 14, 1974；我曾經參訪過 Woodlawn 許多次，並且觀察課堂、聆聽學生意見，因而基本上，我對於該校及其校風知之甚詳。
532 原注 15：同上注。

220

表 7.2　一般高中與 H-B Woodlawn 高中教學組型的比較，1975-1981 年

	教師中心教學		混合式		學生中心教學		班級數	
	H.S. %	H-B.W. %	H.S. %	H-B.W. %	H.S. %	H-B.W. %	H.S. %	H-B.W. %
教室安排	85	61	10	0	1	31	91	11
學生編組	94	36	6	45	0	18	87	11
課堂說話	72	33	27	33	1	33	85	12
學生移動	96	27	1	0	2	73	85	11
課堂活動	72	25	26	42	0	33	86	12

220
　　在 1967 年與 1976 年之間，Arlington 一般的高中教學作法與紐約市及華盛頓特區很相像。Arlington 高中教學的性質與我先前所描述的情況相符：平板式扶手椅子或是連著椅子的課桌面對教師行行列列地排著，而就是這位教師說著話、提問著問題、聆聽著學生回答，並且在大部分時間裡指導著全班學生，只有偶見的學生報告或是影片會將其打斷。

　　我坐在一般的高中課堂中，並且聽著討論、講誦，以及偶爾出現的學生報告。我看著教師把學生請到黑板旁、使用投影機、施予測驗，乃至播放電影。我發現這些活動的序列乃是可預期的：教師點名、從教科書上指定一項作業、收取前一天帶回去作的家庭作業、從前一天上過的課程或是家庭作業中找出要點，接著詢問教科書上或是家庭作業中的問題。不定期地，放一段影片、施予一項測驗、學生作一段報告，或者一段短程的校外旅行考察會打斷上述的活動。這些活動的順序，或會因為科目不同而有所差異（例如到科學實驗室作實驗；聆聽語言錄音帶；作業的指定在上課中，而非一開始），但是上述的教師活動序列代表了我所觀察到的教師與學生課堂行為中大約 90% 的情況。課堂中的學習任務多由這些定式的活動所主導，而且其確定的程度正如隔天日升日落一樣，都是可以預測的。

　　正如本研究所示，1970 年代，Arlington 教師在教學方面的知識庫藏，與紐約市及華盛頓特區所差無幾，而且與全美其他地方較早一個世代以前的同行們相比，也非常相像。

221

照片 7.3　Arlington 學區，Washington-Lee 高中，1974 年；數學課

　　H-B Woodlawn 雖然跟一般學校相似，但是有一項例外，那就是在課堂教學作法混合的情況，有著比較多的變化，特別是在學生參與這個方面。在每一個類目中，H-B Woodlawn 使用的混合與學生中心的組型，跟一般熟悉的教師中心作法，都有所不同。

　　在 1974 年與 1981 年之間，這麼一個面臨著相當大人口變化的中型學區，在學校董事會的護持下，教育局長正試著採取提升學生學業表現的行動。在教學改革的動機減弱甚或消失之時，課堂教學即顯示了與較早時期一樣的一些特質。教師中心的作法成為課堂教學的主流。在小學，人們熟悉的沉悶組型加上一些變化而形成的教師中心與混合組型，到了高中則窄化而成一種原

222

始的教師中心作法，這些情況在 Arlington 很明顯。

　　某些非正式的作法確實貫穿 Arlington 小學教師教學方面的知識庫藏，因而產生了非正式教師中心的混成形式（hybrid forms of informal teacher-centered）。在 Arlington 的高中，則似乎未見這些相互滲透的情形發生；不過，在一般學校或者 H-B Woodlawn 的教師當中，還是偶見一些例外。[533]

全美課堂教學作法的資料，1975-1990 年

　　Arlington 是一個單一型態的學區。針對 1970 年代及 1980 年代早期 Arlington 的課堂作法是否具有獨特性提出質疑，是很合理的。與 1981 年北達科他州兩個都市 63 所小學課堂相比較，可以確認其間有著組型方面的輻輳現象，並且有著程度上的差異、而非類別上的不同。於 1970 年代末期所蒐集的其他資料，提供了可資比較與對照者有：兩份於 1978 年完成的國家科學基金會（National Science Foundation, NSF）的研究；另外則是由 John Goodlad 所完成並收錄於《一個稱為學校的地方》（A Place Called School）一書中的全國性調查。

　　NSF 的「科學教育個案研究」（Case Studies in Science Education, CSSE）於 1976 至 1977 學年，將作者及研究者送到全美各地的學區。田野研究者集中於 11 所高中及其生源學校（feeder schools）的科學、數學及社會科等課程，藉由訪談、文件、觀察等資料，建構了以城市、鄉間、大型、小型、富有、貧窮、白人、黑人等各類學校為對象所完成的具有豐富質感的個案研究。為了確證這些個案研究的發現，NSF 還委託了一項以 7,000 位教師、校長、中央辦公署的行政人員、州政府的視導人員為對象所完成的調查研究。[534]

---

533 原注 16：Robert Everhart（1988）在《講求實際的想法與重視抽象的社群》（Practical Ideology and Symbolic Community）書中研究在美國西岸三所都市另類學校在 1980 至 1981 學年的情況。他發現，儘管教師存有兒童中心教學的意向、建立學生中心的作決定程序（透過契約）、與地方社區密切聯繫，再加上具有非正式性質的規範等有利條件，但是「每天教學的現實」（計分、測驗、教師提供訊息予學生）仍在持續進行著。

534 原注 17：Stake & Easley, 1978。

　　從這些個案研究中，無法見到小學課堂教學的清楚描述。這些研究把教學作法的整個情況都作了非常詳細的描述：有時候，觀察者把讀者帶入一個看來什麼都沒做的課堂討論，讓讀者看到的都是冗長乏味的記述；有時候，在描寫某位優異的教師時，則又是引人入勝，讓讀者不忍乍然停止，一直讀到文末才放下它。[535]

　　不過，如此的詳細報導卻壓得人喘不過氣來。若欲從這些資料中整理出一些規則性的訊息確屬不易，因為次數的計算超出了作者們的任務，而且這麼做也不符合個案研究的常理。不過，由這些觀察者所描述的教學之多樣化，還是能看出一些普遍存在的組型。此一研究的主持人 Robert Stake 發現，教師是 11 個個案所有課堂活動的中心。另外，教科書是數學、科學、社會科知識主要的權威來源；它「呈現了專家們認為是真確的東西」。[536]

　　在高中，觀察者除了提及偶爾出現之超強的數學或科學教師是如何吸引學生的注意力，並且如何以優雅的身段引領著 50 分鐘課堂教學順利進行之外，他們也指出了，無論科目性質、課堂人數多寡，乃至教師教學經驗的豐瘠，一般教師課堂教學作法確實有著非常顯著的相似性。茲謹選取若干敘述如下：

- 研究者 Bob Walker 引述德州休士頓郊區中央高中（所有校名皆為假名）一位數學教師說：「我是個很傳統的教師。我用一塊黑板、一本教科書及一些講義。」Walker 評論道：「如果半數教師不是跟這位教師用一樣的語詞這麼說，也是很相近的……。」
- 研究者 Mary Smith 報導了科羅拉多州一個小都市 Fall River 高中的科學課：「生物導論──教學方法大多是講演、實驗室研究、複習單，以及偶爾見到的影片及邀請來的講演者。教科書用的是生物科學課程研

---

535 原注 18：同上注，pp. 3-61, 62, 63, 64, 65。
536 原注 19：同上注，"The Project," n.p.; pp. 3-90, 91。

究（Biological Sciences Curriculum Study, BSCS）（綠色版本）。[537] 化學——用的是《現代化學》，但教學卻是傳統的。大部分課堂時間都用在講演及實驗室操作。」

- 研究者 Louis Smith 報導的是聖路易郊區 Alte 高中的科學課。他寫下了一些文字，總結了他看到的「是各個學校、階段、科目，以及各個部門都一樣的情況」：

「1. 在大部分課堂，黑板上寫著該週每一天的作業。

2. 教師的成績記錄簿都是滿滿的、一格一格的、整頁都是數字。

3. 教師（在黃昏）帶一堆筆記回家打成績，或者（一早到學校前）把這堆筆記帶到課堂準備發回給學生。

4. 實驗用的書本滿是紅筆寫成的評語。

5. 教室裡常聽到學生提出『算不算分數呢？』這樣的問題。

6. 測驗前先複習，然後測驗或小考，發回考卷並且檢查答案。」[538]

　　如果數字在個案研究的成果報告中較為少見，那麼在另一項 NSF 的研究報告中，每一頁則都密集地塞滿了數字。這份報告所呈現的是一項 1977 年完成的全國性調查。該研究依地理條件、社會經濟地位、其他變項，發出了 5,000 份問卷予教師，回收率為 76%。教師報告了他們在課堂使用的教學技術與學生編組的作法。在表 7.3 及表 7.4 中，我選取了與我在本研究中所使用的教學作法相近的類目，作進一步的分析。[539]

　　從這些教師的自陳報告中，可以看出一些共同點。首先，除小學數學外，

---

537 BSCS 共有三個版本：綠色版本為《高中生物學》，藍色版本為《生物科學：從分子到人》，黃色版本為《生物科學：生命的探索》。綠色版本著眼於生態和行為的層次，探討生物群落和世界生物群系；藍色版本著眼於分子的層次，探討生理學及生物化學進化的新近發展；黃色版本著眼於組織的細胞層次，探討生物的統整性、多樣性和連續性。請見 https://www.stu-docu.com/ph/document/batangas-state-university/science-technology-and-society/biological-sciences-curriculum-study/23769162。

538 原注 20：同原注 17，pp. 3-90。

539 原注 21：National Science Foundation, 1978。

表 7.3　K-3、4-6 及 10-12 等年級某些數學、科學與社會教學技術[a]使用的情形

	數學			科學			社會		
	k-3 %	4-6 %	10-12 %	k-3 %	4-6 %	10-12 %	k-3 %	4-6 %	10-12 %
講演	47	58	90	40	66	87	56	59	80
討論	86	88	87	76	90	89	88	91	95
個別作業[b]	80	83	61	18	42	46	27	52	42
教師演示	71	64	53	35	37	41	不適用	不適用	不適用
學生在黑板上寫東西	81	78	58	12	18	10	10	13	6
測驗或小考	45	64	78	7	30	62	20	38	60
學生使用實驗材料或操作	66	34	14	37	36	72	31	30	11
學生報告或專題研究	12	10	5	19	18	23	21	27	22
樣本總數	297	277	548	287	271	586	254	281	490

[a] 次數是教師們所報告的、每天或至少每週一次使用這些技術的情況。
[b]「教師督導學生作自己的活動」。

教師在各年級都傾向於講演和討論。第二，除了高中科學教師使用實驗室設備外，某些教學作法——講演、討論、測驗和小考——在學生進入高中後頻率增加。第三，與以學生為中心的課堂教學有關的作法，如學生報告和專題研究或使用操作和實驗材料——要麼隨著學生年齡的增長而減少（同樣地，科學課除外），要麼在使用上未超過 25%。[540]

　　由表 7.4 可以看出，教師針對學生編組作法的報告顯示了，甚至有更多熟悉的組型再次出現。依據教師所作的報告，同一個時段教著全班的學生，成了在較高年級的普遍作法。所以，到了高中，不論任何一科，都是將超過一半的課堂時間用在全班式教學。當學生隨著年級升高，小組教學的作法就逐步減少，科學課堂則為例外。不過，除了幼兒園到三年級這個階段的數學之外，這三個科目用於小組教學的時間，在任何一個階段都不超過四分之一。還有，「個別」工作這個語詞的意義模糊不清，因為問卷上所問的問題，把這兩件事情都包括在內：一是教師指定全班學生做同樣的工作，另一是教師

225

540 原注 22：同上注，pp. B-56, 57, 59, 60-61-63-65, 67, 110。

表 7.4　K-3、4-6 及 10-12 等年級某些科目用在不同學生編組的時間平均百分比

	數學			科學			社會		
	k-3	4-6	10-12	k-3	4-6	10-12	k-3	4-6	10-12
全班	36	38	54	52	52	52	59	50	68
小組	29	25	22	18	18	19	15	15	11
學生個別工作	36	38	24	30	30	30	26	35	21
樣本總數	293	271	539	272	262	576	254	281	453

指定學生獨立完成不同工作。[541]

　　這項完成於 1977 年的全美橫斷式的教師自陳報告顯示了，教學作法中的規律性，與 Arlington 的情況大體一致：在整班施教、教師說話、課堂活動等方面呈現的教師中心組型，與教師自陳的頻繁使用講演─討論及全班式教學，二者趨於一致。此外，隨著學生由小學到高中，教師中心的組型逐漸增加，也有著趨於一致的情形。

《一個稱為學校的地方》

　　最後一組資料來自 John Goodlad 的研究團隊，他們於整個 1970 年代蒐集了與課堂有關的訊息，完成了這麼一項原本名之為「學校教育研究」（A Study of Schooling）的報告。在 1981 年，Kenneth Sirotnik 出版一份觀察了全美 38 所學校裡 1,000 餘個小學及中等學校課堂的技術報告，這些課堂代表了不同地區、學校大小、學生種族、社會經濟地位、族裔背景。雖然，後來以《一個稱為學校的地方》為名出版的這份研究報告，包括了學校的目的、家長和學生對學校所作所為的看法、學生對於課程的期望、其他的議題，但是我將集中於觀察者針對課堂所作記載的報告。[542]

226

---

541 原注 23：同上注，p. 110。

542 原注 24：Goodlad, 1984; Sirotnik, 1981。請見 Tye, B., 1985，針對參與 Goodlad 的 "Study of Schooling" 中 12 所初中的課堂所作深度分析。這些資料是在 1977 年蒐集的。與此相似的，也請見 Tye, B., 1985 以同樣的資料，針對 13 所高中課堂所作的進一步檢視。另亦請見 Stodolsky, Ferguson, & Wimpelberg, 1981, pp. 121-130。【譯注者補充】：種族（race）係以身體特徵作為區分人種的基礎，而族裔（ethnicity）則以文化認同作為群體有別的依據。前者係承繼長上而來的遺傳，後者則係習自先人施予的教化。

　　課堂方面的資料說明得十分詳盡。受過訓練的觀察者作了每 5 分鐘互動（Five-Minute Interactions, FMI）的記錄，亦即以一項工具計算 5 分鐘內在課堂中發生的事件，在高中每天作 4 回如此的計次，在小學則每天作 16 回計次。觀察者集中於記錄教師在不同工作，以及學生與教師互動，這兩方面所花費的時間。這些定期的觀察為課堂互動提供了一個持續不斷的圖像。另外一項訊息庫存的來源是快照資料：觀察者在每個課堂中，針對所進行的活動，記述其大要、活動的引領者，以及該項活動所採用的編組形式。[543]

　　從這兩套超過 1,000 所小學及中等學校課堂的資料裡，Goodlad「學校教育研究」中這個部分的主持人 Kenneth Sirotnik 作了下列記述：

- 大約一半的時間用於教師說話……。相對地說，教師講得比學生多，比例大約是三比一。
- 我們觀察到的典型課堂型態……看來像：教師對全班（或某單一學生）解說／講演、提問直接且為事實型態的問題，或監看或觀察學生；學生「聆聽」教師或針對教師啟始的互動，作出回應。
- 在所有的學校教育階段，大部分學生——小學大約三分之二，中學大約四分之三——是以全班的形式共同學習……。少於 10%的學生以小組型態學習。[544]

　　在 Sirotnik 的表格中，一些個別的活動與本研究所包括的其他資料十分相符。舉例而言，觀察者發現，在 129 所小學課堂中，39%至少設有一個學習角。不過，關於這些學習角如何使用，則未見有任何解釋。我以該報告中有關小學及中學課堂活動的一個表中的數據為本，就著已經在本研究詳細討論過且大家相當熟悉的課堂工作，作了一番整理，列在表 7.5 及表 7.6 當中。[545]

---

543 原注 25：同上注，pp. 2-5。
544 原注 26：同上注，pp. 8, 10, 14。
545 原注 27：同上注，Table 1, n.p.。

在小學及高中，每個課堂大約有三分之二的時間只用在五項活動──一
般而言，這些都是教師中心式的作法。這些數字與 1977 年 NSF 的調查資料
中，教師們所報導他們使用的方法，以及 Arlington 一般高中在「課堂活動」
這個類目所呈現的次數，基本上是一致的。不過，Sirotnik 的報告中所呈現的
百分比，超過 Arlington 的數字一段相當大的距離。在比較這些不同組的資料
在另一個類目──學生編組──上的資料時，我們必須謹記這當中有兩套資
料是來自直接觀察（不過所用的工具極為不同），並且來自不相同的背景。

這些數字不同的程度確實明顯。次數不同有許多原因，由調查及直接觀
察所得到資料的性質，到所使用的工具，乃至課堂中的真實差異，都有可能。

表 7.5 教師用在某些活動的時間平均百分比 [546]

	小學	高中
為作業或教學做準備；清掃	12.1	13.2
解說、講演、朗讀	18.9	25.8
討論	6.8	5.2
批改書寫作業	29.1	15.2
舉行測驗或小考	2.6	5.6
合計	69.5	65.0

表 7.6 小學及高中不同班級規模的學生編組形式[a]

	全班		小組─個別[b]	
	小學%	高中%	小學%	高中%
「學校教育研究」	63	71	9	15
國家科學基金會調查	48[c]	58	26	21
Arlington	49	94	1	0
北達科他州的都市	62	不適用	13	不適用

[a] 所有的百分比皆經四捨五入。

[b] 「學校教育研究」有一類目「中／大」組，未置入本表，由餘數可知其百分比。

[c] 國家科學基金會調查將數學、科學及社會三科分開。我使用的百分比係三科的平均數。

---

546 原注 28：同上注，Table 3, n.p.。

然而，即使有這些在方法、背景、研究設計等方面的不同，但更為重要的似乎是，在學生編組方面所呈現的共通性（亦即大班教學較為常見，而小組與個別教學則非常少見）。到目前為止，各位讀者對於 1970 年代教學作法的性質，可能已經很熟悉了；Ellen Glanz 這位扮演學生的教師之經驗，或許還能再填補些許空白。

教師扮演學生

228

Ellen Glanz 於 1978 至 1979 這一個學年，在她所任教的高中扮演一名學生，以她作為教師的觀點，坐在學生的座位上，面對著課堂中她的若干教師同事。質言之，她企圖以這一年的經驗為據，試著用一種不尋常的方式說明班級教學的情況。[547]

當她在距離波士頓 20 英哩 Sudbury 這個郊區的 Lincoln-Sudbury Regional 高中任教社會科六年之後，Glanz 向教育局長提出了一項研究計畫，讓她有機會弄清楚作為一位高中生會是個什麼樣子。教育局長同意，如果她的教師同事允許她到課堂裡，她就可以像其他學生一樣修習若干課程。Glanz 選擇了扮演一名高中四年級的學生。她的課表包括了進階說明文寫作、微積分、俄國歷史、進階法文、繪圖，以及翻筋斗用的蹦床運動。[548]

Glanz 將她的經歷及想法都寫在日記上。在同學們於一段新鮮感慢慢地消失而接受了她之後，她就像一般學生一樣上課、做家庭作業、參加測驗，並且略帶自豪地說，她「因為在圖書館跟別人說話而被趕出去」。她定期會見教師，分享她的觀察，並且在該一專案研究計畫結束時，寫了兩份報告給高中教師、家長及學生。她以教師─轉變為─學生的觀點所做的觀察，重申了已經在本研究早先的文本及表格之中呈現的許多要項。[549]

Glanz 寫道：「我好奇地想發現，我從所參與的其他教師的課堂裡所獲得的發現，跟我還是兒童及青少年時的情況，有何不同。」她的發現是「其間

---

547 原注 29：Glanz, 1979。有位人類學家曾經冒充學生研究高中學生的生活，請見 Cusick, 1973。
548 原注 30：同上注，pp. 1-4。
549 原注 31：同上注，p. 5。

並無很大的差異」：

> 大部分教師跟我以前受教時的教法一樣——基本上是說教的（didac-
> tic）、教師中心的模式……。教師熟知教材，並且呈現給只是「吸收」
> 它們的學生。

她說，是制度養成了「不可思議的被動性」。一堂一堂課，「人人都是
坐著和聽著」：

> 在我扮演學生的第二週，我注意到了，一個小時才過一半，大部分
> 的同學，要不是心不在焉地亂寫亂畫，就是坐立不安，甚至打起瞌睡來。
> 不一會兒，我發現我的心靈也雲遊四方了！

然而，這位教師還是這所學校極力稱許的最佳教師之一。她說：「我發
現，上課無聊，並非因為教師所講的東西使然，而只是因為我們坐著和聽著，
已經連續不斷四個小時了！」[550]

論及教學方法時，Glanz 觀察到，教師使用的大部分技術「都在助長學生
這樣的感受，亦即學生對於自己的教育根本就無法掌控，或者根本就不必為
自己的教育負責」。她指出，課堂教學的行動計畫根本就是教師的，似乎與
學生毫無干係。他或她負責計畫學習任務，並且決定什麼時候、誰該作什麼。
她發現，很少有機會讓學生們「對於一堂課如何進行，有所影響，他們只能
做他們的家庭作業，或者只能好好地上課」。她描述她的英文教師讓兩名學
生引領一堂討論課，結果使她大感驚訝。在如此的作法持續一段時間後，「學
生們變得比平常聚精會神多了，而且這位教師學習到應該在什麼時候介入引
領討論……而不必只想到要控制」。[551]

---

550 原注 32：同上注，pp. 12-13。
551 原注 33：同上注，pp. 14-15。

在完成這一年扮演學生的觀察工作後，Glanz 撰寫了各項報告，並且返回一天教五堂課的日子，她一直在思考著她所看到的教學作法之規則性。她總結道：「我們必須理解，儘管有著我所描寫的各式各樣問題，但是十之八九的課堂，基本上還是會跟現在一樣。」她解釋，諸如法文、數學、解剖學、歷史等，「對學生而言都是一些不熟悉的科目，必須依賴教師把它們傳遞給學生，這就注定了這種說教的模式成為課堂教學的主流。而且，教師也就必然會、也應該會成為最終極的權威及控制者」。[552]

Glanz 對她於 1978 至 1979 學年作為一名學生的生活情況，與前述所呈現的圖像一致。那麼，1980 年代的教學作法與 1970 年代有什麼不同呢？

1980 年代的教學作法

開始於 1980 年代早期，並且一直延伸到 1990 年代，一項以教學改進為主旨的重要運動，積極地推行了。聯邦及各州的委員會（commissions）、基金會及公司企業贊助的各式報告，以及各州的法律讓這個國家到處都是各種相互關聯的言說，以及一波又一波的政策，試圖達成提升學生學業標準這項無上律令所作出的要求，俾便從學生與教師身上擠壓出更多的努力，進而振興經濟的發展。總統及 50 州的州長共同宣示了全美的各級學校必須致力達成的各項目的。公司企業的領導者自願提供時間及金錢，俾便遊說有關單位推動學校改革。基金會也慷慨解囊，支援學校改革。一套與改革有關的語彙反映了與先前有著巨大不同的目的，要求教育工作者將其日常的行為慣例作大幅度的改變；這套滲透到有關學校改革論述的語彙包括了：有效學校、課程調整、教育選擇權、合作學習、教師增能、批判思考、學校重建、打破學校的官僚體制、學校本位式的決策、全國性質的考試等。

後來，某些言說確實轉變而成了各項政策。各州規定的畢業要求增加了。各項目的、課程、教科書、測驗等組合在一起，彷彿一堆齒輪湊在一起，亟

---

552 原注 34：同上注，p. 25。

欲移動整台機器。學生必須參加更多的成就測驗，教師也一樣要參加能力檢覈。各州允許家長把他們的子弟送到自己鄰里之外的學校。學區推動了新的方案，允許學校決定他們自己的優先性，並且處置他們的經費。各地的教師及行政人員熱切地將各個全國性的委員會所推動的新數學及科學課程付諸實驗。校長及教師也採行了各種作法，以便提升學生的學業表現。1980 年代學校可以運用的經費增加了，但是到了 1990 年代初期又減少了。[553]

當時，新的改革倡導者，至少來自五個方面：一是急於透過辦好各級學校改善經濟的總統、州長、公司企業領導者；二是熱切地重申其等對於整全兒童充滿信心之兒童中心教學的倡行者；三是，受到科技進步的激勵、而希望能見到每個班級都能讓兒童使用微電腦的人士；四是，致力於推動藉由設定標準以便遙控課堂教學、將防範教師的教材（teacher proof materials）[554] 送到學生的手中，並且積極修改官方所施行的各項測驗（mandated tests）等作法的熱心人士；第五，則是意圖將有效教學的研究成果傳布到學校教學現場的研究人員。無論是何方人士，其不變的標的都是將課堂教師的一套教學作法，轉換而成另一套教學作法。

到了 1980 年代晚期，以直接觀察，配合來自全國、各區域、各地方的研究中的師生訪談為依據，抽繹而得的一小撮但數目增加中的學術研究成果顯示，教師的教學組型與早些有關教學改革的研究發現非常相似。我過去確認的三種組型，在整個 1980 年代都持續不變：第一種，對大多數教師而言，占有主導地位的是以教師為中心的實用教學作法（practical pedagogy）；第二種，人數穩定成長中的教師，使用著將兩種教學傳統加以混合的教學作法；第三種，一小部分教師持續採行著學生中心的教學作法。

---

553 原注 35：Murphy, 1990; Firestone, Fuhrman, & Kirst, 1989。

554 防範教師的教材係指，凡教材經編製者就其主題、內容、教學、作業、評量等皆詳為設計，並細為指引，以至於教師進行教學時，只須依據設計與指引妥為使用教材，而不必多予費心。這種教材至少可做到兩個方面的防範：其一，防範教師隨意詮釋和更動教材；其二，防範教師未針對教材的使用做好準備。有關防範教師課程（teacher proof curriculum）的說明，請見潘世尊（2012）。

1980 年代效能的意識型態

有效學校運動（effective schools movement）的潮流開始於 1970 年代晚期。此一運動的倡行者利用一些以有效教學由什麼組成為主旨的研究發現，為那些在教師中心的傳統中，良好地運用他們教學巧藝的教師們提供了強而有力的理由（特別是許多在大都市收受低收入黑人及拉美裔學童的學校）。此一有效學校運動的意識型態（例如對學生持有高度的期望、配合課程材料與測驗調整教學、經常監看學生的表現），結合了數十年來有關教師課堂教學效率（以標準化成就測驗的得分為測度之依據）的研究發現，為教師中心的教學作法提供了一項較為寬廣且較能為社會大眾接受的理據。

過去半個世紀以來，研究者及學校政策制定者試圖確切地說明：何謂教學的效能、哪些教師有教學的效能、他們如何才會具有教學的效能。由許多以小學為對象的相關性質的研究，已經確認了某些特定的教學作法會在閱讀及數學測驗的表現上，產生十分強而有力且正向的關係。以下的作法已經證明是有效的：[555]

231

- 教師清楚地聚焦於學業目的。[556]
- 教師分配課堂時間在教學任務上，而非社會交際上。[557]
- 教師清楚地呈現訊息，藉由解釋、概述、複習等作法組織教學，並且廣泛地涵蓋教材內容。[558]
- 教師監看學生朝向教學目標的進步狀況，選擇教材與安排增加學生成功的教學方法。[559]

---

555 原注 36：關於教師效能的文獻概覽，請見 Gage, 1977, chs. 1 and 3; Dunkin & Biddle, 1974, chs. 5-10; Brophy & Good, 1986。

556 原注 37：Barak Rosenshine, 1979。

557 原注 38：同上注；亦見 Good, 1979, pp. 52-64。

558 原注 39：Rosenshine, 1979; Tikunoff & Ward, n.d., n. p.。

559 原注 40：同上注。

・教師以符應學生能力的速率進行教學。[560]

・教師的回應快速，且將目標定在教學任務中的內容。[561]

・教師藉由鼓勵合作來防止騷亂的課堂管理能力。[562]

Barak Rosenshine 在概覽了許多研究之後，明確地描述了六項教學「功能」，這六項功能一再重複地顯示了可以產生改善學業成就的作用，亦即確實能提高學生的測驗分數：

1.檢視前一天的學習狀況。

2.呈現新的內容或技巧。

3.學生進行初步的練習（並且檢核其等的理解情況）。

4.回饋與改正（若有必要可再重行教學）。

5.學生獨自練習。

6.每週及每月的複習。[563]

這些研究的發現一直受到抨擊。對於這些相關性質的研究所作的批評，集中於此一設計將某些教師行為加以孤立，再將這些教師行為跟某一既有的較高測驗表現連結在一起，然後以這些關係作為教學改進作法的基礎，或是教師教育課程變革的依據。[564]

撇開這樣的批評不談，我列在此地的實例與本研究已經報導、且已經從上個世紀末以來就一直持續著的教學作法的穩定核心，其間有著很大的相似性。當然，如此的相似性並非全是偶然的。學者透過前測與後測、小心計算與比較其等效能的這些活動，本身正是教師因為對其等的效能具有信心，而

---

560 原注 41：同上注。

561 原注 42：同上注。

562 原注 43：Good & Grouws, 1979。

563 原注 44：Rosenshine, 1982, p. 5。

564 原注 45：Doyle, 1981, p. 3; Fenstermacher, 1978, pp. 157-183。

使用了幾十年的教學作法。

　　人們所指認的這些有效作法，並不只與教師中心課堂有所關聯。誠如採用了上述這些教學作法的開放課堂，也以各種不同化身出現在紐約市的活動課程方案，以及北達科他州與華盛頓特區的學校。當我說這些教學行為跟教師中心教學一樣時，必須避免為做出一些不成熟的跳躍式推論：在我業已詳細描述為經久不變的教學作法，和新近的諸多研究所標識為有效的這些具體教學行為，二者之間有所關聯。除了與相關研究有所關聯的方法論問題之外，還有許多背景的變項經常受到這類研究的漠視，諸如教師的信念、學生的社會經濟地位、學校的大小、每個班級的學生人數、年級的高低、觀察的時間等等，都會影響成果的量度。[565]

　　教師們在本世紀所學到的這套教學作法，到了 1980 年代有了更多人使用。一方面，行政人員將教師效能的研究發現當作有用的處方，要求教師們依循；另一方面，政策制定者則在某些研究的發現當中看到了機會，因而試圖以那些能明顯地精確計算與評量的單獨教學行為、能力本位的課程、寫在黑板上的每日教學目標等作法，對於課堂教學，特別是對那些內城區學校的課堂教學，進行遙控。

　　因為他們是在官方的鼓勵下如此行事，所以許多教師都比以前更高度地依賴這種他們已經一直在使用著的實用教學作法。來自全國及地方的證據皆顯示，1980 年代的教師中心教學因此而強化。[566]

　　不少研究是在 1980 年代早期完成的，不過它們都集聚於高中，而且許多都與 John Goodlad 在 1970 年代所完成的研究一樣，以清楚的量化方式針對學校教育或教學作法，作了清楚的描述。Theodore Sizer 的《Horace 的妥協》（*Horace's Compromise*），以及 Arthur Powell、Eleanor Farrar 和 David Cohen

---

565 原注 46：Communicatus from Kim Marshall, Boston Public Schools；某些特定的教學作法之所以發生，單純只是因為它們有用，亦即能有效率地解決課堂問題，Tommy Tomlinson 於 1981 年所發表的一篇論文也如此提過。請見"The Troubled Years: An Interpretive Analysis of Public Schooling Since 1950," *Kappan*, 62 (January), pp. 373-376。

566 原注 47：請見 Darling-Hammond & Wise, 1985, pp. 315-336; Wilson & Corbett, 1990。

的《大賣場高中》（*The Shopping Mall High School*）則都是由全美中等學校校長協會（National Association of Secondary School Principals）與全美私立學校協會（National Association of Independent Schools）所贊助的研究。[567]

這些學者調查了公立及私立學校的組織、課程與教學。他們把觀察者送進學校及課堂，觀察教師的教學，並且聽取教師、學生及家長細述他們的經驗。他們發現學校與教師面臨了兩項困境：一是為來自不同背景的學生提供公平的教育，另一是要運用不足夠的經費及不充裕的時間做到上述這件事。他們把因而做出的妥協稱之為「約定」（treaties）；這些約定會帶來一些取捨的結果：顧及民主的原則而提高讓學生留校（而不因故讓學生退學）的比率、提供各種不同的多元化學習機會，以及為了提高「顧客」的滿意度等作法，反而造成了可怕的學術平庸現象。這些由行政人員及教師所達成的公開或是私底下的討價還價（bargains），表現在課程、學校的組織、課堂的教學等方面。

為了方便進行課堂描述，Sizer 以他訪談與觀察的許多教師為據，創造出一位名叫 Horace 的合成（composite）教師。他描述所創造的這一位 53 歲典型高中教師，乃是有著最高度學業標準的人士。作為一位已經任教二十八年的資深教師，Horace 非常深度地關心他的教學工作，但是他必須面對這樣的現實：每天五堂課、每晚的家庭作業批閱、每週 120 篇短論文，以及一份下課後在酒品專賣店的工作。他試著弄清楚，在這些情況為他的情緒、心智與精力等方面所帶來的難以承受的重壓下，如何能存活，還能為他自己、妻子及他的家人等留下些什麼東西。Horace 的工作雖然受到同事們的敬重，但是其實有著一連串卑微的妥協讓他感到疲勞與挫折。Sizer 指出，Horace 的課堂乃是教師中心式的，這多半是因為高中教學工作環境所造成的困局，致使他只是為了能夠存活下去，而不得不做的取捨。[568]

在 1981 年與 1982 年之間，Powell、Farrar 和 Cohen 以及他們的同事，於

---

567 原注 48：Sizer, 1984; Powell, Farrar, & Cohen, 1985。
568 原注 49：Sizer, 1984, pp. 9-21。

全美各地 11 所公立高中各停留二至三週時間；這些高中代表了城鄉、貧富、多為白人及多為黑人等各類學校。由他們這本書所記載教師課堂行為的各個章節中，我們從蒐集到的大約 20 個針對學術類課堂教師所作的描述，歸納了他們所採用的教學作法包括了教師中心組型，也涵蓋了兩種傳統的混合組型。除了若干職業類課堂之外，未見有任何關於學生中心的組型。這本書所報導的要項在於，學校各個年級的教師與學生之間訂定了許多的課堂約定；而這些約定都是作為綜合型高中為了針對所具有的兩項相互衝突的目的，而作出的妥協：一是要提供均等的機會給學生，一是要帶領學生朝向畢業後能依據其各有差異的潛能，占據有著不同社會經濟價值的社會地位。[569]

另外一項由卡內基教學促進基金會（Carnegie Foundation for the Advancement of Teaching）贊助、Ernest Boyer 執行的全國性高中研究，於 1980 至 1981 學年在 15 所高中，每一所停留超過 20 天時間，由觀察人員所組成的團隊進入社區、學校及課堂蒐集有關的資料。[570]

在該研究專論課堂教學的〈教學：學習的時間〉（Instruction: A Time to Learn）這一章中，各個課堂的簡介完全聚焦於教師中心的教學。教師說、說、說。他們聚精會神地趕著把內容說完，同時向學生提出問題，而學生卻無精打采地以取自教科書或者教師所說過的內容，回應著教師的提問。Boyer 描述為「好的」或是「星級的」教師乃是能確實把握教材要點、以所提出的問題引發學生的思考、仔細地聆聽，並且在與學生互動時注入熱忱度及幽默感——質言之，這乃是教師中心教學的另一個版本。[571]

在這十年的稍後期，Rexford Brown 及一個研究團隊，在七個學區參訪了大多數是收受貧窮族群與少數族裔學生的學校。於 1987 至 1988 學年，他及同事進入這些學校，在一些以能培養學生思想能力而知名的課堂中，停留了

---

569 原注 50：Powell, Farrar, & Cohen, 1985, ch. 2。對於課堂中師生之間所進行的討價還價這個論題，作了進一步探討的有關研究，請見 Cusick, 1983; Sedlak, Wheeler, Pullin & Cusick, 1986; McNeil, 1986。

570 原注 51：Boyer, 1983。

571 原注 52：同上注，pp. 141-153。

234

短暫的時間。在路易西安那州的兩個鄉間學校系統，以及兩個都市的學校系統（一個是假名，另一是匹茲堡），Brown 針對 26 個課堂（10 個小學課堂，16 個中學課堂）作了一番描述。Brown 驚愕於無分城鄉、中小學，教師們都倚賴提問—回答的講誦教學，中度到重度地運用座位工作、大班活動，而很少見到聚焦於引發學生進行學習內容方面的思考。不過，還是有些例外：兩位中學教師運用小組作為主要的教學平臺，還有三位其他教師以巧妙的提問、停頓，以及聆聽學生說話的內容等方式，刺激學生的思考。[572]

另外一項全國性的資料，不依賴學者、見多識廣的觀察者，或新聞記者坐在課堂後面等方式報導他們所看到的教學情形，而是以學生所描述的教學狀況作為憑據。全美教育進步評估（National Assessment of Educational Progress, NAEP）這項計畫定期蒐集中小學生所陳述有關：他們的教師如何進行數學、科學、美國歷史、寫作等科目的教學。該計畫所提出的問題包括了有關講演、教科書、黑板及工作單，甚至記憶等作法的使用。負責撰寫 1984 年及 1986 年研究摘要的作者們總結道：「就各個科目而言，學生所陳述使用最頻繁的方法是教師把班級當作一個整體、提示教學內容、教科書閱讀，以及完成習作簿或複印單上所呈現的個人式習題。」此外，這些作者還指出：

> 比較少數的學生會受到教師要求，參與小組學習、在實驗室操作實驗、準備報告，或參與專題研究而獲得問題解決的經驗。即使在實驗室的學習應該是一般教學活動的科學課堂，仍有 41% 的十一年級學生及 60% 的七年級學生報導，從未有教師要求他們獨力撰寫一份科學實驗報告。[573]

撇開上述資料不談，有關教學作法的全國性資料（請注意，如上述各個例證所顯示的，我已經稍微延伸了「全國」這個概念）仍然只是勉強夠數。各州及地方的資料則包含在一些博士學位論文、學術性質的專論，以及偶見

---

572 原注 53：Brown, 1991, chs. 1, 2, 4, 6。

573 原注 54：Applebee, Langer, & Mullis, 1989, pp. 35-37。

的一些研究者及觀察者的報告中。

　　另外一些文獻是以教師的自陳報告、以優異的教師為對象而寫成的或由優異的教師執筆完成的專書，以及有關教師自行創發的革新作法等形式問世。這樣的文獻包括了個人的故事，而這些故事揭露了一般到傑出的教師所展現的教師中心教學及學生中心教學的形式，也有將這兩種形式作了具有想像力的混合的。Eliot Wigginton 在喬治亞州 Rabun Gap 任教了二十年，一直帶著這裡各個世代的學生持續製作《火狐狸》（*Foxfire*）這樣的專題研究成果；[574] John Dewey 如果在世，這件事應該會讓他展露笑容。Jaime Escalante 成功地刺激、磨練，進而鼓勵一群洛杉磯 Garfield 高中的學生選習大學微積分的先修課程，正是此一教師最為熟悉的教師中心教學傳統得以落實的最佳典範；在此一作法中，大家相信：教師掌握了最優越的知識，學科知識則包含了重要的內容，因此學生所要做的，就是吸收這些知識、重複學習，並且認真應用。麻薩諸塞州 Holyoke 的 Chris Zajacs 以忘我的精神全心奉獻，再加上某些天分，將一群才能與文化都多元變異的五年級小學生調教得個個都能快快樂樂地學習；Zajacs 這位知名的小學教師也是以教師中心的作法執行她的教學任務。[575]

---

574 《火狐狸》（*Foxfire*）是 Wigginton 老師帶領其所教的高中生，以南部 Appalachia 原住民地區歷史與文化遺產為題材，由採訪到撰成文章，進而編成 *The Foxfire Magazine*，再輯為 *Foxfire Book* 系列成書。請參見下一個註腳（原注 55）。Wigginton（1985）老師並撰成《時見閃亮的時刻：火狐狸體驗》（*Sometimes a Shining Moment: The Foxfire Experience*）一書。後來，他還撰成一系列教學方法及有關教材，供教育工作者參考。

575 原注 55：謹針對由教師所完成的有關研究文獻，以及就教師有關的問題所完成的研究文獻，選取若干例子說明如下：由紐約大都會地區的中等學校社會科教師 Nehring（1989）所寫成的書；由新聞從業人員轉職為新教師的 Sachar（1991），撰寫其在紐約市 Brooklyn 區 Flatbush 社區裡的 Walt Whitman 中間學校任教的經驗；Wigginton（1985）描寫 Cornell 的畢業生在 Appalachia 教二十五年英文的經驗；Wigginton 是以 Dewey 思想為引導，進行教學。Welsh（1987）撰寫一位維吉尼亞州 Alexandria 的 T. C. William 高中英文教師毫不保留且不客氣地描寫其教學經驗；Kidder（1989）撰寫麻薩諸塞州 Holyoke 一位小學教師 Chris Zajacs 的教學經驗；Freedman（1990）撰寫紐約市下東城區 Seward Park 高中一位新聞學教師 Jessica Siegel 的教學經驗；Mathews（1988）撰寫一位玻利維亞移民在洛杉磯 Garfield 高中帶領一群有優質數學性向但缺乏學習興趣的墨西哥裔青年學生，改變其自我期望的故事。【譯注者補充】：Jaime Escalante（1930-2010）的故事於 1988 年拍成《為人師表》（*Stand and Deliver*）電影，請見 https://kknews.cc/education/n5y58m5.html。

在 1980 年代中期，一股對於新進步主義（neoprogressivsim）的興趣再現：將閱讀、寫作及思考整合在一起的「全語文教學」（whole-language instruction）；呼籲施行協同教學、核心課程，以及培養學生對於學術工作的興趣等作法的中間學校（middle school）運動；學生透過數學及科學教材進行主動的學習；實用及批判推理的教學；學校所學與鄰近社區所發生事情之間聯結的強化等。教育期刊、研討會議，及在職工作坊等倡行的課堂活動及教學作法，應該會讓一些較早世代的人士認出，它們都是學生中心教學作法的集合。

政策付諸施行，各項方案亦一一啟動；教師也開始接受訓練。除了原初開辦時加入的一些學校，以及一些由教師及行政人員偶爾提出的證詞之外，這些新方案傳入課堂的情況仍然很難加以追蹤。到底有多少教師試行過這些新技術或材料，然後又在一段短時間之後放棄，則無法確知。[576]

仍然和先前一樣，我們無法找到叢集式的研究發現或是書寫式的觀察，俾便用以質疑教師中心教學持續地成為主流的圖像，也無法挑戰有一些教師將兩種教學傳統加以混合，進而創造一種混成式教學作法之說，當然，更無法不相信總是有些稟賦優異的教師單純地我行我素。我在這裡就此暫且停下有關 1980 年代教學作法的討論，轉而探討全美最為知名的某一州的情況；這一州自從在 1982 年選聘一位強而有力且有著績效責任心態的州教育廳長後，即成了學校改革的趨勢引領者。我將帶著讀者針對 1980 年代加利福尼亞州的三個課堂作快速的一覽，並以其與上述全國的圖像相對比，且提出若干疑惑，再於後續一章加以討論。[577]

---

576 原注 56：由學界人士及實務工作者以小組教學、主動學習、兒童利社會態度的發展、其他學生中心作法為主題所撰成，而於 1980 年代發表的研究，有如：Brandt, 1989, pp. 1-66; Bossert, 1988, pp. 225-250; Slavin, 1984; Mathematical Sciences Education Board, National Research Council, 1990; Epstein & McPartland, 1990, pp. 436-469。

577 原注 57：舉例而言，Mary Haywood Metz 及她同事於 1980 年代，研究了中西部大都會地區的八所高中（其中兩所是私立的）。為研究來自不同社會經濟背景的高中學生之同與異，她在每所學校一位教師的課堂花費一整天的時間，並且在學生上課時，緊跟著某些學生一整天。她總結道：「教學是透過講演、誦讀、討論及座位工作，再加上偶爾運用的學生報告、

某些加州的課堂

在 1983 至 1984 學年，Elliot Eisner 及一組研究生與高中教師研究了四所舊金山灣區的高中。他們觀察了六位教師兩個星期，並且訪談了若干學生及教師。特別是，他們還在兩個星期的每一天，如影隨形地觀察了 21 位學生，這讓研究者有機會以較寬廣的角度，從整個學校的觀點來理解教學的情況。讓一位觀察者（某些是高中教師）在整整兩個星期的每一天跟蹤一名學生，然後據以討論每一天發生的事件，如此分配研究時間的作法確實不尋常，因而為該研究增添了特定的影響力。[578]

Eisner確認了他們在這四所高中所見及的許多教學形式，特別是與一些非學術性質的科目有關者。他強調，該研究團隊看到了一些令人激賞的教學例證，它們主要是建立在學生積極參與，以及教師與青少年完全地投入這些作法之上。但是，當論及諸如數學、科學及歷史等科目時，Eisner 總結道：

> 一般而言，教師的教學乃在提供訊息，以補充教科書的不足。這種教學作法最常見的特色是具有說教的性質：教師採用了大量告知與指定（telling and assigning）這兩項作法。某些教師也會花費很多的時間放映電影，但卻都很少作適切的討論。的確，也許我們看到的各種教學組型之中，最明顯不足的就是缺少了教師與學生，以及學生與學生之間的對話。[579]

雖然這些發現看來很眼熟，但是 Eisner 這項研究所持有之「學校內部的人」的觀點，卻也讓我們對於這四所加州高中的教學作法，有了不尋常的一瞥。

幻燈捲片、電影、錄影帶等方式進行。」請見 Metz, 1991, pp. 75-91。Reba Page 在另一所中西部都市的兩所高中，進行一項八個較低分軌的課堂研究。她的課堂直接觀察及師生訪談所獲致的圖像是，教師引領的講誦、座位工作、教師引領的競賽。請見 Page, 1991。

578 原注 58：Eisner, 1986。

579 原注 59：同上注，pp. 67-68。

　　對於加州教學作法的另外一瞥，是來自距離灣區約 200 英里的一個學區。在 1983 年與 1987 年之間，我在一個以改善學區裡兩所高中經營成效為宗旨，而由學校董事會任命的家長與教師所組成的小組擔任顧問。此一高中研究委員會召開首次小組會議時，正值《國家在危機中》（*A Nation at Risk*）報告剛剛發布，而且州長正好簽署一項經過立法機構辯論而終獲通過的總括式學校改革法令。在那樣的政治氣氛下，小組所提出的建議事項，主要是依據《國家在危機中》報告的建議而調整，並且符應新立法的精神。教育局長及學校董事會的內閣基本上接受了小組所提出的建議。我作為顧問的任務之一是參訪這兩所高中，晤談校長及教師，並且觀察課堂教學，進而作成「學校現況」的報告提供小組參考。我在 1983 年完成這件事。過了兩年，小組研究了高中各個不同層面的情況，並且舉行家長及教師的公聽會。到了 1985 年春天，小組作出了二十多項有關課程、學校組織、教學的建議事項；我的任務就大致完成了。

　　1987 年，曾經與小組共同工作的副教育局長來電問我，可否再回到學區看看學校董事會核定的小組建議事項執行的情況若何。我同意此請，並且在取得行政單位及學校董事會的允許後，重回學校進行教師的晤談與課堂的觀察。我花費了四個整天在兩所學校晤談學生及教師。我參訪了 32 個升學預備課程與一般課程的課堂教學（每所學校都大約有 40 名教師，我各參訪了 16 位教師的課堂）。我看到了什麼呢？

- 大部分課堂都忙碌著。我幾乎未看到任何一個課堂不在忙著做教師指定的功課。這些忙碌的事情包括了完成工作單、在課堂上寫家庭作業、小考。
- 就學術科目而言，除了 4 位教師之外，其他（87%）教師都是把全班當作一個整體進行教學。
- 當我坐在課堂裡時，32 位教師中的 28 位（87%）使用一般的三項課堂活動：講演／討論、座位工作，以及檢討家庭作業或測驗。32 位教師

中的 5 位則在一節課的部分或全部時間觀賞電影片或錄影帶。

・在一節課的部分時間讓學生投入提問─與─回答活動的 26 位教師，除了 6 位教師之外，其他（74%）教師主要都是使用由教科書、家庭作業，或先前的講演中取得之事實回憶式的問題。這些課堂的學生（不分升大學或不升大學的班級），回答問題時，絕大多數是簡短的幾個字。會繼續追問學生，要求他們做些解釋、引申，或者為所作陳述提供支持性證據的 6 位教師，則多是以小組、個別的方式行之，有時也會以全班的方式行之。[580]

整個 1980 年代，改革者們過度集中注意力於高中這件事，映照在上述這兩個例子上。不過，還是有一項研究聚焦於加州小學數學教學的情況。作為該州學校改革的一部分，一套經過徹底修訂了的「數學架構」（Mathematics Framework）這項課程指引問世於 1985 年。與過去強調實作數學時的學習規則及程序不同，新的架構旨在讓學生透過積極融入材料及問題解決的作法，進而獲得對於數學概念的深度理解。記憶遭到排除；思考成為重點。就內蘊於「數學架構」之數學教學與學習的新視野這一點作法而言，全美各地的課程與教學改革無人能出其右者。

由 Penelope Peterson 及 David Cohen 領導的一組密西根州立大學的研究者，選取了三個學區進行研究。其中兩個經指認為施行「數學架構」情況甚佳而成為先行的趨勢引領者，另一個則為「一般」。在這兩個先行的學區中，各選取經過確認為清楚地推動數學理解教學的兩所學校，在「一般」的學區中亦選取確實表現此項作法的兩所學校。1988 年末及 1989 年初，在為期兩週的教學現場參訪，6 所學校一共有 23 位教師接受晤談與觀察。由這 23 位教師的晤談與觀察中，研究者產生了以二年級及五年級教師教數學的情況為重點

238

---

580 原注 60：Cuban, "Report on Implementation of The High School Study Committee's Recommendations," April, 1987。這份資料由作者收藏著。

的五個深度描述。[581]

這五個深度描述產生了一幅混合的圖像。研究者敘寫兩位教師，他們樂見新「數學架構」的施行，並且自信已經盡量配合新課程，大幅度地改變了他們的教學。另外兩位教師則在維持他們原有的教學風格之同時，依據「數學架構」中的某些概念在教法上作了小幅度的調整。第五位教師則漠視新「數學架構」的存在，持續以原本的作法進行教學。於是，五位教師當中有三位做了很少或是根本未曾因應新架構而作任何的調整，並且持續採行其等熟悉的形式，以各種不同的描述中皆稱之為「傳統的」作法，亦即採用大班教學、以講誦形式提問學生、重度地依賴教科書等方式進行教學。[582]

就是在研究者與教師都注意到的、教學作法方面有相當大改變的這兩個例子中，有了令人費解的異常現象出現。舉例而言，「數學架構」呼籲教師們要廣泛地使用小組的教學（在「數學架構」中稱之為「合作學習」）。此一作法的觀念在於學生可以協助同學學習，而不須完全由教師在學習內容及技能這些方面給予指導。有一位自認為革新派的教師，在課堂上將桌椅作了適合小組學習的安排。但是，當這位教師帶領學生討論數學概念時，她卻仍以全班式的準講誦（whole-group quasi-recitation）作法進行教學，跟一般教師中心教學一樣地連連進行提問與回答的互動。這位教師很少讓小組的學生彼此之間相互討論或是回答問題。這位教師把小組這項組織用來派發與蒐集材料與作業，而以教師中心的作法讓學生學習概念，例如她會請某一組的個別兒童到黑板旁完成一幅圖示的練習，而非讓小組的兒童一同討論並繪成一幅圖。所以，教師自認為革新派、使用學生中心式的課堂組織（小組式數學教學），但即使她用著新形式，卻仍然採行教師中心式的討論作法。[583]

在另一個課堂，這位教師也接受「數學架構」的理念，並且自認在他的教學上，作了重大的改變。Joe Scott 讓學生以所繪圖示再現數學的概念（如

---

581 原注 61：Peterson, 1990a, pp. 251-257。

582 原注 62：Ball, 1990, pp. 263-276; Peterson, 1990b, pp. 261-280; Wiemers, 1990, pp. 297-308; Suzanne Wilson, 1990, pp. 309-326; Cohen, 1990, pp. 327-346。

583 原注 63：Cohen, 1990, pp. 336-337。

分數），並且解決包含了將數學知識應用於真實生活方面的問題。但是，Joe
仍然像個軍事訓練士官一樣，向全班同學提問並且請同學回答，甚至在問題
解決的情境中亦然。他把問題解決當成學生必須記憶及遵循的一系列規則。
在此，教師自己認為已經作了重大改變，但實際上，卻是將那些革新作法轉
變而成以前的舊習，確實有些反常！[584]

摘要

239

　　在這兩位教師——他們自認回應了州政府在數學教學方面的政策方向
——的作法上所呈現之令人費解的矛盾現象，直指著政策制定者、實務工作
者、研究者等人在確認教師真正如何教這件事時，所面臨的一些持久不變的
弔詭。對於政策制定者而言，此一弔詭是指，教師既是問題的根源，又是問
題解決的方策。教師是問題，因為他們持續把數學當作一套須加記憶及應用
的規則；他們缺乏把數學當作理解施教的知識與技能。然而，也正是這些教
師在教著兒童，因此若未給予他們可憑以改變過去作法的支持、若未在他們
的頭腦裡放置一些不同的想法、若未改變他們老舊的信念，而且又不為他們
建立新的技能庫藏，則欲求他們改善課堂作法，直如緣木求魚，必將徒勞無
功！

---

584 原注 64：Wiemers, 1990, pp. 306-307。於 1980 年代的科學及英文課堂，有關類似的將例行作
　　法與新的作法加以混合的例子，請見 Carter, 1990; Hawthorne, 1987; Applebee & Langer, 1984。
　　另外一個數學教學的例子，顯示了在 Wiemers 和 Cohen 研究中的一些特性。這位研究者訪談
　　與觀察了一位屬於俄亥俄州 Cleveland 數學教育合作組織的教師，他相信把理解式高中數學
　　教給低收入的黑人青年人是一件重要的事項。這位教師告訴訪談員說，他對於數學教學的投
　　入已經變得比原先他在合作組織時更為專業且更深入。但是，在代數 I 這個課堂，他所實際
　　表現的卻是純粹的教師中心教學。Engle 先生指定了一份作業（bellwork）——在遲到警鈴
　　（tardy bell）響之前及之後必須完成之教科書上的數學問題。鈴聲響了之後，他請學生提出
　　教科書問題的解答。接著他指著他在黑板所寫的一些要讓學生帶回家的作業問題。他也用投
　　影機把教科書上已經處理了的等式投射在牆上。他一個一個步驟地解釋著問題，並且說明以
　　什麼程序解決此一等式。在問學生有無問題之後，他針對學生所提出的一個問題，再把最後
　　一個等式作了重複解釋。最後，他告訴全班學生，請他們利用剩下來的時間，完成黑板上的
　　一些問題。請見 Bruckerhoff, 1991, pp. 158-177。

　　實務工作者所面臨的困境是，應該決定全部採用、部分採用，抑或都不採用新的課程政策，還要確認在他們的課堂中執行這些變革所要付出的代價。在作出這些選擇時，教師必須確定他們已經做的事情附加了多少價值、變革的作法會為學生帶來多少助益，還有在他們現在每天都要面臨不少組織及個人方面的限制之情況下，若真要施行變革作法必須投放多少精力與時間。

　　研究者所面臨的困境是，要決定教師所作成的改變是否足以顯示，某項政策已經成功地施行，或者只是政策制定者的雷達螢幕上一個使人分散注意力的光點。研究者應該如何對待這樣的情況：某位教師自稱她有信心，已經就她的教學作法做了 180 度的大轉變，還引用了研究者觀察的各種不同教學作法的證據，但是那些所謂的大轉變在研究者看來，只不過是把她現存的教學作法做了不怎麼大的更動而已。

　　這些弔詭及費解的地方為大家帶來了一些混淆，必須作更進一步的推敲，否則就會像和稀泥一般，弄得不清不楚。這些推敲的工作已經超出我在本書〈緒論〉所提出的原初問題：教師如何教？第一至第七章為這個問題，提供了一位歷史學者的答案。第二個問題——為什麼以他們一直以來所採用的方式進行教學呢？——需要針對各個相互匹敵的解釋，作一番解析。這是下一章的任務。最後一章則會把我建構了的答案帶著，然後回到政策制定者、實務工作者及研究者所面臨的這一些弔詭及困境：政策制定者熱切地希望能改善教學；實務工作者意欲能獲致更多的自主與支持；研究者則針對下列各個事象所呈現的令人困惑的證據，試著理解其間的真相：其一，教師中心教學作法一直居於主流；其二，教師們在調整為學生中心作法時，總是採取各種不同的因應作法；其三，課堂不時出現這兩種教學傳統的混合作法。

第三篇

課堂教學的變與不變，1890-1990 年

第八章
解釋教師如何教學：
探索式的分析

我必須顯示學校的真實狀況。我必須作到，既不非難學校，亦不就
學校應該怎麼做，說三道四，只談學校現在發生的事情。

243

——Willard Waller，《教學社會學》（*The Sociology of Teaching*）[585]

各位還記得〈緒論〉中所舉的颶風隱喻吧？——暴風雨在海面激起了驚
濤駭浪，海面以下 1 英尋仍是迅急的湍流，但到了海底，卻平靜如常。現在
看來，此一隱喻用以描述課程理論、教科書，乃至課堂教學等方面，因為學
生中心教學改革所帶來的翻攪，應該還算合適。不過，我們卻發現，於接續
而來的若干年間，在那些興致沖沖的改革者將學生中心教學理念塞入公立學
校之同時，除了帶來嶄新的語言、觀念、政策及實際作法，也讓人們理解了：
試著推動教學革新，乃是一項巨大的工程；而這項工程的成功施行，絕非僅
憑教育工作者針對一些政策所作的大量言說，或者一些專業期刊及知名雜誌
針對所流傳的主流改革觀念及語言所進行的討論，即可奏效。

值得我們注意的是，此一隱喻所寓意的故事，卻不一定可能發生：在颶
風引發海面滔滔大浪的同時，海底卻謐謐安然，不見任何動靜。由本書前面
各章的報導與解析，我們已經確認了：過去一個世紀，學校的教學，特別是
小學的教學，確實產生了漸進的異動，甚至根本的變革。因此，我們有必要
暫時把此一隱喻擱在一旁，仔細地加以檢視：學校改革是如何發展的，又，
它們是如何影響著課堂實務的。

---

585 經查這段引文係出於該書 p. 2。

學校改革的階段與層次

學校改革是以不平整的與非機械化的方式展開，不過這種展開的階段卻是可以辨認的。然而，從實質上來看，這種展開不像汽車引擎的活塞，在汽缸內上下抽動，而比較像來源不明的鋒面，以不規則與無法預測的方式，在全國各地移動。這些改革的各個階段有如下述：

244

- 生活當中的社會、政治與經濟等各項客觀條件有了異動，或者人們的主觀意識型態有了改變，致使社會上的意見領袖把這些情況界定為有待解決的問題。某個國家在世界共同體之中的經濟地位產生了變化，就是一個隨手可得的例子。就美國而言，1890 年代德國的經濟與軍事快速地擴張，或者 1980 年代日本的產品占據了美國市場很大的比例，促使美國人逐漸感受到，在經濟上有加以改變的必要，尤其在教育方面更要有所興革，俾便學校培養可供職場運用的畢業生。

- 政策制定者、學界人士、包括新聞工作者在內的輿論界人士，以及大公司的高級職員──這是指教育事業的局外人士──等群起談論他們所理解的問題，並且開始針對這些問題及可行的因應作法，形成共識。

- 學校之外的團體與個人（企業精英、基金會負責人、特別的利益團體、知名的公職人員、社區的組織等）紛紛針對所知覺到的問題，提出政策提案及計畫，俾便解決這些問題。

- 透過不同的機制（如各州及聯邦的立法、各學區學校董事會的決議、基金會資助的前導研究專案），與教育事業有所關聯的團體及個人逐漸成為眾所周知的改革者。這些改革者起而促使局內人士（insiders）（學校董事會成員、教育局長、校長、教師）採行改革的措施。

- 某些政策確實以法規、學校董事會的決議等形式付諸施行；各地教育局長、校長、教師則試著執行這些政策；一些考慮周到的改革作法開

始融入學區、學校及課堂內，成為日常的作法。

・人們對於某些教育工作者的批評日漸增多，埋怨他們在施行改革作法時，總是半心半意而未盡全力，要不就是慢慢吞吞而不夠俐落。稍後，這些批評漸漸轉變而成學校是否真的解決了早先所界定的問題。總之，人們對於施行改革的情況，開始有了失望的情事。

・社會、經濟或是人口等的條件有了改變，改革的循環又從新開始……。[586]

　　這些可以辨認的階段並非以一定的間距進展；此外，這些階段還會產生重疊的現象。在美國，有許多學區甚至會在改革政策施行的半途中，因為社會條件改變（例如人口有了重大變化）而促使人們提出不同的改革呼籲。每一個階段的步調都會因為所提出之改革的性質不同，而有所差異。一旦改革付諸施行，舉凡受影響的地區，所涉入之政治聯盟的力量，執行改革作法的教育工作者所具有的才幹、訓練及脾性，再加上最重要的一項因素，亦即有關改革作法的報導在流行的媒體及專業的媒體穿透的程度等，都會影響各個改革階段的步調。

　　在前面各章討論一些兒童中心進步主義者及開放課堂的倡行者試著改變 **245** 教師中心教學主導的作法時，曾經述及這些學校改革階段當中的四項重點。第一，原初的改革動力最常（但並非總是）來自學校之外；第二，此一改革的動力經過一番運作，會轉變而成大家對於「所面臨的問題到底是什麼、學校及教師如何解決這些問題」，形成「有了共同理解的且政治上可以接受的」改革政策及規劃；第三，因為它們是以既不平穩又不規則的方式在各個不同層次的教育場域（州、學區、學校及課堂）付諸施行，所以這些改革政策及規劃多半只是部分地落實；最後，在各個不同層次中，改革的目的總是受到來自學校教育的各項機制所扭曲，以致無法貫徹施行。因此，我們應該可以

---

586 原注 1：Downs, 1972, pp. 38-50；關於改革的循環及趨勢，請見 David Tyack and Larry Cuban, *Tinkering Toward Utopia: A Century of Public School Reform*, 1995。

理解，由全國與各州層級的政策言說到達學校與課堂，乃是一條長遠的旅途；不但某些路標會消失不見，不可預測的天氣也會使得到達目的之舉充滿不確定性。

在較早的各章中，我已粗略地描述了學校的改變，也突顯了改革者的用語、意圖、公共政策，但是這些敘寫都集中在課堂這個層面。這些聚焦在課堂的圖像顯示了，由教學改革的政策言說，逕行推論出課堂中所發生的實際教學情況，如此的作法是有危險的。這些圖像也顯示了，颱風隱喻在敘述多層次的政策制定過程之特性時，所具有的限制。

前面七章已經說明了課堂這個教學活動空間的若干特性。我已經蒐集了五個類目的資料，這些資料包括一些明顯可見的、教育工作者稱之為「教學」（instruction）的重要教學行為（teaching behaviors）。[587] 不過，請注意，這些類目幾乎無法傳達課堂生活的豐富性與複雜性。它們並未捕捉到教師們的巧藝，請看：許多教師有本事藉著點個頭、眨個眼，乃至一個友善的搭肩動作，就達成了個別化教學或輔導的目的；請再看：許多教師有辦法藉著師生的豐富互動，建立一套充滿知性與情性的學習傳統，以及兼具理性與感性教學作用的課堂文化。然而，格於所蒐集的資料之限制，本研究僅集中於敘述教師們在一般的情況下所從事的實務作法。

本研究以大約一個世紀為時間範圍，在各種不同的背景中，以從大量各式各樣的出處所蒐集而來的資料為據，試著描述教師們的教學實務工作。研究的結果發現，當今教師所採行的教學作法，仍然明顯地聚合於幾個世紀以來，人們一直從寬廣的角度來描述的兩種教學傳統，亦即教師中心與學生中心這兩種作法。

---

587 本書將"teaching"與"instruction"二詞皆譯解為「教學」，惟"instruction"亦可解為「教導」。不過，若遇動詞形式出現的"teach"，則依上下文脈決定其譯為「教」，甚或「教導」（謹舉一例："teach" prescribed content，請見 p. 252 末段）。一般而言，「教學」著眼於師生互動的行為；「教導」則較重學習歷程的有意導引。又，依方永泉（2000b）之見，「教導」一詞有廣狹兩義：廣義的教導與教學（teaching）甚至與教育（education）同義，特別是在美國，此種用法頗為常見；而狹義的教導則有「訓練」（training）的意味，在使學習者可以獲得某些必要的知能。

　　現在，我們可以藉由自 1890 年代以迄目前為止，一套以教師教學實務工作為對象蒐集而來的證據——這套內容充實的證據，有的直接與教學有關，有的則與教學的脈絡有關——解答教師如何教這個問題。這套證據清楚地顯示，教學作法的主流趨勢是指向各種不同形式的教師中心教學。在小學，該一趨勢仍為主流，但是可以明顯地看出，此一主流趨勢已經受到另一個趨勢影響，而有了一些改變。此一改變的趨勢，是由學生中心教學作法與較熟悉的教學作法混合（mixing），因而構成的混成叢集（clusters of hybrids）。然而，就中學的學術科目而言，此類混成即比較少見；在這種情況下，教學的主流趨勢就一目暸然了。

　　雖然本研究在方法論及歷史資料取樣的精準諸方面有其限制，但是針對在各個不同背景下所取得之以 7,000 個課堂進行研究的結果，確實揭示了自從 19 世紀與 20 世紀之交以來，教師中心教學作法的持久性。此種對於課堂教學及其所運用之不盡完善的方法所完成的歷史探究，可以由另一位研究者的銘言看出其精神：「近似地回答正確而模糊的問題，遠遠優於準確地解答錯誤的問題。」[588]

　　但是，前面各章也揭露了，學生中心教學的傳統一樣活存得很好。換言之，教學作法的改變確實發生了；某些教學改革的政策由籌劃與設計的階段，進入學校董事會的執行階段，再落實到課堂教學的黑板上（from the drawing board to the school board and ended up on the chalkboard）。[589] 極少的小學教師建立了他們自己的一套兒童中心課堂，學生於各個角落自由地移動；在這些角落中，課桌椅以群集的方式排列以便學生共同學習，而且學生與教師每天都會進行共同規劃。科目與科目之間會相互關聯，而且學生會運用充分的時

246

---

588 原注 2：Tukey, 1962, pp. 13-14。

589 原注 3：謹向修習我於 1990 年開設的「學校改革史」（A History of School Reform）這門功課的研究生 Nicole Holthius 表示感謝；Nicole 富有創意地將這三個片語排列在一起，而成一個近似押韻的短句。【譯注者補充】："drawing board"意指製圖板；"from the drawing board"是指在製圖板上作規劃，表示學校改革政策在籌劃與設計的階段；"to the school board"意指學校董事會就政策的執行作實施方案的擬訂及經費與人力等的調配；"on the chalkboard"則意指學校改革政策的落實階段，應以課堂黑板上所進行的課程與教學，檢驗其成功與否的準據。

間，以小組或是個別的方式進行專題研究的學習。

其他的教師——在數量上多了許多，特別是在小學裡。不過，就整體而言，這些教師仍然屬於少數——或許會花費一天中的一部分時間，或者一週中的一節課的時間，進行一些他們認為對於學生有益、且又不致於打亂既有課堂常規的學生中心教學活動。有些教師開始在一天中的特定時段將學生加以分組，另外一些教師則在課堂中的某個角落，設置科學角或閱讀角。有些教師把課桌椅排成圓圈，或者排成四人一組，以便讓兒童在共同學習時，能夠彼此交談；另外一些教師則選擇某個單元，例如以移民先輩（Pilgrims）[590] 或是感恩節為主題，試著將許多科目加以統整，以便構成一個為期三週的專題學習。這些教學作法，可說是好端端地落在學生中心教學傳統的範圍之中，而且是在教師有意識選擇的前提之下，一件一件地慢慢融入每日的教學常規之中。因此，我們可以說，教學作法確實在改變。

兩次世界大戰期間，乃至 1960 年代晚期，小學的課堂中開始見到：混雜了各種形式的教師中心性質在內的教師實務作法。到了 1980 年代，大部分的小學及某些中學的課堂，比起一個世紀之前，都變得較為非正式化了，亦即教師與學生之間的互動變得更自在些了。此外，各種不同的分組作法、學習角、學生的移動性，乃至某些特定種類的噪音，也逐漸為人所接受。但是，教師與學生針對應該教哪些內容、採用哪些活動，乃至分配給每項活動多少課堂時間等事項而進行合作規劃的，則仍極少見。

為什麼在這兩種教學傳統之中，會出現這些不同的組型呢？一般而言，當我們詢問「為什麼」時，我們是在找尋原因（causes），然而明確的因果關係很少會大步地走向學者，並且在他們的肩膀輕輕拍一下。另外，因為以前的若干著作中有某些逾越之處，因此歷史學家對於公開處理原因這個問題，都懷有戒心，寧願以一些其他的名詞，諸如「因素」（factors）、「影響」

---

590 "Pilgrims" 原意指「朝聖先輩」。然而，就美國歷史而言，"Pilgrims" 則特指來自英國，搭乘五月花號（Mayflower）於 1620 年抵達普利茅斯殖民地（Plymouth Colony，今美國麻薩諸塞州普利茅斯）的新移民。

（influences）及「成分」（elements）等代替之。然而，就我的判斷而言，針對他們所蒐集而得的文件或資料進行解釋，是歷史學家無法逃避的責任。

讓我清楚地陳明，我所謂的「為什麼」究竟何所指，因為這個詞可以有很多種意思。在問及為什麼主流的教學作法一直都是以教師中心為其特徵，又，為什麼教師中心式的進步主義及非正式教育的作法，在小學比中學課堂發展得比較多時，我可能會：

- 試圖找出（改革者、教師及行政人員）的動機。
- 指責（一些拒不妥協的教師及貧窮的學校董事會）。
- 為現況辯護（制度就是這麼運作的）。
- 試著理解為什麼新的行為組型仍在發展，而現有的組型依然持續。

我相信，上述的最後一項為什麼──試著理解教師中心此一教學作法依舊存在，而混成的教學作法仍然繼續發展之緣由──可能會為政策制定者、學者及學校行政人員等人帶來可資運用的知識。因此，我所苦思的解釋乃是針對課堂教學進行探究，希望能夠產生一套知識，俾便憑以形成明達而適切的政策。

這項解釋課堂教學組型的努力必須要有一些規準，俾便據以評估各種解釋的適切性。明顯地，因為現有的各項資料有其不可避免的缺漏，所以並無所謂僅此唯一、詳實完整，或者最終確認的解釋。凡是能符合某些特定規準的解釋，充其量只是僅供參考，藉以提供人們做進一步探索的預感而已。歸根結底，歷史的解釋都必須是以證據為本而形成的一些論證，所以我用以選取解釋─即─論證（explanations-as-arguments）的規準，乃是直接取自從證據之中突顯而出的各種組型。茲謹將這些規準，以問題的形式呈現如下：

1. 小學與中學這兩類學校，都有堅定牢固且清晰可見的教師中心教學，此一論證確實能對此作出解釋嗎？

2. 某些教學改變發生於小學，卻未見於中學階段的情況，此一論證確實能對此作出解釋嗎？

3. 教師選擇某些特定之進步式及非正式的教學作法，而不選擇別的作法，此一論證確實能對此作出解釋嗎？

目下，這些規準排除了為不同的問題作不同的解釋之可能性，因為這些解釋本身也可能是相互排斥的。我現在排除這些可能性，是希望原初的發現即能直接地解釋各項問題，而不是複雜的答案。然而這些可能性是存在的。

現在，我將回到本書〈緒論〉針對六項解釋（此地將論證與解釋二語交替使用）所作的概略描述，一方面重新檢視這些解釋，另一方面則在適當的地方增加更為詳細的解釋。每一項都可以合宜地解釋教學作法常存的規則性，或者其有所改變的確實性。無疑地，所有這些解釋，都「像放在雨中的水桶一般，會捕捉一些真相。但是它們無法捕捉全部的真相」。[591]

類此試圖以所建立的薄弱論證呈現正確的解釋，正是此一作法固有的危險。為了避免墮入此一陷阱，我試著由有關學校教育變與不變的文獻中，萃取一些與前面各章所呈現的證據相一致的論證，並且將它們與本研究所提出的教學問題加以配合。在呈現每項解釋時，我會假設自己是此一立場的支持者，盡力提出論證。然後，我會針對每項解釋的長處及缺陷，一一加以分析。質言之，我會試著竭盡全力讓每個水桶都裝填一些真相。

---

591 原注 4：此一有關多元解釋的隱喻取自 Scott Russell, "Fathers, Sons, Sports," *Harpers*, 1991, vol. 282, no. 1693, p.32。雖然，還有其他模式可用以解釋這些令人費解的問題，但是我要特別感謝 David Tyack，多年來跟我藉由「多重觀點」（multiple perspectives），用以針對複雜的歷史現象，獲致較深邃之理解，所進行的許多討論。他對這個模式的巧妙運用，可見 "Ways of Seeing: An Essay on the History of Compulsory Schooling," *Harvard Educational Review*, 46 (August, 1976), pp. 355-389。【譯注者補充】：(1)Scott Russell 的全名應為 Scott Russell Sanders（1945- ），為印第安納大學英文系退休教授，並為一風格獨特的知名小說家和散文家，曾獲多個作家獎項。(2)《哈潑雜誌》（*Harpers*）是一本涵蓋了文學、政治、文化、藝術諸多方面的綜合性月刊。它於 1850 年發行，是美國持續發行的月刊中第二長壽者。

解釋

1. 有關知識的性質、教學應如何進行，以及兒童應如何學習等文化信念，都
   是如此廣泛地深植於人們的心中，以至於這些信念會操控政策制定者、實
   務工作者、家長及公民們對於某些特定的教學形式之所思所想

　　千年之前，正式的學校教育是在宗教機構施行，其主旨在教導學生傳播
特定的福音，並且研究其意義。書籍很少，因而在與教會有所關聯的學校及
大學之中所進行的教學與學習，主要是依賴有學識的人告訴沒有學識的人，
哪些是重要而必須通曉的知識。知識是指一些真實的且不會有人質疑的信念、
事實、程序及意見等的組合。舉例而言，在十個世紀之前的歐洲，一些受過
教育的人根據辛苦手抄的書本，撰成可供其他人學習與教學用的神聖文本。
人們將這些書本的內容記憶在心裡，進而虔敬地複述給蒙昧無知的人們，讓
他們也有機會學習到這些神聖的文本。這種對於書寫知識的虔敬，轉變而成
付予書本的權威；到了後來，這種權威持續了好幾個世紀。長久以來，在西
方乃至非西方的文化中，這些早先的教育機構已經為社會大眾所接受的知識、
教學及學習等意義，設定了一些規範。

　　牢牢嵌入這些任務與角色的是有關教學與學習的一些隱含的理論：取得
這套知識的教師，對於缺少這套知識的人士而言，乃是有本領傳達這套知識
的權威人士。因為學生缺乏教師所擁有的這套知識，所以學生的任務就是從
擁有這些資訊與智慧的教師那兒吸收這些知識，然後再定期將所學習到的東
西展示出來。於是，教學，就需要教師將所取得的正式知識，以有效的方法
分享給學生，並且確認學生是否已經學到了所教的知識。另一方面，學習，
則有賴學生注意、研讀，並且認真學習。若說教師是教學這項活動中，主動
且重要的人物，那麼學生就是教師的被動受眾。

　　長期以來，這種固著於亞洲、印度、非洲及歐洲等地正式教育根源的通
俗想法，逐漸為大家接受而成為一項文化特點。這也就是說，受過教育的人

249

及未受過教育的人都相信，有某些具有絕對完整特性的知識體系必須傳遞給下一代。於是，教學變成了一套熟悉的行為：教師花費絕大多數的教學時間，告訴年輕人必須知道的重要事物，並且查明他們是否真正學會了它們。若是把教學時間用在一些大家從文化的角度，認定為遊戲的活動（例如在林子裡觀察動物、畫一幅圖、唱歌、以分組的方式共同做一些事情），因為這些活動不把傳播知識當作重心，所以就很單純地不把它們稱為教學，也不把它們稱為學習。於是，在這種情況下，學習就成了需要持續不斷工作的苦差事，絕不是遊戲。因此如果學生在遊戲，他們就不是在學習。

17 及 18 世紀的歐洲教育家，例如 John Comenius、Jean-Jacques Rousseau 及 Johann Pestalozzi 等人，把兒童當作教育的真正焦點，而教師的主要任務則是引導兒童開展其天賦的資質；此一想法，可謂為已經延綿千年的學校教育史上的新近發展。19 世紀的美國改革者，如 Edward Sheldon、Francis Parker 及 John Dewey 等熱切地推動一套「新教育」，並且在公立學校中提出以學生中心為焦點的理念。20 世紀的改革者則將幼兒園，以及其他的兒童中心作法引介到公立學校來。這些改變的速度很慢，而且還時常受到深深埋藏在這些學校中的主流文化規範之制約。

於是，我們應該不會詫異，針對課堂而作成的敘寫，大部分仍持續描述著教師中心課堂作為主流傳統的恆久常存，再加上一小股較新近加入卻很顯眼的學生中心作法。主要的教學作法之所以永續長在，與人們一直以來依靠太陽與土地的節奏而渡過其短暫一生的傳統相一致；而人們對於那些讓他們理解生活奧秘的前人所積累的智慧，始終保持著的虔誠敬意，正是引導人們持續採行主要教學作法的緣由。畢竟，欲將文化的傳承加以轉換，不像用推土機推土、修正地面，然後鋪設一條新路一般那麼容易。[592]

---

592 原注 5：此一有關教學、學習與知識的文化傳承論證——亦即這些信念積澱於學校而成為牢牢嵌入的腳本，更進而帶動學校依照這些腳本演出——乃是結合了下列文獻的觀念及資訊而撰成：Aries, 1962; Jackson, 1986; Finkelstein, 1989; Cohen, 1987, pp. 159-163; Cohen, 1989, 393-407; Meyer & Rowan, 1977, pp. 340-363; Metz, 1990, pp. 75-92。

2. 正式學校教育的組織與作法發揮了社會化的功能，並且將學生依其個人的
才情分配到適當的社會經濟地位

　　學校座落於家庭與工作地點之間。學校最主要的目的，就是要諄諄教誨
兒童，學習主流的社會規範、價值及行為，以便能為參與經濟、社會及政治
等活動作好準備，並且順當地融入較大的文化中；雖然這些目的並不總是清
晰可見，但卻都真確實在。學校如何組織（科層體制、年齡分級制、在初等
學校以學生能力編組、在中等學校則採分軌方式編組），什麼知識受到高度
重視（如美國歷史與文學、文法、數學與科學），行政人員與教師對於文化
差異的信念與態度，以及某些特定的教學作法（講誦、作業、測驗、講演等）
皆映照了較大社會經濟體制中的規範、信念及作法。學校及任職於這些機構
的成人負責分配主流的文化知識，教誨主流的價值，並且引導學生進入社會
經濟的適當位置。

　　教學作法集中於某些必須學習的特定內容與技能，諸如服從、一致、效
率，以及其他的特質。這些是參與於社會、科層體制及工商企業等各種各類
組織，所必須學會的最起碼的技能與內容。學校所必須教誨的是主流的信念
與價值，進而將把其他文化的語言、習慣及態度帶到課堂來的兒童，轉換成
為模範的美國公民。學校裡有著必須精熟的一套標準英語；有著一些依序排
隊的作法，以便順利由這一堂課過渡到下一堂課；有著獲取成人注意的適當
做法；還有一套與街市及家裡不一樣的學校儀節必須學會。

　　凡是在家庭中已經學會一些必要的功課與儀節的學生，就比較能符合教
師的期望，也比較能適應學校的要求。這樣的學生知道在行為方面與學業方
面，有著哪些期望必須符合，也會服從各種外顯的或是內隱的規則。教師也
因而會把他們安置在進階的閱讀分組，或者較高的年級，或者大學預備的分
軌。

　　另外的學生，因為來自對上述學校要求不熟悉的文化或是社會經濟背景，
在一開始時就會覺得較難適應。某一些這樣的學生，若是確實適應過來了，
就會試圖獲得比他們同儕更多的學校教育——甚至還會入讀大學，並且進入

經濟晉級的旋轉門。但是，更多這樣的學生會讓教師或行政人員標籤成「跟不上的」學習者，或者不合適的學習者，因而分派到課堂中的特別分組，或者另外分開的規劃。如此長期下來，這樣的學生就會獲得一套不一樣的教育：他們學習的內容、所獲得的技能，乃至所經驗到的教學作法，都會與一些被標籤為「平均」或「平均以上」的學生有所不同。許多這樣的學生會在畢業之前就離開學校，進入職場從事最低層次的工作，或者根本就加入失業的行列。

用在這兩種學生身上的教學作法會有所不同。對於那些來自較低社會經濟背景及少數族裔群體而言，某些特定的教學作法較為有效：把桌子排成行行列列，以便獲致齊一的行為；使用教科書，因為這是教師所同意的知識之主要來源，教師也據以要求交出很多的家庭作業；施予測驗或小考，以便教師可以按照成績將他們分類，或者根本不予分類；要求學生遵循教師主導的座位工作、講誦、口頭報告等規定。這些具有支配性質的教師中心作法之所以能歷久不衰，主要是因為這麼做可以使學生的行為表現，與較大的社會之要求保持一致。

251　　另一方面，學生中心的教學作法則培養個人的選擇能力、表現能力、團體學習技能、由許多來源導出的知識、師生合作做成決定的能力，並且增加學生參與於課堂中口語與實體等方面學習生活的機會。這樣的課堂作法與大學及職場的要求相符，因為它們為未來的專業人員、經理人員及行政人員做了量身訂做式的準備。像這樣的情況有助於解釋：為什麼學生中心教學與開放課堂等變革，時常與私立學校及中上階層、受過較高階段教育、居住於較為富裕鄰里街區的家長有較多的關聯；而與位於藍領階級、以接受救濟金的住民為主的社區中所辦理的公立學校有較少的關聯。

此一有關學校作為社會化及較大社會篩選機制的論證，是 19、20 世紀之交以來教學作法保持不變的另一項解釋。[593]

---

593 原注 6：（本注釋旨在自人類學、心理學、語言學、社會學、史學及其他若干領域，針對本論證有關的文獻，作進一步的解釋，因為文字多達八段，特將其等置於本書末專設的〈注釋補遺〉之中。）

3. 若政策制定者有效能地推動旨在轉變教師日常所作所為的改革，則教學作
　法的變革就會發生

　　當政策制定者系統而徹底地執行旨在改進課堂教學的政策，讓教師對於
應該做的事情有所理解，也讓他們參與制定有關這些事情的行事規範，那麼
教師的行為就會改變。若是這些政策執行的規劃構想拙劣，而且在將新觀念
付諸實施時，只是讓教師偶爾參與，那麼他們就多半會輕忽這些由改革者提
出的指令及夢想。

　　於是，一套教師中心的教學作法，就這樣恆常地保持下來，因為試圖改
變這些作法的改革努力，並未有效地執行。若果真能精密細緻且廣大而全面
地推動教學變革，那麼就應該會有許許多多的進步與非正式的教育作法，在
1990 年代顯而易見。若能成功地執行，教學作法就會有所改變。就是政策制
定者在落實使課堂更具學生中心精神的改革規劃時，對於執行細節的漫不經
心，解釋了教師中心教學的持續性。

　　除了 1930 年代的丹佛及紐約市兩地之外，很少有學區針對有關教學的新
觀念之應用，制定有意推動的策略。在課堂採行改革方案的地方，它們總是
由上層行政人員作成決定，逕行交由學校教師執行。在落實各項決策時，除
了頒布要求校長及教師執行的一堆指令及任務提示之外，很少有其他的考量。
的確，除了兩次世界大戰之間的丹佛（又是丹佛！事實上，一直到現在，該
學區依然表現得十分獨特）之外，絕少有教師直接且持續地參與這樣的決定，
亦即如何將一些由別人作成的政策，轉換而成自己課堂的實際作法。

　　當然，還是有一些例子顯示，改革作法得到來自上層所給予之形式上的
支持。這些少見的、試著將進步的或開放式的課堂教學作法，付諸實行之有
組織的努力，包括了 1938 年在華盛頓特區所創設的「兒童發展方案」；1941
年在全紐約市學校擴大推行之具有實驗性質的「活動課程方案」；在同一年，
丹佛決定要求所有的高中施行普通教育課程，並且將八年研究的實驗結果應
用在中學的教學實務上。不過，這些決定多淪落為紙上作業式遵從（paper-
work compliance）的演練，而只有很少數的預期改變滲入到課堂裡。

　　在教育局長及學校董事會決定推動教學改革之後，一些中型及大型學校系統落實這些改革政策的作法，其特色可謂為達爾文式的（Darwinian）優劣天擇、良窳緣定。一些偏好某項政策改變的個別倡導者或是一群堅決支持者，必須在學校系統中一個勁兒地為爭取足以維持若干年改革動力的一席之地（亦即資源）而不斷地奮鬥。如果他們成功了，學區小道消息的流傳，以及與某些相似意向的專業人員及家長所作的零星接觸，會將變革的消息加以傳布。或許，如果條件正好合適，上層的行政人員、教育局長或是學校董事會，針對成功的改革所作的正式通知也會帶動改革的廣為傳布。所以，就改革的多方傳布而言，往往是靠運氣多於靠計畫。而且，用以散布訊息的行政機制、學校實踐與學區範圍內目標的組織聯繫，乃至教師參與在整個改革過程中等作法，多半付諸闕如。

　　那麼，學生中心的教學作法之所以不常滲入課堂，關鍵即在於學校教育主事者的意願之高低與能力之強弱。高強的學校教育主事者，往往會將教學變革的某項政策決定或正式核定，順遂地轉化為教師在課堂採行的善果，因而既會增高教師支持變革的意願，又會提升教師促成變革的能力。反之，則否。我們可以由一般執行者喜歡使用的諺語中看出此一論證的含義：這真是個好主意；若連試都不試，就太可惜了！[594]

4. 學區、學校與課堂的組織結構形塑了教師主要的教學作法

　　組織會對於在其中工作的人們所擁有的觀念及其所表現的行為造成影響。像學校這麼一個將各種目的、政策、角色及過程等組合在一起的組織，總是會影響著人們的工作情況。也就是因為如此，學區與學校的組織結構會促使教師採用某些長久以來少有變異的特定教學策略。

　　課堂，作為位在較大學校之內的一個組織，就好比一個小型的俄羅斯木

---

[594] 原注 7：（本注釋分為二段說明本論證所參考的研究文獻：第一段是有關計畫與施行差距方面的研究文獻，第二段則說明政策失敗與執行不力等方面的研究文獻。文字雖僅有兩段，但篇幅卻不少，乃將其等置於本書末專設的〈注釋補遺〉之中。）

製娃娃（Russian wooden doll）一樣，處在一個擁擠的環境。[595]一位教師必須管理 25 至 40 位或更多位年齡相仿的學生；這些學生每天會在同一間教室裡，非自願地待上一至五個小時不等──視其年齡大小而定。一天當中，在與個別或各組學生所進行之連續不斷的互動──依 Philip Jackson 的說法，多達千次之多──中，人們對教師的期望是：必須維持秩序、教導規定了的內容（teach prescribed content）、激發學生對於學科內容的興趣、依照學生的差異改變教學的程度，並且顯示學生的學習確實達到滿意水準的證據。

253

　　在這些相互重疊的學校與課堂結構中，教師必須妥予分配自己的心力與時間，俾便因應既複合多樣又相互衝突的要求，還須設法創用某些既具彈性又富想像力，而且有效率的折衷方案，方才能在一個窄小的空間內，於一段相當長的時間裡，面對一大群學生。

　　因此，舉例而言，可移動的學生桌椅及座位排列，讓教師能掃視整個課堂，以便防止失序的狀況。教師的桌子通常位在教室靠近黑板、顯眼的地方，靜悄悄地強調了每天是誰決定了課堂的走向。

　　將全班學生聚在一起進行教學，是一項既有效率又方便使用教師時間──一項有價值且稀有的資源──的作法，這麼作既可以教完必須教的內容，又可維持課堂的秩序。講演、誦讀、測驗是非及多重選擇題目、用以計算等第的積點制（point systems）、以教科書為據指定家庭作業等，都是可用以確認傳遞知識給全班學生，並且決定學生是否學會了教材的直接且不繁複的作法。在每天既定的學校時間表為教師帶來的限制，以及必須在六月前完成每門課程的教學之雙重壓力下，上述教學作法讓教師能迅速而有效地確認學生是否學會了應該學的材料。

　　學生中心教學在重新安排空間、進行小組教學、統整科目教材、鼓勵表現，乃至因為讓學生作決定而製造的噪音及移動等作法，都會削減教師的權威，並且使得必須面對一大群學生的課堂常規變得歪歪倒倒。這種種作法與

---

595 這種木製玩具娃娃是由多個（一般在六個以上）相同圖案的空心木娃娃一個套一個組成。娃娃通常為圓柱形，底部平坦可以直立。

現有的學校及課堂結構不相容，因而必須將課堂運作的基本模式作一番大檢修。當整個變革的重擔落在教師的肩膀上，也就難怪很少有教師願意像這樣，為了轉換成為效益不明確的學生中心課堂，而將他們個人已經熟悉了的世界攪亂。於是，這些來自學區及學校，為課堂所帶來的組織壓力，讓教師中心教學所產生的實用教學作法，仍然持續成為學校教育的主流作法。[596]

5. 在此一職業裡所發展而成的教學文化，有偏於維持課堂作法穩定性的傾向

教學這項職業的規範本即具有保守特性。此種保守主義──本即偏好穩定，並且對於變革存有謹慎防範之意──受到下列幾種條件的影響，而根深蒂固地嵌入其職業的規範之中：教學從業者所掌握的巧藝之性質、人們入職教學專業的條件、所接受之非正式社會化的情況、教學表現接受評鑑的作法，乃至他們進入學校及課堂執行教學工作時所面對的教學文化等，皆可看出其所具有的保守特性。

254   教學是一種幫助人們改變的工作。不像在心理治療、社會工作、醫療事務，以及其他事業之中，時常是期望當事人能分攤大部分的改善責任；教師須對學生的表現負有大部分的責任，但是教師是否妥予履行責任，卻又完全建立在學生表現成功結果的基礎之上。而且，在較大的社會之中，對於究竟什麼樣的教學成果才是可欲的，也還有著許多的不確定與不一致的情況。除了教學實務工作有著這些與眾不同的獨特限制之外，還有一項特別的情況，使得教師更不情願冒著採行新教學作法的危險，尤其是採行學生中心的教學改革，因為這種作法的成果，乃是更多地建立在學生的學習結果之基礎上。

人們受到吸引而欲進入教職，是為了試著多跟兒童接觸、欣賞彈性的工作時間表，因而在理解金錢報酬有限的情況之下，仍願意接受這項內建於此一專業的服務使命。新進者通常是一些原本即傾心於學校工作的年輕人，而

---

[596] 原注8：（本注釋旨在就物理、社會、組織、文化等課堂結構對教師教學的影響及其有關的文獻，分成七段文字敘述，因篇幅依然不少，乃循前例將其等置於本書末專設的〈注釋補遺〉之中。）

且他們已經做了許多年的學生。此外，在這些入職教學專業的年輕人當中，女性遠超過男性；這些男性通常會離開課堂，尋求行政職位及更高的薪資收入。教學工作的時間表讓必須兼顧家庭責任的教師，可以作出較彈性的安排。男性及女性教師，因為不同的原因，通常絕少有改變其既有結構之職業規範的誘因。因此，在招聘新人入職教學行列這件事上，人們總是傾向於重新肯定學校既定的角色與組織結構，而不會挑戰它們。

即使在透過必須接受的、但是卻簡短的訓練學程之後，還未正式進入教職之前，非正式的社會化已經讓他們這些新進者，朝向偏好持續性的態度傾斜。請想想，這些即將入職的教師已經在公立學校作了十二年的學生（超過13,000 個小時），與他們的教師都有了相當密切的接觸。於是，教學就成了少數讓人們可以在年復一年的情況下，坐在幾碼之外進行第一手觀察的職業之一。所以，人們才會這麼斷言：教師們總是以他們受教的方式，教著他們的學生。

同樣地，在一個與其他同事隔離之自足式的課堂中，所施展出來的教學行動，也促成了保守主義的持續性。第一年的新任教師，在短促的學徒時間之後，就如同有了二十年經歷的資深教師一樣，硬是給強塞了許多的責任。新入職的教師在頭幾年裡，因為沉浮由己（sink-or-swim）這項考驗所帶來的、只能在私下獨自怨尤的情緒，往往會受到有經驗的教師偶爾給予的忠告或是軼事的分享，稍加紓解。打從第一天開始，教師就要面對建立常規的複雜程序，以便帶領一班學生在學習一些連教師自己都還不是很熟悉的教材之同時，還能夠讓學生有安分的行為表現，這樣的情況使得教師不得不採用一些他或她所記得的、別人已經使用過的一些教學作法，或是資深的教師同事提供他們的一些建議。在採用這些建議時，新進教師就會透過細膩的滲透作用，將學校的規範及期望吸納進來。民俗傳說、職業訣竅、規範，乃至每日的教學都強化了現有的教學作法，卻不會促使新進教師對於這些既成慣例有所質疑，特別是在人們希望能繼續保有工作的前提下，更是如此。

以教師為中心的課堂作法就往往會隨著時間的遞移而保持穩定。畢竟，

家庭作業、討論、座位工作、測驗，以及偶爾打斷日常作息的電影放映等，都是新進教師自己求學時期熟悉的方法，而且在許多的情況下也似乎都能讓教課這件事順利地進展。這些新進教師在他們的課堂中使用這些教學方法時，會將他們認為值得模仿的教師，以及大學時的講師所使用的方法加以保存。雖然這些新進教師有時候會笨手笨腳地試行一些新的方法、將一些常用的技術作一番改善，並且引進一些現行作法的變體，但是諸如小組教學、把各種不同的內容整合而成一些單元、跟學生一同計畫所學習的課程，乃至讓課堂的成員選擇想做的事情等作法，並不會造成根本的變革。然而，這些修修補補而不大動干戈的作法，與教師這項職業的保守特性，卻是頗相一致。[597]

6. 教師的教材知識，以及其有關學校在社會上所擔負的責任、有關課堂中的
   權威，還有關於兒童的族裔及社會經濟地位等事項所具有之專業及個人的
   信念，這些都會形塑其課堂的教學作法

　　教師對於他們所教的科目之所知，以及他們如何將這些知識用在學生身上之所為，他們對於兒童如何學習與發展之所信，乃至他們帶到課堂的社會態度之所思等，都會對他們如何進行教學產生形塑的作用。

　　請想一想，教師們所擁有的科目知識，以及他們如何將這些知識轉換成為兒童們能理解的語言及形式。凡是知道五年級學童理解自然淘汰這個概念會有困難的教師，就會運用長頸鹿及塘鵝、赤杉及捕蠅草等作為例子，讓抽象的概念具體化。社會科教師可能會以痛苦分離的隱喻，將南北戰爭時人們的強烈感受傳達給八年級的學生。

　　如果教師的教材知識及他們傳達這些知識的能力確實重要，那麼教師教此一教材的時間久暫也很重要。舉例而言，徹底地熟悉美國革命原因的有經驗教師，與新手教師，在傳達殖民地脫離母國的主要原因時，所運用的形象化比喻與類推等方式，在作法上，就會有所不同。

---

597 原注 9：（本注釋以二段文字說明本論證所參考的研究文獻，文字雖僅有二段，但篇幅亦不
　　少，乃將其等置於本書末專設的〈注釋補遺〉之中。）

教師在教材及兒童如何學習等方面的專業與個人信念，彼此之間也會相互交叉；茲試以三個例子說明如下。首先，請看兩位教師對於兒童怎麼學習幾何的信念不同，所採取的教學作法也有差異的情況：一位教師認為，兒童必須先學會證明到底是什麼，並且熟知證明的基本作法，才可能學習幾何；另一位教師則認為，讓兒童在學校某棟樓房後面一塊奇形怪狀的空地上，計畫並陳設一個花園，可以學到幾何的重要概念。其次，兩位教師對於積木的看法有異，針對這項任務所做的教學計畫亦會不同：一位認為積木是 5 歲兒童發展肌肉的一項練習；另一位則認為這樣的練習對即將準備入讀小學一年級的兒童而言，是一種分散注意力的遊戲。最後，相信學生應該學習與脈絡有所關聯的知識的教師，總是會試著找尋教科書內容與日常生活事件之間的聯繫，因此，他或她在進行教學時，比其他教師更不會一直固守著教科書。這樣的教師相信，緊緊地守著教科書，不放過所有的日期、數字，或者類似的事實，一一都要講過、才算是「教」過，這樣的教學作法，極可能會犧牲讓學生獲得較具深度理解的機會。

教師對於知識性質及學校在傳達這些知識時所發生的作用，這兩方面所擁有的信念，也會形塑教師的教學行為。許多教師，特別是中等學校的教師，相信學校在社會層面上所具有的作用是培養學生的心靈，並且在他們的心靈中注入社會價值。此外，教師應該把某些特定的知識傳遞給學生。許多教師也相信，學生在管理良好、一點噪音都沒有的課堂中，才會獲致最佳的學習成效；在這樣的課堂裡，教師就必須設立行為的限制、重視嚴謹的學業要求，並且公平地執行各項規則。許多教師更進一步地相信，深植於機構合法性與知識真確性的教師權威，必須受到尊重。許多教師，特別是高中教師，都持有這些及相近的信念。這些信念正是諸如依賴教科書、限制學生行動，並且時時以一點噪音都沒有的課堂為念等教學作法之所以始終存在的緣由。

末了，有一些教師所持有的社會態度會引導他們，總是重視與較高而非較低地位的兒童——亦即跟他們自己的族裔、種族或宗教背景較為相似的兒童——之接觸。這些教師在教導低收入黑人或拉美裔兒童時，與教導那些富

256

裕的白種或亞裔兒童時，於決定要教導哪些內容、如何管理課堂，乃至如何組織教學活動等作法上，皆可能會有所不同。

於是，教師所擁有的知識、信念與態度，確實會形塑他們在課堂裡的所作所為，而且，也解釋了教學作法的一些核心要項始終長存的緣由。[598]

以三項規準檢視六個論證

稍早，我曾經提出三項規準：

- 小學與中學這兩類學校，都有堅定牢固且清晰可見的教師中心教學，此一論證確實能對此作出解釋嗎？
- 某些教學改變發生於小學，卻未見於中學階段的情況，此一論證確實能對此作出解釋嗎？
- 教師選擇某些特定之進步式及非正式的教學作法，而不選擇別的作法，此一論證確實能對此作出解釋嗎？

上述六個論證都能符合第一項規準，解釋了教師中心教學在小學與中學這兩類學校課堂的持久性。然而，就另外兩項規準而言，就不見得總是能符合。

257 第一個有關文化傳承的論證，在解釋學校與課堂作法，特別是教師中心教學的穩定性時，極具說服力。雖然，有關知識、教學到底是什麼，還有如何學習等的信念，可溯及千年之前的時代。但是，諸如知識並非絕對的，而是建構而成的、相對的，乃至不斷變化的；又，教學除了講演及解說之外，還包括了一大堆活動等相反的觀點，則是最近才加入的爭論——這類爭論的焦點乃在：何種教育舉措方為合宜。然而，此一論證似乎無法符合另外兩項

---

598 原注 10：（本注釋旨在就教師知識、信念及態度等論證的緣由及有關的研究文獻，分成八段文字敘述，因篇幅依然不少，乃循前例將其等置於本書末專設的〈注釋補遺〉之中。）

規準，因為它無法解釋為什麼在小學所產生的改變似乎比中學多，而且選擇引進學生中心作法的小學也似乎比中學多。

第二個有關學校所發揮的社會化及篩選功能的論證，其長處是它將較大的社會秩序，與學校及課堂的常規連結在一起。諸如年級層次、時間表、課程分軌，乃至一位教師帶領 30 位學生等學校結構，確實有助於教師及行政人員把「有成就的學生」（achievers）及「非有成就的學生」（non-achievers）擺在適當的位置上。諸如依據兒童的社會經濟地位，加以分組或編班等持久不變的作法，並非作為一種組織結構的學校單獨形成的情況，或是脫離其社會脈絡而形成的人為事象，也不只是巧合，而確實是具有社會意義的作法。

然而，過去一個世紀有相當多的證據顯示，實務工作者的所作所為，弱化了此一論證。舉例而言，在進步與開放課堂的作法盛行的兩段期間，一些有大量低社經地位兒童入讀的學校中，其小學部的教師與行政人員即創設了學生中心的課堂。另外，該一論證也無法解釋有一些個別教師與行政人員（如 1930 年代紐約市的 Leonard Covello）相信貧窮、非白人的兒童，跟白人、較富足的兒童一樣，能夠學習得一樣好。此一論證也無法澄清，為什麼過去一個世紀，在該項論證也未能預料到的一些環境之中，有若干小學教師卻起而奮力施行一些混成的教學作法。就是這些例子，弱化了社會化與篩選功能的論證。

第三個是有關執行不力的論證。舉例而言，該一論證確實解釋了，為什麼在 1930 年代，即使有關當局協力一致地推動一些有組織的計畫，試圖改變一般教師的教學作法，但是除了紐約市及丹佛之外，真正穿透課堂的教學作法，卻仍是寥寥可數。然而，該一論證卻無法解釋，為什麼學生中心的作法在小學較為多見，但在高中卻難得一見呢？此一解釋也無法說明，為什麼教師會選擇施行某些作法，而不施行另一些作法。

有關教師文化的論證確實解釋了，教師中心教學作法持久存續的原因，也說明了高中課堂一直保存著前面好幾個世代以來課堂的形貌、風味及活動的緣由，但是其釋明的作用有限。在進步與開放課堂的意識型態正流行的兩

段期間，教師或個別地或團體地，在不同地方設立學生中心的課堂，這項事實揭露了，數量龐大的教師在受到職業文化形塑時，確實打破了所加在他們身上的限制。而且，該一論證也無助於理解，為什麼在教師之間會有將各種教學作法混成在一起的方式產生。

第五個有關學校與課堂結構的論證，開始時也極具說服力。像這樣，30個學生一班，一天五堂課，再加上要作多重備課的情況，確實形塑了學校與課堂的組織結構。但是，這麼說的時候，是假定了小學與高中有著一樣的結構。然而，事實上，這兩類組織在學生人數、目的、正式結構、課堂裡學生所面對的學習內容、教學時間的分配等都有顯著的不同，又，其他機構加諸於高中的外來限制，更與小學有所差異。

一般而言，小學低年級的兒童應專注於學習寫作、閱讀及數學等基本知能，學習內容在此一階段並非主要的考慮，因此教師只要確實能讓學生學好讀、寫、算等知能，就可不受傳統限制，彈性運用各種活潑的教學作法。但在小學高年級，當然在中學更是如此，學生必須透過複雜而多樣的教材，學習到深奧精妙的知識。文學批評、歷史分析、進階的數學解題、化學的量化分析等教學，都須藉助以繁難的事實、細密的應用為內容的教材，學生才會學得較為順遂。這些教材的性質迫使高中教師不得不持續使用說教的方法，試著說清楚、講明白，希望學生能聽得懂、想得通。[599]

在小學與高中階段，師生接觸時間的長短也有顯著的不同。就前者而言，自足式的課堂仍然是教學進行的主要場域。一般而言，教師一天會花五個或更多個小時，與同樣的 30 位或更多學生在一間教室中相處。與那些一天跟五個班級，每個班級 30 位學生見面，而且每堂課不到一個小時的高中教師相比，他們更能理解學生的長處、限制、潛能及成就。一年下來，小學教師與一班 30 位學生見面將近一千個小時；高中教師跟任何一個班級的學生，卻只見面不超過二百個小時，亦即大約是小學教師花在與學生相處時間的五分之一。在考慮到編班、提供個人的關注、改變課堂任務及活動，乃至重新擺設

---

599 原註 11：Metz, 1978b, pp. 250-251。

傢俱等問題時，師生的面授時間就成了一個重要的變項。在小學，針對上述
各個方面或是其他方面的事項作一些改變的**潛力**（*potential*）確實存在，因為
教師有較多與學生見面的時間；但是，在高中，這種潛力就付諸闕如，因為
教師只有在 50 分鐘內與 25 位學生見面的機會。在較低年級的課堂，是否會
發生這樣的改變，那當然是一個完全不同的問題，但是小學課堂的教學時間
的分配，確實會發生這樣的改變。[600]

　　最後，來自於各個認證協會、各大學的入學要求、職場資格等外來的壓
力，對於高中課堂所帶來之直接且重大的影響，比起較低年級的課堂，明顯
多得太多。在高中，學生所接受之來自於卡內基學分（Carnegie units）、各項
測驗（如美國大學委員會、學業性向、跳級安置等測驗，以及州與國家層級
的標準化成就測驗）、各個發證機構的強大壓力，加上其他因素，促使教師
帶著學生在 6 月之前趕完教科書的進度，進而督導學生準備考試，並且讓學
生在順利畢業的情況之下找到工作。[601]

　　雖然上述情況會為較低年級的教師帶來一些壓力，尤其為了要讓學生在
為升入較高年級作準備時，這些壓力特別大。不過，教師還是可以採取一些
彈性的因應作法。譬如說，兩個相連的年級可以合併，也可以依據年齡及學
力表現進行班內分組。另外，還可以連續幾個整天，甚至幾個星期，為某些
個別的學術領域或其他領域，安排集中的教學，以便協助學生增進學力，進
而為升入較高年級妥作準備。

　　這三個結構方面的差異──對於教材的強調、師生見面時間、外來的壓
力──可以說明為什麼課堂教學的改變，總是發生在小學而較少發生在高中。

　　雖然該一論證符合了大部分的規準，也解釋了教師中心教學作為一系列

---

600 原注 12：Lortie, 1975, p. 147。

601 (1)卡內基學分是指美國計算中學課程學習結果的一種單位。一門課程在一學年中進行不少於
　　120 小時課堂教學，即為 1 學分。四年制高中的學生一般須取得 16 個卡內基學分才可以畢
　　業，這也是進入大學校院的必要條件。此一制度是由卡內基教學促進基金會於 1908 年提出。
　　(2)之後的一些專有名詞的英文為：College Board、Scholastic Aptitude、Advanced Placement
　　tests、state and national standardized achievement exams。

由教師策動的創意發明（teacher-engineered inventions），確實能協助教師因應學校與課堂結構的**物理成分**（*physics*）（亦即學校與課堂在組織方面）為教師帶來的壓力，但它還是會在解釋為什麼教師寧可選擇某些特定的學生中心作法而不採用其他作法時，碰到最後一道障礙，這就是它的不足之處，因為它並未為一些教師採行新作法這件事——亦即將教師中心及學生中心的課堂二者加以混成（例如將教室傢俱作非成規的安排、學生有更多的移動、學習角、專題研究，或是各種與教師中心教學方法組合而成的作法）——提出合適的解釋。

第六項解釋與教師的知識、信念及態度等可能發揮的力量有關；這項解釋強而有力，因為它蘊含著教師有可能會在知識、信念及態度等方面尋求改變。雖然人們的信念與態度都是由來已久，因而根深蒂固，但還是有可能改變。人們也可能學習新的信念與態度，甚至可以與其他的信念與態度統整在一起，而成為一個獨特的綜合體。不過，若欲求教師的知識、觀念與態度有所改變，要先明白此一歷程乃是很緩慢的；還有，若欲求教師作法有所改變，須在他們的知識與信念有所轉換之後才可能發生。

此一論證符合兩項規準：它說明了教師中心教學的持久性，而且它也解釋了教師行為的多樣性。教師之所以會在某些教學作法之中做一選擇，是因為他們會在較大的社會中，於察覺人們的社會態度與信念系統有了轉變之時，也隨之而修正他們自己的信念。受到新知識促動的個別教師，可能會在他們的課堂針對這些新的技術，做有限度的嘗試。然而，在課堂中進行有限度的測試，就必須通過日常教學這一個嚴格考驗的關卡。所以，就是因為如此，確實有少數新穎的教學作法通過考驗，並且因而在課堂付諸實行；不過，其他的則被棄置於曾經試行過的學校改革後院的墳場之中。

但是，有關教師的知識、信念及態度具有影響力量的論證，並無法解釋為什麼於教師中心教學在中等學校成為主流之時，學生中心教學卻在小學較為常見。

總而言之，上述六項解釋之中沒有任何一項完全符合前述的三項規準。

不過，人們可以由這六個觀點，刻劃出一些能符合所有這三項規準相當連貫的解釋。在此，我謹提供一項將這些加以綜合而得的解釋；不過，謹再次指出，我承認這是許多可能解釋之中的一個。此一解釋說明了為什麼教師中心教學會持續保存下去，又，為什麼小學課堂會改變得比中學較多，還有為什麼進步主義與非正式教育混合而成的版本會應運而生。

「情境限制下的抉擇」

過去這一個世紀，教師中心的教學主要由兩個相互重疊的脈絡所形塑。長期以來，人們對於知識的性質、教學與學習應該是什麼樣子，以及社會的環境（族群、種族、社會背景）等事項，所持有的文化信念構成了外部的脈絡。學校及課堂的組織結構形成了內部的脈絡，在此一內部的脈絡之中，個別教師的信念及整個職業的精神，都對於形塑一項稱之為教師中心教學的實用教學作法，產生了實質的影響。這些情境影響的錯綜複雜，使我們不可能將它們順利解開，然後再各自賦予相對的權重。

外在與內在脈絡所產生的限制、壓力及溝通作用，對於課堂教師所施加之廣大而不顯眼的影響，無人能夠明確地指認或識別。Seymour Sarason[602] 曾經試圖以不同的方式來看學校，他特別用了一項手法，就是假想有一位來自外太空的參訪者，試著提出一些關於學校結構的基本問題。這需要運用一些想像力。請看兩個相對比的形象：一個極為優秀的教師正在起居室，教著一位富有家庭出身、有強烈學習動機的學生，每天二個小時；另一位教師則在一個有 1,500 名學生的學校中，教一個為數 30 人、來自低收入少數族裔的八年級美國史課；這兩個環境就有著顯著的不同。進入起居室所構成的家庭教師（tutor）—學生關係，或者是，一般教師進入有著 1,500 名學生的學校中一個自足式的班級所構成的教師—全班學生關係，這兩者所伴隨而來的文化及歷史概念與期望大有不同，這件事指出了，我們應該稍微少一些注意較不明

---

602 Seymour Sarason（1919-2010）。

顯的社會與文化的重要性，而稍微多一些注意教師工作所在之較為明顯的組
織脈絡。[603]

261

　　請想一想，我們一般人都熟悉的課桌椅排排坐、講誦、大班教學、學習
單，以及教科書上的作業等，皆可視為教師將兩項任務加以調節的作法：一
是管理 20 位或更多名學生，二是讓他們能習得社區及教師所重視的資訊及價
值。教師進行這些非關情感的妥協作法（unsentimental compromise），使得他
們在試著讓學生們學習時，又可維持秩序的管控。如同研究者們所指出的，
這種實用教學作法的純粹形式，時常在一些收受較多移民子弟的學校中出現。
因此，在這種情況之下，外在與內在的脈絡即結合在一起，從而形塑了教師
的教學作法。[604]

　　在這些相互為用的外在與內在脈絡中，教學職業的精神將新進與資深教
師加以彙集，進而形成了一些例行的作法，讓教師普遍強化了這樣的想法：
為了在課堂中活存下來，就必須要熟悉地運用這套實用教學巧藝所精煉而得
的智慧。請想一想，教師在這樣一個必須獨自承擔整個班級之教學與管理責
任的職業中，要讓他們共同合作改變這些行之已久的例行作法，這種機會確
實鮮少。

　　然而，上述這種具有宿命論傾向的論證並非沒有改變的空間。促使我們
由這種悲觀看法向著「情境限制下的抉擇」這樣的觀點偏移之關鍵在於，教
師的知識、信念與態度並非完全是鐵板一塊：教師們的確會在有相當限制的
情境下，為自己創造出一些選擇的餘地。當然，信念系統的改變主要還是必
須依靠較大的社會所形成的氛圍帶領風向。我已經針對時興的社會信念對於
實務工作者所帶來之具有滲透性的普遍影響，作了不少的記載。舉例而言，

---

603 原注 13：有關來自外太空人的類推取自 Sarason, 1971, p. 63；另一項針對影響中等學校教學
　　所作的交互脈絡之檢視，請見 McLaughlin & Talbert, 1990, pp. 1-14。

604 原注 14：（本注釋分為二段針對本論證進行補充說明，並臚列若干研究文獻：第一段說明教
　　師中心教學不單在社會經濟地位較低下的學校盛行，在一些較富足地區的學校也不為少見；
　　第二段則說明這種低下與富足地區學校皆盛行某些教師中心教學的作法，是因為美國人對於
　　所謂「真正的學校」（Real School）這個概念，持有一定的看法。文字雖僅有兩段，但篇幅
　　亦不少，乃將其等置於本書末專設的〈注釋補遺〉之中。）

關於兒童的發展、他們怎麼學習，乃至學校教育的目的（除了陶冶心智這個項目的之外）等方面，有不少嶄新且各不相同的觀念早已彌漫於較大的文化之中，並且打動了教育工作者的人心。育兒手冊早已在心理學發展的影響下，與時俱進。新聞報章、電影，乃至雜誌期刊也長年為推動這種新教育搖旗吶喊，不遺餘力。流行的媒體更幫著形塑人們的態度，讓他們以不同的角度看待兒童與學校。大家不要忘了，當家長及市民們吸收這些觀念時，教師——兼具家長與專業人員兩種身分——也同樣如此。一旦大家都接受了這些觀念，就不容易再放棄了。我們不可能讓已經響了的鈴聲反轉過來（unring a bell）。[605]

此外，嶄新與較深的教材知識——不管是數學、生物、歷史或文學——都意味著，必須把已經熟悉了的課題加以修訂，進而試驗新的課題。1920 年代華盛頓特區中央高中及 1930 年代丹佛東方高中的學生，針對某些教師所做的描述顯示，一些教師在獲得更多內容知識後，確實改變了他們某些方面的教學作法，也確實改變了一些想法——這些是關於他們針對為什麼教某些科目的原因而產生的想法。

「情境限制下的抉擇」這項原本就可能建構的諸多論證之一，確實可用以解釋教學作法的變與不變的現象。更重要的是，它提示了，教師擁有自主性，可以作出從自己的信念系統衍生而出的課堂選擇。

我認為，教師自主這個論題，可以在任何一個有關教學改革的解釋中迂迴前進。在我所闡明的六個論證當中，有三個論證都暗示了，教師乃是任何一項教學改革的守門員（gatekeepers）（因為一旦闔上教室的大門，他們可以選擇自己願意運用的教學作法）。且讓我一一加以說明。首先，強調「政策制定者會輕率執行」這項論證是這麼假定的：若有某些特定的組織機制就了定位，教師就會受迫於正式權威或是受到誘因的說服，因而執行教學的改革。依據此一有關執行的論證之說，這種藉由賞罰及誘因而形成的遙控，會受到兩方面的破壞：一是，不合宜的政策執行；另一則是教師所擁有的權力，這

262

---

605 原文為"you can't unring a bell meaning"，意味著人們一旦做了某件事，就必須承擔後果，因為它無法撤消。

項權力讓他們可以決定要把什麼東西帶進課堂。另外一個有關賦予教師自行裁決權的論證，乃是著眼於，若是讓教師接觸不同的教材、教法及兒童如何學習等觀念，則他們的知識、信念及態度有可能改變。還有一個第三項解釋，則是如此論證的：教師會為了因應學校及課堂一些必須完成的事項，而創用一些符合他們需要的實用教學作法，因為這時他們別無選擇。換言之，他們建立了一套教學的鷹架（pedagogical scaffold），讓他們可以符應課堂這個壓力蠻大的園地所孳生的各項要求。[606]

其他的三項解釋則指出，教師因為要適應外在於學校的文化與信念系統，或者要適應教學專業文化的本身，就會使得他們改變課堂教學作法的自由大幅削減。因為教師所獲有的自行裁決權之區域，不論狹窄或寬闊，都會對於個別教師在維持抑或改變其現有課堂作法這件事，發揮關鍵的決定性作用。所以，現在請讓我轉換到教師權威及自主性的論題上來。

教師自主

痛擊教師——亦即責怪教師抗拒教學改革——是人們對於教師中心教學作法一直保持頑強的韌性這個現象，所持有的共同反應。然而，挑剔教師，說教師們拒絕改變，反而把改革者放在一個進退維谷的位置上，因為一旦這麼做，就等於是既把教師看成問題，又把教師看成問題的解方。

改革者可能會這麼問：為什麼教師們不單純地換個想法，鼓起勇氣，好好面對變革，[607] 拜託！這樣的批評假定了，絕大部分的教師都有採行改革作法的自由，只要他們選擇這麼做就對了。如果他們不這麼做，乃是因為他們冥頑不靈，也可能是怕為課堂帶來需要承擔的後果。將教師把改革停止下來或是將改革轉換方向這樣的情形歸因於個人的力量，是某些人經常採用的一

---

606 原注 15：（本注釋分為三段針對本論證進行補充說明，並臚列若干研究文獻，文字雖僅有三段，但篇幅亦不少，乃將其等置於本書末專設的〈注釋補遺〉之中。）

607 原文"why can't teachers simply change one's shoes, pull up one's socks, and get on with the changes, for God's sake?"其中，"change one's shoes"（換雙鞋子，意指改變立場、換個想法）及"pull up one's socks"（拉高襪子，意指振作起來、鼓起勇氣）都是俗諺。

種作法，因為這些人總是將事件的解釋定位於個人的行動，卻不評估情境脈絡的潛在影響力，也不考慮事件的發展可能是混合了許多因素的影響。

初級中學教師 James Herndon 有次問了一個問題，直指教師的能否作決定，是這件事的核心：

> 假如教師來到他的課堂，是誰決定該課堂會有 35 張椅子？……。是誰決定 35 名孩子會來到此一課堂？是誰決定會有 35 本教科書在這兒？是誰決定他們要在 9:25 到 3:30 之間，或是其他什麼時間在學校，又，哪幾堂課要有如此這般多的分鐘數？是誰決定某個州要四年級學生學習南美洲，而在另一個州的學生要在五年級學習南美洲？[608]

把 Herndon 的觀點加以延伸，可以看到幾十年以來，在一些基本的教學決定當中，會受到課堂以外的權威所直接影響者，有如下述：

1.多少學生，又，哪些學生應該在這個班級？

2.哪些學生，因為無法受益於這個班級的教學，而應該離開這個班級？

3.學生們應該獲得哪些額外的協助？

4.學校一天及一堂課應該有多長的時間？

5.教師每日上課的時間表應否包括計畫的時間，若然，則應該是多少時間？

6.每個科目應該用哪些教科書？

7.每一位教師應該教哪個年級，又應該教哪個科目？

8.成績單應該採取什麼樣的格式，又應該有什麼樣的內容？

9.標準化的測驗應該如何施行？

10.教師應該教哪些科目，又應該上哪些課？

608 原注 16：Woods, 1979, p. 12；請見 Ross, 1977, pp. 173-220。另請見 Herndon, 1972, p. 23。

這些由課堂以外的權威所作成的決定，對於教師權威帶來了重大的限制，並且為他們在課堂中所能施展的教學作為，設立了嚴苛的組織界限。

此中的關鍵在於，我們應該對以下兩種情況做一區分：其一，有些組織決定會影響教師的教學，但教師卻對這些決定毫無影響力；其二，有些是教師可以作成的課堂教學決定。後者包括了下列諸項：

- 教室空間與傢俱應該如何安排（若一些可攜式的傢俱已經擺設定位了）？
- 學生應該如何分組，以便於教學？
- 在哪些情況下，哪些人應該說話？
- 在哪些情況下，學生應該參與課堂活動？參與的程度如何？
- 哪些功課最適合讓學生學習，俾便習得人們期望學生學到的東西？
- 什麼教學工具（教科書、電視、電影、電腦等）最有助於達成課堂的教學目標？
- 教材中的什麼課題應該教，以及應該依什麼順序教？

大部分教師都有權回答這些問題；他們的答案為他們可以作出的選擇畫下了邊緣線，只要在邊緣線內的決定，都可以由教師作主。然而，教師可以作主的決定還是不可避免地帶有一些特徵。而這些特徵有的與他們的知識有所關聯，例如：他們如何傳達教材內容、他們對於學生及學生家庭的態度；有一些特徵則與外來的影響有關，例如教師應該如何維持課堂秩序，以便讓學生學習必要的課程——這些看起來是教師可以決定的課堂教學事項，卻往往受到課堂以外的權威所施加的要求所影響。

教師在作成學校與課堂的決定時，有多少權威，又有多少自主性，是做任何教學與課程分析的基本事項，因為政策制定者及學校行政人員所認為的，教師所能做到與無法做到的事情，經常都內建於與課堂有關的決定之中。我們要問：若課堂中所發生的事情果真皆由其社會與組織歷程所形塑，那麼教

師會是此一冷酷無情的歷程之俘虜嗎？如果在課堂中，誰才應該做些什麼事情，總要有個領導者做決定，那麼教師會是這個人嗎？或者教師既是領導者，又是追隨者？

「情境限制下的抉擇」這個論證強調社會、文化及組織等方面的影響，能充分地維繫學校——特別是高中——施行教師中心的教學。但是，一旦教師闔上教室的大門，他們就會擁有有限的自行裁決權，並且因而享有改變其例行作法的自主權。不過，對一些教師而言，這些有限制的自由卻有可能加以擴增；這些教師因為某些原因而增廣與加深其學科知識，且接受了有關兒童、學習及學校應該怎麼做等方面不同的知識，所以他們認為在課堂中應該可以引進一些嶄新而不同的觀念，進而以嘗試錯誤的方式精煉這些觀念。在這種情況之下，他們原本受了限制的自由即因而擴增。

但是，教師們所引進的改革，只有極少數是急遽地偏離了主流的教學作法。在大多數的情況下，這些教師自行創建的改革作法是新的與舊的作法之混成。然而，我還未解釋，為什麼這些教師中心式的進步主義，以及非正式教育的作法會出現。

請讀者回想一番，長期以來在小學課堂中確實增加了一些改變：在教室中座位的安排不再那麼正式化、學生可以在課堂中移動，乃至教師與學生之間的用詞及語調由正式化轉向較為溫和等皆是。教師們逐漸開始在課堂中將學生分成二或三組，以便進行閱讀、數學及其他的學習活動。許多教師增加了他們對個別學生的注意，並且減少了師生間交流常見之冰冷的正式性，以及學生對教師所存有之某種程度的畏懼感。我們可以說，課堂的氣氛及社會組織確實有了改變。

然而，課堂中學業的組織方面卻較少改變。當然，有相當多數的教師開始做一些改變，前一代教師運用的是一些活動角及專題研究作業，後一代教師運用的則是學習角。一些教師會較少講演，也較少採用誦習的作法，並且較少指定座位工作。但是，為什麼針對一些學業活動採取修補式改變作法的教師，會引進某些革新的措施，卻不願嘗試師生共同計畫內容與時間表，或

者讓學生決定學習活動等作法呢？於是，教師會針對革新措施作一番抉擇，或者教師所具有的選擇性（teacher selectivity）──亦即教師會針對可能採取的教學作法，做出自主的選擇這項特性──就是我現在要處理的一項難題。

265 ## 這些混成的教學作法為何會發展起來？

這個問題可以分成兩部分：為什麼選擇了引進嶄新技術的教師，會限制他們所作的選擇？為什麼教師會選擇某些學生中心的作法，而不選擇其他的學生中心作法？

為了回答這些問題，我把 1900 年以來的教師分為三個類組。最大的類組，可能占了全體教師的三分之二（包括超過 90%的高中教師），選擇持續施行教師中心的教學，採取他們習慣了的方式──或者如同我在前所論證的，他們受到社會所傳承的有關學校教育、組織結構及職業文化等方面的信念所形塑。第二，且也是相當大的一個類組──可能高達教師總人數的 25%──接受某些學生中心教學的觀念，但他們只嘗試了少數幾種特定的技術。最後，一小部分教師（可能只占總人數的 5%至 10%，並且集中於小學）則篤信進步主義及非正式教育；他們盡可能忠實地引進這些觀念，細加剪裁，更盡量備齊可以找到的資源，進而在他們的課堂付諸施行。我估計，後面兩個類組加總在一起，至少占了全體教師人數的三分之一（不過，主要都是小學教師）。這些教師發展出了混合版的進步主義與開放課堂。我所提出的兩個問題，正是指向這些教師。

為什麼教師會限制他們的選擇？兩個理由會使教師原來所存有之根本型課堂變革的想法加以鈍化：一是，個人時間與精力的成本；二是，缺乏一些將繁複觀念付諸實施時所需要的協助。一般而言，進行教學，必須投入相當大的時間及心力，甚至是體力。針對所要教的內容進行計畫、費心思量如何將計畫轉譯成為可以理解的語詞、與兒童互動、不斷地處理一些隨時冒出的突發事件、每天在面對全班兒童時要作出數以百計的小型決定、批改作業、處理兒童之間的爭吵，還有其他許多活動──所有這些都必須花費工夫。有

效率地執行這些任務恰可說明：維持一個有方向指引、充滿和諧氣氛的課堂，和在房間裡向外觀賞一場優哉游哉、散亂無序的花園派對，二者之間的差異。融入任何悖離日常行事的作法──特別是要改變教師習慣的角色──都需要投入相當多的個人時間、心力及勞務，同時還要擔心這樣的作法所可能為課堂常規帶來的威脅。

　　一般政策制定者及改革者總以為如下這件事只是一項簡單的變革：讓教師們使用嶄新而多樣化的教材（例如古氏積木這樣的數學教具，或如一些能讓有最佳閱讀能力的兒童，願意和幾乎連一試都不想試的兒童，共同學習某個主題的讀物），俾便將學生的興趣及表現，與課堂學習任務及學習理論作較佳的配合。然而，若欲如此為之，需要教師在學校或學區當中找到新的教材，若在這兒找不到，就希望別處能找到。否則，教師就必須自己製作這些教材。請回想一下，維蒙特州的那位鄉間教師 Mary Stapleton，她在 1932 年花費了多少時間製作一套類似她所聽到的伊利諾州 Winnetka 學校所用的教材。或者，請想像一番，若要初次在課堂中設立一些學習角，那可要花費多少時間布置，更不要說以後每週還要花費多少時間更換它。或者，請再想一想，教師在一個班級裡既要招呼一群正在課堂裡走來走去、同時從事各式各樣學習活動的兒童，又要聽一位兒童說話，或者要向某個小組的兒童解釋一些事情；在這種情況下，這位教師必須運用多少情緒心力及管理技能，才可能應付得過來！

　　請再看，監看兒童做事情、決定他們需要做什麼事，乃至設法解決所發生的一些未預期的問題，在在都需要教師展現一流的管理技巧。讓學生決定課堂規則或者將要學習什麼課題，這還需要教師民主作決定的技巧，也需要遠比一般更多的耐心對待、回應與接受可能發出的各種不同課堂噪音及學生的活動，這些都是教師不容易事前察知的；還有，更重要的是，教師必須在意識型態上先能做出將權威託付予學生的許諾。

　　前面各章曾經舉例說明了，有關課堂學生中心這項作法的各種不同版本。課堂傳統的這種變化為教師施加了一項直接而難以鬆懈的責任，讓他們比那

些採行教師中心作法的同事，需要投入更多的時間與努力。關於完全打開教室，或是引入進步主義作法，若是有任何讓教師認為是一直值得討論的話題，那就是這些革新的作法對於教師的要求比較多。他們經常必須花費許多個下午和黃昏準備教材及批改作業，或者必須比兒童早很多時間就要到學校，以便重新安排學習角，並且準備當天的各項學習活動。Arlington 市那位超過三十年年資的 Carmen Wilkinson 曾經告訴我：

> 我們有很多工作。課程超載不說，我們還有許許多多的評估要做。太多文書工作了。然而，我還是教一年級兒童學習西班牙語；這不在規定的課程中。每隔一週的週五，我們學習烹調；這也不在規定的課程中。不過，我認為孩子們需要學習這些額外的東西。教師需要拓展自己的思維和自己的創作思路。[609]

任何人甚至只要閱讀一些教師們描述自己在課堂中的作法時，就會留下深刻的印象：教師們只要將日常的作法稍稍改變一下，就會有大量的額外工作必須完成。

改變教學作法所最需要的還有來自各方的協助。教師經常需要的是另一雙手、另一個人可以協助他們：跟個別兒童及小組會面、批改報告，乃至為兒童的座位工作做準備等。教師需要一些信賴得過的同事，協助他們研發教材及設立學習角、管理那些忙於六項不同課堂任務的學生、分辨學習性的與破壞性的噪音、處置一些學生的分心行為，乃至協助學生完成所作的決定。教師需要時間，以便獨自工作或與同事們討論、計畫，乃至解決一些令人苦惱的課堂管控、經營、課程施行等問題。有時候，教師還需要把自尊豁出去，以便嘗試作些新的事情。1970 年代許多以學生為中心的教室都有實習教師、助理，或是家長志工們協助他們施行開放課堂的變革作法。革新團隊（華盛頓特區）、新學院支援系統（北達科州），乃至開放教育工作坊中心（紐約

---

[609] 原注 17：Interview with Wilkinson, March 22, 1982。【譯注者補充】：有關 Carmen Wilkinson 的事蹟，請見本書 pp. 205-216 的說明。

市）等都是教師對於執行改革時需要協助這件事有所覺識的事例。[610]

　　贊同進步教育與非正式教育觀念的大部分教師都缺乏上述各類協助，或者單單是現有的課堂壓力已經讓他們感到超載了。投入進步教育與非正式教育作法的教師，大部分都是採取沉浮由己的方式，亦即必須靠自己，或者從學校或其他地方具有同樣心態的同事那兒，乃至從書本或暑期課程中學習這些技能。紐約市第 198 公立學校的 Dorothy Boroughs 即是修習了一門有關開放教室的課程，並且參訪了某所學校中兩位教師的作法——這兩位教師未接受任何外來協助就建立了自己的開放課堂，他們甚至在課堂的一個角落設立了數學學習角。然而，為了做所有這些必須做的事情，以便讓她的學生能保持對於最新狀況的了解、符合學校的要求，乃至她自己設定的期望——亦即能讓學生們的閱讀能力可以跟上年級的水平——這些事情，讓她幾乎沒有時間，也沒有心情，在她的課堂中施行任何變革的作法。

　　以上所述旨在說明，教師若欲採行學生中心作法，會讓他們重行思考每日的課堂教學事件，諸如必須取得什麼教材、如何以不同的方式運用時間，乃至兒童應該作哪些嶄新的活動。這些時間及努力的重擔都落在教師的肩膀上。沒有任何教授、改革者、校長或教育局長會在下午 4:00 以後，還留在教室裡布置學習角。不出所料，教師會自問：像我這樣，有哪些組織的表揚與誘因，讓我犧牲與家人相處的時間，又讓我帶回家的工作逐漸增加？若是我做了這些課堂變革，我與學生、其他同事，乃至學校行政人員之間，會產生哪些新的問題呢？教學所帶來的滿足感，值得教師面對這些可能加重負擔的額外工作嗎？對於這些問題，並沒有明確的答案可言。或許，這就是為什麼凡是願意試行變革的教師，只肯就學生中心的技術之中，選取其中一些變革付諸施行的可能原因。[611]

　　但是為什麼他們選擇某些技術，而不選擇另一些技術呢？在引進學生中

---

610 依 Bell & Peightel, 1976, p. 29 之說，開放教育工作坊中心係由紐約市的市立學院所設。

611 原注 18：在此，我僅集中討論教師們所承受的身體、情緒及認知等方面的壓力，而未著眼於教師們在接受 Dewey 式（Deweyan）的知識、行動及學生興趣等主張時，所必須考慮的較為深邃之哲學意義。教師們在觀點方面的根本改變，甚至會為他們帶來另一層壓力；然而，在一般的文獻中總是未見有人詳為論述。請見 Schwab, 1959, pp. 139-159。

心教學改革的熱潮洶湧之際，為什麼相當多數的教師特別地作了這樣的選擇
——透過重新安排教室空間及傢俱、允許更多學生在教室中移動、採取正式
成分較少的作法與學生建立關係、施行專題研究及設立學習角，乃至運用各
種不同的分組方式等作法——以便達到增加非正式性的目的？雖然，在三個
世代之前堅定支持兒童中心學校的人士，還有二十五年前極力促成開放課堂
的人士，可能會因為這些表面性質的選擇而愁眉不展，但是若有一位博學多
聞的觀察者，他或她的壽命夠長，因而有機會讓他或她可以在 19、20 世紀之
交及 1990 年代這個兩年段，選取若干課堂進行參觀，那麼他或她應該會很容
易地就針對這些教學改革的人為事象作出這樣的結論：這些課堂的社會組織
已經多半由正式的轉變而成非正式的了。

如同 Philip Jackson 所說，教師們：「在面對學生時，比以前較為仁慈、
較為友善、較不嚴苛、不太正式——一言以蔽之，更有人味了（humane）
……。過去，教師們愁容滿面、皺眉蹙額……現在，則代之以和煦微笑、春
風滿面。」不過，他解釋道，這種非正式性不可只看外表，因為這些外表可
能靠不住。Jackson 在 1960 年代，研究了一群來自芝加哥市郊、大約 50 名經
人認定為「優秀」的小學教師之後，發現他們確實非正式化了，但是他作了
一些仔細的區別：

> 如教師們所用「非正式」一詞，其實意指不太正式，而非完全不正
> 式，因為即使在最現代化的課堂，其中的各項活動仍然是依循形式、規
> 則及慣例等而進行的。今天的教師可能比他們的前輩在運用權威時較為
> 隨性一些，而且在與人互動的經驗這方面也顯得比較放鬆一些，但是在
> 這個方向上能夠向前移動多遠，也都會有一些現實的限制。就一個團體
> 而言，我們的訪談顯示，教師不但明白這些限制，而且也都尊重這些限
> 制。就他們的情況看來，對於非正式性這一點的期待，絕不會強烈到足
> 以抵觸責任、權威及傳統的既有定義。[612]

---

612 原注 19：Jackson, 1986, p. 29。

　　Jackson 的評論反映了 John Dewey 較早所作的觀察，亦即確實有很多的變革發生在課堂的「生活條件」之中，但是像這樣與「氣氛」有關的改變，並未「真正地深入與滲透到教育機構的基礎改變」。此外，Dewey 接續說道：「舊教育所具有之根本的威權主義，還是以多種多樣且經過修改的形式繼續存在著。」前曾論及的謎題之一是，他們會如何在一系列可用的學生中心作法裡，選取其中的哪一種或哪幾種；依 Jackson 及 Dewey 二人之見，教師在維繫課堂中的學業組織所具有之權威，乃是揭開此一教師選擇性之謎題的關鍵所在。[613]

　　國家合法地透過某個地方性質的學校董事會及其行政階層，將正式的權威委託給教師，讓他們以有序的方式傳遞知識給學生；維持課堂的管控正是此一正式權威的重要作法，亦是執行教學工作所必要的先決條件。然而，維繫課堂的管控是一件複雜的冒險行動，它包括了教師跟學生所進行的協商，以便取得學生的順從與合作；它可以採取若干種形式，從強制性質的粗魯到柔和性質的精妙，不一而足。不過，對教師而言，管理一班學生還是應當以和諧的作法為最優先的考慮！

　　在課堂中有一些不對稱的權力，允許教師建立可顯示他或她權力的成規：點名、指定作業、更換學生的座位、提問、打斷學生以便表明某一看法或強調某個論點、作出指示、告訴學生執行某些任務、在學生面前喝咖啡、打分數、申斥學生，乃至讚賞個別學生的努力成果等。每天，這些行動都強化了教師的某些特權，並且明白地示知學生，是誰在主管此一課堂。然而，雖然這麼看起來是直截了當地施行了合乎法理的權威，但到末了，教師這種管理權威的行使還是必須得到學生的同意。

　　師生每週涉入的數以百計的互動行為，固然足以證明教師權力的存在，但就一些觸及了位於教學的學業組織及教師權威等最為核心的事項而言，教師仍有其可施展的重要自行裁決權。舉例而言，是誰在每天的教學活動中，為許多項指派給學生的學習任務，分配可用的時間？是誰決定要學習什麼內

269

---

613 原注 20：Dworkin (ed.), 1959, pp. 129-130。

容？是誰決定使用什麼教學方法？這些及其他的決定可以排成一系列的四方形，而且愈是接近中央的四方形，就代表愈接近教師權威的核心。（請見圖8-1）。

許多教師決定了在每個四方形內應該發生什麼事情，這些事情包括了排定學生座位表，以至為作業評分，再到哪些學生應該負責拍掉板擦上的粉筆灰等。這些教師慎重地揣度，有關較外面幾層四方形所標示的事情要讓學生參與到什麼程度。我們應當明白，在本（20）世紀之初，所有的決定都是由教師獨自作成，因而在有關兒童發展及學習方面的進步觀念進入教育工作者的思考裡後，課堂生活中所見到的學生說話、移動及參與的機會增加等現象，即成了在專業上能為眾人所接受的附加事務。

相當多數的教師一方面關心課堂秩序並且限制課堂噪音，另一方面卻又受到有關兒童及兒童發展的新觀念所吸引，所以他們就會設法在教師權威（亦即在圖8-1的內核部分）這項重要的事項，和新觀念之間取得妥協。他們一面將管控學生的作法，從明顯的強制施行——掌摑、打屁股、敲打指節、身體傷害式的恐嚇——轉變為間接施行的方式，這些方式的運用雖與教師的人格及他們與學生所初步建立的關係有關，但尋求良好的秩序，以及權力的分配，仍然是他們的重要考慮。[614]

舉例而言，大部分教師都會在學年開始的頭幾個星期確立學生忠誠與順從的言行。接著，教師就可據此讓學生對教師的要求作出一致性的回應。在這樣的背景之下，一位引進諸如重新安排桌椅、允許學生四處移動、設立學習角，或者把學生加以分組等變革的教師，就不會因為這些變革而受到威脅，因為教師的權威雖然不那麼明顯，但學生仍然會感受得到。一旦學生接受了教師的威信，這位教師不但不會因為增加了學生的課堂參與而備感壓力，甚至會因為這麼做而帶來兩全齊美的善果：既藉由教師所建立的課堂常規維繫了學生行為的社會控制，又讓這種良好的課堂秩序發生在非正式且輕鬆自在

---

[614] 原注21：（本注釋分為二段針對有關教師權威的論證進行補充說明，並臚列若干研究文獻，文字雖僅有二段，但篇幅亦不少，乃將其等置於本書末專設的〈注釋補遺〉之中。）

的氣氛之中。[615]

　　因此，Dewey 對於兒童中心作法有限度地穿透於課堂的觀察，與我所蒐　　270
集的證據乃是一致的。又，在本（20）世紀所形成之混成版本的進步主義及
開放課堂作法，也很可能為小學教師增添若干權威，而這種情況與社會大眾
對於體罰、兒童養育、個人表現，乃至參與決定等作法的態度漸次轉變，也
都有所關聯。

　　這些對於教師中心式的進步主義與非正教育作法的發展有關問題之回答，

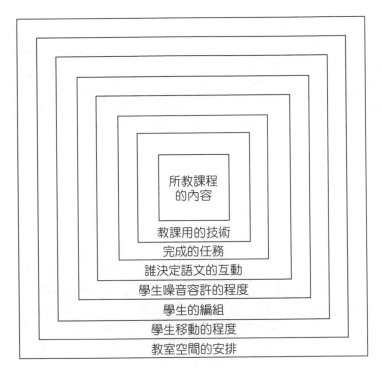

所教課程
的內容

教課用的技術

完成的任務

誰決定語文的互動

學生噪音容許的程度

學生的編組

學生移動的程度

教室空間的安排

圖 8.1　由教師作成的課堂決定
（於本圖中，我在安排這些決定時，並未針對其順序有特別考量。
此中的關鍵在於，愈靠近中央的決定，就愈觸及教師的權威）

---

615 原注 22：（本注釋分為二段針對本論證進行補充說明，並臚列若干研究文獻，文字雖僅有二
　　段，但篇幅亦不少，乃將其等置於本書末專設的〈注釋補遺〉之中。）

271　　是由我在前面所作的六個其他論證所推導出來的。至於我所提出的「情境限制下的抉擇」這項解釋具有多大的說服力，則取決於每位讀者就我所臚列的各項證據、表達的邏輯及其確鑿的程度，乃至我在呈現論證與證據時提出意見的真誠程度等等事項，所作的判斷。請容許我表明，此一論證若不是完全能讓人信服，至少也可在表面上講得通。那麼，有關「教師如何教」的現在與未來的作為，到底有著什麼樣的啟示呢？最後一章正是要處理這個問題。

第九章

又如何呢？
對於政策制定者、實務
工作者及研究者的啟示

我就 1890 年代以來的教學作法所做的研究，其結果究竟有何發現呢？ 272

1. 整體說來，教師中心教學的傳統在初等與中等學校的課堂，持續居於主流
   的地位，但是萌芽於本（20）世紀初幾十年的一種混成式學生中心作法開
   始流傳，並且漸次成熟

   至少在本（20）世紀的兩個時機點上，因為有關人士矢志引進學生中心
教學的緣故，起碼出現了兩種形式的教師中心教學。全班式教學這個單純的
形式——亦即大部分時間由教師講、學生聽，全班同學只做極有限的活動（諸
如使用教科書及學習單），而且學生自主的移動非常之少——繼續存留在高
級中學。另外一種形式是由這兩種傳統提取出來的混合作法。這樣的混成體
包括了各式各樣的課堂教學分組，並且在教學的言談、學生的行動、空間的
組織等方面允許較多的非正式性質。這種混成體在小學最為常見。

   這樣的一種組型，於 1940 年代顯露方向，到了 1980 年代，則可以清楚
地看出來：教師中心教學在高級中學課堂居於主流的地位，而混成的教學作
法則出現得愈來愈頻繁，不過後者大多見於小學課堂，有時亦見於較高年級。

2. 高級中學的教學主要仍保持教師中心的作法

   自從本（20）世紀初以來，中等學校的學術科目經過頻繁的修訂，以便 273

與學生生活中的事件取得聯結，或者藉以提升學生的興趣，而且課堂討論變得較不那麼正式化、也較常見，然而即便有了這樣的轉變，就一些核心的學術科目而言，其基本的教學順序與模式，仍然維繫著教師中心的作法。縱然高級中學學生與他們的教師之間的正式關係已經適度放鬆，但是在各個學術科目的課堂作法，依然持續以教師中心的作法為主流。當然，某些個別教師、偶爾有些部門，甚至整間學校，會見到在某些個別的科目中施行學生中心教學的混成作法，但總是曇花一現。

3. 在過去一個世紀，有相當多小學的課堂已經發展出一套學生中心的教學作法

　　一些學生中心的教學作法已經逐漸出現在相當多的小學，特別是在初小年段。它們包括了學習角、桌子排成叢集式以便學生可以共同說話與工作、小組教學增多，而且學生的移動也相對地自由了許多。不過，估計下來，選取與改用這些新觀念的教師，很少超過任何學區教師總數的四分之一。很少教師運用其他的學生中心作法，諸如讓學生決定要學習什麼，在某一個特定的課題要花費多少時間，或者將學習角當作主要的教學作法。

　　在試著就過去一個世紀，這些教學作法的發展進行解釋時，我建構了一項深植於脈絡條件（有關知識、教學與學習的文化信念等的外在脈絡，以及學校與課堂結構的內在脈絡）而作成的解釋：在所有教師進入課堂且留在課堂時，都必須學習跟這些脈絡條件取得協商。不過，雖然脈絡條件會形塑實務作法，但並不會操縱這些實務作法。教師對於他們要教的東西、如何教這些東西，還是有著一些有限的自主權。所以，「情境限制下的抉擇」這項原理確實有助於解釋，教師每日在課堂採行他們苦心構思而得的實用教學作法之緣由，也可以解釋許多教師還是會在他們的日常工作中，作出某些實質的改變。

　　這些針對過去一個世紀教學作法所獲得的發現與詮釋，與制定學校政策、在課堂中進行教學，以及有系統地研究學校教育作法的人們，有著什麼關聯呢？在回答「又如何呢？」的問題時，我將會就政策制定者、實務工作者及

研究者們所面臨的迷惑、兩難及矛盾，作一番檢視。

　　決定改進公共學校教育的聯邦、州及地方等各層級的政策制定者，往往面臨了一項相互矛盾的悖論，亦即他們既視教師為學校問題的成因，又視教師為解決問題之不可或缺的重要人物。舉例而言，在某些政策制定者的眼中，教師之所以造成問題，是因為他們當中有許多人仍然在教數學時，把數學當作必須牢記與應用的一套規則。此中的緣由可能是因為這些教師缺少為了讓學生理解而教數學（teach math for understanding）的動機、知識與技能。然而，同樣的這一些教師，也正是任何改進作法成功的關鍵。除非把這些教師當作改變過去作法的合作夥伴，除非他們理解新知識，除非他們的信念改變，而且除非他們發展出新的技能，否則課堂教學不可能有任何改善。除了教師既是問題成因，又是問題解方這項矛盾之外，政策制定者還面臨了一項兩難，亦即他們可用以促成課堂變革的工具十分有限。可用以穿透橫亙於他們與教師間的層層障礙之僅有作法，就是誘因與懲處。

　　實務工作者所面臨的許多兩難，乃在於他們時常必須決定，在如許之多的事情競相要求他們注意、付出心力及時間之際，應否全部採行、部分採行，或是全部都不採行這些新的課程或教學政策。在做成這樣的課堂改變時，教師必須針對下列事項作成決定：這些課堂改變在我正進行著的事情上，可能附加多少價值？我所做的課堂改變，可能對於學生有多少助益？我必須投入多少心力及時間，才可能促成這些課堂改變？

　　按順序來到了研究者，他們所面臨的困境是，要確認教師所作的課堂決定究為根本的抑或漸進的，又，他們還須針對證據所顯示的，某一政策究竟是完全地、中度地，抑或幾乎完全未予執行等情況，一一加以檢核。舉例而言，當某位教師充滿信心地說，她在教四年級科學課時，在教學上作了 180 度的改變，而且她還以所用的不同教材及作法為據，指證歷歷。這時，研究者要如何理解其所言與所行？尷尬的情形是，依據研究者的理解，這位教師使用這些新教材及新作法的方式，可能正是改革的設計者所不欲見、而必欲去之而後快者。

274

　　對於學校教育領域的歷史學者而言，政策制定者、實務工作者及研究者
所面臨的這些兩難及矛盾，因為歷史學者之間對於治史巧藝所既有的爭論，
而變得益為複雜。舉例而言，歷史學者在面對機構及其內部發生的變革時，
仍然會為著下列三項問題爭論不已：其一，如何書寫這些過去？其二，是否
針對這些過去，進行解釋？其三，應該如何發揮智慧，試著將重建了的過去，
與現在及未來加以連結？

　　許多歷史學津津樂道著此一故事。他們建構的敘事逐漸揭露相互交織、
複雜紛紜的人與事之編年紀錄，但因為他們不在意這些紀錄的意義，所以未
做任何解釋。這種作法的樂趣在於其描述的細節、小插曲和敘事；他們相信，
自己所書寫的故事之意義，即自然蘊涵在組織與展開這些故事之時。所以，
不需要做任何解釋。

　　其他歷史學者——我就是其中之一——也使用敘事，但會繼續跟進，分
析事件、人物、詳細的情節等；這些歷史學者會為機構的政策、變革及行動
等，建構各種不同的解釋。質言之，這些解釋中的大部分都固定於個別的行
動（例如若非 Franklin Delano Roosevelt 的堅持，大蕭條可能已經摧毀了美國
的民主體制），直接的背景對於個人所造成的深遠影響（例如若欲理解為何
20 世紀初期，精神病患的收容所後來變成了福利倉庫，人們就必須檢視這些
機構的目的、結構和政策，以及行政人員及職員的動機），或者嵌入較大環
境中的潛在勢力（例如資本主義經濟體制驅動了美國的政治與社會結構）。[616]

　　當然，這些解釋的模式並非相互排斥的，而且大部分歷史學者都會運用
這三種解釋的組合。關於歷史解釋的持續爭論，往往是對這些類別中的一個
或另一個的相對權重之爭議，或者是對解釋所發生的特定影響的忽視。至於
我的作法則是將所觀察到的教師如何教之變與不變，所接受的個人、組織，
乃至社會等各方面的影響力之解釋，全都融合在一起，因而形成了「情境限
制下的抉擇」之解釋。

---

[616] 這幾段以括弧（ ）說明的文字，皆是由作者 Cuban 原本所寫。又，福利倉庫的英文"ware-
　　house"是指收容精神病患者、老人、貧困者等的大型公共福利設施。惟以具有「倉庫」本義
　　的"warehouse"稱之，實有貶抑的意涵。

　　歷史學者也對於「『過去』的使用」有所爭論，亦即：如何將過去的事件、政策及變革和現在取得連結。有些學者試著尋求「以敘事與歷史本身即為目的」之樂，無論如何都要避免把歷史當作後視鏡，俾便作為現正從事著政策研究、建立與執行的人們之殷鑑。另外一些與社會科學有著較密切聯繫的歷史學者，則相信由砂和礫石般的事實混合而成的密實通則，應該能針對變與不變產生堅如磐石的真理，進而讓政策研究者、分析家，乃至執行者發現它們對於現在或未來確實有用。

　　然而，其他歷史學者既感受到說故事之為樂，亦深體借自社會科學之為用。他們認為，政策制定者、實務工作者及研究者等人，確實對於「過去」持有一些不盡明達的觀點（因為這些觀點形成時，並未做到以歷史證據為本這項要求），而且這些人士對於哪些變革會發生、哪些舊習會持續維繫，都已經有了仔細的想法。這些歷史學者會問，因為他們正是協助形成與執行政策的人士，我們為什麼不把研究發現所帶來的啟示，向他們說清楚呢？我就歸屬於這一群歷史學者。[617]

　　在向學者、政策制定者及實務工作者等人士說明這層道理時，本項公立學校課堂教學的歷史研究，結合了事實的蒐集、概念的建構、故事的敘寫等事項。我對於教師如何教的變與不變所作的詮釋，是以我所發現的事實、我所運用的概念，以及我因為曾經擔任政策制定者、行政人員、教師，乃至學者等職務，而獲致的個人與專業方面的經驗等為基礎建構而成的。我知道，將現在投射到過去這種作法所必須承擔的風險；我明白，將個人價值觀念轉接到詮釋此一工作所可能墮入的陷阱；我也清楚，在其他人採取這麼一塊相同的礦石時，可能很容易就發現不同的金塊，卻忽略了我所發現的砂金（gold dust），甚或稱其為愚人金（fool's gold）。[618]

---

617 原注 1：Hansot & Tyack, 1982; Silver, 1990, especially chs. 1, 2, 10。

618 原注 2：請見 Tyack, 1989; Cohen, 1989。【譯注者補充】："fool's gold"一詞，一般譯解愚人金，蓋其等看似黃金礦石，實則為黃鐵礦或黃銅礦，價值遠不如金礦。至於"gold dust"一詞，一般譯為砂金，產於河流底層或低窪地帶，與石砂混雜在一起，經過淘洗出來的黃金。砂金起源於礦山，是由於金礦石露出地面，經過長期風吹雨打，岩石經風化而崩裂，黃金便脫離礦脈伴隨泥砂順水而下，沉澱在砂石中，在河流底層或砂石下面沉積為含金層，從而形成砂金。

276　　　還有，縱使已知書寫這樣一套歷史——走在過去與現在、事實與價值之間，又將各種不同人士設定為讀者——實係冒著走在緊繃索上的危險，但是將這些一同挖掘金礦的夥伴和我結合在一起的是，我們**如何**（*how* we go about）挖掘礦石，進而萃取有價值的東西，我們如何發現諸項事實，找尋各種不同來源的資料，分析證據，進而敘說故事或建構論證（或兩者），乃至如何公開地將我們的價值及我們所運用證據的限制告訴讀者。

　　把歷史學者結合在一起的，還有我們對於分析變與不變的共同興趣。因為時間是歷史學者們浸淫在其中的大海，我們記載也嘗試理解一些已經計畫的與未經計畫的變遷、所演進而成的傳統，乃至一些在個人傳記、機構及社會當中所呈現的各種令人費解的慣性。對於政策研究者、公職人員、執行政策的實務工作者而言，顯示了課堂變與不變證據的一套教師如何教的歷史，應該能提供一些大部分學者及政策行動者所缺乏的觀點；這是因為大部分學者及政策行動者在思考問題時，都只仰賴自己的課堂經驗所留下的記憶，或是僅以當今的資料為根據。那麼，以一個世紀課堂教學方面的變與不變為主旨的本研究，究竟能為來自各方的讀者，針對前人改善課堂教學所作持續性的努力，帶來哪些說法呢？

對於試圖改革課堂教學的各方人士之綜合啟示

　　過去一個世紀的美國學校教育裡，針對課堂中所發生的事情進行改革之全國性的努力至少有三次。本研究集中於探討 20 世紀進步主義盛行初期的幾十年，1960 年代中期至 1970 年代早期推動非正式教育的短暫十年，以及 1980 年代由各州推動的改革；說實在的，若是有任何發現的話，那就是，到頭來，這些改革的結果卻是強化了教師中心的教學傳統。這些改革運動，特別是前面兩項，旨在打破教師所背負的教師中心教學這付枷鎖。然而，這些運動所涵蓋的有關改變教師作法之政策言說，遠比它們實際施行的計畫多得太多。不過，我所作成的記錄顯示，確實已經有某些改變發生了。

在本研究中，我指出有兩種教學的傳統，它們都植基於千年之久的作法之上。雖然我個人有所偏好，但是我會避免針對過去這一個世紀的任何一項改革作法，判斷其品質、價值或效能。因此，我並不會自動地假定，某一項經人提議的變革，就比它所意圖取代的作法，較為優越。我也不會假定，穩定不變的教學作法，在促動學生學習這一點上，較無效能，因而它就必須加以改革。不過，我確實假定，旨在改變課堂行為的任何革新作法，都會在組織、經濟、政治及社會等各方面受到限制。各項為改革教學作法帶來的限制，到了 1990 年代早期變得更為明顯，而且這些限制就嵌入了我所提出之「情境限制下的抉擇」這項論證之中。[619]

首先，對我而言，很清楚的，只要是在現行的文化中，公立學校所擔負的主要社會角色（亦即旨在支撐經濟與國防發展、解決重要的社會弊病，並且選取那些可能在學業方面成功的學生）仍然保持不變，而且只要學校還是維持它們現在這個樣子的組織方式（諸如年齡分級制學校、由上向下流動的階層式權威等），那麼教師中心的教學就會無所不在，但也絕非完全不受到挑戰。即使有著上述的警示，以及範圍廣泛的、有關新進步主義的華麗辭藻（ncoprogressive rhetoric），但我仍不會期待，在短時間之內，大多數的教師會作較大範圍的改動，進而將教學作法轉變為學生中心的教學。對致力於學生中心教學的改革者而言，所有上述的這些限制都是必須跨越的柵欄。

不過，我倒是期望，有愈來愈多的教師會慢慢地、謹慎地，將各種不同的學生中心教學作法，融入他們教學知能的庫藏之中，特別是那些會影響課堂中非正式關係及氣氛的教學知能，因而能持續地將這兩種教學傳統加以混合。從我蒐集與分析的證據可以清楚地看出來，即使教師的自主性受到重重的限制，許多教師，特別是小學教師，仍然會找到機會，在課堂的組織方面

277

---

619 原注 3：（本注釋共分三段文字，作了兩項補充說明。前一項，以兩段文字說明作者之所以不就這些教學改革的品質作出判斷之兩項理由；後一項，則說明作者如何獲致教師中心教學作法的混成體這個概念。因為文字甚多，特將原注的譯文，置諸於書末專設的〈注釋補遺〉之中。）

作一些中度的甚至更大幅度的改變。在每一項改革的運動中，將這兩種傳統加以混成的版本都曾經穩定地成長，特別是在小學較低的幾個年級；這樣的情況說服了我，教師會持續調整教師中心的作法，並且會向前移動，縱使慢些，也還是會朝著較屬學生中心式的課堂組織改變。

教師創用之教師中心與學生中心混合的作法，會因為課堂與課堂、科目與科目、學校與學校，乃至學區與學區等的不同而有所差異。這樣的混合作法很少會讓熱烈倡行學生中心教學、並為此而奮力以赴的人士滿意；這些改革者認為，只是針對日常作法進行輕微的改變，似乎是失敗之舉。但是，我認為，這些混成的作法在小學有著平穩的增長，就是一項歷經一百年之久慢慢出現的明顯趨勢。若是公立學校教育在社會所扮演的角色沒有重大的轉變，或者其在組織結構方面沒有什麼根本的改革，我預期此一趨勢還會持續下去。

若這些預感經過證明是確鑿的，那麼對於政策制定者、實務工作者及研究者等人士，有些什麼啟示呢？[620]

對於政策制定者的啟示

全國、各州、學區的政策制定者，至少必須面臨三個基本的問題。第一，公共學校教育與教學應該採取什麼形式，才可能為兒童與社會二者都帶來最佳的效益？第二，有限的資源應該導向到哪裡？第三，應該採取什麼策略？

278 　　第一個問題——有關學校教育的目的——是很少為全國、各州、學區的政策制定者曾經明白地提出的問題，而且若果真有人提問，也絕少有人將這些問題跟教學的形式關聯在一起。Plato、St. Augustine、Rousseau、Adam Smith、John Mill、Jeremy Benthan 及 John Dewey 等人的觀念，在政策制定者有關學校教育目的這方面所持有的想法中來來去去，但是卻很少進入公共的論述而成為大眾關注的問題。

---

620 原注 4：（本注釋共分三段文字，說明教師們採行兩種教學傳統的混合版本對於學生學習所產生的正面影響。因為文字甚多，特將原注的譯文，置諸於書末專設的〈注釋補遺〉之中。）

　　在 20 世紀，學校教育政策制定的主流思考，是建立在鼓勵實效的、公正的及功利的政策前提與願景之上——亦即，政策考量之首要在有效地達成較大社會的經濟、社會及政治的目的；其次，則在公道地為最大多數的兒童提供服務。當專業人員討論一些課程議題（例如多元文化的教科書、職業教育、課程應加入更多藝術的學習、全國性的測驗），並且觸及了社會大眾的神經時，才可能引發人們在較狹小的範圍內，針對這些政策目的作一些爭論。然而，針對使用中的課程，亦即教師實際運用的內容與教學，卻很少有人作較深入的檢視。

　　在一定的程度上，學校組織，乃至教師中心教學，在過去都曾經讓我們感受到，而且仍會在未來持續讓我們感受到：教師是課堂中唯一的學術權威；而學生的職責就是獲取某些特定的知識體系、遵守學校制定的規則，以及學習必須經常透過家庭作業及考試加以檢測；課堂強調競爭與表現的等級排列；還有，教學大部分是告知而非傾聽。在這種情況下，現有的課堂組織確實能達成政策制定者所企求的學校教育之未經檢視的、未經明白表述的社會目的。為了繼續支持這些目的之達成，政策制定者會鼓勵教師以漸進的方式改善現有的教學作法，而不需要以根本的方式重新建構教學的作法。

　　假如政策制定者對於達成這樣的學校教育目的——培養個人的學術、社會及經濟的能力，同時又能在學校中建立民主的共同體——深表興趣，那麼他們就會理解，當前的課堂組織確實阻礙了學生與學生相互學習、限制了學生們獨立推理與解決問題能力的成長、限制了學生們在課堂及學校層級作決定的機會，乃至於幾乎完全忽略了社區可以給予學生們的學習機會，也忽略了學生們可以為社區服務的機會。在一定的程度上，若是政策制定者確實試著達成這類目的，他們就會鼓勵混成式的教學作法，並且促使學校進行各種學生中心教學作法的實驗。這類政策制定者應會理解，現有的學校組織及教師中心的教學必須進行根本的改變，亦即要在學校治理、年級制學校、教學與課程，乃至與大學的聯繫等連鎖結構，作大範圍的興革。將學生中心與教師中心兩種類型的教學加以混合，藉以改動課堂的組織，確實可能漸進地將

279

學區現有的結構作一些改變。[621]

　　關於第二個問題，亦即應該將有限的資源集中引導到哪裡這個問題，我謹藉歷史的證據做出這樣的回答：凡是有志於強化教師中心教學並抗拒傳布混成作法的政策制定者，會持續將更多的教師人力、更多的經費，乃至更多的設備投入高中。這樣的政策將會確保教師中心的作法延續到 21 世紀。

　　相反地，凡是有志於鼓勵將學生中心教學與教師中心教學兩種作法加以混合的政策制定者，會將更多的資源分配給小學的教師與學生。依據本研究的發現，若以施行純粹的與混成式學生中心教學的教師所占的比率為據，衡量此種教學改革的報酬率，那麼小學比高中的投資報酬率高了許多。

　　小學的結構特性為改革提供了一個具有豐富潛力的活動場所。但是，那些確實能在夢幻般的意圖，與有足夠經費支持的計畫二者之間，作出區分的政策制定者——無論是全國性的或是各州層級的——都很少注意到小學這個層級的情況。本研究的發現毫不含糊地顯示，至少就可能有多少教師會改變其教學作法這個問題而言，我們可以確認：若欲針對教師們建構的實用教學作法加以改變，較低年級課堂的改變潛力遠比中學課堂多了許多。

　　因為（收受年齡在 10 或 11 至 13 或 14 歲兒童的）中間學校（middle school）採用了諸如較長的教學時間、把不同的學科放在一起施教（例如數學與科學，英文與社會），乃至要求教師輔導學生等與小學相近的作法，所以這類中間學校也是值得投放資源的單位。如此，應能鼓勵它們發展學生中心教學的混成作法。

　　如果高中的社會目的及其現行的結構——亦即與那些社會目的相一致的結構——還是持續下去的話，對於認真嘗試將課堂轉向學生中心的努力，高

---

621 原注 5：我在撰寫這一段文字時，受惠於我與正在撰寫博士論文的 Joe Kahne 之討論甚多。Kahne 的博士論文旨在探討主流的政策制定者在學校教育方面的公共議題上，所存有的不講明之目的及假設，以及他們不知不覺地將這些議題推諉到公共政策之其他諸項目的邊緣去的情況。Kahne 協助我釐清一些在全國性的政策爭論方面經常發生的混淆，這些混淆與學校教育改進的重要公共議題有關。至於在結構方面進行根本的變革，則必須考慮到許多相互關聯的因素；這方面的其他資料，請見 Sarason, 1990; Sizer, 1984; Hargreaves, 1990; Smith & O'Day, 1990; David, 1990; Richard Elmore, 1990。

中還是會成為這些努力的墳場。把金錢與人力投向這些機構，試圖建立一套學生中心的教學作法，對於某些教師（但非大部分）來說會是有用的作法，甚至偶爾會見到整個學校都動起來，但是卻往往只能持續三至五年。不過，到了最後，因為結合了高中的社會目的、其所擔負的社會角色、其一直以來所形成的組織結構，乃至支撐那些目的的過程，以及長期以來埋藏在人們心裡的對於知識與教學的文化態度等因素組合而成的重大壓力，會讓這些改革的作法無力承擔，因而還是可能會以失敗收尾。[622]

　　關於應該採取什麼策略這個問題，有許多條路線可以通到由較廣泛的政策與課堂的現實結合在一起的學校教育系統。雖然這樣，政策制定者所做的，就是向下看，並且研究出他們如何能由上方（藉由政策選用的程序）、中間（藉由州及學區辦公室負責視導的行政人員）、下方（藉由監督學校校長及課堂教師）產生所欲的結果等作法，滿足系統的要求。大家都知道，絕無所謂最佳的路線。策略的選用取決於聯邦、州及地方的政策制定者對於學校在較大文化中所扮演之社會角色所持有的各種見解、他們對於有計畫之變革的各種觀點，以及他們之間各種見解的關聯、他們對於變革的各種信念，乃至於他們對於課堂教學形式的各種偏好等等，諸多層面的考量。在他們工作中所受到來自政治與經濟的限制之下，這些來自各方的見解與信念會進入政策制定者所作的選擇之中。聯邦、州及地方的政策制定者可以使用的工具包括政策、規章、誘因、賞罰等等；他們可以針對落實他們願景所需要的學校條件加以安排與充實，特別是，若這些願景清楚明晰，且又獲得教師們的同意，那麼成功的機會很大。但是，除了這些，他們做不了任何其他事情。既然政策制定者受到學校行政人員及課堂教師所採取的行動所限制，那麼什麼策略

622 原注6：〔本注釋分為二段，第一段說明尋求改革高中課堂教學的運動，在重重障礙下，仍然不為少見，惟其中不乏有關根本改變的誇張說辭；第二段則以基本學校聯盟（Coalition of Essential Schools）這項作法，補充說明其中較為踏實者。文字雖僅有兩段，但篇幅卻不少，乃將其等置於本書末專設的〈注釋補遺〉之中。另外，並增撰一【譯注者補充】，以回應於2022年12月26日所函示的本譯注計畫成果初稿審查意見中「基本學校聯盟有必要再注解」的建議。〕

才合情合理呢？

從歷史的觀點來看，政策制定者所採取的變革策略，一向都是漸進的、零零碎碎的，甚至是便宜行事的──一言以蔽之，就是修修補補──不過，他們在描述適度新增的作法時，所使用的語言就包含了聽起來像是革命的用語。舉例而言，1980 年代，公職人員與企業經理人聯合起來，竭力鼓吹將更多桌上型電腦引進課堂，因為它們將會為課堂教學帶來「基進的」改變。但是，將電腦置入教室並且訓練教師使用，跟修修補補沒有兩樣，因為學校教育的基本結構並未變動。

19 世紀中葉，因為引進年齡分級制學校，而判定了獨室學校的消褪命運，並因而為大量的兒童帶來了入學的機會，所以應可算是一項真正根本的變革。不過，從此以後，在政策制定過程中扮演主要角色的聯邦或州的高層官員或是教育界的領導者，就再沒有人採取**綜合而系統的**（*comprehensive* and *systematic*）視野，針對現行學校及課堂教學的現有結構作根本的改變。當然，曾經有一些建議是針對某一特定結構進行根本的變革，例如家長掌理的學校、由校長及教師進行校本管理、教育券、開放課堂、多元文化文本、在大學裡的教師教育方案等。但是，因為這些建議並未注意到各項改革之間所潛存的關聯，所以它們反而將現時已經存在的一些改革方案予以增強，舉例而言，在 1990 年代早期所提出的一些改革方案，諸如全國的州長共同為 21 世紀教育所設定的六項目的，即為佐證。[623]

凡是傾向於教師中心教學，並以其為較佳教學模式的政策制定者，只須針對現有學校教育的目的、結構、角色及過程等進行修修補補即可。自從 1970 年代中期以來，諸如加利福尼亞、紐約、佛羅里達及德克薩斯等開風氣之先的各州即持續採取由上而下的政策，為學生提供較艱深的課程與教科書、更多的測驗，以及類似的作法；或者如 1980 年代晚期，擴大範圍包括了整個國家，藉由所提議的全國性目的、考試，以及與那些考試緊密配合的課程。又

281

---

[623] 原注 7：Sarason, 1990; Smith & O'Day, 1990。

如，在 1990 年代早期，諸如「結果本位教育」及電腦化課程與教學系統等經過高度吹捧的改革等，都強化了教師中心的教學作法。

　　凡是對於學校教育的願景傾向於學生中心教學、且樂見課堂學業安排有所改變的政策制定者，會認為下列的作法合乎情理：所採取的政策係聚焦於逐步在小學或中等學校建立教師共同合作的能力，並將教師中心與學生中心兩種作法加以混合，且採取敏察地方差異之由上而下的策略推動這些政策。舉例而言，合作學習及全語言教學等具有特色的作法，即曾經引進許多小學的課堂。這樣的策略比起那些只定向於完全施行學生中心的作法，有著更多成功的可能性。[624]

　　為使類此目標在變動教師日常教學作法的改革策略能臻於成功，定需取得教師的承諾，方有可能。政策制定者必須說服教師，所倡行的改革將會為兒童帶來較好的學習，教師的權威也不會遭致削弱，而且這項作法可以因應個特的情況做出調整。若任何地方確實有一些適度的改變發生，應該是因為教師已經吸納了與他們現有信念相互匹敵的信念。這種由教師們自行調整信念而導致的改變，應該是政策制定者所樂見的。

　　我一向主張，若欲改變教師的態度，必須要能為學校及課堂帶來實質的協助，以便將新的觀念轉化成為實際的作法。因為絕大部分的教學改革都會為教師們有限的時間與心力帶來更多的壓力，所以來自課堂外的協助非常重要。雖然課堂中有一些像 Vivian Paley、Eliot Wigginton 及 Jaime Escalante 這樣的優異教師，但是絕大部分教師跟其他專業人員一樣都落在中間的範圍，因此在基本的課堂中執行任何改變作法時，都需要外來的協助。我在討論稍早時期的一些改革運動時曾經舉出的例子，諸如 1970 年代華盛頓特區的「顧問連絡網」（Advisory Network）、「聯絡員」（Liaisons）和「革新團隊」，以及紐約市的「開放教育工作坊中心」等，都讓教師在這些地方共同計畫與討論。這些機構似乎是改變課堂日常作法的先決條件。現行有關教師協作的

---

624 原注 8：Elmore & McLaughlin, 1988; McLaughlin, 1990, pp. 11-16。

研究，以及將教師納入學校本位改進的文獻都支持這一點。[625]

　　因為政策制定者必須運用有關的資料為依據，證明其政策提出的重要性與價值性，所以若是他們針對「是什麼原因導致課堂作法的改變」這套概念，作一番重新考慮，或許有可能獲致一些裨益。請讀者回憶一下，紐約市的行政人員 Joseph Loftus 在 1941 年所作寬鬆的估計，大約有 25%的教師曾經「在相當程度上」採行了活動式的教學方法。Loftus 頗以此一比例為傲。他承認，事實上，要讓教師們改變他們的日常作法並不容易，但是他斷言，許多教師確實向著學生中心教學移動。不過，一定有人感到疑惑，仍然有四分之三的教師持續採行主流的教師中心教學組型──而這正是他認為亟需變革的不當作法，他怎麼還會引以為傲呢？

　　且讓我就此，作一番解說。我們若從兩方面看，就會有充分的理由，將25%這樣的比例看作是一項勝利：一是，強而有力的社會、政治、組織、文化等各方面為教師採行學生中心教學的意願，設下了層層限制；二是，採行學生中心教學這件變革之舉，要能吸引教師的注意，並不容易。雙重因素影響的情況下，還能有四分之一的教師將某些新穎的作法融入他們的教學知能庫藏之中；這表明了「情境限制下的抉擇」這項原則在課堂中確實發生了作用。讀者們或許會明白，這樣的數字在其他高度競爭的場域裡絕對是一項勝利。以 Nielsen 電視收視率的評定為例，若有 25%這麼大比例的觀眾收視某一節目，該節目一定可以判定為贏家。或者，如果某一教科書書商能有 25%的市場占有率，一定是大大的成功。還有，向廣大群眾投寄的推銷信函，若能有5%的回應比率，執行這項郵寄工作的總經理就要雀躍欣喜一番了。

　　關鍵在於，若要判斷一項教學改革的效果，必須對於教師在工作上所受到的限制有著敏銳的覺識。在這種情況下，我們就必須把通常界定「用以改

---

625 原注 9：這方面的例子，請見 Rosenholtz, 1989; Huberman & Miles, 1984; Elmore, 1990。【譯注者補充】：(1)Vivian Paley（1929-2019）是芝加哥大學實驗學校幼兒園教師，著有許多幼兒教育方面的專書，以倡行故事教學知名。Eliot Wigginton 及 Jaime Escalante 的事蹟，請見本書 p. 235。(2)顧問聯絡網及聯絡員可能與本書前文提及的顧問與學習交流中心（ALE）有關，請見本書 p. 186。

變教學作法為主旨的改革是否成功」的標準，以大多數教師所創用的將教師中心教學與學生中心教學加以混合的作法為根據，作一番修正。

　　最後，聯邦與州的政策制定者也許需要考慮，大學辦理的教師教育與課堂所發生的事情之間的聯繫。又，若政策制定者有興趣於延續主流的教師中心教學，那麼他們就不需為教師教育與教師們以新手教師的身分進入學校，這兩件事情已經破損且不協調的關係，做任何的改變。論及於此，John Goodlad對於教師教育所作的研究，就為美國一般大學校院為培育即將進入教職的人所採取的各種作法，提出了引人注目的批評。[626]

　　凡是政策制定者，若有興趣於讓運用學生中心教學作法，或是將兩種教學作法加以混合的教師人數增加，Goodlad及其他學者已經針對高等教育階段所必須採取的一貫改革策略，作了一些建議。這些學者大聲疾呼，我們必須在中小學校與大學之間建立較緊密的、經過整合的連結，以便改革學校並進而協助教師們以不同的方式進行教學。[627]

對於實務工作者的啟示

　　對於實務工作者而言，當於他們課堂之外的人要求他們執行一些決定時，事實上，他們也一樣在制定政策。舉例而言，針對學區或州的學校董事會所核定的新課程或教學指令，教師在決定是全部採行、部分採行，或者都不採行時，他們必須就所任教的科目所需付出的注意力、心力及時間，每一天出現在他們面前的學生，以及來自學校、學區及州等各個層級，持續不斷且相互匹敵的要求等事項，作通盤的考量。所以，我才說，從某個觀點看來，他們也一樣在制定政策。

　　本研究的發現與詮釋，對於作為課堂實務工作者的他們，有什麼啟示呢？第一，一個多世紀以來，在他們的職業中，其他男性和女性都在與類似的困境進行搏鬥，這項知識使人們對1990年代的教師所做出的課堂教學選擇，有

283

---

626 原注 10：Goodlad, 1990; Goodlad, Soder, & Sirotnik (eds.), 1990。

627 原注 11：請見 Clifford & Guthrie, 1988。

了正確的認識。教師會時常問、也一直在追問一些難以回答的問題：在我的課堂中應該採行什麼改革？在面臨其他諸多壓力之下，人們期待我所作的改變，能真正改變多少？當我讓課堂中其他學生不偏離正軌的同時，這些改變究竟會協助，抑或反而會害了 Janice 及 Joe 這些我們教導的女孩及男孩呢？這些由人們提議的改革，會讓我較容易或較難決定，是否還能跟以往一樣，教完明天會出現在測驗上的知識，或者是否能讓我有足夠的時間，協助學生理解所涵蓋的概念？這些難以作成的決定中，許多都包括了一些不會引起人們注意的妥協，這種情況是源自教師們工作的組織，以及人們期待他們扮演的角色所具有的特性。這些由過去幾個世代以來的教師因應改革的經驗、萃取而得的知識，至少能袪除經常伴隨教學實踐而來的自我非難，甚或失敗的感受；這些知識為教師們提供了一套歷史的觀點，而這正是在一般教師教育及教學這個職業所積累的常識中，始終未見者。

第二，以政策制定者的語言來討論課堂中的教師，是以另一種方式表述教師為領導者之說。在先前的幾個世代裡，許多教師都是課堂領導者，因為他們確實針對每日的教學作法，作了適度的甚至是相當大的改變。以與教學有所關聯之政策制定及領導的語言，為實務工作者針對他們於課堂中，能做與不能做的事情進行討論，這時，往往會帶來不一樣的氣氛。正如證據所顯示的，過去一個世紀的不少教師，在面臨大型的班級、許多與教學無關的責任，以及數不清的社會與文化限制等情況時，仍然冒著風險，啟動漸進的及根本的變革。因此，作為單獨實務工作者的許多教師，在年齡分級制學校裡孤立的、自足式的課堂中，實際上就是一位領導者。我們所論及的那一類知識，應該會再度讓這些實務工作者安心，並且讓他們獲得鼓勵。

即使有豐富的歷史證據顯示，教師有可能在課堂中發揮領導的作用，然而仍請注意這種領導還是受到限制的。教師確實可以做到倡行與創造，但是這只能在某些特定的限制——這些是由組織結構以及文化價值與信念強加教師身上的——之下為之。不過，正如歷史的證據顯示，雖然教師們在情境限制之下所作出的選擇，亦即其所享有的自由範圍可能很小，但卻還是有意義

的。當然，此一範圍可能會擴大也可能會縮小，這就取決於行政人員及政策制定者，是否把他們的任務看成栽培或制止教師，在課堂內外擔任領導者的能力。[628]

最後，在研究教師如何教的證據後，實務工作者會重新體認到，改革的言說不只可以應用在州、學區及地方的學校，還能應用在他們的課堂中。教師固然可以在他們的課堂中發揮領導作用；如果他們願意作這樣的選擇的話，他們還可在學校、學區及州等層級發揮領導作用。因為他們在課堂中所作的選擇是受到情境所限制的，所以教師們在學校及學區層級所採取的行動，若是能減輕或移除組織方面的限制，就可以擴大他們在課堂中所擁有的自主權，進而開創更多改變的機會。為了要讓這種情況發生，在學校、學區、州或全國等各個層級的教師們，就必須全體對他們所尋求的改革是屬哪種型態，持相同的看法。

對於研究者的啟示

本研究及其發現的性質，也建議了許多論題及方向，或許可以提供給對於學校教育方面的研究有興趣的學者參考。在這個部分，我特地選擇了四個很棘手的問題，一一說明如下。謹先簡述這四個問題於此：其一，為什麼如此少人研究教學的作法？其二，以課堂及學校為對象的研究，會不會成為一項以教師為主軸的研究，以至於只注意到教師，卻忽視了學生的聲音？其三，一項教學作法的變革實施到什麼時候才算足夠，而可稱之為改革，又，誰可以確認有這樣的改革發生了呢？其四，某些混成的教學作法會比其他教學作法好嗎？

1. 為什麼如此少人研究教學的作法？

　　如許之多學校改革的目的都在將教學的實然，轉變而為教學的應然，但

---

[628] 原注 12：有關教師領導的討論，請見 chapter "Teaching as Institutionalized Leadership" in Waller, 1965，亦請見 chapter "From Images and Roles to Leadership" in Cuban, 1988。

是有關教師到目前為止如何教，又，現在如何教的研究卻都很少見，這件事令人感到奇怪。在試著改變教學作法之前，先知道一般教學作法的狀況，至少是一個合理的起點。然而，這類研究之少見卻是不言而喻的。

Barbara Finkelstein 指出，到目前為止，大部分教育史學者在以一些曾經影響學校教育的改革者及先驅者為對象，研究他們的觀念時，都會假定這些觀念，要不是貫穿了課堂並且形塑了教學的作法，就是辯稱它們應該確實有這麼回事。Finkelstein 也指出，在課堂裡發生的種種事情乃是一套「靜默的歷史」（silent history）。諸如學生的回憶紀錄、教師的日記、評鑑的紀錄、學生的報告等書面資料，記載了一個世代甚至是一個世紀之前，成千上萬每日課堂的例行事故，但是它們散見於各個不同的地方及各州的檔案室、學校的地下室，或者在其子孫家中的閣樓。面對這些不容易取得的資料，研究者發現：流行的教科書、教學手冊、教育局長的報告、當時的教育雜誌，簡直太方便了。同樣的道理，參訪當代的學校課堂一段相當長的時間，則又需投入大量的時間與金錢，也因而經常讓研究者卻步，以致失去了前往觀察教師如何教的機會。[629]

結果，教學的「如何」這個部分，就總是因為教學的「什麼」而受到忽視。當教材受到比教學更多的重視，某些東西「如何教」的效應，就在密集地注意內容的情況下不見了。到目前為止，學校改革歷史的研究皆全神貫注於課程這個部分，因為社群的價值就展示於應該在學校中學習什麼東西這一項選擇之上。但是，因為太偏重內容，就減少了教學使內容增色這一點所發揮的重要作用。其實，教學可能使內容具有吸引力，也可能使其變得死氣沉沉；可能使內容清晰易明，也可能使其難以理解；可能使內容與學生的生活連接，也可能使其遠離之。某些研究者在描述與分析有效能的教師時，提及教師人格會配合其所使用的某些特定教學作法，對學生產生影響；當研究者指出了這一點，事實上，就間接強調了教學所能發揮的影響力。另外的研究

---

[629] 原注 13：Finkelstein, 1970, pp. 34-36。亦請見 Cohen, 1989, pp. 399-401 論及為什麼歷史學者很少研究教學。

者則指出，負責教同一門功課（甚至用同一本教科書）的兩位教師，到了最後，卻發現他們可能以非常不同的作法教著同樣的教材。[630]

如眾所周知，教學與學習的「如何」與「什麼」乃是密切結合在一起的。只深知其一卻淺知另一者，對課堂的理解僅能算是半調子。

有一些歷史學者縱身投入學區及學校的有關資料這一方沼澤，設法找到個人的教學記述、各種文件、各式紀錄等，以便針對早為大家遺忘的課堂，為教師與學生所思、所想、所作、所為提供線索，進而闡明教師如何教的情況。舉例而言，William Reese、William Johnson、Lawrence Zilversmit 等人，即在他們以 19 及 20 世紀的學校與課堂為主題的近作中，發掘了不少的原始資料。

未來的歷史學者，將會比目前正在研究 19 世紀晚期及 20 世紀早先幾十年的學校與課堂的歷史學者，占有較多的優勢。我以為，自從 1950 年代以來，緩慢地積累的課堂民族誌、個別教師及學生的研究、全校人物描寫等，將會協助下一代的歷史學者試著理解 20 世紀中期以降的教學作法。[631]

不過，運用多重的資料所撰寫而成的教學歷史依然稀少。針對一個世代或更多個世代之前的學校是什麼樣子，或者較早時代的學生在課堂中做些什麼這些政策問題所進行的爭辯，絕少以歷史學者的研究為根據。教學與學習有其「黃金時代」的說法，一直存在著。但是，歷史學者確實提供了一些對於變革的觀點，而這正是社會科學家及人文科學者們所缺少的。藉由研究一些長期以來的現象，以及事件發生的脈絡，我們或許會理解：流行一時的奇想，或者看來似乎是令人震驚的變革，究竟是長期的趨勢，抑或只是短時間的喧鬧。這樣的歷史研究確實有其必要。

我們還需要跨機構的研究。絕少有研究者檢視公立小學及中等學校、私

---

630 原注 14：有關教師們教相同功課，卻顯示非常不同教學的例子，請見 Page, 1991；Wilson & Wineburg, 1988, pp. 525-539。亦見史丹佛大學 Kathy Bickmore、Beberly Carter、Rebecca Hawthorne 等人的博士論文。

631 原注 15：茲謹舉若干這類的研究：Barker & Wright, 1951; Henry, 1963; Smith & Geoffrey, 1968; Varenne, 1977; Grant, 1986; Page, 1991。

立學校、大學院校等在教學方面的異同。表面的證據提示，在大學及中等學校的教學有著許多相同之處（大班教學、講演、不常見的學生提問等）。然而，大學教授們擺脫了中學教師所面臨的限制，這顯示了大學教授們在教學作法上，所可能具有的變異性，比表面上看起來存在著的，多了很多。同樣地，在全收黑人的教會學校，與鄰近全收黑人的公立學校之比較，則可能會為一般人對於私立與公立學校教育所持的普遍觀點，提出挑戰。所以，我們應當確認，跨機構的研究依然是檢視教學性質的另一面鏡子。

還有，跨國的教學研究也可能提示豐富的比較與對照。研究中國與美國都市中的小學課堂，應會揭露其文化、組織、社會、政治的差異，也可進一步探討其等的教學在哪些方面相同，又，它們是如何的不同？針對歐洲、非洲、拉丁美洲及亞洲等地的課堂觀察所獲得的證據，進行粗略的檢視，則可以看出交叉呈現於各個深切不同文化中的相似之處。不論其等為有關個特的教學作法之普遍性，抑或相反地，其等具有受到文化限制的性質，這些證據都可能為學者們提出非常有趣的問題。[632]

2. 以課堂及學校為對象的研究，會不會成為一項以教師為主軸的研究，以至於只注意到教師，卻忽視了學生的聲音？

即使這類研究大量增加的時候還未到來，但是如果這類研究真是增加的話，那麼這個問題的答案就是：是的！以 1890 年代以來的教師如何教為主旨的本研究，原本就是以教師為出發點的，不過我早即指出，本研究所未處理的項目有：課堂氣氛的訊息、不同的教學形式對學生的影響、師生關係、學生對教學的觀點。

David Cohen 提出了這樣一個要點，因為缺少了學生對於教學與學習的觀點，所以我們會很容易就相信，教師所描述的學生已經學習的，或者現在所思考的，就是全部的真相。然而，為數尚少但正增加著的、以學生對教師所

---

632 原注 16：這方面的例子請見 Stevenson, Lee, Chen, Stigler, Hsu, & Kitamura, 1990 一書，以中國的北京與伊利諾州的芝加哥兩個大都會的學校與課堂為主題，所作的比較。

教的是什麼東西所持的觀點，乃至以學生對於知識所持有的錯誤知覺（mis-perceptions）及錯誤概念（misconceptions）等為主題的研究文獻，則顯示課堂內確實存在了另一個有意義的世界。這讓我回想起我自己的經驗：每當我讀我剛剛教過的班級裡的學生所書寫的 1 分鐘摘記，或聆聽學生們告訴我，他們從我的課堂中學習到了什麼，這些都讓我震驚的次數超過了我的想像。所以，若要全面掌握課堂教學的整個故事，不能缺少學生對於他們課堂發生什麼事的觀點。

　　如果研究學校教育的歷史學者與社會科學家，在找尋有關教學的資源時有困難，那麼若要揭開學生之所感、所思及所學的真相，其困難就會如指數般地增加。誠如 David Cohen 所指出的，材料就在那兒，既未有人使用過，又未有人發現之，但是研究者們要在找出這些資料之前所必須探詢的問題，則仍然還未有人提出。[633]

3. 一項教學作法的變革要實施到什麼時候才可稱之為改革，又，誰可以確認有這樣的改革發生了呢？

　　研究者像政策制定者及實務工作者一樣，在與變革的模糊性質進行搏鬥時，遭遇了極大的困難。從一項有關組織方面改革的研究中，我們清楚地發現，一項改革，由倡議、到選用、到施行，再到融入每天的日常作法，在過程之中將會變形。因此，如果在教師將一項以教學變革為主旨的設計，引進課堂施行之時作了調整，那麼這項改革算是發生了嗎？又，是誰對於變革所持有的觀點比較受到重視：研究者的觀點，抑或教師的觀點？到目前為止，此一問題的答案是：在政策制定者的心目中，研究者的觀點似乎較受重視。[634]

287

---

633 原注 17：David Cohen（1989）所撰〈實務與政策〉一文清楚而剴切地提出了以教師為中心的歷史這個論題。關於以學生對於他們所經驗到的事物之態度、信念及觀點為主題的研究，所作引人入勝的綜合整理，請見 Erickson & Shultz, 1992。以大學生由一位歷史學教授所教的一門不尋常的課程所學習的東西為主題，所作充滿想像力的解釋，請見 McDiarmid, Wiemers, & Fertig, 1991。

634 原注 18：March, 1981, pp. 563-577; McLaughlin, 1987, pp. 171-178。

　　Deborah Ball、Suzanne Wilson、Penelope Peterson、David Cohen 及其他若干研究者，曾經研究小學教師在教數學時所作的變革。本書第七章曾經引述的這項結合了訪談與課堂觀察的研究，指出了教師所作的各種各樣的變革。有若干教師將自己及學生完全沉浸於數學理解，而不再把數學當作只是學習一些數學規則而已。另一個較大的群組裡，教師們選擇性地施行了該一方法的若干部分，並且將新舊作法加以混合。第三個較小的群組則對於所倡行的變革漠然以對。那麼，整體而言，教師們改變了嗎？是的！那麼，這些變革與數學改革設計者的意圖一致嗎？答案部分為是，部分為否！這些變革對教師們有意義嗎？是的，經常如此！對研究者而言呢？不用說了，很少如此！對學生而言呢？沒人知曉！635

　　許多研究者面對的改革，其主旨在作根本的教學變革——舉例而言，將數學課堂由重複演練（drill-and-practice）的教法，轉變為學生在受到鼓勵的情況下，進行估算、解決真實生活情境的問題、針對他們所形成的問題進行放聲思考（think aloud），並且向教師提問。在這種背景下，當研究者進入課堂一週、一個月，或者很少見的，一年，並且僅僅觀察到這項根本變革所進行的片段活動，這時，他們就可能會下結論說，這一切都只是針對先前的作法，做了一些增加，而非根本的變革。

　　讓研究者的任務更為複雜的是，他們經常低估了工作場所及其先在的各項限制對教師所產生的影響，同時，他們又高估了革新計畫對於改變教學與學習所可能發揮的影響力。此外，即使真的造成了變革，研究者也會指出教

---

635 原注19：密西根州立大學教育學院所設小學科目的學習與教學中心（The Center for the Learning and Teaching of Elementary Subjects at the College of Education, Michigan State University）以教師們在小學執行跨科目領域的教學時所持有的知識與信念為主題，作了非常優質的研究。我發現他們的研究成果非常有用。我先前引述的 Deborah Ball 及 David Cohen 的研究是出版於《教育評鑑與政策分析》（*Educational Evaluation and Policy Analysis*）這份學術期刊之上。另外，請見 Peterson, Putnam, Vredevoogd, & Reineke, 1991; Knapp & Peterson, 1991; Remillord, 1991；亦請見 Wood, Cobb, & Yackel, 1991, pp. 587-616。【譯注者補充】："To the researchers? Much less so"一句中的"Much less so"可解為「不用說了」，亦可解為「很少如此」，惟將二者並置，譯解為「不用說了，很少如此」應更神似！

師的變革並不顯著。我們必須理解，教師們在面臨重重限制的情況下，仍然啟動漸進型的變革，這已經說明了他們朝向改進的誠意。對於許多教師而言，主動地變換了所使用的教科書、決定在課堂上使用電腦，或者一週一次將小組討論引進課堂，這些都是針對原本日常作法所作的急遽偏離，所以對他們而言，這些應該算是相當大的變革。然而，因為有些研究者早已忘記自己作為教師時的經驗，或者根本就未在公立學校從事過教學工作，所以對於他們而言，這樣的改變就不夠明顯，甚至還有瑣碎之嫌。因為只有研究者才會發表他們的研究成果，而絕大部分教師不會這麼做，所以大家聽到的都是研究者的說法，而不是教師們的聲音。當我們考慮到研究者所稱的「家」──大學──進而想到這些機構在組織、課程及教學等方面所進行的變革，其範圍之有限、步調之緩慢、品質之不可靠，那麼或許學者之間的一點點謙卑，就能激發大家對於面對頑強之課堂現實的教師，有較多的尊重。

4. 某些混成的教學作法會比其他教學作法好嗎？

　　我把此一為研究者提出的問題放在最後，因為它會把我帶回到本研究一項核心的發現，亦即，教師們確實創用了教師與學生中心教學的混成作法，特別是在課堂中的社會關係這一點上。

　　然而，所有這些都是為了要避免處理「哪一種混成的作法較好？」這一個議題。因為此一問題讓我們再度回到教學效能的問題，而且我們可以用許多方式回答之。有用的辦法之一是，我們可就研究者偏好哪些特定的教學形式來說起，這些偏好來自他們的核心價值觀、學科觀點和經驗。

　　舉例而言，許多研究者，特別是那些認知心理學者，或者受到這些學者所提出的觀點所強烈吸引的學者，自 1970 年代中期之後，就極為熱忱地提倡重視思考的教學、帶領學生進行主動學習、探索各種觀念、結合不同科目、挑戰學生的信念，並且提供機會讓學生能自我指導。這類學者傾向於對下列作法提出批判：較少思考的教學、要求被動學習、培養唯命是從的習性，並且處心積慮地要讓學生在標準化成就測驗上獲得高分等。

其他學者偏好高度結構化的、良好組織的，並且聚焦於培養學生的學術知能等；真可謂不一而足。因此，我不會將各方學者針對何謂有效教學這個問題，所提出之各種不同的思想信念，作一番概略地敘述，而只重申凡是試圖理解課堂中教學與學習性質的研究者，必須先公開地聲明，自己對於何謂有效教學，這個問題所持有的觀點。質言之，若是未在下列兩個方面作一番澄清，就不可能對於哪種教學形式在客觀上，比其他的教學形式有效這個問題形成共識：一方面是(1)應先就民主社會中，公共學校教育所扮演的角色，以及學生應該學習哪些東西等事項，建立共識；另一方面，則是(2)明確地面對學者們自己的教學偏好。

我認為，研究者、實務工作者及政策制定者，或者一般社會大眾，對於這些問題都還未達成共識。1980 年代及 1990 年代早期，這段期間的公共論述擺動到了這樣的一種情況：亦即在漸漸下降的測驗分數與國家漸漸磨耗的經濟效率二者之間加強聯結，並且要求學校教育提供必要的社會服務給學生及其家庭。那麼，在這種情況之下，就某些混成作法的價值高過其他作法這個問題而言，我就只能從我自己作為教師的經驗提供我個人的解答，除此之外，我無能為力。

289　　　謹讓我於此，在探討本研究的發現對政策制定者、實務工作者及研究者啟示的一章中，以一個懸而未決的問題作為結束。我提出了其他的問題，也在證據允許的情況下回答了其中的一些問題，其他的問題則尚未解答。然而，除了問題與解答之外，我所提出的是實務工作者、政策制定者及學者們，對於改善學校教育狀況這件事情，所應採取的一種態度、一種傾向。那麼，就以教學作法的變與不變這個問題所進行的本研究中，我所提供的各項證據而言，會為有志於課堂改革這項事業的關鍵人物，在感情和理智兩方面，帶來悲觀抑或是樂觀的激勵呢？

我可以談談我自己的看法。我的想法是傾向於樂觀。畢竟，曾經擔任過中學教師、教育局長及教授的人，沒有理由不會對於學校存有強烈的信心。然而，我絕不會不合理地把我的樂觀主義無限上綱，我也絕不會游移於現實

的期望而不求長進。我不會像 Gulliver 在拉加多大學苑（Grand Academy of Lagado）[636]所看到的工人一樣，試著從黃瓜中萃取陽光、將冰塊轉變成彈藥，並且以蜘蛛網織成衣服。總之，我會在有關改進學校的可能性這件事上，持有小心謹慎但仍然不失樂觀開朗的看法。

然而，本研究的資料很容易就會被詮釋成，所持有的是堅定不移的悲觀論者之圖像：對於根本地改變教學作法的企圖，若不是認為它注定失敗，就是認為整個改革只剩下一些碎片，其最佳狀況就只是一些邊際的異動，最壞狀況則根本就是一些不相干的變革。不過，我並未以這種方式詮釋這些資料。

另外一種避免在樂觀與悲觀二者之間作選擇的方法，是提問：學校及教師該怎麼做？請回憶一番，我先前所做，將學校教育比成耕作，其主要的論點是，農人皆以行之久矣、一成不變的生長歷程為據，學著將自己的努力建立在種子、植物、昆蟲、氣候等條件所可能發揮的作用之上。農夫可藉由理解此一過程的性質及各項限制，改進莊稼的產量。但是，農夫必須好好地運用他們可以有限地控制的這些有機力量，而不是忽視之。

本研究顯示，學校與課堂相當於有機過程類推中的種子與氣候——例如組織的限制及其他因素——是為了要改善學校之內所發生的事情，必須考慮的要項。自足式的課堂及時間表是人為的，而非由風、蝗蟲及乾旱等自然條件所造成的。然而，除非這些人為的結構有了根本的變革，它們都會像風一樣吹襲著，像土地一樣長存著，並且因而形成了一種實用教學作法的樣貌。一心希望將那些「有機的力量」加以引導的改革者，必須先理解它們。

我由這些譬喻及本研究的發現而萃取了樂觀的想法，因為它們強烈地提示，即使在先前幾個世代所建立的、看起來似乎堅固難摧的學校教育結構，也還是有相當少數的教師在他們的教學作法上，達成了漸進的及根本的變革。長久以來，在小學課堂發展而成的混成作法即是明證。如果要讓教師在他們的課堂中發生更多這樣的改變，如果要讓教師們的自行裁量權擴大而非緊縮，

290

---

636 拉加多大學苑是英國 Jonathan Swift 於 1726 年所撰諷刺小說《格理弗遊記》（*Gulliver's Travels*）中虛構的城市中的一所學校。

那麼在組織的條件、教師們所接受教育的形式、他們工作所在的職業文化方面，也都必須一併改變。那一切就樂觀感受而言，可能是脆弱的依據，但是它們距離掌握到教師工作所在的條件這項現實就更近了；至少在一位實務工作者—學者的心目中是這樣想的。

原書附錄

我用以掌握教學作法的組型，進而據以確認其是否為大多數教師所運用的教學組型之類目為：教室安排、學生編組、課堂說話、學生移動、課堂活動。我察覺到，這些類目絕不可能全面掌握到教學的整體狀況。充其量，它們是教室的窗戶；它們是觀察者可以見到的類目。它們描述了課堂所在的地面，解釋了師生在此一地面上，花費一些時間共同相處的情況。而且，最重要的是，這些類目乃是教師有權力作決定的一些事項：教室空間如何安排、誰應該開口說話、要指定哪些家庭作業、在教室裡學生可以去的地方等。

問題在於，在這些類目中，是否有某些特定的組型，它們叢集在一起而建立了課堂裡的一些規則性。我主張，確實有這些規則性存在。我這麼主張的理由如下：

1. 教室的空間組織

如果可移動的桌子或是學生的椅子成行列安排，且面對黑板或教師的桌子，那麼這種教學就有高度的可能性是教師中心。其立論的理據為：

(1) 這樣的安排是有意的（除了教室的桌椅都是固定在地板上的）。學校董事會、教育局長或校長極少會規定傢俱安排的方式。教師決定如何運用教室空間（或者接受一般盛行的規範）。無論有意或無意地，傢俱放置都表達了教師如何教、如何維持秩序、如何帶動學生學習的觀點。

(2) 當所有的學生都面對教師或黑板——教師或黑板正是各項指令、作業規定、測驗施行，或是課堂講誦等動作發生的地方——那麼全班式的教學即會受到鼓勵。教師與學生的互動比學生之間的往來，獲得較高度的優先性及合乎法理性。

(3) 在這種空間的安排下，教師監管較為容易。對於課堂秩序的威脅可以很快看到，而且可以迅速地處理。

(4) 這樣一種教室空間的布置限制住了學生在教室內的移動，學生只能在教師允許的範圍內移動。

然而，請注意，在較早幾十年間的美國，當課桌椅都是固定在地板上時，還是有教師將學生中心的作法引進課堂，並且有創意地克服該一障礙。這樣的傢俱或許會使教師們受挫，但是它並不會防止某些教師改變其教學作法。有了可移動的課桌椅，其他安排就變得可能。

如果課桌排成空心四方形、馬蹄形，或是將桌子散置於教室，這樣就會允許學生面對面坐著，也能面對面說話，學生中心教學就有較多的可能性。但是，我們還需要更多的訊息，才可能理解到底課堂裡發生了什麼事，因為教師中心教學仍然會發生在這種座位安排的情況下（Getzels, 1974; Sommer, 1969; Weinstein, 1979）。

2. 學生編組與課堂活動

如果教室空間安排成為學生中心的樣式，例如檯子及課桌椅讓學生面對面坐著、個人閱覽或學習用的卡座或者把鋪了地毯的區域當作閱讀角，那麼研究者就會找到下列各種證據：學生移動、學生參與語言的對話、不同的編組組型、專題研究活動（或學習角）。專題研究（是 1920 年代及 1930 年代，描述學生中心活動時，較常使用的語詞）及學習角（在 1967 年以後，推動一些非正式教育運動時，較常使用的語詞）二種作法之所以有人採用，其立意乃在於學生可以較個別化地，或以小組的方式進行有效的學習，同時可以不受教師約束而作出獨立自主的決定。

於是，學生中心的課堂將會有一些外在的信號，讓人們從外觀就可以判斷，這包括了：鼓勵面對面的互動及小組會議的傢俱安排；教室中設置工作站（專題研究區域或學習角）讓學生可以個人或分組方式進行自我指導的學習；學生可以在不獲得教師同意的情況下，自行四處移動。教師的桌子不再總是排在前方及中央，因此教室不會有可識別的前方（Barth, 1972; Busis et al.,

1976; Perrone, 1972, 1977; Silberman, 1970）。

　　謹此再加上一些補述，單單是設置專題研究區域或學習角，或者將檯子散置於教室，這些作法並不一定就必然產生學生中心的課堂。許多針對 1920 年代及 1970 年代出現的這些環境安排所作的研究文獻，皆聚焦於學習的歷程，以及教師對於其背後涉及的兒童發展與學習的原理之了解。座位安排、專題研究或角落等乃是學生中心教學之可以看得見的信號，但是絕對不保證這些歷程必然會產生，或者教師就必然會了解其中所包含的原理。若是想從文字書寫而成的解說及拍攝而得的照片中所描述與說明之物質環境的安排，以及所能找到的人為事象，就說這些能代表 1920 年代的 William Kilpatrick 或 Harold Rugg，乃至 1970 年代 Lillian Weber 及 Vito Perrone 所倡行的原理，這樣的想法只會讓複雜的過程變得瑣碎化。

293

3. 課堂說話

　　在課堂當中，教師們說話遠比學生們的說話多了許多的證據，可以溯及到本世紀初 Romiett Stevens 所作的研究。教師說話的組型在課堂中，所採行的教學論述方式以告知、解說及提問等代表教師中心的作法為主。在這樣的課堂中，學生的說話通常只限於回應由教師所提出的問題、詢問做事的細節（例如「這些內容會出現在測驗題上嗎？」）、同學們之私密的談話。教師決定了要提出什麼問題、應該問誰、學生回答的品質。這樣一種課堂對話所隱含的規則是，學生到課堂終究是來學習的（Hoetker & Ahlbrand, 1969; Mehan, 1979; Stevens, 1912）。

　　那麼，上述這些類目所包含的乃是教師安排其教學組型的細項說明。在學校裡，組織教室空間、學生編組、學生移動、課堂活動等作法，指向了許多不同的教學組型。我相信，這些類目應該可以由資料中，提煉出占優勢的教學組型。

注釋補遺

（本部分係就第二、八、九等各章原注釋當中文字較長者，加以補足之）

第二章　原注釋的補充文字

原注 6：不過，歷史學者們對於進步主義思想為課堂教學實務帶來的影響，看法有所不同。在 12 位曾經寫過進步主義與學校之間關係的歷史學者中，至少有 6 位處理過教學實務變革這個問題。Lawrence Cremin、Joel Spring 及 Diane Ravitch 主張教師的教學行為確實有所改變，不過他們所提出的理由，卻非常不同。

Cremin 在其《學校的變革》（1961），引用 Robert 和 Helen Lynd（1929）於 1925 年至 1935 年所執行的「中城」（Middletown）研究為據，說明一個進步主義中的保守派分支在印第安納州 Muncie 所辦理的學校，其課堂教學作法可能是當時教學主流中最為典型者。Cremin 並且指出，一方面我們可以看到一些如 Winnetka 學校系統所顯示令人亮眼的教學變革，但是另一方面我們也看到有一些學校則「到了 1930 年代還是仍然死守著 McGuffey 這套老舊的教科書，而毫不知變通」（p. 305）。不過，他接著指出：

> 課堂教學的特點改變得十分明顯，特別是小學階段，因為專題研究開始與講誦教學漸可匹敵，競相成為標準的教學作法。學生與教師一樣，都傾向更為主動、更為靈活，且在他們彼此之間的關係顯得更非正式化。（p. 307）

Cremin 於其《美國教育：都會的經驗，1876-1980 年》（*American Education: The Metropolitan Experience, 1876-1980*）（1988）書中，做了一些修訂。在該書中，他概覽了進步教育數十載的課堂教學法後總結道：「教育的語言可能改變得比教育的作法較快些，而且細小、明確、具體的作法變革，比起大的、一般性的作法變革，被採行的較快些。」（p. 239）

在《教育與統合型國家的興起》（*Education and the Rise of the Corporate State*）（1972）中，Joel Spring 追蹤 Dewey、Kilpatrick 及 Colin Scott 等人所主張的，將分組學習（groupwork）融入課堂教學這項作法的始末，他將這項作法視為精英社會群體將其等想法強加於學校與課堂實務的運動。Spring 列出三種具體的教學法：「社會化式的教課」是由學生們擔任教師的角色並且帶領同學複習所教的功課；專題研究作法；還有課堂中其他的分組活動。為了顯示上述三位學者之說對於課堂教學的影響，Spring 引用了許多這些教學法的論文、每位學者的追隨者所寫的書，還有在教師教育課程中出現有關課題的科目大綱。他總結道：「以合作的專題研究及社會化式的教課等的團體學習經驗，旨在將個人培養成為 David Riesman 近年所稱的『他人導向』（other directed）的人。」（pp. 49-61）Spring 於《1642 至 1985 年的美國學校》（*The American School, 1642-1985*）（1986）中修改了他的觀點。Spring 總結道：「有時候，在人們所表達的教育目標與真實的教育作法二者之間很少有關係……精英分子與教育領袖可能希望學校擴大而成社會的機構，俾便為未來的工人提供秩序與紀律與訓練，但是這些期望可能遭致學生及家長的反抗，他們希望學校能成為獲得向上流動及更多政治力量的手段，而且這些期望也會遭到有著另外社會目標的教師們的反抗。所以，雖然教育系統已經人們結構化而成施予社會控制的機構，但是此一目的仍然會因為其他社會力量的介入，而遭致修改。」（p. 181）

Diane Ravitch 在《困難重重的改革運動：美國教育，1945-1980 年》（*The Troubled Crusade: American Education, 1945-1980*）（1983）中主張，1940 年代：「進步教育的理念及原理已經主宰了美國的教學現況。」（p. 43）Ravitch 的證據主要是來自三方面：其一，進步教育人士的想法。其二，各地普遍可見之針對官方課程所進行的修改。其三，在哥倫比亞大學師範學院的一系列博士論文；這些論文，記載了緊接著進步教育改革最高峰的 1930 年代及 1940 年代之後，中小學校所發生的變革（請見 pp. 43-80，以及 pp. 333-336 的引文）。

與上述針對改革者對於教學實務產生影響的觀點，持有不同主張的，有經濟學者 Samuel Bowles 和 Herbert Gintis，還有歷史學者 Michael Katz、David Tyack 及 Arthur Zilversmit 等人。在《資本主義美國的學校教育》（*Schooling in Capitalist America*）（1976）中，Bowles 和 Gintis 指出，企業領袖及持有自由主義思想的專業人員所發動的成功改革，確實為公立學校的行政及課程帶來了變動（例如綜合式的高中、標準化的測驗、能力分班、職業教育，以及學校專業人員權力的集中化）。不過，他們說「實質上，教師與學生之間的交流改變很少」。因為教學改革者缺少來自大眾的支持，並且避免批判企業型的資本主義，所以 Bowles 和 Gintis 指出，他們在「在落實人道化與平權化教育的作法方面，可謂徒勞無功」。然而，該書除了引用其他研究人員的文字（pp. 43, 181, 200）外，並未提供課堂教學的直接證據。

Michel Katz 在《階級、科層體制與學校》（*Class, Bureaucracy, and School*）（1971）中指出，教學改革止於課堂門口，因為就本質上而言，該一運動自身根本就是保守的性質，而且目標在於科層體制的變革。Katz 舉 Robert 和 Helen Lynd 的「中城」為佐證，支持其主張。他確實理解，歷史學者若只是研究一些領頭的理論家所寫的和所說的東西，根本不可能明白課堂裡發什麼事情。因此，Katz 在 1971 年寫道，進步教育時代的那些年間是否在教學方面有所改變這個問題，歷史學者還是無法回答（pp. 113-125）。

在科層體制如何阻礙教學實務的變革這一點，David Tyack 持有相同的觀點。在《最佳制度》（*The One Best System*）（1974）中，他研究了 1890 年至 1940 年之間進步教育改革的情況，以及其所造成的結果，包括預期的和未預期的。在區分進步教育不同派別的前提下，Tyack 描述了行政派進步主義者，在公立學校的結構及管理等方面的變革，可謂成功。教授、教育局長、基金會執事者，以及具有外行人士身分的改革者等人士形成了一個聯盟，擁有一種以科學的學校經營為基礎而建立的「最佳制度」之願景，藉由策略式地運用學校系統的正式調查、各種著作、研討會議，以及與具有影響力的教育人士建立網絡等方式，改變了美國學校教育的景致。依據 Tyack（pp.

300

126-198）的說法，改革者們確實試圖消除一些無效率的課堂教學作法，諸如一致的學習課程、全班式教學、正式的講誦等作法。與其他也研究這段時期的學者相比，Tyack 運用了更多在學校與課堂教學方面的一手資料，例如都市學校的調查、教師的記述、報紙上的文章、漫畫、自傳等做成了這樣的結論：Dewey 及其追隨者的夢想——兒童能在令人興奮的課堂學習——讓行政派進步主義者的成功事實給破壞了。尤其在都市裡，這種情況更明顯可見：

> 一位資賦優異的教師，在獨室學校的校舍中，或許能單獨地將課堂翻轉而成 Dewey 倡導的符合社會意義的學習（social learning）這個模式。但是，若要改變一個大型的都市系統，俾便達成 Dewey 民主教育的理想，就很不容易；這是因為此一理想，要求教師與兒童都擁有實質的自主能力——這種自主……是一般教師們所經常欠缺的。可以預測得到的是，在城市學校系統推行這種「新教育」，通常會帶來更多而非更少官僚作風的繁文縟節及層層約制的行政管理；更多表格要填寫，更多委員會議要開，更多視導人員的介入，兒童必須接受新編的測驗，還有一大堆新的專用術語取代了舊有的觀念。若要充分地落實 Dewey 民主教育理念，必須將學校的層次結構作一番根本的改變——而這些要求並不是負責管控城市教育的行政派進步主義者和他們的盟友所願也！（pp. 197-198）

在後來的研究中，Tyack、Elizabeth Hansot 和 Robert Lowe 等人由大蕭條時代為學校教育帶來效應的研究中，檢視了不少課堂教學的情況。《艱苦時期的公立學校：大蕭條及近年的情況》（*Public Schools in Hard Times: The Great Depression and Recent Years*）（1984）一書記載了，兒童中心教學的進步言論是多麼不容易滲透到絕大部分的課堂（pp. 163-167）。

在我的研究之前，Arthur Zilversmit 是將研究聚焦於課堂變革的狀況，以便確認進步教育在小學廣為施行的實際情形之僅有的一位歷史學者。他的意見是：它們並未廣為施行。

Zilversmit 依據三個指標,藉以確認進步教學理念為人們接受的程度。第一,他主張,在 1940 年以前教師培訓機構的課程,應該依照期望所示,反映出教學改革的理念,因為一位技巧精練的、機靈惕厲且學識豐富的教師對於一個符合進步教學理念的課堂而言,十分重要。在三個以教師教育課程為專題之全國性的調查研究中,他發現進步教學理念進入師範學校或師範學院所開設的教師培訓課程之中的程度,可謂為微乎其微。第二,Zilversmit 更進一步檢視了課堂的傢俱。進步教育人士很重視方便移動的課桌椅,以便能彈性地安排座位及課堂的學習空間,但是他發現,在 1934 年時,固定的學校課桌仍然占有新近售賣課桌的 40%,遑論數以百萬計的老舊課桌仍然固定在教室的地板上。第三,他認為,兒童的心理健康是進步教育人士很關注的一項重要考量,因為他們乃是以整全兒童的發展為職志。但是,依 Zilversmit 之說,學校系統在這一方面所聘用的專門人員(亦即社會工作者及學校心理學家)卻仍屬極少數。

關於課堂中所發生事情的證據,Zilversmit 依據的是評議委員會的調查(Regents' Inquiry)報告,這是於 1935 年與 1938 年之間,針對紐約州學校所作的密集評鑑。他從十二冊中的兩冊報告裡,廣泛地引用各該冊報告裡評鑑人員在全州各城市、鄉間及市郊課堂中所發現有關傳統教學方面的結論。他總結這些發現後指出,進步的兒童中心學校觀念在小學所留下的標記十分鮮少。

由以上所引述的研究,以及本研究的討論顯示,有關進步思想對課堂教學作法的影響至深且鉅之說,似站不住腳。對於探究課堂裡到底發生了什麼事情的學者而言,他們所運用的證據十分稀少,而且主要是依賴像「中城」這項研究或者其他一些選定的研究。此外,歷史學者試著評估進步作法在課堂廣布的情形時,通常都是採取全有或全無(all-or-nothing)的取徑,而且除了 Zilversmit 的研究之外,都忽視了滲透力度(extent of penetration)這個問題中的關鍵要項。

301

第八章　原注釋的補充文字

316　　　　**原注 6**：讀者們將會注意到，此一論證是將人類學、心理學、語言學、社會學、史學及其他各領域的學者，針對學校教育過程所作研究的成果，作了一番融會貫通之後，整理而成的；這些學者試圖就學校所執行的社會化及篩選這兩項功能，詳細解說其緣由及意涵。對於某些學者而言，社會化及篩選這兩項功能，表現於遍及整個經濟系統的本身。另外的一些學者則以為，學校所具有的主要功能，表現於學校這個機構內部互相矛盾的文化（例如學校的文化與族群的文化二者）所造成的不可避免的衝突。還有其他學者主張，篩選及同化兩種功能，表現於行政人員及教師在順應學校各項必須遵守的規則時，所具有的信念及態度。以下我將就著編織而成此一論證的各領域學者的思想路數，一一加以探討。

　　各種不同流派之新馬克思論者的論證指出，在學校將移民、貧窮、類種姓制（caste-like）的少數族裔等出身的學生，從中等與上層階級篩選出來時，學校即為新近入學的學生提供了未來進入美國企業的底層、中層及上層等不同階層的入職機會。因此，學校所採取的是對資本主義與現行社會秩序有利的作為。事實上，學校為現存的社會階級服務這件事，就是學校與課堂教學作法確實再製了社會經濟區分的充分證據。此一論證之原初版本，請見 Anyon, 1980, pp. 67-92; Bowles & Gintis, 1976; Everhart, 1983; Nasaw, 1980。

　　某些觀點是由上一論證推導出來，但這些學者卻對於上一論證，將馬克
317　思論者的思想簡單化應用於學校教育上的作法，有所批判；這些學者的論證集中在「知識為社會產製的商品」這樣的說法。他們認為，「由文化所主宰的知識」是由社會精英分子配合一些大型的私人組織建構而成的，並且透過教師、教科書及測驗等，按照學生的社會經濟地位，以不平等的作法傳遞給學生。這項詮釋為另一個觀點，亦即在系統中的教師與學生可以改變所發生的狀況，留下了進一步討論空間。這方面的例子請看 Bernstein, 1971; Apple, *Ideology and Curriculum* (Boston: Routledge and Kegan Paul, 1979); Apple &

King, 1977, pp. 341-369; Apple, 1986。關於這個方面,有一種說法是,教師們應該起而抗拒成為社會精英分子的工具,不再一昧從事著把主流知識傳遞下去的工作,而應該力求從這個文化牢籠中自我解放,並且解放學生。請見Giroux, 1983。

若干歷史學家試著將某些特定的教學作法,與特定的社會階級、較大社會、經濟力量的價值加以連結,例如 Hamilton, 1989。他認為,美國一些教學作法的轉變(例如 19 世紀早期的口述教學;年級制學校引進了講誦法,然後再將講誦法重鑄為較民主且非正式的參與),乃是隨著 19 及 20 世紀美國經濟與社會變遷而連動的(見 Hamilton 一書的第六章)。亦請見 Lazerson, 1971,他記載了美國幼兒園及其獨特的教學作法之歷史,特別關注其融入都市小學的情況。Michael Katz 在其《早期學校改革的反諷》(*Irony of Early School Reform*)(1968)指出,中產階級改革者如 Horace Mann 及 Cyrus Peirce 等人把某些特定的教學作法強加於學校,以便針對工人階級子弟進行較好的社會化,進而讓他們能適應那些等他們離校後到達工作地點所發生的經濟變遷。請見 Katz 書中的〈第二部分〉。另外,針對不同學者對於學校及教師所擔負的社會角色這個問題所採取的不同方式,所作較為完整的史學分析,請見 Finkelstein, 1970, pp. 5-32。

幾十年來,人類學家及社會學家一直強調學校的社會化功能(以及嵌入學校中的文化)。他們針對學校為了執行這些功能,甚至在面對學生帶來的文化方面的精神包袱,乃至學校希望他們丟棄這些包袱,進而撿拾新的東西等事宜,撰寫了很多有關的論述。Hollingshead, 1949; Henry, 1963; Heath, 1983; Willis, 1977; Wolcott, 1974; Ogbu, 1982, pp. 290-307; Fordham, 1988, pp. 54-84。

末了,有些學者把學校教育所發揮的社會化及篩選功能,既不置於資本主義制度,又不置於其文化主流知識,甚至也不置於學校教育所必須通過之很嚴酷的考驗後所產生的文化衝突,而是將社會化及篩選功能置於學校組織,乃至在學校中任職的成人們所持有之社會信念與價值,探討這些如何融入實際作法,並進而根據學生們的社會經濟背景,進行篩選。舉例而言,針對有

關教師的期望如何將出身貧窮的黑人兒童，帶領到「低」的閱讀小組，或者諮商人員及行政人員將拉美裔及黑人學生，帶領到非學術的班級等問題；某些學者已經針對這些教職員的社會態度對學生未來的影響，作了一些研究。有關大學預備班級及為不預備入大學的「一般」班級之教學內容與方法等的研究指出，行政人員、諮商人員及教師們是透過社會經濟的視鏡來看學生，因而其所造成的結果是，對待期望進入大學之出身於較高地位家庭的學生，與只期望高中畢業之出身於較低地位家庭的學生，確實有所不同。對於這方面有所撰述的學者，有如 Oakes, 1985; Metz, 1991; Jackson, 1981, pp. 39-58; Rist, 1973。另外，針對有關學校文化、分軌、教師們對學生及社區的信念等之交互作用，作了較複雜處理的研究，請見 Page, 1991。

318

有一些以教師的社會期望為對象的研究，一方面探討教師的社會期望究竟是如何受到組織的要求而有所調整；另一方面則試著梳理，教師的社會期望，與學生文化對於知識是什麼、什麼是較適切的教學作法、是什麼使班級之成為班級等問題所持的觀點，此二者之間相互形塑與交互作用的情形。這些研究直接探討教學作法的實際狀況，並且揭示了學生期望對於教師行為的影響力。請見 Wolcott, 1974; Metz, 1990; Cusick, 1983; Powell, Farrar, & Cohen, 1985; McNeil, 1986。另外，有關以英國學校為對象，採取同樣路線的研究，請見 Willis, 1977; Jones, 1989, pp. 19-31。

在上述有關師生互動的各種不同作法中，一些政策制定者及實務工作者把他們的教學及課程抉擇加以剪裁，以便因應貧窮及各少數族裔學生希冀穩定的課堂需求，進而對抗他們所經歷之失調的、不穩定的家庭及鄰里生活所帶來的不良影響。幾十年來，黑人教師及行政人員都相信，低收入家庭出身的黑人學生，在他們學校教育方面所需要的是強化基本能力，而非強調創意、表現及個人成長等學生中心教學的要項。關於究竟黑人學生應設定何種目標為宜之爭議，可溯自 19 世紀 Booker T. Washington 和 W. E. B. Dubois 及其他人所公開論辯之種族教育的方向。自此以後，此一歷史性的論證的微小版本，即將教育工作者及社會活動家分成兩個陣營。請回想一下，在 1960 年代晚期

及 1970 年代早期之間，非正式教育的支持者中，對於那些出身貧窮的黑人兒童，是否應教以基本技能這個問題，即有了不同的主張。這方面的例子，請看 Kozol, 1972。最近，在教黑人學生寫作的方法，也有了相同的內在衝突，請見 Delpit, 1986, pp. 379-385。亦請見 Bruckerhoff, 1991, pp. 158-177。新近，有關非洲中心課程（Afrocentric curriculum）（該課程與一些批評者所標籤的、在一般學校施行的傳統歐洲中心課程相反）是否應置入全部皆為黑人子弟就讀的學校所引發的風暴，即又重新揭示了黑人政治與教育領袖，在對於黑人學生教育目標究何者為宜，又，什麼樣的課程與教學方法才最能達成這些教育目標中所蘊含的抱負等問題上，有了撕裂似的不同主張。

原注 7：此一論證來自有關合理的計畫、由上而下的實施，乃至在鉅觀層次的計畫與微觀層次的課堂執行之間有著巨大差距等方面的文獻。有關由上而下的改革，特別是 1980 年代由各州所設計的改革，確實已經滲透到學校現場（但是它們並未提供課堂效應的證據），請見 Fuhrman, Clune, & Elmore, 1988, pp. 237-257; Odden & Marsh, 1987。以聯邦、各州，乃至地方層級所推動之計畫式的變革所完成的各式研究為對象，進行的綜合報導，請見 Fullan, 1982；另外，如果某些特定的條件確實到位，則計畫式的變革即可能發生在學校現場的證據，請見 Huberman & Miles, 1984。

有關政策失敗與執行不力的文獻，在過去三十年間有逐漸形成廣泛而深入的態勢。這樣的失敗分析大部分來自針對某些個別的政策所完成之深度的個案研究——而這些個案研究主要是側重於改變學校及課堂運作的例行作法。有關的例子，請見 Gross et al., 1971, chs. 4-5, 7, 8; Smith & Geoffrey, 1968, chs. 1, 5, 7, 9-11; Wolcott, 1977; Goodwin, 1977, ch. 6; Wildavsky & Pressman, 1973; McLaughlin, 1987, pp. 171-178; McLaughlin, 1978, pp. 19-31; Elmore & McLaughlin, 1988; Cohen, 1982, pp. 474-499。

319

原注 8：關於物理環境對教學的影響，請見 Getzels, 1974, pp. 527-540; Weinstein, 1979, pp. 577-610。最近，紐約市為 1990 年代及 21 世紀的教室空間所作的建築設計，已經從 1898 年即已標準化了的正方形教室，改變而為稍微

重新形塑的形狀如下：

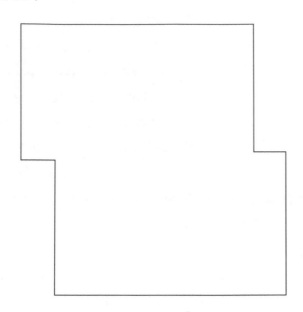

依據一位建築師之說，此種新型的設計可以為課堂的空間提供（凸出牆外的）吊窗（bay window），以便為課堂提供更多光亮，也可以為獨立研究的小組提供空間，或者讓電腦有可以放置的地方。

關於社會、組織、文化等陷入課堂及學校生活結構的各個不可避免的事項對教學的影響，請見 Jackson, 1968a, ch. 1; Sarason, 1971, chs. 1, 7, 10, 11; Smith & Geoffrey, 1968, chs. 3-4; Meyer & Rowan, 1978。

針對學區、學校、課堂政策及實際作法等形塑教學的情況，進行較仔細檢視的文獻，請見 Johnson, 1990, chs. 1, 3, 5; Dreeben, 1973; Dreeben & Bar, 1983; Mehan, 1979。

關於課堂結構及課堂活動形塑教學的微觀分析，請見 Doyle, 1986; Cazden, 1988; Bossert, 1979。

我把教師以富有想像力的方式因應不容易面對的物理與組織的安排，稱之為實用教學作法。我之所以創用此一名詞，是我根據自己的教學經驗、對

同事的觀察，以及閱讀其他學者，特別是 Philip Jackson、Seymour Sarason、Walter Doyle 及 Michael Lipsky 等的論著之心得。對於後兩者，例如 Doyle & Ponder, 1977-1978; Lipsky, 1980。自從本書第一版問世以後，我發現此地的其他學者及英國的學者也已做了相似的詮釋。我於先前漠視了他們，讓我在本書第一版時，無法對於他們的學術研究成果表示感謝，至感歉意。我希望現在能做到這一點。請見 Westbury, 1973, pp. 99-121; Woods, 1977; Hargreaves, 1978; Denscombe, 1982, pp. 249-265。

　　新近，其他學者注意到了，在影響教師如何教的學校及課堂環境中有一些強而有力的結構。請見 Cusick, 1983; Sizer, 1984; Sedlak, Wheeler, Pullin, & Cusik, 1986; Page, 1991; McNeil, 1986; Flinders, 1987。Flinders 將教師們為因應擁擠的課堂所帶來的壓力，而採用的實用策略稱之為「保守的策略」；亦請參見 Grant & Sleeter, 1985, pp. 209-220。

　　原注 9：此一有關教學文化的論證，原本係得自閱讀 Willard Waller, 1965; Sarason, 1971; Lortie, 1975 等書的心得。David Cohen 有關教學作法及其變革方面的論著對我尤有助益。他對於我所提出的論證之批評，促使我就我的推理之後果做了很仔細的思量。請特別參看他下列的專著：Cohen, 1988, 1989; 1987, pp. 153-170。

　　我對於職業文化及教學前與教學中社會化力量的認識，協助我以不同方式理解我自己所擁有的許多經驗：包括了由新手教師開始學習教學，以至於我在三所高中任職十四年，與同事們相處時所獲得的經驗。後來，藉由閱讀 Jackson 的《課堂中的生活》（*Life in Classroom*）（1968a）；Metz, 1978a; McPherson, 1972; Judith Little, 1982, pp. 325-340 等專著，而將此一論證作進一步的強化。我也發現，Sharon Feiman-Nemser 及 Robert Floden 在〈教學文化〉（The Cultures of Teaching）〔Merle Wittork (ed.), *The Handbook of Research on Teaching* (New York: Macmillan, 1986)〕中，將學校文化各種面向的研究文獻所作成的摘要，十分有助益。人類學家或許不一定同意我這麼一般性地使用「文化」一詞，甚至對我將它用在職業上可能也不一定同意。有關人類學家

運用該詞的作法，請見 Erickson, 1987, pp. 11-24。

原注 10：此一有關教師知識、信念及態度等的論證錨定於教師腦中所思所想的事情，與他們在課堂中所做及所不做的事情，有著十分強大的關聯。雖然，在某些方面看來，此一論證似乎與學校所發揮的社會化及篩選功能，以及教師的社會信念所產生的作用這些論證有些相似，但是在一個關鍵方面卻有著重要的差異：可供實務工作者選擇的可能性之程度。且讓我簡單說明如下。

在確定學校的社會化及篩選功能時，教師們在不知不覺中作了較大社會秩序的代理人，正如他們在無意中表現出了他們對於低社會經濟地位的學生所能做的事情之期望，並且選擇哪些學生進入精進的閱讀小組，又哪些學生進入待加強的閱讀小組。但是，在此地所提供的論證，亦即教師的知識、信念與態度等，並非毫無希望地與較大社會的社會階級或文化的精英連結在一起。教師可能會受到社會力量所影響，並且受到較親近的組織力量所影響，但是此地的論證給予教師更多個人的自行裁量權，讓教師可以採取與這些信念、態度與知識一致的或是不一致的方式採取行動。事實上，就此一論證而言，教師的形象並不像是個較大社會中只送信卻不知其內容的信差，而像是個決定教什麼與不教什麼的守門員。

在為此一論證撰寫初稿時，我發現下列專著最有助益：Jackson, 1968b; Fenstermacher, 1978, pp. 177-182; Lortie, 1975; Bussis, Chittenden, & Amarel, 1976。

為了撰寫這一版，我發現 Gary Fenstermacher、Lee Shulman、Donald Schön 等人的專著最有助益。至於針對這類研究所作的綜論，則以 Clark and Peterson, 1986 一文最有助益。亦請見 Pajares, 1992。

在本書初版之中，此一論證未述及者，殆為教師的學科知識，還有教師對這些知識的觀點，以及處理這些內容的作法，在發揮對教學作法的影響力時所扮演的角色。我已經把這些在初版未見的重要面向，亦即史丹佛大學的 Lee Shulman 及其同事們，就教師將他們對於教材的知識轉化為具有可教性的

語言及活動之有關研究發現加入本版之中。請見 Shulman, 1987, pp. 1-22。我發現 Pam Grossman、Sam Wineburg、Suzanne Wilson、Sigrun Gudmunsdottir 等人的專著，特別有助益。請見 Grossman, Wilson, & Shulman, 1989; Grossman, 1989, pp. 24-32; Wilson & Wineburg, 1988, pp. 525-539; Gudmundsdottir, 1988。亦請見 Stodolsky, 1988。

在過去的二十年裡，關於教師的專業和個人信仰和價值觀對課堂教學有所影響，這方面的著作，數量激增。這些專著對於我提及的此一論證之建構影響非常大。不過，還有一些特別的研究，曾經強化我所思考的、教師信念在形成課堂中有關教學及學生方面的決定之重要性。這方面的例子，請見 El-baz, 1983; Clandinin, 1985, pp. 361-385; Gudmundsdottir, 1991, pp. 44-52; Schwille, Porter, & Gant, 1980, pp. 21-40。

我發現，1980 年代，兩篇在史丹佛大學所完成的博士論文特別有用：Hawthorne, 1987; Carter, 1990。我發現，還有兩篇針對教師觀點形塑其教學作法所完成的博士論文，則提供了有助益之豐富的個案研究：Bliss, 1986; Bick-more, 1991。

還有，某些由教師所撰寫的記述，或者關於一些教師報導他們最深層的信念，並且針對他們與兒童相處的故事，以及他們為兒童所做的事情等描述，對強化我所作的此一論證有所助益。這方面的例子，請見 Paley, 1989; Freed-man, 1990。

原注 14：關於教學，有一項歷時已久的難題，也是學者們發現的一個熟悉的現象，亦即許多位於貧窮地區、少數族裔鄰里的學校，幾乎都是採用超級（hyper）版的教師中心教學；這類學校的學習管理（亦即全班式、大量座位工作、經常舉行測驗等）及不斷地強調一致的行為，在學校，特別是各個班級可以說是主流的作法；這些作法，當然就會帶來許多學生疏離的後果。請見 Cusick, 1983; Boyer, 1983; Sizer, 1984; Goodlad, 1984。研究人員及實務工作者亦在較為富裕、白人居住的環境之中，見到採用超優加強版（super-enri-ched）的教師中心教學，不過這類教學所採行的是較為柔軟而較少粗糙的作

322

法。某些學者從兩個角度來理解這些差異，其一，這是較大社會經濟秩序的教育表現，學生在其中接受教育的目的在為稍後進入就業市場所獲職位預作準備；其二，這是教師及行政人員將現行社會秩序下的文化資本，以有所區分的、不知不覺的作法，分配給那些較被動又有惰性的學生。

另外的一個觀點，而且是我認為很有說服力的觀點，就是這些在貧窮、少數族裔的鄰里所見到的超優加強版教師中心教學的學校及課堂，其目的乃在建立「真正的學校」。一般而言，人們長期以來從文化與社會的角度，會對於學校之所以為學校，在所應教導的知識、所應採用的教學與學習作法等方面，逐漸形成一些概念，這些概念即組合而成所謂的「真正的學校」。換言之，所謂的「真正的學校」就是人們自歷史、文化與社會的角度，所形成的、大家希望見到的學校。在美國，即使是在一些最大型都市裡的貧民窟中，因為鄰里墮落的情況所產生的惡劣影響，為學校帶來的威脅及所造成的極大壓力，使得這些地方的學校中輟情況嚴重。不過，即使如此，地方人士還是希望他們能跟其他享有較有利條件的社區一樣，至少還有學校這麼一個機構能為這個社區保留一塊淨土。人們希望，在如此一方經過加強防禦、多方保護的淨土之中，至少還能教給學生以基本能力為主旨的課程，並且讓學生學到人們可以接受的行為。依據 Mary Metz 及其他學者之見，人們對於所謂的「全美的高級中學」（All-American High School）確實持有一些文化腳本。這些腳本更是深深地嵌入了人心，以至於我們雖然會在某些特定的地點看到似乎不甚適切，甚至是荒謬的現象，但是人們還是會設法盡力將這些文化腳本付諸實際的演出。請見 Metz, 1900; Meyer & Rowan, 1977。

原注 15：持續讓我感到興趣的是，當我在整理我所蒐集的資料時，有著經驗豐富的教師們一再出現的情況，他們當中有許多都教了不只十年，還奮力地教一些他們新學習到而不在教科書上的知識，初次設立學習角、採用不同的座位安排、進行專題研究，甚至試行各種分組教學等。本書先前各章介紹過的密西根州鄉間的 Leona Helmick（1937 年），紐約市的 Spencer 太太（1924 年）及 Gloria Chanon（1969 年），Arlington 的 Carmen Wilkinson

（1981 年），還有其他教師，他們經常都是在主流的方式下接受教師培訓，在課堂中社會化多年，卻還持續不斷地接受有關學科及兒童發展等方面的新知識與技能。他們部分地或完全地採行另類的教學，也形成了教師中心與學生中心兩類教學的混成版本。一般而言，在一個學區當中，總有少數的教師（大部分在小學）是在原初大家熱衷於活動教學法、專題研究、學習角及開放課堂等熱潮逐漸褪去，且同事們也都回到他們熟悉的作法之後，仍然堅持維繫這種混合式的教學型態。

一直以來，這些教師在有關兒童如何學習，以及課堂應該是什麼樣子等方面，所發展而成的專業與個人的信念，都與教師同儕有所不同。在小學的組織結構之中，因為來自於外部的壓力不那麼明顯，較大區塊的時間也較易於調配，而且對於學生學會技能的要求重於學會內容的要求，對於某些樂於採用不同教學作法的教師而言，這些條件可謂為十分友善的人間天堂。

此一現象顯示了，有一些已經能很得心應手地經營他們課堂的資深教師卻希望試行不同的作法。因此，若研究者探討此一現象，應該會感到有所得，因為研究者會對於這些教師有新的理解與認識；蓋在以往，大家總認為資深教師都是持有不變的、牢固的信念。此外，這類研究可能會為我先前提到的觀點做出實證，亦即凡是將教師中心與學生中心兩類作法加以組合的教師，應該都是新路開拓者，因為這樣的教師建立了可以因應課堂複雜性的混成作法。

原注 21：關於教師的權威及能力所及的有限論題，我發現 Willard Waller（1965）提出了一個有用的起始點。亦請見 Muir, 1986; Grant, 1983, pp. 599-609; Elmore, 1987, pp. 60-78。

許多作者強調，教師在課堂中的權威乃是與學生協商而來的。沒有任何正式的權威不是經過討價還價的談判而建立的，因而任何正式的權威都不是未經妥協或未加調整的。即使新兵訓練所的操練教官乃至攔下汽車進行臨檢的警官，到末了也都會與新兵或汽車駕駛進行某種程度的協商。同樣地，教師也會進行討價還價的談判；不過，這麼做時，通常不會明顯地，只是偶爾

會明顯地，對於課堂中所能接受的行為及工作量，和學生進行談判。在一些入讀學生皆來自低收入、少數族裔家庭的學校中，教師與學生也會就多少家庭作業可以忍受，又，哪些課堂行為是教師與學生都能接受的等事情進行談判。請見 Cusik, 1983; Sizer, 1964; Powell, Farrar, & Cohen, 1985。

原注 22：Swift（1971）時常就這一點進行討論。當教學朝著學生中心與教師中心混成的作法轉變時，我們應該注意到 John Dewey 曾經以自己的方式試行混成的作法。一般人最常對 Dewey 存有的誤解是，他試著在教材與兒童中心教學之間找出平衡點；不過，指出 Dewey 力圖平衡的說法，並未有助於此一誤解的澄清。其實，Dewey 很重視教材知識，並且試圖在內容中心與學習中心兩類作法之間求取混成的作法。他以木匠為例，闡明他的觀點：

> 任何職業之習慣、方法與**工作的**標準（*working* standards）（表強調的字體為原有的）構成了一個「傳統」；加入此一傳統，是藉以釋放與引導學習者能力的途徑。但我們還必須說明的是：個人加入某項工作的動力或需求，是傳統作為他在能力與自由方面的個人成長之前提條件；而且，他還必須為了自己，以自己的方式，針對任何成功的工作，所必須採取的手段與方法和實現的結果之間的關係，作仔細的**觀察**（*see*）（表強調的字體為原有的）。沒有任何其他的人能夠代替他，也不可能只憑著別人「告訴」他，就能理解（see）這番道理，雖然正確的教導會指引他的觀察，並因而幫助他理解（see）他有必要理解（see）的事理。[637]

第九章　原注釋的補充文字

324　　**原注 3**：到目前為止，我一直避免判斷這些形式的教學作法之品質或效能，此中原因有二。第一，我試著確定一直持續存在的主流教學形式是什麼，還有如果真有改變產生的話，到底是什麼樣的改變。我以為，要先弄清楚這

---

637 Cuban 原文為："Individuality and Experience" cited in Westbrook, 1991, p. 505。譯注者查閱《杜威全集》，確認"Individuality and Experience"係為 Dewey 於 1926 年所發表的一篇期刊論文。其出處為 Dewey（1926, p. 57），亦即《杜威全集》晚期第二冊，頁 55-61 的"Individuality and Experience"文中頁 57。

些問題，才可能推薦教師應採取什麼方式教學比較好。若忽略長期以來持久存在的教學作法，卻要為教學改進開設處方，正是使得學校及課堂改革兩者都失敗的原因。一直以來，學者、實務工作者及政策制定者，都確定要改善教學的品質，但是卻又都持續地忽略了「**實然**」（*is*）與「**應然**」（*ought*）二者之間的不同。

第二，多年來，我因為擔任教師、教師教育者及教育局長等職務，而得以在數以百計的課堂進行觀察的經驗，產生了一套有關教學效能的觀念。這些經驗，再加上過去四分之一個世紀有關教學效能的全部文獻，聚合了一些精簡的陳述：沒有唯一、最佳的用以教導學生內容、技能及價值的方法；依我們所強調的學生學習成果（高度標準化測驗的分數、道德發展、批判思考、自尊、情緒成熟、承諾照顧別人等）而由教師將各種不同的活動、任務、課堂的結構加以組合，以便達成這些學習成果；教師的人格、經驗、態度及行為是獲得可欲的學生學習成果的重要變項；學生的背景、能力、信念及偏好，也會很大程度地影響教師的教學效能。有關教學效能方面的綜合性概覽，請見 Brophy & Good, 1986; Walberg, 1986。

在〈緒論〉中，我曾經描述過，我如何形成此一混成式的教師中心教學的概念；這是自 1950 年代，從我在高中教書開始，經過了十五年，一直到1970 年代，還有在 1988 至 1989 學年，我又以史丹佛大學教育學院教授的身分到大學附近的高中，進行了一段短期間的教學。我所採取的模式是以大家熟悉了的一系列教師中心技術（迷你講演、大班討論等）為基礎，配合漸增使用的學生中心的作法（小組工作、可供獨自工作的學習角）。我也在過去十年把這種混成式的變革帶到我在史丹佛大學教育學院的課堂中。或許，我把過去三十五年來將兩種教學傳統加以混合的作法，正是這種混成作法緩慢成長的另一種表示，甚至是將這種混合的教學作法賦予人性的一種方式。這類混成作法，就其性質而語，正是與「只有一種最佳教學方法」之說相反。

原注 4：我要提出的論證是，此一由教師們採行經過混合了的兩種傳統的版本所形成的清晰趨向，對於學生而言，都是一項明確的好處；即使我們不

考慮這類混成的作法，是否會產生其他人所欲的學生成果，也還是如此。

325　　　這類作法所能提供的是，能夠以更多的方式感動學生。它們的適用範圍擴及學生，而學生個人的學習即可能藉由積極參與、小組工作，以及其他技術（這種技術可以說是理解教師提供的內容與技能的一個機會）而提升，然而如果只用一個標準版本的教師中心作法，這種機會就會遭致否定。對於學生而言，沒有任何一種唯一最佳的教學作法，這種說法的理由在於，學生也沒有任何一種唯一最佳的學習方式。唯有採取折衷的教學作法，才可能讓教師對於學生的學習方式、背景，以及他們帶到課堂潛在的長處等不可避免的多樣性，作出回應。也唯有運用差異化的規準，於面對學生在能力、動機及背景因素，例如族裔背景及社會經濟地位皆多所變異的前提之下，混合式的教學方可承諾能增進學生積極參與的程度，並且提高學生的學習動機——而這正是獲致所欲的學生成果之兩項必要的條件。

　　當然，此一論證並非無中生有。我是以我的經驗建構而成的；本書的文本及注釋一再地援引我的經驗、我自己的研究及他人的研究成果。即便這些論證不那麼吸引人，甚或不那麼具有說服力，但是至少是合理的。哈佛大學教授 Howard Gardner 即曾就多元智慧多所撰作，他並且指出學校與教師應該建構各種活動及教材，以便因應個別學生學習方式日漸多元化的狀況。請見《超越教化的心靈》（*The Unschooled Mind*）一書（New York: Basic Books, 1991）。

　　原注 6：已經有大量文獻指出，一些改革高中的嘗試所遭遇的社會、組織、政治及教育等各方面的障礙；這時我們還建議政策制定者集中有限資源，帶動高中在他們日常的組織、教導（instruction）、教學（teaching）的作法，以及針對青少年的生活輔導等各方面，採行根本的變革；這麼做，似乎有些愚蠢。但是，這在政治上卻是一套合理的邏輯。一直伴隨著這些改革高中的運動，不乏有關根本改變的誇張說辭，但是往往在一段時間後，漸進的調整就潛入了組織之中。這方面的例子，請見 Powell, Farrar, & Cohen, 1985。

　　在此一通則之外，有一項例外就是 Theodore Sizer（1932-2009）及其同事

成立並維持了基本學校聯盟，並且讓自願參加該聯盟的學校能信守其核心原則。此一改革的作法，旨在以根本的方式改變主流中學的結構及實務工作。此一改革的倡議者是否會持續高調地推動其改革理想，又民間與官方的經費是否仍會持續支持此一少見的試圖改變美國高中的特性及形式之作法，則屬未知之數也。【譯注者補充】：曾任哈佛大學教育研究院長的 Sizer 於 1984 年在布朗大學（Brown University）擔任系主任時，結合八所高級中學，成立了基本學校聯盟。到了 1997 年，Sizer 退休時，已有千餘所加入該聯盟的高中。依 Cuban（2021, p. 199）之說，該聯盟的總部已於 2018 年關閉，但是許多美國高中仍然奉行該聯盟行之已久的十項辦學原則：少就是多（less is more），學習深度重於廣度（depth over coverage），所有學生都須有努力的目標（goals apply to all students），個人化（personalization），學生作為工作者、教師作為教練（student-as-worker, teacher-as-coach），將精熟的學習以行動展示之（demonstration of mastery），合宜與信任的氣氛（a tone of decency and trust），全校師生的認真投入（commitment to the entire school），善用全部資源於教學和學習（resources dedicated to teaching and learning），民主和公道（democracy and equity）。

參考文獻

方永泉（2000a）。普通學校運動（美國）（Common School Movement, USA）。**教育大辭書**。https://terms.naer.edu.tw/detail/1311260/

方永泉（2000b）。教導（instruction）。**教育大辭書**。https://terms.naer.edu.tw/detail/1309783/

任運忠（2016，6月8日）。《周易》理雅各譯本「厚翻譯」分析。http://zjjyxyxb.paperonce.org/Upload/html/2016%E5%B9%B406%E6%9C%9F/20160608.html

余光中（2002）。**余光中談翻譯**。中國對外翻譯出版公司。

李明（2014）。操縱與翻譯策略之選擇——《紅樓夢》兩個英譯本的對比研究。載於李明、盧紅梅（著），**語言與翻譯**（頁107-125）。書林。

徐超聖（2000）。課程分軌（Curriculum Tracking）。**教育大辭書**。https://terms.naer.edu.tw/detail/1314043/

徐賽穎（2020）。「厚重翻譯」觀照下的亨克英譯《傳習錄》探析。**浙江大學學報（人文社會科學版）**，50（3），231-240。

耿強（2018）。副文本視角下16至19世紀古典漢詩英譯翻譯話語研究。**外國語（上海外國語大學學報）**，2018（5），104-112。

高強華（2000）。蘭卡斯特（Joseph Lancaster）。**教育大辭書**。https://terms.naer.edu.tw/detail/1315596/。

張佩瑤（2007）。譯得豐實厚重？譯得笨鈍臃腫？翻譯與文化再現的幾點思考。**當代**，234，70-83。

張佩瑤（2012）。**傳統與現代之間：中國譯學研究新途徑**。湖南人民出版社。

張芳杰（1990）。**牛津高級英漢英英雙解辭典**。東華。

郭玉霞（2000）。不分年級制學校（non-graded school）。**教育大辭書**。https://terms.naer.edu.tw/detail/1302267/

陳致宏（2019）。三種西方《道德經》學術詮釋中「道」的「厚實翻譯」——文本、副文本、脈絡（未出版之博士論文）。國立臺灣師範大學。

單文經（2004）。論革新課程實驗之難成。**教育研究集刊**，50（1），1-32。

單文經（2017）。解析杜威有關工作活動（occupations）的主張。**課程與教學季刊**，20（2），139-164。

單文經（2019）。美國新社會科運動及其有關教材改革計畫評析（1950-70年代）。

教科書研究，**12**（1），69-109。

單文經（2021）。19 世紀末至 20 世紀前半葉美國進步教育流派分法與 Dewey 的流派歸屬。**教育研究集刊**，**67**（3），43-92。

單文經（譯注）（2015）。J. Dewey 著。**經驗與教育（六十週年增訂版）**。聯經。（原著出版於 1938）。

單文經（譯注）（2020）。H. M. Kliebard 著。**美國中小學課程競逐史（1893-1958）**。心理。（原著出版於 2004）。

單文經、劉哲瑋（2018）。由矽谷經驗蠡測智慧學校的教學之變與不變。載於中國教育學會（主編），**教育 4.0—智慧學校想像與建構**（頁 313-374）。學富。

單德興（2000）。理論之旅行／翻譯：以中文再現 Edward W. Said——以 Orientalism 的四種中譯為例。**中外文學**，**29**（5），39-72。

單德興（2009）。**翻譯與脈絡**。書林。

單德興（2017）。譯注經典的另類來生——《格理弗遊記》經典譯注版的再生緣。**人文與社會科學簡訊**，**18**（3），44-49。

單德興（譯注）（2004）。J. Swift 著。**格理弗遊記**（*Gulliver's travels*）。聯經。

黃山（2018）。IRF 課堂話語結構研究的新進展——基於 70 項研究的文獻回顧。**基礎教育**（華東師範大學），**15**（2），93-101。

廖又生（1995）。圖書館效率與效能。**圖書館學與資訊科學大辭典**。https://terms.naer.edu.tw/detail/1680195/? index=37

趙祥麟、王承緒（編譯）（2006）。**杜威教育名篇**。教育科學出版社。

劉哲瑋、單文經（2018）。書評《彼時與此時的歷史教學：學校恆定與變革的故事》（Review for Larry Cuban's *Teaching history then and now: A story of stability and change in schools*. 2016, Cambridge, MA: Harvard Education Press）。**當代教育研究**，**26**（2），109-120。

劉蔚之（2021）。教育改革的浪漫、激進與失落一百年前一場教改的歷史經驗探析。載於中國教育學會（主編），**預見教育 2030 風險時代教育價值、反思與行動**（頁 195-231）。學富。

劉澤權、朱利利（2019）。張佩瑤中國翻譯話語的體系構建與成果。**中國翻譯**，**2019**（5），103-111。https://kknews.cc/news/k4j35zv.html 2020-02-06

潘世尊（2012）。防範教師課程（teacher-proof curriculum）。**教育大辭書**。https://terms.naer.edu.tw/detail/1453930/

鍾啟泉（2020）。*透視課堂：日本授業研究考略*。華東師範大學出版社。

Abelow, S. P. (1934). *Dr. William H. Maxwell, the first superintendent of schools of the city of New York.* Scheba.

Alberty, B. (1979). *Continuity and connection: Curriculum in five open classrooms.* City College Workshop Center for Open Education.

Altenbaugh, R. J. (1985). Review for how teachers taught: Constancy and change in American classrooms, 1890-1980. *Educational Studies, 16*(2),133-137.

Anyon, J. (1980). Social class and the hidden curriculum of work. *Journal of Education, 162* (1), 69-92.

Appiah, K. A. (1993). Thick translation. *Callaloo, 1993*(4), 808-813. https://kknews.cc/news/k4j35zv.html

Apple, M. (1979). *Ideology and curriculum.* Routledge and Kegan Paul.

Apple, M. (1986). *Teachers and text.* Routledge and Kegan Paul.

Apple, M., & King, N. (1977). What do schools teach? *Curriculum Inquiry, 6*(4), 341-369.

Applebee, A. (1974). *Tradition and reform in the teaching of English: A history.* The National Council of Teachers of English.

Applebee, A., & Langer, J. (1984). *Moving towards excellence: Writing & learning in the secondary school curriculum.* National Institute of Education.

Applebee, A., Langer, J., & Mullis, I. (1989). *Crossroads in American education: A summary of findings.* Educational Testing Service.

Aries, P. (1962). *Centuries of childhood.* Knopf.

Arlington County Public Schools. Newspaper Clip Files in Public Information, 1972-1981.

Arlington County Public Schools. *Profile* (June 1969).

Arlington County Public Schools. *School News* (January 1980).

Atkin, J. M., & House, E. (1981). The federal role in curriculum development. *Educational Evaluation and Policy Analysis, 3*(5), 5-36.

Bagley, W. C. (1931). The textbook and methods of teaching. In National Society for the Study of Education, *The textbook in American education* (pp. 10-25). Public School Publishing Co.

Ball, D. (1990). Reflections and deflections of policy: The case of Carol Turner. *Educational Evaluation and Policy Analysis, 12,* 263-276.

Barker, R., & Wright, H. (1951). *One boy's day.* Harper Brothers.

Barr, A. S. (1929). *Characteristic differences in the teaching performance of good and poor teachers of the social studies.* Public School Publishing Co.

Barr, R., & Dreeben, R. (1977). Instruction in classrooms. In L. Shulman (Ed.), *Review of research in education* (pp. 89-162). F. E. Peacock.

Barth, R. (1972). *Open education and the American school.* Agathon.

Barth, R. (1973, November 6). Should we forget about open education? *Saturday Review.*

Behavioral Service Consultants. (1974). Final evaluation report: Training Center for Open-Space Schools, ESEA Title III Project. Author.

Bell, H. H., Jr., & Peightel, J. W. (1976). *Teacher centers and inservice education.* Fastback No. 71. Phi Delta Kappa Educational Foundation. https://files.eric.ed.gov/fulltext/ED164545.pdf

Bennett, H. E. (1940). Fifty years of school seating. *American School Board Journal,100* (March), 41-43, 125.

Berg, A. C. (1929). *A daily program for the one-room schools of North Dakota.* [Unpublished master's thesis]. University of North Dakota.

Bernstein, B. (1971). On the classification and framing of educational knowledge. In M. Young (Ed.), *Knowledge and control* (pp. 46-69). Collier-Macmillan.

Berrol, S. C. (1968). William Henry Maxwell and a new educational New York. *History of Education Quarterly, 8,* 215-228.

Berube, M., & Gittell, M. (Eds.). (1969). *Confrontation at Ocean Hill-Brownsville.* Praeger.

Bickmore, K. (1991). *Practicing conflict: Citizenship education in high school social studies.* [Unpublished doctoral dissertation]. Stanford University.

Bliss, T. (1986). *Small group work in high school social studies.* [Unpublished doctoral dissertation]. Stanford University.

Borchert, J. (1980). *Alley life in Washington: Family, community, religion, and folklife in the city, 1850-1970.* University of Illinois Press.

Bossert, S. (1979). *Tasks and social relationships in classrooms: A study of instructional organization and its consequences.* Cambridge University Press.

Bossert, S. (1988). Cooperative activities in the classroom. In E. Rothkopf (Ed.), *Review of Research in Education* (pp. 225-252). American Educational Research Association.

Bowers, C. A. (1969). *The progressive educator and the depression: The radical years*. Random House.

Bowles, S., & Gintis, H. (1976). *Schooling in capitalist America*. Basic Books.

Boyer, E. (1983). *High school*. Harper and Sons.

Brandt, R. (1989). Cooperative learning. *Educational Leadership, 47*(4), 1-66.

Briggs, T. (1935). The practices of best high school teachers. *School Review, 43* (4), 745-752.

Brophy, J., & Good, T. (1986). Teacher behavior and student achievement. In M.Wittrock (Ed.), *Handbook of research on teaching* (pp. 328-375). Macmillan.

Brown, R. (1991). *Schools of thought*. Jossey-Bass.

Bruckerhoff, C. E. (1991). The Cleveland Collaborative and the pursuit of mathematics curriculum reform. *Educational Policy, 5*(2), 158-177.

Bursch, C. W. (1930). *The techniques and results of an analysis of the teaching process in high school English and social science classes*. [Unpublished doctoral dissertation]. Stanford University.

Bussis, A. M., Chittenden, E., & Amarel, M. (1976). *Beyond the surface curriculum: An interview study of teachers' understandings*. Westview.

Callahan, R. E. (1962). *Education and the cult of effiencey: A study of the social forces that have shaped the administration of the public schools*. The University of Chicago Press.

Campbell, H. (1935). Class sizes in New York City. *The School Executive, 55* (December), 138-139.

Campbell, J. (1967). *The children's crusader: Colonel Francis W. Parker*. Teachers College Press.

Carter, B. (1990). *The limits of control: Case studies of high school science teachers' responses to state curriculum reform, 1981-1987*. [Unpublished doctoral dissertation]. Stanford University.

Cazden, C. (1988). *Classroom discourse: The language of teaching and learning*. Heinemann.

Center for Urban Education. (1970). *Open door: New York City*. Center for Urban Education.

Changes in classroom teaching made during 1937-1939 in one-room rural schools in the area of the Michigan Community Health Project. (1940). W. L. Kellogg Foundation.

Channon, G. (1970). *Homework*. Outerbridge and Dienstrey.

Chittenden, E., et al. (1973). *First year evaluative study of the Workshop Center for Open Education.* Workshop Center for Open Education.

Clandinin, J. (1985). Personal practical knowledge: A study of teachers' classroom images. *Curriculum Inquiry, 15*(4), 361-385.

Clark, C., & Peterson, P. (1986). Teachers' thought processes. In M. Wittrock (Ed.), *Handbook of Research on Teaching* (pp. 255-296). Macmillan.

Clifford, G., & Guthrie, J. (1988). *Ed school.* University of Chicago Press.

Cohen, D. (1987). Educational technology, policy, and practice. *Educational Evaluation and Policy Analysis, 9,* 153-170.

Cohen, D. (1988). Teaching practice: Plus que ça change. In P. Jackson (Ed.), *Contributions to educational change.* McCutchan.

Cohen, D. (1989). Practice and policy: Notes on the history of instruction. In D.Warren (Ed.), *American teachers: Histories of a profession at work* (pp. 393-407). Macmillan.

Cohen, D. (1990). A revolution in one classroom. *Educational Evaluation and Policy Analysis, 12*(3), 327-346.

Cohen, R. (1990). *Children of the mill: Schooling and society in Gary, Indiana, 1906-1960.* Indiana University Press. .

Cohen, S. (1964). *Progressives and urban school reform.* Teachers College Press.

Collings, E. (1923). *An experiment with a project curriculum.* Macmillan.

Cooperman, P. (1978). *The literacy hoax: The decline of reading, writing, and learning in the public schools and what we can do about it.* William Morrow.

Cort, H. R. (1969). *An evaluation of the Innovation Team.* Washington School of Psychiatry.

Covello, L. (1958). *The heart is the teacher.* Littlefield, Adams.

Cremin, L. (1961). *Transformation of the school.* Vintage.

Cremin, L. (1973, October). The free school movement: A perspective. *Notes on Education, II,* 1-4

Cremin, L. (1988). *American education: The metropolitan experience, 1876-1980.* Harper and Row.

Cuban, L. (1974). Reform by fiat: The Clark Plan in Washington, 1970-1972. *Urban Education, 9* (April), 8-33.

Cuban, L. (1975). Hobson v. Hansen: A study in organizational response. *Educational Admin-*

istration Quarterly, 11 (Spring), 15-37.

Cuban, L. (1979a). Determinants of curriculum change and stability, 1870-1970. In J. Schaff-erzick & G. Sykes (Eds.), *Value conflicts and curriculum issues* (pp. 139-196). McCutchan.

Cuban, L. (1979b). Shrinking enrollment and consolidation: Political and organizational im-pacts in Arlington, Virginia, 1973-1978. *Education and Urban Society, 11* (May), 367-395.

Cuban, L. (1984). *How teachers taught: Constancy and change in American classrooms, 1890-1980*. Longman.

Cuban, L. (1988). *The managerial imperative: The practice of leadership in schools*. State University of New York Press.

Cuban, L. (1991). History of teaching in social studies. In J. P. Shaver (Ed.), *Handbook of re-search on social studies teaching and learning* (pp. 197-209). Macmillan.

Cuban, L. (1992). Stability and change in curriculum. In P. Jackson (Ed.), *The handbook of research on curriculum* (pp. 216-247). Macmillan.

Cuban, L. (1993). *How teachers taught: Constancy and change in American classrooms, 1890-1990* (2nd ed. ed.). Teachers College Press.

Cuban, L. (1999). *How scholar trumped teachers: Change without reform in university cur-riculum, teaching, and research*. Teachers College Press.

Cuban, L. (2001). *Oversold and underused: Computers in the classroom*. Harvard University Press.

Cuban, L. (2004). *The blackboard and the bottom line: Why schools can't be businesses*. Har-vard University Press.

Cuban, L. (2008). *Frogs into princes: Writings on school reform*. Teachers College Press.

Cuban, L. (2009). *Hugging the middle: How teachers teach in an era of testing and accoun-tability*. Teachers College Press.

Cuban, L. (2013). *Inside the black box of classroom practice: Change without reform in American education*. Harvard Education Press.

Cuban, L. (2016). *Teaching history then and now: A story of stability and change in schools*. Harvard Education Press.

Cuban, L. (2018). *The flight of a butterfly or the path of a bullet? Using technology to trans-*

form teaching and learning. Harvard Education Press.

Cuban, L. (2020). *Chasing success and confronting failure in American public schools.* Harvard Education Press.

Cuban, L. (2021). *Confessions of a school reformer.* Harvard Education Press.

Cuban, L. (2023). *Teaching now and then.* University of Chicago Press.

Cubberley, E. P. (1916). *The Portland survey.* World Book.

Cushman, C. L. (1938). Conference appraises Denver secondary program. *Curriculum Journal, 9* (November), 317-318.

Cusick, P. (1983). *The egalitarian ideal and the American high school.* Longman.

Cusick, P. A. (1973). *Inside high school.* Holt, Rinehart and Winston.

Darling-Hammond, L., & Wise, A. (1985). Beyond standardization, state standards, and school improvement. *Elementary School Journal, 85*(3), 315-336.

David, J. (1990). *Results in education: State actions to restructure schools: First steps.* National Governors' Association.

Davis, O. L., Jr. (1976). *Schools of the past: A treasury of photographs.* Phi Delta Kappa Educational Foundation.

Dayton, Ohio Public Schools. (1896). *Annual report of the Board of Education, 1895-1896.* Board of Education.

Deal, T., & Nolan, R. (1978). *Alternative schools: Ideologies, realities, guidelines.* Nelson-Hall.

Dearborn, N. H. (1925). *The Oswego Movement in American education.* Teachers College, Columbia University.

DeLima, A. (1925). *Our enemy the child.* New Republic.

Delpit, L. (1986). Skills and other dilemmas of a progressive black educator. *Harvard Educational Review, 56*(4), 379-385.

Denscombe, M. (1982). The "hidden pedagogy" and its implications for teacher training. *British Journal of Sociology of Education, 3*(3), 249-265.

Denver Public Library. (1916-1940). Newspaper clip files on public schools.

Denver Public Schools, School District Number 1 in the City and County of Denver. (1919-1941). *Annual report.* Author.

Denver Public Schools. (1920-1940a). *School Review.* Author.

Denver Public Schools. (1920-1940b). Newspaper clip files in Public Information Office. Denver, CO.

Denver Public Schools. (1920-1945a). *Angelus.* East High School.

Denver Public Schools. (1920-1945b). *Thunderbolt.* Manual Training High School.

Denver Public Schools. (1920-1945c). *Viking.* North High School.

Denver Public Schools. (1921-1938). *Classroom interests.* Denver Teachers.

Denver Public Schools. (1927). *Denver program of curriculum revision.* Monograph 12. Author.

Denver Public Schools. (1929). *General information and courses of study: Senior high schools.* Author.

Denver Public Schools. (1936). *Handbook for the application of progressive education principles to secondary education.* Author.

Denver Public Schools. (1948). *History of East High School.* East High School.

Devaney, K. (1973). Developing open education in America: A review of theory and practice in the public schools. Pamphlet. U.S. Department of Health, Education, and Welfare.

Devaney, K. (1974). *The new school of behavioral studies in education.* Center for Teaching and Learning.

Dewey, E. (1919). *New schools for old.* E. P. Dutton.

Dewey, J. (1902). In Memoriam, *Colonel Wayland Parker, 2,* pp. 704-708.

Dewey, J. (1910). How we think. *The Collected Works of John Dewey, 1882-1953* [L. Hickman, Ed.]. Electronic Edition [MW6:179-356]. Intelex Corp.

Dewey, J. (1926). Individuality and experience. *The Collected Works of John Dewey, 1882-1953* [L. Hickman, Ed.]. Electronic Edition [LW2:56-61]. Intelex Corp.

Dewey, J. (1933). How we think. *The Collected Works of John Dewey, 1882-1953* [L. Hickman, Ed.]. Electronic Edition [LW8:107-352]. Charlottesville, VA, Intelex Corp.

Dewey, J. (1952). Introduction to the use of resources in education. In M. S. Dworkin, *Dewey on education : Selections with an introduction and notes* (pp. 127-135). Teachers College Press.

Dewey, J. （1973）。思維術（劉伯明，譯）。華岡出版社。（原著出版於 1910）。

Dewey, J. （1992）。我們如何思維（姜文閔，譯）。五南。（原著出版於 1933）。

Dewey, J. （2000）。民主與教育（林玉体，譯）。師大書苑。（原著出版於 1916）。

Dewey, J.（2010a）。**我們如何思維**（伍中友，譯）。新華。（原著出版於 1910）。

Dewey, J.（2010b）。**思維與教學**（孟憲承、俞慶棠，譯）。華東師範大學出版社。（原著出版於 1933）。

Dewey, J.（2012a）。**背誦的方法**（徐陶，譯）。（《杜威全集》中期第三卷）。（原著出版於 1903）。華東師範大學出版社。

Dewey, J.（2012b）。**我們如何思維**（馬明輝，譯）。（《杜威全集》中期第六卷），258，143-271。華東師範大學出版社。（原著出版於 1910）。

Dewey, J.（2012c）。**民主與教育**（俞金吾、孔慧，譯）。（《杜威全集》中期第九卷）。華東師範大學出版社。（原著出版於 1916）。

Dewey, J.（2015）。**我們如何思維**（馬明輝，譯）。（《杜威全集》晚期第八卷）。華東師範大學出版社。（原著出版於 1933）。

Dewey, J.（2017）。**我們如何思考：杜威論邏輯思維**（章瑋，譯）。商周。（原著出版於 1910）。

Dewey, J., & Dewey, E. (1915). *Schools of tomorrow.* E. P. Dutton.

District of Columbia Board of Education, Cardozo High School. (1965-1975). *Purple wave.* Author.

District of Columbia Board of Education, Central High School. (1919-1926). *Handbook.* Author.

District of Columbia Board of Education, Central High School. (1919-1950). *Brecky.* Author.

District of Columbia Board of Education, Central High School. (1925-1938). *Bulletin.* Author.

District of Columbia Board of Education, Dunbar High School. (1920-1940; 1965-1975). *Liber anni.* Author.

District of Columbia Board of Education, Dunbar High School. (1925). *Crimson and black.* Author.

District of Columbia Board of Education, Dunbar High School. (1942). *The Dunbar news reel.* Author.

District of Columbia Board of Education, Eastern High School. (1925-1940). *The Easterner.* Author.

District of Columbia Board of Education, Roosevelt High School. (1965-1975). *The roughrider.* Author.

District of Columbia Board of Education, Woodrow Wilson High School. (1939-1945). *Woodrow Wilson*. Author.

District of Columbia Board of Education. (1908-1941). *Annual report to the Commissioners of District of Columbia*. U.S. Government Printing Office.

District of Columbia Board of Education. (1941). *School achievements in twenty years*. Author.

District of Columbia Public Library. (1919-1981). Newspaper clip files in Washingtonia Room.

Divoky, D. (1971). New York's mini-schools. *Saturday Review, 18*, 60-67.

Dodge, V. (1974). The Fargo-Madison School Program: A Cooperative School University Effort. Pamphlet. Center for Teaching and Learning.

Donovan, J. (1921). *School architecture*. Macmillan.

Downs, A. (1972). Up and down with ecology-the issue-attention cycle. *Public Interest, 2*(3).

Doyle, W. (1981). Research on classroom contexts. *Journal of Teacher Education, 32* (November-December), 35-50.

Doyle, W. (1986). Classroom organization and management. In M. Wittrock (Ed.), *Handbook of research on teaching* (pp. 392-431). Macmillan.

Doyle, W., & Ponder, G. (1978). The practicality ethic in teacher decision-making. *Interchange, 8*(3), 1-12.

Dreeben, R. (1973). The school as a workplace. In W. Traver (Ed.), *The second handbook of teaching* (pp. 450-473). Rand McNally.

Dreeben, R., & Barr, R. (1983). *How schools work*. University of Chicago Press.

Dropkin, R. (Ed.). (1978). *Changing schools*. City College Workshop Center for Open Education.

DuBois, W. E. B. (1903). Talented tenth. In *Negro Problems* (pp. 60-61). James Pott.

DuBois, W. E. B., & Dill, A. (1911). *The common school and the Negro American*. Atlanta University Press.

Duke, D. L. (1978). *The retransformation of the school*. Nelson-Hall.

Dunkin, M., & Biddle, B. J. (1974). *The study of teaching*. Holt, Rinehart and Winston.

Dunn, F. (1931). Modern education in small rural schools. *Teachers College Record, 32* (5), 411-423.

Dunn, F., & Everett, M. (1926). *Four years in a country school.* Teachers College, Bureau of Publications.

Dworkin, M. (Ed.). (1959). *Dewey on education.* Teachers College Press.

Edelfelt, R. A. (1972). The reform of education and teacher education. *Journal of Teacher Education, 23*(2), 117-125.

Eisner, E. (1986). What high schools are like: Views from the inside. A Report to the School of Education, Stanford University, Stanford. In *The Schools Project: Curriculum Panel Report, January*, 1986.

Elbaz, F. (1983). *Teacher thinking: A study of practical knowledge.* Croom Helm.

Elmore, R. (1987). Reform and the culture of authority in schools. *Educational Administration Quarterly, 23*(4), 60-78.

Elmore, R. (1990). *Restructuring schools: The next generation of educational reform.* Jossey-Bass.

Elmore, R., & McLaughlin, M. (1988). *Steady work.* Rand.

Elofson, T. (1973). *Open education in the elementary school: Six teachers who were expected to change.* Center for Instructional Research and Curriculum Evaluation.

Epstein, J., & McPartland, J. (1990). Education in the middle grades: A national survey of practices and trends. *Phi Delta Kappan, 69*(6), 436-469.

Erickson, E., & Shultz, J. (1992). Students' experiences of the curriculum. In P. Jackson (Ed.), *Handbook of research on curriculum* (pp. 465-485). Macmillan.

Erickson, F. (1987). Conceptions of school culture: An overview. *Educational Administration Quarterly, 23*(4), 11-24.

Everhart, R. (1983). *Reading, writing, and resistance: Adolescence and labor in a junior high school.* Routledge and Kegan Paul.

Everhart, R. (1988). *Practical ideology and symbolic community.* The Falmer Press.

Fagan, T. K. (1994). Review for how teachers taught: Constancy and change in American classrooms, 1890-1990 (2nd ed.). *Psychology in the Schools, July*, 241-242.

Fantini, M. (1973). *Public schools of choice.* Simon and Schuster.

Fargo-Moorhead Forum. (1967-1975). Author.

Featherstone, J. (1971, September 11). The British and us. *The New Republic,* 17-21.

Featherstone, J. (1971, September 25). Tempering a fad. *The New Republic,* 17-21.

Feiman-Nemser, S., & Floden, R. (1986). The cultures of teaching. In M. Wittrock (Ed.), *Handbook of research on teaching* (pp. 505-526). Macmillan.

Fenstermacher, G. (1978). A philosophical consideration of recent research on teacher effects. *Review of Research in Education, 6,* 157-185.

Final Report, Title III. (1970). *Elementary & Secondary Education Act. The impact of the teacher & his staff.* Grand Forks Public Schools, mimeo.

Finkelstein, B. (1970). *Governing the young: Teacher behavior in American primary schools, 1820-1880.* [Unpublished doctoral dissertation]. Teachers College, Columbia University, New York.

Finkelstein, B. (1974). The moral dimensions of pedagogy. *American Studies 5* (Fall), 79-91.

Finkelstein, B. (1989). *Governing the young: Teacher behavior in popular primary schools in 19th century United States.* The Falmer Press.

Firestone, W. (1980). Images of schools and patterns of change. *American Journal of Education, 88*(4), 459-487.

Firestone, W., Fuhrman, S., & Kirst, M. (1989). *The progress of reform: An appraisal of state education initiatives.* Rutgers University, Center for Policy Research in Education.

Fischer, D. (1970). *Historians' fallacies toward a logic of historical thought.* Harper & Row.

Flexner, A., & Bachman, E. (1918). *The Gary schools.* General Education Board.

Flinders, D. (1987). *What teachers learn from teaching.* [Unpublished doctoral dissertation]. Stanford University.

Folger, J., & Nam, C. (1967). *Education of the American population.* Government Printing Office.

Fordham, S. (1988). Racelessness as a factor in black students' school success: Pragmatic strategy or Pyrrhic victory? *Harvard Educational Review, 58* (1), 54-84.

Frank, M. S. (1951). *Dedication of Valverde elementary school.*

Fraser, J. W. (2007). *Preparing America's teachers: A history.* Teachers College Press.

Frazier, E. F. (1967). *Negro youth at the crossways.* Schocken.

Freedman, S. (1990). *Small victories.* Harper and Row.

Fuchs, E. (1969). *Teachers talk.* Anchor Books.

Fuerst, S. M. (Ed.). (1900). Methods in New York schools. *New York Teachers' Monographs, 2* (June), 106-107.

Fuhrman, S., Clune, W., & Elmore, R. (1988). Research on education reform: Lessons on the implementation of policy. *Teachers College Record, 90*(2), 237-257.

Fullan, M. (1982). *The meaning of educational change.* Teachers College Press.

Fuller, W. (1982). *The old country school.* University of Chicago Press.

Gage, N. L. (1977). *The scientific basis of the art of teaching.* Teachers College Press.

Genette, G., & Maclean, M. (1991). Introduction to the paratext. *New Literary History, 22*(2), 261-272. (Translated by Marie Maclean)

Getzels, J. W. (1974). Images of the classroom and visions of the learner. *School Review, 82*(4), 527-540.

Giles, H. H., et al. (1942). *Exploring the curriculum.* Harper Bros.

Giroux, H. (1983). *Theory and resistance in education: A pedagogy for the opposition.* Bergin and Garvey.

Glanz, E. (1979). *What are you doing here?* Council for Basic Education.

Good, T. L. (1979). Teacher effectiveness in the elementary school. *Journal of Teacher Education, 30,* 52-64.

Good, T. L., & Grouws, D. A. (1979). The Missouri mathematics effectiveness project. *Journal of Educational Psychology, 71,* 355-362.

Goodlad, J. (1984). *A place called school.* McGraw-Hill.

Goodlad, J. (1990). *Teachers for our nation's schools.* Jossey-Bass.

Goodlad, J., et al. (1974). *Looking behind the classroom door.* Charles Jones.

Goodlad, J., Soder, R., & Sirotnik, K. (Eds.). (1990). *Places where teachers are taught.* Jossey-Bass.

Goodwin, D. (1977). *Delivering educational service: Urban schools and schooling.* Teachers College Press.

Graham, P. (1967). *Progressive education: From Arcady to academe.* Teachers College Press.

Grand Forks Herald. (1967-1975). Author.

Grant, C., & Sleeter, C. (1985). Who determines teacher work: The teacher, the organization, or both? *Teaching and Teacher Education, 1*(3), 209-220.

Grant, G. (1983). The teacher's predicament. *Teachers College Record, 84*(3), 599-609.

Grant, G. (1986). *The world we created at Hamilton High.* Harvard University Press.

Graubard, A. (1973). *Free the children.* Pantheon.

Green, C. M. (1967). *The secret city: A history of race relations in the nation's capital.* Princeton University Press.

Gross, N., et al. (1971). *Implementing organizational innovations.* Basic Books.

Grossman, P. (1989). A study of contrast: Sources of pedagogical content knowledge for secondary English. *Journal of Teacher Education, 40*(5), 24-32.

Grossman, P., Wilson, S., & Shulman, L. (1989). Teachers of substance: Subject matter knowledge for teaching. In M. C. Reynolds (Ed.), *Knowledge base for the beginning teacher* (pp. 23-36). Pergamon Press.

Gudmundsdottir, S. (1988). *Knowledge use among experienced teachers: Four case studies of high school teaching.* [Unpublished doctoral dissertation]. Stanford University.

Gudmundsdottir, S. (1991). Values in pedagogical content knowledge. *Journal of Teacher Education, 41,* 44-52.

Hahn, J. (1933). Some whys & hows of the activity program. *Childhood Education, 9* (January), 206-210.

Hamilton, D. (1989). *Towards a theory of schooling.* The Falmer Press.

Hampel, R. (1986). *The last little citadel.* Houghton Mifflin.

Handorf, G. G. (1962). *An historical study of the superintendency of Dr. Frank Ballou in the public school system of the District of Columbia.* [Unpublished doctoral dissertation]. American University, Washington, DC.

Hansen, C. (1968). *Danger in Washington.* Parker.

Hansen, C. F. (1962). *The Amidon Elementary School: A successful demonstration in basic education.* Prentice-Hall.

Hansot, E., & Tyack, D. (1982). A usable past. *Teachers College Record, 83*(5), 1-22.

Hargreaves, A. (1978). The significance of classroom coping strategies. In L. Barton & R. Meighan (Eds.), *Sociological interpretations of schooling and classrooms* (pp. 73-100). Nafferton.

Hargreaves, A. (1990). *Restructuring restructuring: Postmodernity and the prospects for educational change.* The Ontario Institute for Studies in Education.

Harlan, L. (1968). *Separate and unequal.* Atheneum.

Hawthorne, R. (1987). *Classroom curriculum: Educational criticisms of teacher choice.* [Unpublished doctoral dissertation]. Stanford University.

Heath, S. B. (1983). *Ways with words: Language, life, and work in communities and class-rooms*. Cambridge University Press.

Heffron, I. (1934). *Francis W. Parker*. Ivan Deach.

Helgeson, S., et al. (1977). *The status of pre-college science, mathematics, and social science education: 1955-1975*. (Vol. 1). Center for Science and Mathematics Education.

Henry, J. (1963). *Culture against man*. Random House.

Herndon, J. (1972). Who shapes the curriculum? *Urban Review, 5*(3), 22-25.

Herriot, R., & Gross, N. (Eds.). (1979). *The dynamics of planned educational change*. McCutchan Publishing Co.

Hoetker, J., & Ahlbrand, W. (1969). The persistence of the recitation. *American Educational Research Journal, 6* (March), 145-167.

Hoffman, N. (1981). *Woman's "true" profession*. McGraw-Hill.

Hoiberg, L. (1971). We're putting it all together at Washington Elementary School. Pamphlet. Washington School.

Hollingshead, A. B. (1949). *Elmstown's youth: The impact of social classes on adolescents*. Wiley.

Holmes, J. (1992). *An introduction to sociolinguistics*. Longman.

Horwitz, R. A. (1979). Psychological effects of the open classroom. *Review of Educational Research, 49* (Winter), 71-86.

Huberman, A. M., & Miles, M. (1984). *Innovation up close*. Plenum.

Huebner, T. (1939). Suggested standards in the supervision of foreign languages. *High Points, 21*(9), 5-13.

Hughes, J. M., & Melby, E. O. (1930). A cross-section of teaching in terms of classroom activities. *Educational Method, 10*(October), 285-289.

Hundley, M. (1965). *The Dunbar story*. Vantage.

Jackson, P. (1968a). *Life in classrooms*. Holt, Rinehart and Winston.

Jackson, P. (1968b). *The teacher and the machine*. University of Pittsburgh Press.

Jackson, P. (1981). Secondary schooling for the children of the poor. *Daedalus, 110*(4), 39-58.

Jackson, P. (1986). *The practice of teaching*. Teachers College Press.

James, W. (1958). *Talks to teachers*. Norton.

Jersild, A., et al. (1939). An evaluation of aspects of the activity program in the New York

City public elementary schools. *Journal of Experimental Education, 8*(2), 166-207.

Jersild, A., et al. (1941). Studies of elementary school classes in action. *Journal of Experimental Education, 9*(4), 295-302.

Johnson, S. M. (1990). *Teachers at work.* Basic Books.

Jones, A. (1989). The cultural production of classroom practice. *British Journal of Sociology of Education, 10*(1), 19-31.

Kaestle, C. (1983). *Pillars of the Republic.* Hill and Wang.

Kaestle, C. (1991). *Literacy in the United States: Readers and reading since 1880.* Yale University.

Karunkaran, C. (1978). *Life & work in several communities: A case study of open education.* Center for New Schools.

Katz, M. (1968). *The irony of early school reform.* Harvard University Press.

Katz, M. (1971). *Class, bureaucracy, and schools.* Praeger.

Kaya, E. (1974). An evaluation and description of the advisory and learning exchange, 1973-1974. Pamphlet. Advisory and Learning Exchange.

Kidder, T. (1989). *Among schoolchildren.* Houghton Mifflin.

King, A. (1936, June). Evolution of the study group. *Journal of the Education Association of the District of Columbia,* 28-29.

Kliebard, H. M. (2002). Constructing the concept of curriculum on the Wisconsin frontier: How school restructing sustained a pedagogical revolution. In H. M. Kliebard (Ed.), *Changing course: American curriculum reform in the 20th century* (pp. 7-23). Teachers College Press.

Kliebard, H. M. (2004). *The struggle for the American curriculum, 1893-1958* (3rd ed.). Routledge & Kegan Paul.

Knapp, N., & Peterson, P. (1991). *What does CGI mean to you? Teachers' ideas of a research-based intervention four years later.* Center for the Learning & Teaching of Elementary Subjects, Michigan State University.

Kohl, H. (1967). *36 children.* New American Library.

Koos, L. V., & Troxel, O. L. (1927). A comparison of teaching procedures in short and long class periods. *School Review, 35*(5), 340-353.

Kozol, J. (1972). *Free schools.* Bantam.

Krause, L. W. (1941). What principles of modern and progressive education are practiced in intermediate-grade classrooms. *Journal of Educational Research, 35* (December), 252-259.

Krug, E. (1964). *The shaping of the American high school* (Vol. 1). Harper and Row.

Kutz, R. (1977). An analysis of the use of math manipulative materials in North Dakota. Pamphlet. Bureau of Educational Research and Services.

Landry, R. (1975). *Comparative and longitudinal analyses of teaching intern classrooms on selected dimensions of openness: Third year.* Center for Teaching and Learning.

Lauter, P., & Howe, F. (1968). The short, happy life of Adams-Morgan Community School. *Harvard Educational Review, 38*(3), 235-262.

Lazerson, M. (1971). *Origins of the urban school.* Harvard University Press.

Lelyveld, J. (1970, October 9). Class 4-4: Educational theories meet reality. *The New York Times,* 39.

Lelyveld, J. (1971, March 21). The most powerful man in the school system. *The New York Times Magazine.*

Levy, G. (1970). *Ghetto school.* Pegasus.

Lewis, M. (1925). Report of visit to Horace Mann School, New York. *The Journal of the Columbian Educational Association, 1*(2), 28-29.

Lewis, P. (1991). *Private education and the subcultures of dissent: Alternative/free schools (1965-1975) and Christian fundamentalist schools, 1965-1990.* [Unpublished doctoral dissertation]. Stanford University.

Lipsky, M. (1980). *Street-level bureaucracy: Dilemmas of the individual in public services.* Russell Sage Foundation.

Little, J. W (1982). Norms of collegiality and experimentation: Workplace conditions of school success. *American Educational Research Journal, 19*(1), 325-340.

Loftus, J. (1936). *The nature of the Activity Program.* (September 9, 1936).

Loftus, J. (1940). New York's large-scale experimentation with an activity program. *Progressive Education, 17*(2), 116-124.

Lopate, P. (1975). *Being with children.* Bantam.

Lortie, D. (1975). *Schoolteacher.* University of Chicago Press.

Louisiana Educational Survey, Section B. (1924). *The Negro Public Schools.* Louisiana Educational Survey.

Lynd, R., & Lynd, H. (1929). *Middletown*. Harcourt, Brace.

Malen, B., & Hart, A. W. (1987). Career ladder reform: A multi-level analysis of initial efforts. *Educational Evaluation and Policy Analysis, 9*(1), 9-23.

March, J. (1981). Footnotes to organizational change. *Administrative Science Quarterly, 26* (4), 563-577.

Margutti, P., & Drew, P. (2014). Positive evaluation of student answers in classroom instruction. *Language and Education, 28*(5), 436-458.

Marler, C. D. (1965). *Colonel Francis W. Parker Prophet of the "new education"* [Unpublished doctoral dissertation]. Stanford University.

Marshall, H. H. (1981). Open classrooms: Has the term outlived its usefulness? *Review of Educational Research, 51*(1), 181-192.

Marshall, H. H. (1988). Work or learning: Implications of classroom metaphors. *Educational Researcher, 17*(9), 9-16.

Marshall, K. (1972). *Law and order in Grade 6-E*. Little, Brown.

Mathematical Sciences Education Board, National Research Council. (1990). *Reshaping school mathematics: A philosophy & framework for curriculum*. National Academy Press.

Mathews, J. (1988). *Escalante: The best teacher in America*. Henry Holt.

Mayhew, K. C., & Edwards, A. C. (1936). *The Dewey school: The Laboratory School of the University of Chicago, 1896-1903*. Appleton-Century.

McBride, M. (1979). *Five alternative schools*. [Unpublished doctoral dissertation]. University of Maryland.

McDiarmid, G. W., Wiemers, N. J., & Fertig, L. (1991, April). *Bounded by their pasts: Exploring the relationship between understandings of history and the views of teaching and learning of history among majors in a historiography seminar*. Paper presented at the annual meeting of the American Educational Research Association, Chicago.

McGuffey, V. (1929). *Differences in the activities of teachers in rural one-room teacher schools and of grade teachers in cities*. Teachers College, Columbia University.

McLaughlin, M. (1978). Implementation as mutual adaptation in classroom organizations. In D. Mann, *Making change happen* (pp. 19-31). Teachers College Press.

McLaughlin, M. (1987). Lessons from past implementation research. *Educational Evaluation and Policy Analysis, 9*(2),171-178.

McLaughlin, M. (1990). The RAND change agent study revisited: Macro perspectives and micro realities. *Educational Researcher, 19,* 11-16.

McLaughlin, M., & Talbert, J. (1990). The contexts in question: The secondary school work-place. In M. McLaughlin, J. Talbert, & N. Bascia (Eds.), *The contexts of teaching in secondary schools: Teachers' realities* (pp. 1-14). Teachers College Press.

McNeil, L. (1986). *Contradictions of control: School structures and school knowledge.* Routledge and Kegan Paul.

McPherson, G. (1972). *Small town teacher.* Harvard University Press.

Mehan, H. (1979). *Learning lessons.* Harvard University Press.

Metz, M. H. (1978a). Clashes in the classroom: The importance of norms for authority. *Education and Urban Society, 11*(1), 13-49.

Metz, M. H. (1978b). *Classrooms and corridors.* University of California Press.

Metz, M. H. (1990). Real school: A universal drama amid disparate experience. In D. Mitchell & M. Goertz (Eds.), *Education politics for the new century* (pp. 75-92). The Falmer Press.

Metz, M. H. (1991). How social class differences shape the context of teachers' work. In M. McLaughlin & N. Bascia (Eds.), *The contexts of teaching in secondary schools* (pp. 40-107). Teachers College Press.

Meyer, J. (1986). The politics of educational crises in the United States. In W. Cummings, E. R. Beauchamp, W. Ichikawa, Y. N. Kobayashi, & M. Ushigi (Eds.), *Educational policies in crisis* (pp. 44-58). Praeger.

Meyer, J., & Rowan, B. (1977). Institutionalized organizations: Formal structures as myth and ceremony. *American Journal of Sociology, 83*(2), 340-363.

Meyer, J., & Rowan, B. (1978). The structure of educational organizations. In M. Meyer (Ed.), *Environments and organizations* (pp. 78-109). Jossey-Bass.

Minor, P. (1939, May). A Unit in Creative Writing. *National Educational Outlook Among Negroes,* 11-12.

Moore, D. T. (1978). *Alternative schools: A review.* Pamphlet. Institute for Urban and Minority Education, Teachers College.

Moore, E. S. (1913). Lecture and recitation methods in univerity instruction. *Science, New Series, 37*(964), 929-932.

Morrison, J. C. (1943). The curriculum experiment with the Activity Program and its implications for the further study of education. In *New York Society for Experimental Study of Education yearbook* (pp. 15-30). Thesis Publishing.

Muir, W. K. (1986). Teachers' regulation of classrooms. In D. Kirp & D. Jensen (Eds.), *School days, rule days: The legalization and regulation of education* (pp. 109-123). The Falmer Press.

Murphy, J. (1990). The educational reform movement of the 1980s: A comprehensive analysis. In J. Murphy (Ed.), *The educational reform movement of the 1980s: Perspectives and cases* (pp. 3-56). McCutchan.

Nasaw, D. (1980). *Schooled to order.* Oxford University Press.

National Commission on Educational Excellence. (1983). *A nation at risk.* Government Printing Office.

National Science Foundation. (1978). *Report of the 1977 national survey of science, mathematics, and social studies education.* Author.

Nearing, S. (1915). *The new education.* Row, Peterson.

Nehring, J. (1989). *Why do we gotta do this stuff, Mr. Nehring?* Fawcett Columbine.

New York [City] Board of Education. (1910-1942). *Annual report of the Superintendent of Schools.* Author.

New York [City] Board of Education. (1918-1975). *High points.* Author.

New York [City] Board of Education. (1921). *The teachers' handbook: A guide for use in the schools of the City of New York.* Author.

New York [City] Board of Education. (1929a). *Progress of the public schools, 1924-1929.* Author.

New York [City] Board of Education. (1929b). *Report of survey of public school system, City of New York, 1924.* Author.

New York [City] Board of Education. (1937). *Working together: A ten year report.* District 23 and 24 Principals.

New York [City] Board of Education. (1947). *Exploring a first grade curriculum.* Bureau of Reference, Research, and Statistics.

New York [City] Board of Education. (1949). *The first fifty years: A brief review of progress, 1898-1948*. Author.

New York [City] Board of Education. (1971). *School profiles, 1970-1971*. Division of System Planning.

New York [City] Board of Education. (1978). *Facts and figures, 1977-1978*. Author.

New York [City] Board of Education. DeWitt Clinton High School. (1920-1975). *Clintonian*. Author.

New York Principals Association. (1921, November 14). *The Principal*.

New York State Department of Education. (1941). *The Activity Program: The report of a survey*. Department of Education.

Newlon, J. (1917). The need of a scientific curriculum policy for junior and senior high schools. *Educational Administration and Supervision, 3*(5), 253-268.

Newlon, J., & Threlkeld, A. L. (1926). The Denver curriculum revision program. In *Curriculum making past and present*. 26th yearbook. Part I (pp. 229-240). National Society for the Study of Education.

North Dakota Statewide Study of Education. (1973). *Educational development for North Dakota, 1967-1975; An overview*. Center for Teaching and Learning.

Nyquist, E. & Hawes, G. (1972). (Eds.). *Open education*. Bantam Books.

O'Shea, W. (1927). What are the progressive steps of the New York city schools? *Educational Review, 74*(1), 99-103.

Oakes, J. (1985). *Keeping track*. Yale University Press.

Odden, A., & Marsh, D. (1987). *How state education reform can improve secondary schools*. Policy Analysis for California Education.

Ogbu, J. U. (1982). Cultural discontinuities and schooling. *Anthropology and Education Quarterly, 13*(4), 290-307.

Ornstein, A. C., & Hunkins, F. P.（2004）。課程基礎理論（方德隆，譯）。高等教育。（原著出版於 2004 年）。

Otto, H., et al. (1942). *Community workshops for teachers in the Michigan Community Health Project*. University of Michigan Press.

Page, R. (1991). *Lower-track classrooms: A curricular and cultural perspective*. Teachers College Press.

Pajares, F. (1992). Teachers' beliefs and educational research: Cleaning up a messy construct. *Review of Educational Research, 62*(3), 307-332.

Paley, V. (1989). *White teacher.* Harvard University Press.

Passow, H. A. (1967). *Toward creating a model urban school system.* Teachers College Press.

Patridge, L. E. (1989). *The Quincy methods illustrated.* E. L. Kellogg.

Patton, M. (1973). *Structural dimensions of open education.* Center for Teaching & Learning.

Perrone, V. (1972). *Open education: Promise and problems.* PDK Fastback. Phi Delta Kappan Educational Foundation.

Perrone, V. (1976). A view of school reform. In R. Dropkin & A. Tobier (Eds.), *Roots of open education in America.* The Workshop Center for Open Education.

Perrone, V., & Strandberg, W. (1972). The new school. In E. Nyquist & G. Hawes (Eds.), *Open Education* (pp. 275-291). Bantam Books.

Perrone, V., et al. (1977). *Two elementary classrooms: Views from the teacher, children, and parents.* Kendall/Hunt.

Peterson, P. (1990a). The California study of elementary mathematics. *Educational Evaluation and Policy Analysis, 12*(3), 257-261.

Peterson, P. (1990b). Doing more in the same amount of time: Cathy Swift. *Educational Evaluation and Policy Analysis, 12*(3), 261-280.

Peterson, P., Putnam, R., Vredevoogd, J., & Reineke, J. (1991). *Profiles of practice: Elementary school teachers' views of their mathematical teaching.* Michigan State University.

Popkewitz, T. S., Tabachnick, B. R., & Wehlage, G. G. (1982). *The myth of educational reform: A study of school responses to a program of change.* University of Wisconsin Press.

Powell, A., Farrar, E., & Cohen, D. (1985). *The shopping mall high school: Winners and losers in the educational marketplace.* Houghton Mifflin.

Ravitch, D. (1974). *The great school wars: New York City, 1805-1973.* Basic Books.

Ravitch, D. (1983). *The troubled crusade: American education, 1945-1980.* Basic Books.

Ravitch, D., & Goodenow, R. (Eds.). (1981). *Educating an urban people.* Teachers College Press.

Raywid, M. A. (1981). The first decade of public school alternatives. *Phi Delta Kappan, 62* (8), 551-557.

Reed, V. (1978). An introduction to the competency-based curriculum. *Journal of Personalized Instruction, 3*(Winter), 199-200.

Reese, W. (1995). *The origins of the American high school.* Yale University Press.

Remillard, J. (1991). *Abdicating authority for knowing: A teacher's use of an innovative mathematics curriculum.* Center for Learning & Teaching of Elementary Subjects, Michigan State University.

Report on survey of the public school system of the District of Columbia by the Bureau of Efficiency, 1928. (1928). Government Printing Office.

Resnick, H. (1971). Promise of change in North Dakota. *Saturday Review, 54*, 67-69.

Rhodes, G., Jr. (1970). *Action programs in progress in the secondary schools.* District of Columbia Board of Education.

Rice, J. (1969). T*he public school system of the United States.* Arno Press. https://ia802702. us.archive.org/29/items/publicschoolsys00riceuoft/publicschools ys00riceuoft.pdf

Rist, R. C. (1973). *The urban school: A factory for failure.* MIT Press.

Rogers, D. (1968). *110 Livingston Street.* Random House.

Rogers, D. (1977). *An inventory of educational improvement efforts in the New York City schools.* Teachers College Press.

Rosenholtz, S. (1989). *Teachers' workplace: The social organization of schools.* Longman.

Rosenshine, B. (1979). Content, time, and direct instruction. In P. L. Petersen & H. Walberg (Eds.), *Research on teaching* (pp. 28-56). McCutchan.

Rosenshine, B. (1982, February). *Teaching functions in instructional programs.* Paper presented at the NIB Conference, Airlie House, VA.

Rosenthal, B. (1940). A case study of a lesson in American history. *High Points, 22*(9), 21-39.

Ross, L. (1977). The intuitive psychologist and his shortcomings: Distortions in the attribution process. *Advances in Experimental Social Psychology, 10*, 173-200.

Sachar, E. (1991). *Shut-up and let the lady teach.* Poseidon Press.

Sarason, S. (1971). *The culture of the school and the problem of change.* Allyn and Bacon.

Sarason, S. (1990). *The predictable failure of school reform.* Jossey-Bass.

Schildt, R. (1982, March 22). Unpublished interview.

Schwab, J. (1959). The "impossible" role of the teacher in progressive education. *School Review, 67*(2), 139-159.

Schwille, J., Porter, A., & Gant, M. (1980). Content decision making and the politics of education. *Educational Administration Quarterly, 16*(2), 21-40.

Sedlak, M. W. (1985). Review for how teachers taught: Constancy and change in American classrooms, 1890-1980. *The Elementary School Journal, 86*(2), 251-254.

Sedlak, M., Wheeler, C., Pullin, D., & Cusick, P. (1986). *Selling students short: Classroom bargains and academic reform in the American high school.* Teachers College Press.

Shaver, J. P., Davis, O. L., Jr., & Helburn, S. W. (1979). *An interpretive report on the status of pre-college social studies based on three NSF-funded studies.* National Science Foundation.

Shen, V. (2003). Laozi (Lao Tzu). In A. S. Cua (Ed.), *Encyclopedia of Chinese philosophy* (pp. 355-360). Routledge.

Shulman, L. S. (1984). Foreword to the first edition. In *How teachers taught: Constancy and change in American classrooms, 1890-1980* (pp. vii-ix). Longman.

Shulman, L. S. (1987). Knowledge and teaching: Foundations of the new reform. *Harvard Educational Review, 57*(1), 1-22.

Shulman, L. S. (1993). Foreword to the first edition. In *How teachers taught: Constancy and change in American classrooms, 1890-1990* (2nd ed.) (pp. xi-xxiii). Teachers College Press.

Silberman, C. (1970). *Crisis in the classroom.* Random House.

Silberman, C. (Ed.). (1973). *The open classroom reader.* Vintage.

Silver, H. (1990). *Education, change, and the policy process.* The Falmer Press.

Sirotnik, K. (1981). What you see is what you get: A summary of observations in over 1,000 elementary and secondary classrooms. *Technical Report No. 29.* UCLA Graduate School of Education.

Sizer, T. (1964). *Secondary schools at the turn of the century.* Yale University Press.

Sizer, T. (1973). *Places for learning, places for joy.* Harvard University Press.

Sizer, T. (1984). *Horace's compromise: The dilemma of the American high school.* Houghton Mifflin.

Skapski, M. K. (1960). Ungraded primary reading program: An objective evaluation. *The Elementary School Journal, 61*(1), 41-45.

Slavin, R. (1984). Students motivating students to excel: Cooperative incentives, cooperative tasks, and student achievement. *Elementary School Journal, 85*(1), 53-64.

Smith, D. (1933). *Instruction in English*. U.S. Office of Education Bulletin no. 17, Monograph 20. Government Printing Office.

Smith, L., & Geoffrey, W. (1968). *The complexities of an urban classroom*. Holt, Rinehart and Winston.

Smith, L., & Keith, P. (1971). *Anatomy of an educational innovation*. Wiley.

Smith, M., & O'Day, J. (1990). *Systemic school reform* (Report). Stanford University, School of Education.

Snyder, C. B. J. (1922). A stupendous schoolhouse problem. *American School Board Journal, 65,* 59-6l.

Sommer, R. (1969). *Personal space*. Prentice-Hall.

Sowell, T. (1974). Black excellence A history of Dunbar High School. *Washington Post,* April 28, C3.

Spoehr, L. (2014,12,16). Review of Larry Cuban's "Inside the black box of classroom practice", https://historynewsnetwork.org/article/154101

Spears, H. (1948). *The emerging high school curriculum*. American Book Co.

Spindler, G., & Spindler, L. (1982). Roger Harker and Schönhausen. In G. Spindler (Ed.), *Doing the ethnography of schooling* (pp. 20-47). Holt, Rinehart and Winston.

Spring, J. (1972). *Education and the rise of the corporate state*. Beacon Press.

Spring, J. (1986). *The American school, 1642-1985*. Longman.

Stake, R., & Easley, J. (1978). *Case studies in science education* (Vol. 1). Center for Instructional Research and Curriculum Evaluation.

Stephens, J. M. (1967). *The process of schooling*. Holt, Rinehart and Winston.

Sterling, P. (1972). *The real teachers*. Random House.

Stevens, R. (1912). *The question as a measure of efficiency in instruction*. Teachers College, Columbia University.

Stevenson, H., Lee, S. Y., Chen, C., Stigler, J. W., Hsu, C. C., & Kitamura, S. (1990). *Contexts of achievement: A study of American, Chinese, & Japanese children*. University of Chicago Press.

Stodolsky, S. (1988). *The subject matters: Classroom activity in math and social studies*. University of Chicago Press.

Stodolsky, S., Ferguson, T., & Wimpelberg, K. (1981). The recitation persists but what does it look like? *Journal of Curriculum Studies, 13*(2), 121-130.

Strayer, G. (1949). *Report of a survey of the public schools of the District of Columbia.* Board of Education.

Streitz, R. (1962). Review: Hansen, Carl F. The Amidon Elementary School: A successful demonstration in basic education. *Theory Into Practice, 1*(4), 233-235.

Stuart, J. (1949). *The thread that runs so true.* Scribner's.

Suydam, M., & Osborne, A. (1977). *The status of pre-college science, mathematics, and social science education, 1955-1975: Mathematics education* (Vol. 2). Ohio State University, Center for Science and Mathematics Education.

Swidler, A. (1979). *Organization without authority.* Harvard University Press.

Swift, D. (1971). *Ideology and change in the public schools.* Charles Merrill.

Taplin, W., & Pearson, I. (1938). Contributions to individual instruction. *In Newer types of instruction in small rural schools. 1938 Yearbook* (pp. 114-115). Department of Rural Education, National Education Association.

Taxpayers' Review. (1934). October 12.

Tenenbaum, S. (1940). Supervision-theory and practice. *The School Executive, 59*(March), 28-29.

Texas Educational Survey Commission. (1924). Texas Educational Survey. *Courses of study and instruction* (Vol. 5). Author.

Thayer, V. T. (1928a). *The passing of the recitation.* Heath.

Thayer, V. T. (1928b). The passing of the recitation. *Journal of Education, 108*(18), 462-463, 492-493.

Thirty schools tell their story. (1942). Vol. 5. Harper and Bros.

Threlkeld, A. L. (1937). Dr. Dewey's philosophy and the curriculum. *Curriculum Journal, 8* (April), 164-166.

Tikunoff, W., & Ward, B. (n.d.). *Ecological perspectives for successful school practice: Knowledge of effective instruction.* Far West Laboratory.

Time. October 31, 1938.

Tomlinson, T. (1981). Effective schools: Mirror or mirage? *Today's Education: Social Studies Edition, 70*(2), 48-50.

Tukey, J. (1962). The future of data analysis. *Annals of Mathematical Statistics, 33,* 13-14.

Tyack, D. (1974). *The one best system.* Harvard University Press.

Tyack, D. (1976). Ways of seeing: An essay on the history of compulsory schooling. *Harvard Educational Review, 46*(3), 355-389.

Tyack, D. (1978). The history of secondary schools in delivering social services. Unpublished manuscript, 1978.

Tyack, D. (1989). The future of the past: What do we need to know about the history of teaching? In D. Warren (Ed.), *American teachers: Histories of a profession at work* (pp. 408-421). Macmillan.

Tyack, D. (1993). Foreword to the first edition. In *How teachers taught: Constancy and change in American classrooms, 1890-1990* (2nd ed.) (pp. xvii-xix). Teachers College Press.

Tyack, D., & Cuban, L. (1995). *Tinkering toward utopia: A century of public school reform.* Cambridge, MA: Harvard University Press.

Tyack, D., & Hansot, E. (1982). *Managers of virtue.* Basic Books.

Tyack, D., & Hansot, E. (1990). *Learning together: A history of coeducation in American public schools.* Yale University Press.

Tye, B. (1985). *Multiple realities: A study of 13 American high schools.* University Press of America.

Tye, K. (1985). *The junior high: School in search of a mission.* University Press of America.

U.S. Department of Interior, Bureau of Education. (1922). *Status of the rural teacher in Pennsylvania.* 1921 Bulletin (No. 34). U.S. Government Printing Office.

U.S. Department of the Interior, Bureau of Education. (1924). *Biennial survey of education, 1920-1922.* 1924 Bulletin (Vol. 1). U.S. Government Printing Office.

U.S. Department of Interior, Bureau of Education. *Report of the Commissioner of Education, 1891-1892,* Vols. 1 and 2; *1900-1901,* Vol. 1; *1911,* Vol. 2.

U.S. Department of Interior, Bureau of Education. (1932). *National survey of secondary education.* 1932 Bulletin (No. 17). Summary report. U.S. Government Printing Office.

U.S. Department of Interior, Bureau of Education. (1936). *Statistics of city school systems, 1933-1934.* 1935 Bulletin (No.2). U.S. Government Printing Office.

Uggen, J. (1938). A composite study of difficulties of rural teachers. *Educational Administra-*

tion and Supervision, 24 (March), 195-202.

Varenne, H. (1977). *Americans together: Structured diversity in a Midwestern town.* Teachers College Press.

Walberg, H. (1986). Syntheses of research on teaching. In M. Wittrock (Ed.), *The handbook of research on teaching* (pp. 214-229). Macmillan.

Waller, W. (1965). *The sociology of teaching.* Wiley.

Wasserman, M. (1970). *The school fix, NYC, USA.* Outerbridge and Dienstfrey.

Watzlawick, P., Weakland, J., & Fisch, R. (1974). *Change: Principles of problem formation and problem resolution.* Norton.

Weber, G. (1971). *Inner-city children can be taught to read: Four successful schools.* Council for Basic Education.

Weick, K. (1976). Educational organizations as loosely coupled systems. *Administrative Science Quarterly, 21*(1), 1-19.

Weinstein, C. (1979). The physical environment of the school: A review of the research. *Review of Educational Research, 49*(4), 577-610.

Welsh, P. (1987). *Tales out of school.* Penguin.

West, B. L., Greene, C. E., & Beownell, W. A. (1930). Arithmetic curriculum. In *Twenty-ninth Yearbook National Society for the Study of Education: Report of the Society's Committee on Arithmetic* (pp. 65-144). Public School Publishing Company. https://archive.org/details/twentyninthyearb012091mbp

Westbrook, R. (1991). *John Dewey and American democracy.* Cornell University Press.

Westbury, I. (1973). Conventional classrooms, "open" classrooms, and the technology of teaching. *Journal of Curriculum Studies, 5*(2), 99-121.

White, H. (2010). Contextualism and historical understanding. *Taiwan Journal of East Asian Studies, 7*(1), 1-19.

Who's who in America, 11 (1920-1921). (1921). Marquis.

Who's who in America, 19 (1936-1937). (1937). Marquis.

Wiemers, N. (1990). Transformation and accommodation: A case study of Joe Scott. *Educational Evaluation and Policy Analysis, 12*(3), 297-308.

Wigginton, E. (1985). *Sometimes a shining moment: The Foxfire experience.* Anchor Press.

Wildavsky, A., & Pressman, J. (1973). *Implementation.* University of California Press.

Wilkinson, C. (1982, March 22). Interview.

Willis, P. (1977). *Learning to labor: How working class kids get working class jobs.* Saxon House.

Wilson, B., & Corbett, D. (1990). Statewide testing and local improvement: An oxymoron? In J. Murphy (Ed.), *The educational reform movement of the 1980s* (pp. 243-264). McCutchan.

Wilson, S. (1990). A conflict of interests: The case of Mark Black. *Educational Evaluation and Policy Analysis, 12*(3), 309-326.

Wilson, S., & Wineburg, S. (1988). Peering at history through a different lens: The role of disciplinary perspectives in teaching history. *Teachers College Record, 89*(4), 525-539.

Winston, W. C. (1922). The socialized recitation. *The Elementary School Journal, 22*(8), 575-583.

Wolcott, H. (1974). The teacher as an enemy. In G. Spindler (Ed.), *Education and cultural process* (pp. 411-425). Holt, Rinehart and Winston.

Wolcott, H. (1977). *Teachers and technocrats.* Center for Educational Policy and Management, University of Oregon.

Wood, T., Cobb, P., & Yackel, E. (1991). Change in teaching mathematics: A case study. *American Educational Research Journal, 28*(3), 587-616.

Woods, P. (1977). Teaching for survival. In P. Woods & M. Hammersley (Eds.), *School Experience* (pp. 271-293). Croom Helm.

Woods, P. (1979). *The divided school.* Routledge and Kegan Paul.

Wrightstone, J. W (1936). *Appraisal of experimental high school practices.* Teachers College Press.

Zilversmit, A. (1976). The failure of progressive education, 1920-1940. In L. Stone (Ed.), *Schooling and society* (pp. 252-261). Johns Hopkins Press.

人名索引

（頁碼皆為原書邊碼）

主題索引

（頁碼皆為原書邊碼）

譯注後記

　　我執行本譯注計畫的工作，將因本〈譯注後記〉的完成，暫告一個段落。這些年來，仔細研讀、厚實譯注、多方修改，總是有些想法，謹略抒如下，權充後記。

一

　　首先，謹從時序最近者開始，由我幾次校讀與修改的心得談起。

　　譯注的工作到了最後階段，主要集中在修改。當然是一邊校讀，一邊修改。若勉強劃分，校讀是過程，修改是結果；其實，二者是一體的兩面。一遍又一遍地校讀，是希望找出譯文不適切之處；一次又一次地修改，是希望譯文愈趨優質。然而，更重要的是，隨著譯文的優質化，作為譯注者的我，似乎感覺到，我所扮演之「原書作者與未來讀者的『橋梁』」這個角色，似乎愈來愈稱職。我知道，說自己「愈來愈稱職」，有「往自己臉上貼金」之嫌。或許，換個說法：「愈來愈突顯」，會較平實些。

　　且讓我稍說分明。剛一開始校讀時，我是逐字逐句地對照原書，檢視譯文達到信、雅、達要求的情況；凡未符合者，即盡力修改。然而，這時，畢竟還是以原文為主，所以「正確解讀作者的原意」是為校讀與修改的依歸，至於「譯文是否能確實讓讀者理解」則尚非最優先的考量。待校讀多次、修改多輪之後，我不再死守著原文，而是逐漸改以中文世界的讀者為主，揣想我的譯文及注釋都能讓讀者們很容易就理解了嗎？這時，我總算把較多的心力放在譯文，針對譯文本身，思考其行文是否簡明、意義是否通達。到了末了，我的角色已經由純粹的中介者、溝通者與傳達者，加入了較多的介入者成分在內，希望能更為勝任地作好作者與讀者之間的橋梁工作。

　　所以，到了後面幾番校讀與修改時，我就應該是以「積極介入」（單德興，2009，頁23）的方式，針對 *HTT* 一書的原文，作了不算少的修改。最常

作的是，將明顯直譯且不甚妥切的文字改為意譯——該詞的英文"free transla-
tion"（不受原文拘束的譯解）或"paraphrase"（釋義）恰可充分表述——甚至
有的已經近乎改寫（"rewrite"或"adapt"）。更有的地方，我還把作者原本一氣
呵成的文句，稍加整理，改以分點敘述的方式呈現譯文，俾便適應中文世界
讀者的閱讀習慣。質言之，這時所採各項「積極介入」的作法，皆為增加譯
文的易讀性與可讀性。

其實，原書作者 Cuban 的英文算是十分直白易明，然而畢竟他和讀者之
間，在個人及歷史、社會、文化等各方面的背景還是有著一些差異。我所能
為者乃是盡量作到踐履「雙重脈絡化」的譯注者角色，幫助讀者在更容易理
解原意的情況下閱讀本書。

我是否善盡此項責任，誠懇期待讀者不吝給予回饋。

二

其次，再由三十多年前我與 *HTT* 結緣一事，述及該書的微言大義。

我在〈譯注前言〉提到，三十多年前，我就接觸到 *HTT* 一書了。不過，
都是在撰寫一些期刊論文的脈絡下，查考該書或引用其中的文字，不像這次
為了譯注而那麼仔細地研讀。因為讀得仔細，所以就看得清楚，因而對於
Cuban 藉著 *HTT* 一書所傳達的微言大義，有較深的體會。雖然 *HTT* 一書是以
中小學課堂教學的改革歷史為主題，但 Cuban 卻不只是注意一些表象的歷史
縷述，而是從整全的角度，針對社會、政治、經濟、文化、思想、信念等背
景與脈絡因素，就著教學的變與不變的歷史作深入探討，所以其所傳達的義
理，自是寓意深遠。我因為多番校讀譯注本而體會到的微言大義，也是所在
多有，難以歷數。惟為免占掉太多篇幅，此地僅就最易明、卻最為人所忽略
的二點，作一番敘述。即使如此，也只能點到為止，另待他日再詳論之。

其一，受到進步教育思想，特別是教學派進步主義者的影響，一般人總
以為學生中心的教學作法最為理想，因而亟欲運用各種方式，將原本大家熟

悉且為多數人皆習慣了的教師中心教學作法，加以翻轉。然而，其實教學並無定法，對於一般教師而言，這兩種教學作法各有其長短，亦各有其施行的條件限制。依 Cuban 之說，一般中小學教師所運用的「實用教學作法」，應受到理解、尊重與認可。這種方式係將這兩種教學作法視為連續體的兩端，針對課堂的實際狀況，衡酌教學的條件，時而偏於學生一端，時而偏於教師一端，以最能適配於學生特質、課程要項、教學目的、教學環境，乃至教師自身狀況的作法，施行教學，俾便增進學生學習興趣，進而提升其等的學習效果。不過，雖說教學並無定法，或說尊重教師在課堂採行實用教學作法，並非意指教學可以毫無章法，更絕非意指教師可以為所欲為，而是要在能達成教學目的與學習目標的前提下，考量學生學習需求與興趣等條件，採取適切的教學作法，俾便確保順當的教學過程與優質的學習成果。

其二，欲求教學改革卓有成效，務須以尊重課堂教師為重，盡可能在規劃教學改革之初，即誠意邀請課堂教師參與。唯其參與其中，貢獻意見，使其等具有擁有感（ownership）——亦即把改革當作自己的事，如此方能有助於教學改革的落實。當然，若要做到這一點，必須大家都有共識。*HTT* 一書所舉美國丹佛一地於 1920 至 1940 年代，在課程與教學領域學養俱佳的教育局長 Jesse Newlon 及其後繼者的領導下，以邀請大量中小學教師參與課程修訂工作為前提，帶動其等朝著課堂教學改進的方向積極前行，並且在此一基礎之上，不但全部高中參與了著名的「八年研究」課程與教學實驗，更在實驗計畫結束後，將實驗工作延伸到初中階段，讓有意施行進步教學作法的教師，有共襄盛舉的機會。雖然，時序遞移，1950 年代以還，因為全美的政治社會氛圍陡然變化，原本以課堂教學非正式化、學生學習興趣激發為重的進步作法，轉而以課堂知識習得、學生學習成績提高為重的傳統作法，但是丹佛這段以教師積極參與課程修訂帶動課堂教學改進的歷史，仍成為在美國，甚至全球各地傳為美談的一項難得遺產（legacy）。

Cuban（1993）在 *HTT* 一書中至少兩處提及，教師乃任何教學改革能成其功業的最關鍵人物。他先在〈二版謝辭〉中以較具警告意味的說法明示：

「凡不直接訴求教師在課堂中所作所為者，任何有關學校事務的故事，皆無法說得完整。」（p. xxiii）其後，又在第九章〈又如何呢？對於政策制定者、實務工作者及研究者的啟示〉「對於政策制定者的啟示」一節中，以較積極正面的勸喻指出：「為使……變動教師日常教學作法的改革策略能臻於成功，定需取得教師的承諾，方有可能。」（p. 281）兩者的敘述方式不同，但是其力陳教師為教學改革的重要人物之義理則一致也！

三

再次，則由五十多年前我初試譯事的回顧，檢視近年譯注工作的重點。

話說 1969 年，我大一時，就以 Dewey 的《民主與教育》一書撰寫教授指定的讀書心得作業，[638] 1988 年的博士論文，也是以 Dewey 的教育思想為主題。[639] 2011 年，入職文大後，則由 Dewey 教育思想的研析，擴大到進步教育改革歷史的探究。

在文大服務的十一個年頭，且不計各式論文，[640] 只看四個譯注計畫，即知其等皆可謂與 Dewey 教育思想或進步教育改革歷史有關者：《經驗與教育》是 Dewey 為澄清時人對他有關進步教育改革主張的誤解而撰；《新詮「民主與教育」》意在藉由多位 Dewey 研究學者（Deweyan scholars）重新詮釋 Dewey《民主與教育》一書的時代意義，讓讀者「窺探進步主義教育思潮之堂奧」；[641]《課程競逐史》則在評述傳統教育陣營的人文主義者，與進步教育陣營的發展論者、社會效率論者及社會重建論者四個利益團體，為美國中小學課程而競逐的歷史。

---

638 我當時讀的是我從臺北市牯嶺街舊書市場購得之鄒恩潤於 1931 年出版的譯本。該譯本後由臺灣商務於 1988 年新版印行。

639 我的博士論文是歐陽教之教授指導的《杜威道德教育理論研究》。

640 我在這段十一年的時間，以杜威教育思想為主題，共發表了 22 篇期刊論文，7 篇專章論文；約占這段期間所發表的各式論文的一半。

　　作為第四個譯注計畫成果的本書，也可謂為一部進步教育改革歷史的專書。Cuban 不只一次提及，該書旨在針對全美中小學課堂教學，三項採取進步作法的努力，所作的歷史探究：第一項是 20 世紀進步主義盛行初期的幾十年，另二項則分別是 1960 年代中期至 1970 年代早期推動非正式教育或開放課堂作法的十年，以及 1980 年代由各州推動的有關改革。由 Cuban（1993, pp. 151, 276）將後面二項教學改革，稱之為「新進步主義」運動，即可知此二項改革所具有的進步性質。

　　另須補充者，這些譯注計畫的四本原書中，有兩本由書名即可辨明其與 Dewey 有關，另二本則可由其書末索引皆設有 Dewey 這個人名的條目，確認原書引用 Dewey 專著的地方不少。《課程競逐史》一書的作者 Kliebard（2004, p. xix）甚至自陳「在某些章節中，把 Dewey 的聲音當作評論我自己，在一直進行著的爭戰中，所持立場的方式」之一。或因如此，《課程競逐史》索引中出現與 Dewey 有關的詞目，即有幾十條之多；該書出現與 Dewey 有關的頁數幾近一百，約占全書篇幅三分之一多。Dewey 人名出現於 Cuban 所撰的 *HTT* 一書，所占全書篇幅相對較少，但也有二十頁之多。

　　總之，我以這四段文字說明，作為我第四個譯注計畫成果的本書，乃是我近十多年以 Dewey 教育思想或美國進步教育改革歷史為主題之研究系列中的又一樁。

　　至此，〈譯注後記〉一文已屆末尾，本項譯注研究工作亦暫告一段落。順著前面第三項想法，且讓我回到〈譯注前言〉中所提及的：「我希望於身心狀況許可的情況下，再接連執行一或二個譯注計畫，然後提出一個專書寫作計畫。」依照我目前的構想，若一切順利，最近的未來若干年，我還是會

---

641 這句話取自「國科會 103 年度人文及社會科學經典譯注計畫推薦書單」頁 28-30 中所列「教育學門經典書單推薦理由」。該推薦書單將該書列為第一本，並為它寫了文長 371 個字的理由。

在前述研究系列的基礎上，選取適合的專著從事譯注，並簡擇切要的主題從事寫作。不揣淺陋，分享此願，敬請不吝指教！

單文經敬記

2022 年 1 月 15 日初稿

2022 年 10 月 15 日修正

2023 年 1 月 15 日再修

2023 年 9 月 30 日定稿

作者簡介

　　本書作者 Larry Cuban，1934 年生於紐約市附近的紐澤西州 Passaic。1974 年獲史丹佛大學教育學院博士學位。Cuban 曾任中學教師、學校行政人員、學區教育局長等職務二十餘年；1981 年，入職史丹佛大學教育學院，2002 年退休，現以榮譽退休教授名義專事研究與寫作。

　　Cuban 著作等身，專研學校與課堂實務的改革歷史。除本書之外，其近作有《黑板與底線：為何學校不能成為企業單位》（2004）、《青蛙變王子：學校改革論文集》（2008）、《抱持中道：教師在測驗與問責的時代如何教》（2009）、《在課堂實務黑箱之內看見美國教育只變未改》（2013）、《歷史教學的今與昔：學校變與不變的故事》（2016）、《蝴蝶展翅抑或子彈在飛？以科技帶動教學變革的今與昔》（2018）、《美國公立學校尋求成功與遭遇失敗的歷史分析》（2020）、《學校改革者的自白》（2021）、《歷久不衰的課堂：教學今與昔》（2023）等。

　　Cuban 於 2009 年開闢每週二次的部落格定名為「Larry Cuban 論學校改革與課堂實務」，亦值得一提。

譯注者簡介

　　單文經，1951 年生於臺東，國立臺灣師範大學教育學系博士，並曾赴美國密蘇里、奧瑞崗、華盛頓等大學進修研究，前後共四年。單教授於 1977 年入職國立臺灣師範大學教育學系，2005 年轉赴澳門大學教育學院服務，2011 年再轉任於中國文化大學教育學院師資培育中心，2022 年 1 月退休。

　　除本書外，單教授並出版有《經驗與教育》（2015）、《重新詮釋杜威「民主與教育」的時代意義》（2016）及《美國中小學課程競逐史（1893-1958）》（2020）三本譯注專書；另有獨自或與人合譯的《道德發展的哲學》（1986）、《道德發展與教學》（1986）、《美國公民與政府科課程標準》（1996）、《教學原理》（1999）、《課程統整》（2000）、《革新的課程領導》（2000）、《校長的課程領導》（2001）、《課程統整的十種方法》（2003）、《班級經營的理論與實務》（2004）、《中小學課堂的教學評量》（2006）、《教學哲學》（2007）等專書。

　　翻譯作品之外，單教授並著有各式研究論文二百餘篇，且獨自或與人合著有《道德教育初探》（1982）、《課程與教學研究》（1992）、《班級經營策略研究》（1994）、《師生關係與班級經營》（1996）、《美國教育研究——師資培育及課程與教學》（1998）、《香港教育》（2000）、《鹿港鎮志——教育篇》（2000）、《教學原理》（2001）、《教學引論》（2001）、《課程與教學》（2002）、《課程與教學新論》（2004）、《學校教育革新引論》（2011）等專書或論文集。

國家圖書館出版品預行編目（CIP）資料

美國中小學課堂教學的變與不變,1890-1990年/Larry Cuban原著；單文經譯注.

-- 初版. -- 新北市：心理出版社股份有限公司, 2023.11

面；　公分. -- (課程教學系列；41342)

譯自：　How teachers taught : constancy and change in American classrooms,

1890-1990, 2nd ed.

ISBN 978-626-7178-78-2(平裝)

1.CST: 教育史　2.CST: 教學法　3.CST: 美國

520.952　　　　　　　　　　　　　　　　　　　　　112016889

課程教學系列 41342

美國中小學課堂教學的變與不變，1890-1990 年

原　著　者：Larry Cuban
譯　注　者：單文經
執行編輯：陳文玲
總　編　輯：林敬堯
發　行　人：洪有義
出　版　者：心理出版社股份有限公司
地　　　址：231026 新北市新店區光明街 288 號 7 樓
電　　　話：(02) 29150566
傳　　　真：(02) 29152928
郵撥帳號：19293172　心理出版社股份有限公司
網　　　址：https://www.psy.com.tw
電子信箱：psychoco@ms15.hinet.net
排　版　者：辰皓國際出版製作有限公司
印　刷　者：辰皓國際出版製作有限公司
初版一刷：2023 年 11 月
Ｉ Ｓ Ｂ Ｎ：978-626-7178-78-2
定　　　價：新台幣 680 元

「國家科學及技術委員會經典譯注計畫」成果